中国石油集团测井有限公司

年 鉴

2022

中国石油集团测井有限公司 编

石油工业出版社

图书在版编目（CIP）数据

中国石油集团测井有限公司年鉴.2022/中国石油集团测井有限公司编.—北京：石油工业出版社，2023.11

ISBN 978-7-5183-6393-3

Ⅰ.①中… Ⅱ.①中… Ⅲ.①油气测井－工业企业－中国－2022－年鉴 Ⅳ.① F426.22-54

中国国家版本馆 CIP 数据核字（2023）第 214439 号

中国石油集团测井有限公司年鉴 2022
ZHONGGUO SHIYOU JITUAN CEJING YOUXIAN GONGSI NIANJIAN 2022

出版发行：石油工业出版社
（北京安定门外安华里 2 区 1 号楼 100011）
网　　址：http://www.petropub.com
图书营销中心：（010）64523731
编辑部：（010）64523592
经　　销：全国新华书店
印　　刷：北京中石油彩色印刷有限责任公司

2023 年 11 月第 1 版　2023 年 11 月第 1 次印刷
889×1194 毫米　开本：1/16　印张：19.75　插页：16
字数：580 千字

定　价：168.00 元
（如出现印装质量问题，请与图书营销中心联系）
版权所有　侵权必究

《中国石油集团测井有限公司年鉴》
编 委 会

主　　任： 金明权　胡启月

副 主 任： 邵镇江　邹　荣　陈　宝　石玉江　赫志兵　陈　锋

成　　员：（按姓氏笔画排列）

　　　　　　万金彬　马　骁　王　林　王　峰　王　焯　王宏备
　　　　　　王延茂　王德隆　朱富平　刘　鸿　刘　越　刘　晖
　　　　　　刘向汉　刘洪亮　安维东　孙化学　牟连明　李　鹏
　　　　　　李长文　李文彬　李汉忠　李传伟　李安宗　杨大军
　　　　　　杨成刚　吴　寒　余春昊　沙　峰　张　龙　张　宪
　　　　　　张开金　张天军　张文青　张荣飞　张荣新　陈　涛
　　　　　　陈　斌　陈文辉　陈晓明　武延锋　苗庆成　范红卫
　　　　　　周　扬　郑　锋　施培华　贾向东　徐开杰　郭　锋
　　　　　　黄晓冬　曹宇欣　龚雅明　章海宁　谌业和　董国敏
　　　　　　董银梦　蒋　钢　韩　成　曾树峰　雷绿银　魏　兵

《中国石油集团测井有限公司年鉴》主编、副主编

主　　编：石玉江
副 主 编：马东明

编 辑 部

编　　辑：郭永春　张　沫　蔡成定　郭梦莹　李华溢
　　　　　张思琪　王　新　王　书

编辑说明

一、《中国石油集团测井有限公司年鉴》(简称《年鉴》)是中国石油集团测井有限公司组织编纂的权威性、资料性工具书。《年鉴》编纂工作以马克思列宁主义、毛泽东思想、邓小平理论、"三个代表"重要思想、科学发展观、习近平新时代中国特色社会主义思想为指导,遵循实事求是的原则,全面、系统、客观地记述中国石油集团测井有限公司的发展和成就,力求做到思想性、资料性、准确性和科学性的统一。

二、本卷《年鉴》是首卷,主要记述中国石油集团测井有限公司2021年市场开发、技术服务、综合应用、技术研发、装备制造、企业管理及改革创新等方面的基本情况和重要事项,向广大读者展示中油测井为建设世界一流测井公司所作出的努力和取得的成就。

三、本卷《年鉴》采用分类编纂,点面结合,综合记述与条目记述相结合方式,力求全面反映所记事项。全书分为类目、分目、条目三个层次,以文字叙述为主,辅以图表。共设17个类目:总述,市场开发,技术服务,综合应用,技术研发,装备制造,生产保障,信息化建设,质量健康安全环保与节能,企业管理与监督,党建、思想政治工作与企业文化建设,荣誉录,机构与人物,所属二级单位概览,大事记,统计数据,附录。

四、本卷《年鉴》所引用的各种数据和资料截至2021年底,个别内容略有延伸。

五、本卷《年鉴》稿件、资料主要由中国石油集团测井有限公司本部部门和所属二级单位提供。

六、为行文简洁,本卷《年鉴》中机构名称一般在首次出现时用全称,随后出现时用简称。"中国石油天然气集团有限公司"简称"集团公司","中国石油天然气股份有限公司"简称"股份公司",两者统称"中国石油"。"中国石油集团油田技术服务有限公司"简称"中油技服"。"××钻探工程有限公司"简称"××钻探公司"。"中国石油集团测井有限公司"简称"中油测井"。

七、遵照年鉴编纂规范要求,《年鉴》编辑部对各供稿单位提供的稿件进行必要的编辑加工。主要是依据编写大纲与撰稿要求,统一全书体例,规范专业名词术语,删除明显重复,补充部分资料,修改语言文字,力求做到资料翔实、叙述简洁、数据准确。

序

中油测井深入学习贯彻习近平总书记关于档案工作的重要批示精神，认真落实《"十四五"全国档案事业发展规划》总体部署，按照集团公司"十四五"档案工作"一企一鉴"总体要求，集中力量编纂出版《中国石油测井简史》《中国石油集团测井有限公司志 2002—2021》和《中国石油集团测井有限公司年鉴 2022》，构建起史志鉴记编研体系，形成史、志、年鉴、大事记等系列编研成果，充分发挥存史、资政、育人作用，赓续优良传统，进一步增强"我为祖国献石油"的责任担当。

2021 年是"十四五"开局之年，是中国共产党成立 100 周年。面对世纪疫情和百年变局严峻形势，中油测井以习近平新时代中国特色社会主义思想为指导，深入贯彻集团公司党组决策部署，以党的政治建设为统领，全面加强党的建设，充分发挥党委把方向、管大局、保落实领导作用，把习近平总书记重要指示批示精神转化为"创新测井、服务油气"的具体行动和生动实践，深入开展党史学习教育，大力弘扬石油精神和大庆精神铁人精神，科学编制中油测井"十四五"规划，明确"三步走"发展路径，进一步明晰发展蓝图任务书、时间表、路线图，全面落实"一体两面""四个一"要求，锚定世界一流目标，深化改革创新发展，大力实施市场导向、创新驱动、精益管理、人才强企、数字转型、国际发展"六大战略"，推进测井业务"十大工程"，强化党建工作"十项任务"和"五项机制"，全面完成集团公司测井业务专业化整合和中油测井内部主体改革任务，初步形成国际国内协同发展的格局。以一体化协同为目标变革服务模式，保障一批重点井施工、助力一批油气新发现、刷新一批作业新纪录，有力支持油气"增储、上产、降本"；集中优势资源开展测井关键核心技术攻关，一批重点项目取得关键性突破；加快建设科技创新"一心五地"，汇聚各方力量共建测井科技创新生态圈；全面实施"双序列"改革，建立起纵向发展畅通、横向转换有序的人才成长通道，锻造了一支"三强"干部队伍和"四铁"技术队伍；推进民生工程建设，强化员工健康管理；积极履行国企"三大责任"，持续助力乡村振兴。各项工作成果丰硕，经营业绩创历史最好水平，圆满完成集团公司下达的各项考核指标。继续保持"全国文明单位"荣誉称号，参与的汉中合力团获"全国脱贫攻坚先进集体"，获集团公司2021年度先进集体、质量健康安全环保节能先进企业、科技工作先进单位等荣誉，实现"十四五"良好开局。

2022年，中油测井以迎接、学习、贯彻党的二十大精神作为工作主线，以习近平新时代中国特色社会主义思想为指导，遵循"四个坚持"兴企方略和"四化"治企准则，坚持"世界眼光、国际标准、测井特色、高点定位"，锚定一流目标、聚焦主责主业，着力推进市场、技术、管理、人才等重点工作，高质量推进世界一流测井公司建设，为集团公司建设基业长青的世界一流综合性国际能源公司、支撑保障国家能源安全贡献测井力量。

党委书记、执行董事：

2023年6月30日

上级关怀

ZHONGGUO SHIYOU JITUAN CEJING YOUXIAN GONGSI NIANJIAN

1. 2021年9月23日，集团公司董事长、党组书记戴厚良（前排右二）在北京中国石油昌平科技园交流中心举办的集团公司"十三五"科技与信息化创新成就展上，参观中油测井自主研发的CPLog多维高精度成像测井系统　　王　伟　摄
2. 2021年3月17日，集团公司总经理、党组副书记李凡荣（前排左三）一行到中油测井调研　　胡彦峰　摄
3. 2021年9月22日，中国石油、中国石化相关领导及中国工程院院士参加中国石油测井院士工作站揭牌仪式暨专家交流研讨会　　宫　璇　提供
4. 2021年4月20日，中油技服执行董事、党委书记张宝增（左二）一行到中油测井调研　　胡彦峰　摄

领导调研

ZHONGGUO SHIYOU JITUAN CEJING YOUXIAN GONGSI NIANJIAN

1. 2021年6月4日，中油测井执行董事、党委书记金明权（前排右三）到辽河分公司调研　　　　陈立新　提供
2. 2021年5月22日，中油测井总经理、党委副书记胡启月（右二）到塔里木分公司调研　　　　张永迪　提供
3. 2021年3月11日，中油测井副总经理王春利（右一）到西南分公司射孔器材有限公司调研　　刘建　摄
4. 2021年7月8日，中油测井纪委书记邵镇江（右一）到吐哈分公司调研　　　　　　　　　　周虎　摄

领导调研

ZHONGGUO SHIYOU JITUAN CEJING YOUXIAN GONGSI NIANJIAN

1. 2021年9月28日，中油测井总会计师邹荣（前排左二）到大庆分公司调研 历程军 摄
2. 2021年4月11日，中油测井副总经理陈宝（左二）到吉林分公司调研 贾君庆 提供
3. 2021年11月26日，中油测井副总经理、工会主席石玉江（右二）到塔里木分公司调研 张永迪 提供
4. 2021年9月15日，中油测井副总经理赫志兵（左二）到西南分公司射孔器材有限公司调研 刘建 摄
5. 2021年9月13日，中油测井副总经理陈锋（左二）在长庆分公司陇东作业现场调研 邢帅 摄

重大事件

ZHONGGUO SHIYOU JITUAN CEJING YOUXIAN GONGSI NIANJIAN

1. 2021年1月13日，中油测井与长城钻探在北京签订国际测井业务整合划转框架协议　　刘大龙　提供
2. 2021年1月30日，中油测井在西安召开2021年工作会暨党委（扩大）会、四届三次职代会　　叶志云　摄
3. 2021年2月1日，中油测井在西安召开2021年党风廉政建设和反腐败工作会议　　叶志云　摄
4. 2021年3月8日，中油测井在西安召开党史学习教育启动会暨"转观念、勇担当、高质量、创一流"主题教育宣讲会　　叶志云　摄
5. 2021年3月25日，中油测井在中国石油测井科技创新大会上发布多维高精度成像测井装备　　叶志云　摄

中国石油集团测井有限公司
党史学习教育启动会暨
“转观念、勇担当、高质量、创一流”
主题教育宣讲会
2021年3月8日 西安
4

中国石油
创新测井 服务油气
中国石油测井科技创新大会
多维高精度成像测井装备发布会
中国石油
5

重大事件

ZHONGGUO SHIYOU JITUAN CEJING YOUXIAN GONGSI NIANJIAN

1. 2021年6月30日，中油测井在西安召开庆祝中国共产党成立100周年暨"两优一先"、脱贫攻坚表彰大会　　叶志云 摄
2. 2021年7月20日，中油测井以视频形式召开深化改革部署动员大会　　叶志云 摄
3. 2021年10月14日，中油测井承办中国石油海外业务测井技术与应用研讨会　　叶志云 摄
4. 2021年10月21日，中油测井CPLog成套装备在国家"十三五"科技创新成就展展出　　赵志远 提供
5. 2021年11月29—30日，中国共产党中国石油集团测井有限公司在西安召开第四次党员代表大会　　叶志云 摄

中国石油海外业务测井技术与应用研讨会
SEMINAR ON WELL LOGGING TECHNOLOGY AND APPLICATIONS FOR CNPC'S OVERSEAS BUSINESS
主办方：中国石油国际勘探开发有限公司 中国石油勘探开发研究院
承办方：中国石油集团测井有限公司
中国·西安
二〇二一年 十月
CNLC
3

4

中国共产党中国石油集团测井有限公司第四次代表大会
5

合作共建

ZHONGGUO SHIYOU JITUAN CEJING YOUXIAN GONGSI NIANJIAN

1. 2021年6月6日，中油测井与大庆油田有限责任公司在大庆市为共建的大庆油田测井研究院举行揭牌仪式
   王佳琦 摄
2. 2021年10月11日，中油测井与辽河油田在盘锦市签订射孔业务划转协议　陈立新 提供
3. 2021年5月31日，中油测井与西南油气田公司共建四川盆地测井评价研究中心，在成都市举行揭牌仪式并签订合作协议　王磊 提供
4. 2021年9月8日，中油测井与大港油田公司签订战略合作协议
   王韬 提供
5. 2021年12月24日，中油测井与吐哈油田公司在新疆哈密市为共建的吐哈油田测井技术联合研究中心举行揭牌仪式
   付鹏 提供

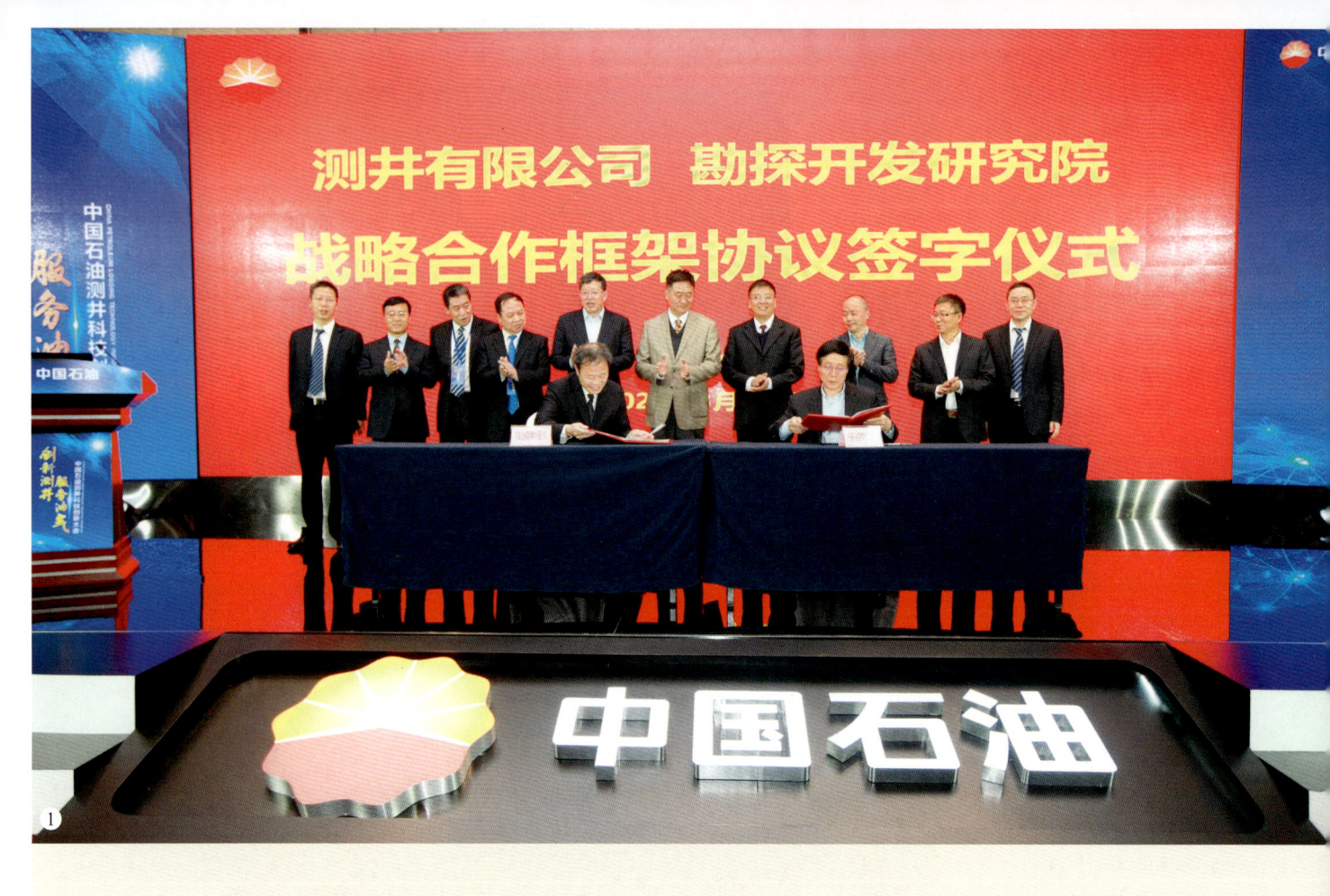

合作共建

ZHONGGUO SHIYOU JITUAN CEJING YOUXIAN GONGSI NIANJIAN

1. 2021年3月25日，中油测井与勘探开发研究院在北京市签订战略合作框架协议　　　　　　　　刘大龙　提供
2. 2021年4月28日，中油测井与长城钻探公司在北京市签订国际测井业务交接协议暨战略合作框架协议
　　　刘大龙　提供
3. 2021年8月24日，中油测井与宝鸡石油机械有限责任公司在宝鸡市签订战略合作协议　　　　　刘大龙　提供
4. 2021年7月21日，中油测井与中国科学院地质与地球物理研究所在西安市签署战略合作协议　　叶志云　摄
5. 2021年5月21日，中油测井与海峡能源有限公司在西安市签订战略合作协议　　　　　　　　　叶志云　摄

中油测井与宝石机械战略合作签约仪式
中国石油宝鸡石油机械有限责任公司
中油测井
签字席
宝石机械
3

中国石油集团测井有限公司
中国科学院地质与地球物理研究所
战略合作协议签字仪式
4

中国石油集团测井有限公司
海峡能源有限公司
战略合作协议签字仪式
签字席
5

对外交流

ZHONGGUO SHIYOU JITUAN CEJING YOUXIAN GONGSI NIANJIAN

1. 2021年1月15日，中石化经纬有限公司执行董事、党委书记、总经理一行到中油测井交流　　叶志云 摄
2. 2021年3月2日，中国工程院院士李宁一行到中油测井调研　　叶志云 摄
3. 2021年4月8日，冀东油田公司党委书记、执行董事一行到中油测井交流　　刘大龙 提供
4. 2021年5月25日，中国舰船研究院党委书记、副院长一行到中油测井交流　　刘大龙 提供

技术服务

ZHONGGUO SHIYOU JITUAN CEJING YOUXIAN GONGSI NIANJIAN

1. 2021年5月19日，长庆分公司60101队在华H100国家级页岩油示范平台创亚洲陆上最大水平井平台测井施工纪录　邢帅摄
2. 2021年7月27日，西南分公司在四川长宁县宁209H50平台开展桥射联作施工作业现场　刘建摄
3. 2021年3月24日，辽河分公司在渤海湾盆地集团公司重点预探井马探1井创辽河油区陆地勘探测井井深最深、井温最高、井底压力最大3项纪录　葛文帅摄

③

技术服务

ZHONGGUO SHIYOU JITUAN CEJING YOUXIAN GONGSI NIANJIAN

1. 2021年4月17日，吐哈分公司首次在吐哈油田三塘湖区块马T103-4H井成功推广应用中油测井自主研发的FITS过钻具测井系列
付 鹏 提供
2. 2021年7月4日，华北分公司在兴华4井完成测井作业，助力巴彦油田上产200万吨
宋 磊 摄
3. 2021年7月11日，塔里木分公司在大北4井完成测井任务，创186.7兆帕测井最大井底压力纪录
张永迪 提供
4. 2021年4月10日 青海分公司在柴达木盆地昆101井创柴达木盆地第一深深井（井深7350米）测录井纪录
王振华 提供

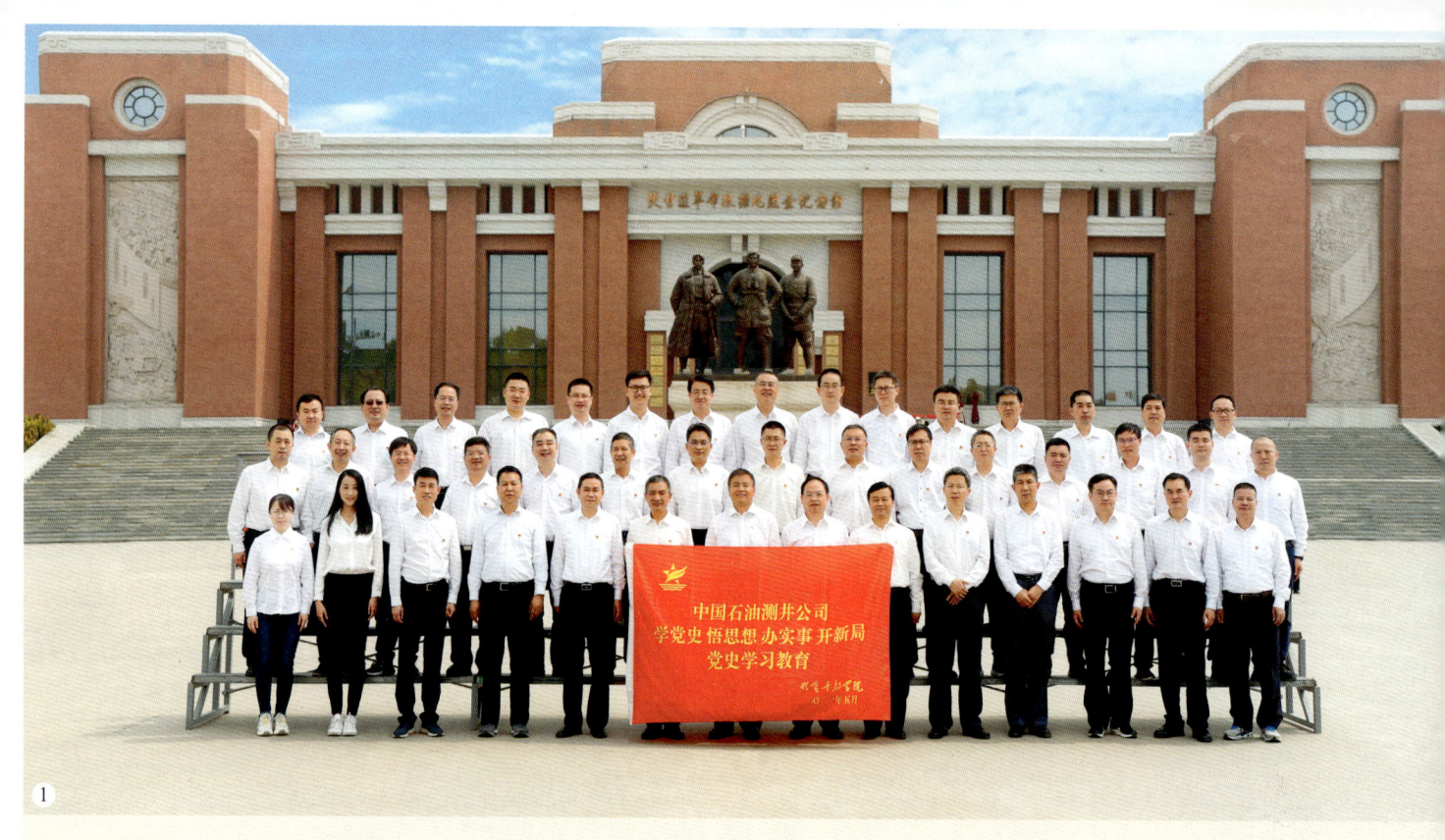

精神文明建设

ZHONGGUO SHIYOU JITUAN CEJING YOUXIAN GONGSI NIANJIAN

1. 2021年5月11日，中油测井在照金开展"学党史，重走红军路"现场体验式学习教育　　胡彦峰 摄
2. 2021年6月17日，中油测井举办庆祝建党100周年红歌合唱比赛　　胡彦峰 摄
3. 2021年7月3日，中油测井在重庆市承办第十届陕西省"测井杯"中国石油射孔取心工职业技能大赛
   刘建 摄
4. 2021年，由中油测井扶贫援建的紫阳县燎原村集体合作社食用菌基地投产，全年创产值150余万元，带动集镇周边30余名易地搬迁户就业，农户月均增收1500元以上
   汪益 摄

中油测井国内工程技术服务市场分布示意图

中油测井国际市场分布示意图

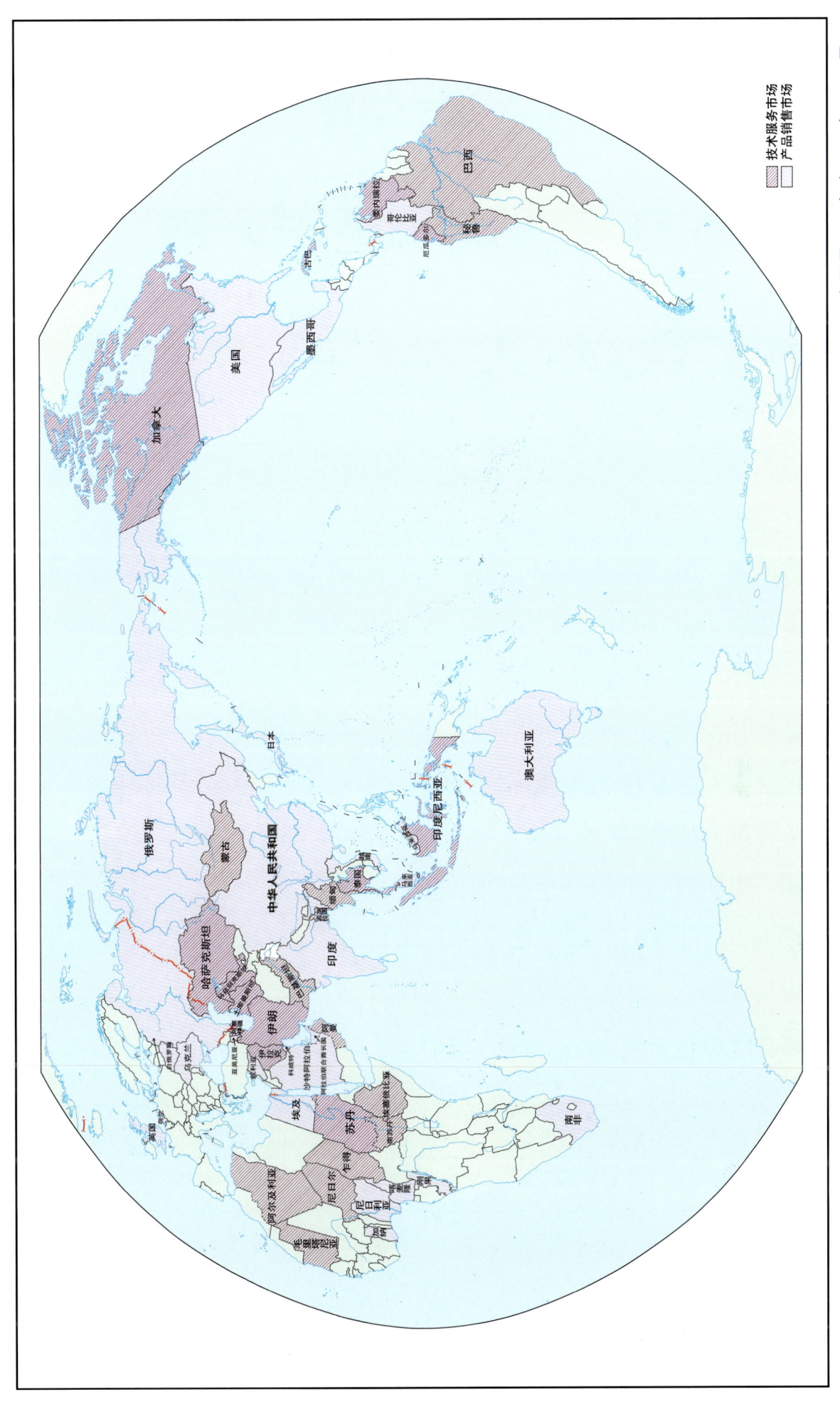

审图号 GS京（2023）2074号

要 目

总述 ····· 1
市场开发 ····· 55
技术服务 ····· 61
综合应用 ····· 69
技术研发 ····· 75
装备制造 ····· 83
生产保障 ····· 89
信息化建设 ····· 95
质量健康安全环保与节能 ····· 101
企业管理与监督 ····· 107
党建、思想政治工作与企业文化建设 ····· 135
荣誉录 ····· 145
机构与人物 ····· 155
所属二级单位概览 ····· 181
大事记 ····· 247
统计数据 ····· 261
附录 ····· 275

目　录

总　述

综述
中国石油集团测井有限公司基本情况 ……………2
中国石油集团测井有限公司2021年工作情况 ……4

特载
贯彻"两个一以贯之"　推进改革创新发展
　以高质量党建引领保障世界一流测井公司建设
　　——金明权在中国共产党中国石油集团测井有限公司
　　　第四次代表大会上的报告（摘要）……………9
谋新篇、开新局、转观念、勇担当、高质量
　建设世界一流测井公司
　　——金明权在中国石油集团测井有限公司2021年
　　　工作会暨党委（扩大）会、四届三次职代会
　　　上的主题报告（摘要）………………………18
增强忧患意识　加快改革创新　以高质量发展
　为"十四五"开好局
　　——胡启月在中国石油集团测井有限公司2021年
　　　工作会暨党委（扩大）会、四届三次职代会
　　　上的生产经营报告（摘要）…………………31
中油测井党委书记、执行董事金明权在中国石油集
　团测井有限公司深化改革部署动员大会上的讲话
　（摘要）……………………………………………40

专稿
中油测井CPLog多维高精度成像测井技术和装备
　入选国家"十三五"科技创新成就展 ……………50
中油测井深化内部改革持续整合业务资源 …………51
中油测井人才强企工程取得实效 ……………………52
中油测井推进海外测井业务打造国际品牌 …………53
中油测井履行企业社会责任助力乡村振兴 …………54

市场开发

国内市场开发
概述 …………………………………………………56
市场开发管理 ………………………………………56
国内市场交流 ………………………………………56
关联交易市场服务保障 ……………………………56
中国石油内部市场份额扩大 ………………………57
国内外部市场拓展 …………………………………57
"十四五"市场开发规划 ……………………………57

国外市场开发
概述 …………………………………………………57
中东油气合作区市场开发 …………………………58
中亚油气合作区市场开发 …………………………58
亚太油气合作区市场开发 …………………………59
非洲油气合作区市场开发 …………………………59
美洲油气合作区市场开发 …………………………59
国外市场交流 ………………………………………59
国际测井业务划转 …………………………………60
中国石油海外业务测井技术与应用研讨会 ………60

技术服务

国内技术服务
概述 …………………………………………………62
裸眼井测井 …………………………………………62
生产测井 ……………………………………………62
射孔作业 ……………………………………………62
随钻测井 ……………………………………………62

录井作业 ………………………………………… 63
工艺技术 ………………………………………… 63

国外技术服务

概述 ……………………………………………… 63
中东油气合作区技术服务 ……………………… 64
中亚油气合作区技术服务 ……………………… 64
亚太油气合作区技术服务 ……………………… 64
非洲油气合作区技术服务 ……………………… 65
美洲油气合作区技术服务 ……………………… 65
国外业务支持保障 ……………………………… 65

生产运行管理

概述 ……………………………………………… 65
生产组织 ………………………………………… 66
资质管理 ………………………………………… 66
承包商管理 ……………………………………… 66
井控管理 ………………………………………… 66
应急管理 ………………………………………… 66
重点区域重点井保障 …………………………… 66
技术服务数字化转型 …………………………… 67
"四提"作业竞赛 ……………………………… 67
"十四五"生产组织规划 ……………………… 67

综合应用

解释评价

概述 ……………………………………………… 70
新技术推广 ……………………………………… 70
重点井解释评价 ………………………………… 70
老井综合复查 …………………………………… 70
解释评价工作会 ………………………………… 71
"十四五"解释评价规划 ……………………… 71

综合应用技术研究

概述 ……………………………………………… 72

复杂碎屑岩储层 ………………………………… 72
页岩油（气） …………………………………… 72
缝洞碳酸盐岩储层 ……………………………… 72
低阻低饱和度储层 ……………………………… 72
铝土岩储层 ……………………………………… 72

综合应用基础建设

概述 ……………………………………………… 73
解释评价平台建设 ……………………………… 73
联合评价中心建设 ……………………………… 73
历史数据治理 …………………………………… 73
制度建设 ………………………………………… 74

技术研发

装备研发

概述 ……………………………………………… 76
电缆测井技术研发 ……………………………… 76
生产测井技术研发 ……………………………… 76
随钻测井技术研发 ……………………………… 77
射孔技术研发 …………………………………… 78
测试取心技术研发 ……………………………… 78
光纤测井系统研发 ……………………………… 78
核心技术研发 …………………………………… 79

系统研发

概述 ……………………………………………… 80
公共技术平台开发 ……………………………… 80
测井综合应用平台研发 ………………………… 80
测井远程控制及实时传输系统研究 …………… 81

基础研究

概述 ……………………………………………… 81
测井理论基础研究 ……………………………… 81
物理模拟研究 …………………………………… 82
测井技术标准研究 ……………………………… 82
测井重点实验室建设 …………………………… 82
测井技术试验基地建设 ………………………… 82

装备制造

制造基础

概述	84
自动化生产线建设	84
3D 打印技术	85
测井芯片车间	85
制造全流程数字化	85

制造产品

概述	85
装备产品	86
产品管理	86
产品销售	86

制造管理

概述	87
精益管理	87
制造业务改革	87
制度建设	87
"十四五"装备制造规划	87

生产保障

装备管理

概述	90
装备管理标准规范	90
装备统一标准化	90
CPLog 装备推广	90
装备效益管理	90
测井仪器运维系统建设	91
装备业务检查	91
装备"四化"项目管理	91
装备业务改革	91
制度建设	91

物资采购与供应

概述	93
物资采购管理	93
商务管理	93
物资仓储管理	93
物资仓储信息化应用	93
制度建设	93

招标管理

概述	94
招标项目管理	94
评审专家管理	94
招标管理信息化应用	94
制度建设	94

信息化建设

数字化平台建设与应用

概述	96
研发平台	96
制造平台	96
服务平台	96
应用平台	97
管理运营	97

基础设施建设

概述	97
网络建设	97
云平台建设	97
数据中心建设	97
视频会议系统	97

信息化管理

概述	98
信息安全建设	98
信息系统应急保障	98
信息化管理与服务	98
信息化体系建设	98

"十四五"信息化规划 ································· 99

质量健康安全环保与节能

QHSE 体系管理

概述 ··· 102
QHSE 责任制 ··· 102
QHSE 体系审核 ····································· 102
QHSE 体系管理评审 ····························· 102

质量与计量

概述 ··· 102
质量培训 ··· 102
井筒质量 ··· 103
计量管理 ··· 103
群众性质量活动 ··································· 103

健康管理

概述 ··· 103
员工健康管理 ······································· 103
职业健康管理 ······································· 103
疫情防控 ··· 103

安全生产

概述 ··· 104
安全教育培训 ······································· 104
重点风险防控 ······································· 104
安全监督检查 ······································· 104
安全隐患治理 ······································· 105
事故事件管理 ······································· 105

环境与节能

概述 ··· 105
污染防治 ··· 105
温室气体排放 ······································· 105
环境保护宣传与培训 ··························· 105
节能节水管理 ······································· 105

标准化工作

概述 ··· 106
标准化管理 ··· 106
基层队（站）QHSE 标准化建设 ········· 106

企业管理与监督

法人治理

概述 ··· 108
中油测井党委会 ··································· 108
中油测井执行董事会 ··························· 108
总经理办公会 ······································· 109
制度建设 ··· 109

组织人事管理

概述 ··· 109
人事制度改革 ······································· 109
领导班子建设 ······································· 109
人才强企工程 ······································· 110
人才队伍建设 ······································· 110
组织机构管理 ······································· 110
劳动用工管理 ······································· 111
薪酬绩效管理 ······································· 111
组织人事基础管理 ······························· 111
制度建设 ··· 111
"十四五"人力资源规划 ······················· 112
人才强企工作推进会 ··························· 112

规划计划

概述 ··· 112
规划管理 ··· 113
投资管理 ··· 113
项目管理 ··· 114
基建管理 ··· 114
业务管理 ··· 114
制度建设 ··· 114
建设世界一流研究项目 ······················· 114

科技管理

概述	115
科技改革	115
国家级科技项目	115
集团公司和中油技服科技项目	115
中油测井重大科技项目	115
科研经费管理	116
科技成果推广	116
知识产权	116
科技奖励	116
科技交流	117
科技综合管理系统	117
平台＋项目	117
学会管理	117
制度建设	117
"十四五"技术创新规划	118
中国石油测井科技创新大会	118
科技与信息化创新大会	118

财务资产管理

概述	119
提质增效专项行动	119
预算管理	119
会计核算	119
财务转型	120
财务共享	120
定额造价管理	120
资金管理	120
"两金"压降	120
税收政策与管理	120
资产管理	120
财务基础管理	121
财会队伍建设	121

国际业务与外事管理

概述	121
国际业务管理	121
对外合作交流	121
外事管理	122
境外项目人员健康管理	122
境外社会安全管理	123

企管法规

概述	123
法律事务	123
制度与合规	123
综合管理体系	123
内控与风险	124
合同管理	124
工商事务	124
管理创新	124
对标管理	124
深化改革	125
管理专题项目	125

内部审计

概述	126
重要审计项目	126
审计管理	127
审计队伍建设	127
制度建设	127

行政管理

概述	128
"第一议题"制度落实	128
文秘与督办	128
文书与机要	128
业务接待管理	129
综合事务	129

保密工作

概述	129
保密技术	129
保密教育	129
监督检查	130
商业秘密保护管理体系	130
制度建设	130

档案史志

概述	130
档案资源	131

管理制度	131
档案安全	131
档案验收	131
档案会议	131
档案信息系统	131
档案培训	131
公司志编纂	131

品牌管理

概述	132
CNLC 品牌	132
CPLog 品牌	132
CIFLog 品牌	132
制度建设	132
品牌建设工作推进会	132

维稳信访与安保综治

概述	133
维护稳定工作	133
信访工作	133
治安防恐	133
制度建设	133

离退休人员管理

概述	133
退休人员社会化管理工作	133
离退休职工待遇落实	134

党建、思想政治工作与企业文化建设

党建工作

概述	136
庆祝建党100周年活动	136
中油测井第四次党代会	136
"三基本"与"三基"有机融合	136
基层党组织建设	136

党员发展	137
党委书记抓基层党建述职评议	137
支部书记任职资格管理	137
党建责任体系	137
党建研究	137
党建信息化建设	137
党建工作交流	137
中油测井本部党建	138
制度建设	138

党风廉政建设

概述	138
党风建设	138
纪律审查	139
监督检查	139
作风建设	139
巡察机构与人员	139
巡察组织与管理	139
队伍建设	140
制度建设	140
集团公司党组巡视	140

思想政治工作

概述	140
思想政治教育	140
党史学习教育	141
媒体和网站建设	141
企业宣传	141
"转观念、勇担当、高质量、创一流"主题教育	142

群团工作

概述	142
工会工作	142
团青工作	143
助力乡村振兴	143

企业文化

概述	144
企业文化建设	144
文明单位创建	144

荣誉录

国家级荣誉

2021 年中油测井获国家级荣誉……………………146

省级荣誉

2021 年中油测井获省级集体荣誉…………………146
2021 年中油测井获省级个人荣誉…………………146

集团公司荣誉

2021 年中油测井获集团公司级集体荣誉……………147
2021 年中油测井获集团公司级个人荣誉……………149

行业荣誉

2021 年中油测井获行业集体荣誉…………………150
2021 年中油测井获行业个人荣誉…………………151

中油测井荣誉

2021 年中油测井集体荣誉…………………………151
2021 年中油测井个人荣誉…………………………153

机构与人物

组织机构

中油测井组织机构…………………………………156
中油测井本部部门…………………………………156
中油测井所属二级单位……………………………157
中油测井组织机构图………………………………157

领导名录

2021 年中油测井领导名录…………………………169
2021 年中油测井本部中层领导名录………………169
2021 年中油测井所属单位中层领导名录…………171

专家名录

中国石油天然气集团有限公司技能专家……………178
中国石油集团测井有限公司首席技术专家…………178

中国石油集团测井有限公司技术专家………………178
中国石油集团测井有限公司一级工程师……………179
中国石油集团测井有限公司技能专家………………180

所属二级单位概览

中国石油集团测井有限公司长庆分公司……………182
中国石油集团测井有限公司西南分公司……………186
中国石油集团测井有限公司新疆分公司……………189
中国石油集团测井有限公司天津分公司……………193
中国石油集团测井有限公司辽河分公司……………196
中国石油集团测井有限公司大庆分公司……………199
中国石油集团测井有限公司吐哈分公司……………202
中国石油集团测井有限公司华北分公司……………206
中国石油集团测井有限公司塔里木分公司…………209
中国石油集团测井有限公司青海分公司……………213
中国石油集团测井有限公司吉林分公司……………216
中国石油集团测井有限公司国际公司………………220
中国石油集团测井有限公司测井技术研究院………222
中国石油集团测井有限公司地质研究院……………226
中国石油集团测井有限公司制造公司………………230
中国石油集团测井有限公司物资装备公司…………236
中国石油集团测井有限公司质量安全监督中心……239
中国石油集团测井有限公司培训中心（党校）……241
中国石油集团测井有限公司生产服务中心…………244

大事记

2021 年中国石油集团测井有限公司大事记

1 月………………………………………………248
2 月………………………………………………249
3 月………………………………………………250
4 月………………………………………………252
5 月………………………………………………253
6 月………………………………………………255
7 月………………………………………………256
8 月………………………………………………257

9月 ... 257
10月 ... 258
11月 ... 259
12月 ... 259

统计数据

表1　2021年中油测井经营情况统计表 ... 262
表2　2021年中油测井队伍装备统计表 ... 266
表3　2021年中油测井及所属单位工作量及质量指标统计表 ... 268
表4　2021年中油测井及所属单位测井资料解释工作量及质量指标统计表 ... 270
表5　2021年中油测井装备制造工作量统计表 ... 270

附　录

附表

附表1　2021年中油测井获集团公司级以上科技奖励 ... 276
附表2　2021年中油测井获陕西省石油学会科学技术进步奖 ... 276
附表3　2021年中油测井科技进步奖励 ... 277
附表4　2021年中油测井发明专利统计表 ... 279
附表5　2021年中油测井软件著作权登记统计表 ... 284
附表6　2021年中油测井获集团公司自主创新产品 ... 285
附表7　2021年中油测井制修订管理制度 ... 286
附表8　2021年中油测井参与制定行业以上级别标准 ... 288
附表9　2021年中油测井新制定企业标准 ... 288

附图

附图1　2021年中油测井所属技术服务单位收入对比图 ... 290
附图2　2021年中油测井所属技术服务单位总工作量对比图 ... 290
附图3　2021年中油测井所属技术服务单位利润对比图 ... 291
附图4　2021年中油测井所属技术服务单位本油区市场占有率对比 ... 291
附图5　2021年中油测井收入按市场区域划分占比图 ... 292
附图6　2021年中油测井收入按业务类型划分占比图 ... 292
附图7　2021年中油测井作业队伍类型分布图 ... 293
附图8　2016—2021年中油测井技术服务工作量 ... 293
附图9　2016—2021年中油测井技术服务队伍数量 ... 294
附图10　2016—2021年中油测井装备数量 ... 294
附图11　2016—2021年中油测井测井解释符合率 ... 295
附图12　2016—2021年中油测井探井解释符合率 ... 295

索引 ... 296
编后记 ... 307

总 述

总 述
市场开发
技术服务
综合应用
技术研发
装备制造
生产保障
信息化建设
质量健康安全环保与节能
企业管理与监督
党建、思想政治工作与企业文化建设
荣誉录
机构与人物
所属二级单位概览
大事记
统计数据
附 录

综 述

中国石油集团测井有限公司基本情况

一、历史沿革

1998年7月，中国石油天然气集团公司（简称集团公司）成立后，实施重组改制、主辅分离，上市企业与存续企业分开分立。2001年，中国加入WTO后，国内外市场竞争日益加剧，石油工程技术服务领域全面开放，集团公司测井行业面临着条块分割、专业技术力量分散、资源配置不合理、研发能力薄弱、自相竞争等问题。2002年初，集团公司深化国有企业改革，决定按照专业化、集约化原则，加快以地区服务公司为主的企业内部体制改革和结构调整，对测井、物探等市场竞争性强的技术服务业务和特种业务，进行跨地区、跨企业专业化重组，筹备组建测井和物探2个股份有限公司。2月，集团公司成立体制改革领导小组，副总经理阎三忠担任组长，副组长由副总经理陈耕、郑虎和总会计师贡华章担任，由集团公司发展研究部牵头在当年内完成两个专业化重组。7月31日，集团公司成立测井专业化公司筹备领导小组，集团公司总经理助理刘海胜任组长，大庆石油管理局副局长李剑浩、集团公司发展研究部副主任卢思忠任副组长，长庆石油勘探局测井工程处处长胡启月任领导小组办公室主任。

2002年12月6日，中国石油集团测井有限公司（简称测井公司，英文名称 China Petroleum Logging Co., Ltd. 英文简称 CPL，2021年11月，集团公司批复同意测井公司简称调整为中油测井）在北京成立，注册资本7.1亿元人民币，按照《中华人民共和国公司法》和《中国石油集团测井有限公司章程》，成立董事会、监事会和经理层，董事长饶永久，为法定代表人；总经理李剑浩，副总经理李储龙、胡启月、王春利。党组织关系隶属中共陕西省委，成立测井公司党委，并设立纪律检查委员会。注册地址西安经济技术开发区，2003年变更为西安高新技术产业开发区。长庆石油勘探局测井工程处935人、37支测井队、5支射孔队；华北石油管理局测井公司1238人、61支测井队；吐哈石油勘探开发指挥部录井测井公司的测井业务人员437人、22支测井队、7支射孔队；青海石油管理局地质测井公司441人、8支测井队、6支射孔队、28支录井队；西安石油勘探仪器总厂测井公司41人、3支测井队，研究所测井业务人员83人；中国石油集团科学技术研究院江汉测井研究所142人，共3317人划转到中国石油集团测井有限公司。成立长庆事业部、华北事业部、吐哈事业部、青海事业部、塔里木事业部和技术中心，以及7个机关管理部门。2003年，中国石油集团测井有限公司贯彻落实集团公司全面建设具有国际竞争力跨国企业集团发展战略，确定"国内第一，国际一流"发展目标，以发展成套测井装备为重点，大力推进技术创新、管理创新，走研发、制造、服务一体化发展道路，建立面向测井技术服务市场的事业部制管理体制，实行测井公司、事业部、项目部三级管理。2005年9月，自主研制的第一套具有自主知识产权EILog-100测井成套装备在长庆油田正式投产。

2006年3月，集团公司批复同意将西安石油勘探仪器总厂测井装备制造业务划入测井公司并成立测井仪器厂，划转资产1.56亿元，人员596人，中国石油集团测井有限公司由此具备较完整的装备制造基础。2007年6月，集团公司先后将塔里木石油勘探开发指挥部、青海石油管理局、中国石油集团科学技术研究院、长庆石油勘探局、华北石油管理局、吐哈石油勘探开发指挥部和西安石油勘探仪器总厂所持测井公司股权全部划转中国石油集团公司，测井公司变更为一人有限责任公司，不设董事会和监事会，李剑浩为测井公司执行董事兼总经理。2008年2月，集团公司为进一步优化测井技术力量，推进测井业务专业化重组、集约化经营、产业化发展，提升测井技术自主创新和技术服务能力，将中油测井技术服务有限责任公司合并重组到中国石油集团测井有限公司，成立北京分公司。2009年1月，北京分公司划归长城钻探工程有限公司。"十一五"期间，中国石油集团测井有限公司全面推广应用以评价油气为中心的快速与成像测井技术系列EILog，推广应用集成化常规测井装备126套，研发推广"3电2声"5种国产成像测井仪器200支，承担测井公司86%测井工作量。2011—2015年，中国石油集团测井有限公司开发"3电2声1核磁"成像测井仪器，整体达到国际先进水平，实现测井技术由常规测井向成像测井重大跨越，推动测井产业转型升级。EILog快速与成像测井系统成为中国石油测井主力装备，从根本上改变我国测井先进装备长期依赖进口的局面。2016年11月，中国石油集团测井有限公司形成成像测井、生产测井、随钻测控"三位一体"研发制造业务架构。

2017年12月26日，集团公司为进一步完善工程技术业务管理体制，优化资源配置，提升规模实力和整体竞争力，打造国际一流的油田技术服务公司，决定对工程技术业务实施重组，大庆钻探工程公司测井公司2860人，西部钻探工程有限公司1268人，长城钻探工程有限公司测井公司1625人，渤海钻探工程有限公司测井公司1323人，川庆钻探工程有限公司测井公司1255人，长城钻探工程有限公司测井技术研究院126人，共8457人划转到中国石油集团测井有限公司。重组后，中国石油集团测井有限公司形成技术研发、装备制造、技术服务、综合应用"四位一体"的发展架构，业务链和产品链更加完备，员工增至13215人，较重组前增长165%，作业队伍758支，较重组前增长97%，包括综合测井队309支、裸眼测井队182支、生产测井队52支、射孔队101支、随钻测井队34支、录井队46支、测试队34支。资产总额116.02亿元。

2020年10月，集团公司党组决定金明权任中国石油集团测井有限公司党委书记、执行董事，胡启月任总经理，法定代表人变更为金明权。12月31日，中国石油集团油田技术服务公司（简称中油技服）为发挥中国石油测井业务整体优势，瞄准世界一流战略目标，促进测井业务高质量发展，决定将长城钻探国际测井业务和机构整建制划入中国石油集团测井有限公司，成立国际公司。"十三五"期间，中国石油集团测井有限公司的技术装备水平国内领先，打造形成中国石油测井成套装备CPLog，推出新一代远程测井地面系统，自主成像测井技术跨入多维高精度成像时代，获"改革开放40年中国企业文化优秀单位"称号。

2021年，中油技服智能导向研发制造业务、华北油田分公司测试业务和辽河油田分公司射孔业务划归中国石油集团测井有限公司，业务和市场范围进一步拓展，形成了国内国际双轮驱动市场局面。7月，中国石油集团测井有限公司深化内部专业化制度改革，整合研发、制造、物资装备、采购、质量安全监督和国际业务等资源。11月，集团公司批复同意中国石油集团测井有限公司中文简称调整为"中油测井"，英文名称由China Petroleum Logging Co., Ltd. 调整为China National Logging Corporation，英文简称为CNLC。2021年，中国石油集团的测井专业化重组、测井业务专业化整合和中国石油集团测井有限公司内部主体改革任务全面完成，国际国内协同高质量发展格局基本形成，经营业绩创历史最好水平。中油测井获评集团公司2021年度业绩考核A级企业，获集团公司"先进集体""科技工作先进单位""质量健康安全环保节能先进企业"等称号，实现"十四五"良好开局。

二、发展现状

中国石油集团测井有限公司是中国石油天然气集团公司独资的测井专业化技术公司，注册地西安高新技术开发区。

2021年,中国石油集团测井有限公司深化改革,调整优化本部机关机构职能,推进公司辅助保障系统建设,整合资源,调整二级单位组织结构,有本部部门14个、二级单位19个。本部部门分别是办公室(党委办公室、维稳信访办公室)、人事处(党委组织部)、规划计划处、市场生产处、科技处、物资装备处、评价信息处、质量安全环保处、财务资产处、企业法规处、国际合作处(外事办公室)、审计处、纪委办公室(党委巡察办公室)、党群工作处(党委宣传部、企业文化处、工会、团委)。19个二级单位中,有长庆分公司、西南分公司、新疆分公司、天津分公司、辽河分公司、大庆分公司、吐哈分公司、华北分公司、塔里木分公司、青海分公司、吉林分公司、国际公司12个工程技术服务单位,测井技术研究院、地质研究院、制造公司3个技术创新单位,物资装备公司、质量安全监督中心、培训中心(党校)和生产服务中心(机关事务部)4个支持保障单位。机关事务部内设档案馆、信访维稳中心、人事服务中心(社会保险中心)、党建研究所、科技服务中心、评价信息服务中心、应急保障支持中心(智能支持中心)、健康服务中心、会计服务中心、定额造价中心、测井产业经济研究所、审计中心、纪检中心、新闻中心14个辅助保障单元。

中油测井在册员工11432人,其中合同化员工9622人、市场化用工1810人。管理人员2837人,专业技术人员4683人,技能操作人员3912人。高级职称以上2102人,中级职称4187人;硕士博士942人,本科5354人。拥有各类作业队伍856支,其中综合测井队445支、裸眼测井队419支、生产测井队56支、射孔队103支、录井48支、随钻测井队46支。成套测井装备1052套,其中完井测井装备577套、生产测井装备217套、射孔装备182套、随钻装备37套、录井装备39套。井下仪器26910支,工程技术服务车辆及拖橇共计2714台,含一体化测井车943辆、工程车774辆、拖橇49台,装备新度系数0.14。国内主要服务于中国石油16家油气田、5家钻探总包及合作区块,壳牌、道达尔等反承包项目,以及中国石化、中国海油、延长石油、部分民营油公司等集团外部市场,具备年10万井次以上施工作业能力,海外主要服务于中亚、南亚、中东、非洲、南美的19个国家。装备制造具备年产30套CPLog快速与成像测井装备、10套FELWD随钻测井系统、20套旋转导向组装、30套随钻系统平台、30套生产测井装备、200套测井工艺工具、200万发射孔弹、50万米射孔枪和10万件接头、180套钻井参数监测仪、120套井场和测井车视频监控系统的能力,机械加工能力45.3万工时。射孔器材销往美国、土库曼斯坦、泰国等37个国家。

(马东明)

中国石油集团测井有限公司2021年工作情况

2021年,中油测井贯彻集团公司党组关于测井改革创新发展要求,落实技服企业支撑保障国家能源安全和高质量发展两大任务,践行"服务油气、保障钻探"职责使命,锚定世界一流目标,坚持党的全面领导,推进改革创新发展,大力实施市场导向、创新驱动、精益管理、人才强企、数字转型、国际发展"六大战略"。推进测井业务"十大工程",强化党建工作"十项任务",推进数字化转型、智能化发展,国际国内协同高质量发展格局初步形成,公司治理体系和治理能力进一步优化,高质量布局基本完成。全面完成集团公司测井业务专业化整合和中油测井内部主体改革任务。党建引领保障作用更加有力,各项工作取得丰硕成果。各类作业同比增长5.34%,全年完成产值105亿元,实现收入92.2亿元、考核净利润2.21亿元,创历史最好水平。完成集团公司下达的各项考核指标，实现"十四五"良好开局。

业绩指标。中油测井2021年完成各类作业87597井次，同比增长5.34%。其中：裸眼测井20579井次，同比增长2.51%；生产测井13563井次，同比增长0.38%；工程测井24395井次，同比增长8.57%；射孔28573井次，同比增长7.44%；录井487口，同比下降4.32%。随钻测井222口，同比增长21.98%；桥射联作2067口/20877段，分别同比2020年增长17.11%和37.02%。仪器一次下井成功率99.62%，测井一次成功率97.95%，曲线优质率99%。制造仪器652台（套/支）、射孔弹180万发、射孔枪50.63万米。完成总产值105.2亿元，同比增长11.34%，实现收入92.2亿元、考核净利润2.21亿元，上缴税费2.02亿元，累计投资9.28亿元，完成集团公司下达的业绩考核指标。

市场开发。中油测井实施市场增量考核，与13家单位签订战略合作、关联交易协议，大庆油田实现测井业务链全覆盖，长庆油田随钻测井工作量同比增长56.67%，华北油田实现低效井治理一体化大包服务，新疆油田、吐哈油田地质导向市场突破，海上项目产值同比增长80.87%，储气库高端测井产值同比增长84%。川渝页岩气市场占比提高14%，苏里格市场占有率100%。新市场开放区块工作量全部承揽，竞争性市场占有率稳中有升，高端技术产值占比19.3%。成功开拓28个新市场，外部市场收入首次突破2亿元。

海外测井业务。中油测井与长城钻探完成国际测井业务划转，整合内部国际业务，以CNLC品牌统一运营。召开中国石油海外业务测井技术与应用研讨会，与长城钻探、川庆钻探等企业签署联管协议，海外市场中标113次，新签合同额2.74亿美元。尼日尔、乍得、伊拉克市场工作量同比增长30%，苏丹、南苏丹和古巴多个市场主力合同顺利续签，海外收入同比增长31.9%。乍得项目引入核磁测井，跨国装备协调13批次，装备利用率同比提升12%。成功应对乍得、巴基斯坦、南苏丹等国家突发事件，海外市场当地化率77.6%。完善海外项目升级管理和应急处置方案，实现全年境外社会安全零事故、零伤亡。中油测井境外社会安全在集团公司五维绩效考核中提升至卓越级。

生产组织。中油测井加快测井生产智能支持系统EISS持续建设，以井为中心组织生产，基本形成2小时生产高效保障圈。大力推广过钻具存储式测井、旋转导向等技术，规模应用插拔式快速井口、模块化射孔器等工具，全面应用桥射联作2.0、直推式和爬行器等工艺。在长庆苏里格、川渝页岩气、冀东油田等市场实行"六统一、三共享"（市场统一、资源统一、统一生产组织、统一技术要求、统一后勤保障、统一费用结算，人员共享、队伍共享、设备共享）。开展重点区域大丛井"四提"（提质、提速、提产、提效）劳动竞赛，测井综合提速3.45%，单队创效同比提高8.8%，在施工作业中创造83项新纪录。服务保障大庆古龙、长庆陇东、新疆吉木萨尔页岩油和川渝页岩气等区域非常规油气及尼日尔、乍得等CNPC海外重点油区勘探开发。测井方面，自主研发的高温高压微电阻率成像测井，解决西南油气田剑阁1井高温高压小井眼测井"卡脖子"难题；刷新亚洲陆上最长水平段——长庆油田华H90-3井5060米旋转导向及最长裸眼存储式测井两项新纪录，储层钻遇率88%和存储测井作业一次成功率100%；在塔里木油田轮深3井创造CPLog系列区域温度最高186.4℃新纪录。射孔方面，在长庆油田靖45-23平台创24小时完成桥射联作施工30段、单机组单日完成桥射联作施工10段国内纪录；在西南油气田威204H51-1井实现一次入井19级点火（1个桥塞+18簇模块化射孔枪）单次入井簇数最多的国内纪录；在新疆油田JHW05811井以单日最多施工15段打破5500米以上平台深井桥射联作施工单日段数最多纪录；在中国海油南海西部油田涠洲11-2-C4H井共计使用射孔弹20827发，实现单次下井射孔弹11326发，创国内单井和单趟使用射孔弹最多纪录；在西南油气田双探6井创下国内油管爆炸切割作业井深最深（斜深7784.5

米/垂深7449.3米）、施工井底压力最高（139兆帕）两项纪录。

技术研发。中油测井打造CPLog、CIFLog两大品牌，设立科技创新基金，试点"揭榜挂帅"机制，实施科技型企业岗位分红激励和"平台+项目"管理模式，集中攻坚"1025专项"、补强能源技术装备短板、关键技术"卡点"三类重大项目，高灵敏度声波换能器、高温测井芯片、高性能中子管、智能地质测导等一批关键核心技术取得新突破并成功应用，超高温高压小直径测井系统、随钻远探测电阻率成像装备取得重要研究成果。研制1套地下与井中地球物理勘探技术与装备，满足3000米深层矿产探测；开发1套测井智能化作业系统，仪器串井下作业在国际上率先进入"无人驾驶"时代；多维高精度成像测井系统发布，CIFLog-Lead采集软件实现国际化，成像智能处理取得新突破，大数据平台建设取得新进展。中国石油测井院士工作站挂牌，以李宁院士团队为基础组建高层次研发平台；承办中国石油测井科技创新大会，与中科院、中国石油大学（北京）等13家高校院所签订长期战略合作框架协议，大力推进协同创新，测井生态圈建设步入"快车道"。全年承担国家、集团公司、专业公司及地区公司等各级科研项目103项，研发投入强度4.8%，授权专利89件、取得软件著作权42件。CPLog多维高精度成像测井系统获集团公司十大科技创新成果，亮相国家"十三五"科技成就展。

装备制造。中油测井聚焦装备制造五大体系建设，形成"制造+服务"新模式，梳理总结4大类170种产品的目录清单；利用进口高端仪器联合制造、爬行器技术转让制造、RCD&RCB固井质量测井仪联合制造等多种形式补齐短板技术制造能力；2条新建的大型机械加工和电路板焊接自动化生产线和射孔枪自动化加工线已逐步投产运营。成功研制国内首个射孔弹传爆孔自动封贴装置；自制核磁探头、自主绕制三维感应、阵列感应线圈，打破插拔式井口快速连接装置国外公司垄断；APS电磁波随钻仪钻铤与电路实现自主化；实现岩性密度探头、极板体、UPA涡轮3D打印，形成超大件到超微细件金属3D打印能力；建立高速采集测井芯片封测工艺实现自主化封装，掌握200摄氏度封装工艺，初步形成高温厚膜电路封测制造和检修能力。2021年制造仪器652台（套/支）、射孔弹180万发、射孔枪50万米。

解释评价。中油测井围绕"五油三气"等重点领域和海外五大合作区，建立重点探井测井专家支持系统、井筒质量云服务等应用场景，加强标准化体系建设，深化测井数据库应用，实现测井数据定向安全共享；与油田签订横向课题173个，创新深层超深层领域复杂碎屑岩评价技术，攻关多类型页岩储层测井评价技术，推广应用低阻低饱和度评价技术，拓展测井地质综合研究和针对性攻关，增强靠前研究服务保障能力。创新页岩含油性评价技术，助力塔北富满、长庆环西、大庆古龙页岩油、准噶尔南缘、川中太和气区等国内重点领域勘探突破以及巴西风险勘探区首口探井勘探发现，助力国内风险探井呼探1井、米探1井、角探1井、萨探1等井取得重大突破和发现。借鉴古龙页岩油测井解释评价思路，成功解释重大发现井平安1井；陇东地区通过成果共享完成405口老井复查，10口井井位部署，有效促进鄂尔多斯盆地铝土岩天然气勘探快速突破，取得重要发现。围绕油气田开发老区开展测井再评价21992井次，发现潜力层5816个，见效井732口，落实有利区95个。完成12万余口老井数据入库，超额完成当年入库治理目标3个百分点。完成集团公司、勘探与生产分公司、中油技服11983井次固井质量统计数据上报。累计裸眼井解释15319井次（国际888井次），同比增长11.26%，解释油气层218303层/2054794.3米，探井解释符合率为87.53%，开发井解释符合率为96.68%，成功解释发现井、高产井133口。

信息建设。中油测井以建设"数字中国石油测井"为目标，将数字技术融入市场、研发、制造、采集、解释、安全、经营、党建全业务链。

测井EISS全面上线应用。构建统一研发数字化平台，打造具有测井特色的车载岩心实验室。开展测井装备全生命周期管理系统建设，完成PDM、MES、WMS和MRO 4个系统数据互联互通测试。建设测井专业软件云平台，实现Techlog、Petrel、Eclipse等专业软件集中共享和云化应用。完成ERP系统变更实施工作，有效保障经营运行和结算等工作，开展海外工程作业系统迁移。启动测井数据湖建设方案编制，测井数据湖试点运行；推进测井广域网3.0建设通过试点；协同办公系统、会议管理、招标管理等7个典型场景完成应用，扩展视频会议云化功能，实现海外员工远程在线交流、安全承包联系点例行远程检查、线上线下一体化同步培训等功能；开展5G网络建设，推进集团北斗导航能源安全生产综合系统建设，完成集团网络安全域3.0项目建设。

安全环保。中油测井落实"四全"要求，压茬推进安全生产和油气水井质量三年专项整治、反违章专项整治行动，强化安全生产记分管理，落实安全生产承包责任。引进挪威船级社（DNV）开展第三方审核，实现国内、海外QHSE管理体系一体化认证，建成测井专业井控培训中心。开展核酸检测33000余人次，疫苗接种超过12000人次，实现国内及海外、员工及家属"零疫情、零感染"工作目标。

实现一般A级及以上生产安全事故、火灾爆炸事故为零的工作目标。依据国标升级更新环保型智能源罐558个；应用"互联网+"放射性物品安全管理模式纠正违章行为；送贮放射源76枚，检测放射源778枚，改造非亲磁性放射源13枚。民爆物品全过程运行数据实现在线管控。增加200套行车主动预警系统。突出大气污染物及温室气体减排、"三废"污染防治，危险废物全部合规处置，配置污水处理设施13套、危废暂存库25个、生产测井车载污水回注系统31套等，治理生态环境隐患17项，确保一般C级以上突发环境事件和环境违法违规事件为零，污染物控制指标达标。检测评估职业危害场所125个、辐射剂量计14048个（次），组织4010名员工进行职业健康体检，实现"零职业病"工作目标。

业务资源整合。中油测井以"国企改革三年行动"为契机，研究部署"深改革化年"10项重点改革任务，改革三年行动24项任务完成率91.5。整合9个单位研发资源成立新的测井技术研究院，统一技术研发平台；整合7个单位制造业务成立制造公司，建设4个智能制造工厂；成立物资装备公司集中管理各单位物资装备工艺；成立物资采购中心建立物资集中采购管理运行机制；成立质量安全监督中心，整合专用计量检定、质量检验和QHSEE监督资源，实施全产业链"异体监督"；成立国际公司，整合4个单位的海外业务，形成非洲、中东、中亚、亚太、美洲五大区战略布局，建立"国际公司—大区—作业区"运行模式；将测井应用研究院更名为地质研究院，整合5家单位岩石物理试验资源；完成本部职能、二线领导项目制、任期制和契约化改革，二三级领导人员全部签订任期责任书和岗位聘任协议。调整本部部门职能，压减二三级机构5%，2560名员工平稳实现"人随业务走"，夯实五项职能基础。初步实现主营业务归核化、区域资源集约化、企业管理精益化、责任分工清晰化、队伍建设专业化。

企业管理。中油测井完成"十四五"总体规划、12个专项规划等编制。对标世界一流管理，实施提升公司治理能力78项重点任务，综合管理体系正式运行。发布中油测井定额造价管理手册，加强税收筹划和资金运作，化解海外汇率风险，实现增收10.12亿元、节支5.51亿元、创效3.08亿元。完成国内财务共享业务全承接和海外共享业务上线运行，成为集团公司首家国内、国外共享业务全承接的单位。组建审计中心，建立健全大数据审计管理体系，采取嵌入式、"1+N"审计组织方式，集中开展经济责任等6类135个审计项目，审计资金140.73亿元，审计费用同比下降66.75%。基本建立雇主品牌核心价值体系，变更英文名称及中英文简称，规范以中油测井（CNLC）为主的三级品牌框架体系。在尼日尔项目推介CPLog品牌，参加第九届全国品牌故事大赛获二等奖，中油测井入选西安工业培育品牌企业。

支持保障。中油测井投入9126万元维修改造37个一线基地生产设施和31项用餐、住宿等生活配套设施维修改造。荔参1井测井试验基地按计划推进，轮台多功能工房、陇东民爆品库、定边生产工房等基建项目如期竣工。成立健康服务中心，对8353名40岁以上员工进行心脑血管疾病专项筛查体检，建立体检档案1.75万份；建成20个员工"健康小屋"，配备除颤仪、氧气瓶等设备。新建6口具有加温加压功能的固井质量标准井群和2口声波标准井，购置并安装10台水泥胶结刻度装置、2套感应刻度装置；完成自然伽马和中子孔隙度两项行业最高标准装置资质复审，研制成功国内首套可控源氚—氘量值传递仪器，保持测井计量的先进性。

党建工作。中油测井深入开展党史学习教育活动，落实"第一议题"制度，专题学习研讨党的十九届六中全会、习近平总书记"七一"重要讲话以及关于中国石油和中国石油相关工作的重要指示批示精神。围绕党建"四化"任务"四个优化提升"，强化政治建设、思想建设、队伍建设、组织建设、廉政建设、文化建设、工会工作、青年工作、综治维稳、本部建设等党建工作"十项任务"。举办庆祝建党100周年10项庆祝活动。召开中油测井第四次党代会，完成"两委"换届选举，研究部署今后一个时期党建工作总体思路和目标任务。举办"四史"及新中国石油工业发展史专题读书班，组织体验式红色学习教育，深入推进"我为员工群众办实事"实践活动807项，其中重点民生问题83项。推进人才强企工程，研究实施组织体系优化提升、八类人才专项工程、人力资源价值提升、分配制度深化改革4个方面44项措施，优化干部队伍结构，3批次调整中层领导人员226人次；深化"双序列"改革，聘任专业技术岗位人员4078名，占比35.4%；与西安交通大学联合筹建博士后创新基地，精准引进关键核心岗位高校毕业生115人，引进"高精尖缺"人才29人，共建共享全能型工程师队伍103人，构筑八级技能操作人员晋升通道。编制《推进基层党建"三基本"建设与"三基"工作有机融合实施方案》，细化8方面28项具体任务。迎接集团公司党组巡视和选人用人、巡察专项检查，对公司5家所属单位党委和本部党委、47个党（总）支部开展巡察，全年受理信访举报和问题线索比2020年下降42%。成立中国石油报驻公司记者站，推进媒体传播体系和舆情管控体系建设。组织第二批乡村振兴驻村工作队进驻燎原村。《党建工作与科研生产深度融合的探索实践》获集团公司党建研究成果一等奖。

群团工会工作。中油测井落实7项职工代表提案及30项工作建议，引导职工主动参与企业治理。紧扣工程创优等7个方面开展劳动竞赛，建成职工创新工作室20个。帮扶低收入家庭745户次，发放帮扶金276.7万元，坚持10年为全体女工参加互助保障，4项险种累计赔付768人次74.13万元。举办第十届陕西省"测井杯"职业技能大赛，举办青年骨干培训班，实施青年科技英才"人才+项目"培育。牛承东创新工作室获2021年陕西省示范性创新工作室，侯江涛获陕西省五一劳动奖章，谢小丽获集团公司"感动石油巾帼风采"人物。

社会责任。中油测井巩固拓展脱贫攻坚成果与乡村振兴有效衔接，有序完成驻村队员轮换，投入资金壮大集体经济，科学管理食用菌基地实现盈利，消费扶贫499万元，助力乡村振兴再发力，燎原村集体经济合作社食用菌基地边生产边建设，实现当年见效的良好开局。中油测井驻村工作队获陕西省脱贫攻坚先进集体，参与的汉中合力团获"全国脱贫攻坚先进集体"称号。

（蔡成定）

特 载

贯彻"两个一以贯之" 推进改革创新发展
以高质量党建引领保障世界一流测井公司建设

——金明权在中国共产党中国石油集团测井有限公司
第四次代表大会上的报告（摘要）

（2021年11月30日）

中国共产党中国石油集团测井有限公司第四次代表大会，是公司党委在深入学习贯彻党的十九届六中全会精神、扎实开展党史学习教育、全面实施"十四五"发展规划并实现良好开局胜利在望的关键时期，召开的一次十分重要的大会。

大会的主要任务：以习近平新时代中国特色社会主义思想为指导，深入贯彻党的十九大和十九届二中、三中、四中、五中、六中全会精神，总结公司第三次党代会以来的主要工作和重要经验，研究部署今后一个时期加强党的全面领导、提升党建工作质量的总体思路和目标任务，团结动员公司全体党员和职工群众进一步统一思想、转变观念，攻坚克难、砥砺前行，锚定一流目标，深化改革创新，为高质量建设世界一流测井公司而努力奋斗。

一、过去五年的主要工作

自2016年11月公司第三次党代会以来，公司党委全面贯彻习近平总书记对中国石油的10次重要指示批示精神和全国国有企业党的建设工作会议精神，认真落实陕西省委、集团公司党组决策部署和中油技服党委工作要求，用新思想指导新实践，以新理念引领新发展。特别是党的十九大以来，按照"一年补短板强弱项、两年抓巩固促提升、三年抓深化上水平"工作思路，连续三年聚焦党建"四化"任务，稳扎稳打、压茬推进，有力保障科研生产任务完成，实现"十三五"圆满收官、"十四五"平稳开局。

（一）强化理论武装，政治引领提升新高度

坚持用新时代党的创新理论武装头脑、指导实践、推动工作，把党中央重大决策部署贯彻到公司经营管理、改革发展全过程。一是政治建设强根铸魂。建立学习贯彻习近平总书记重要讲话和指示批示精神的"第一议题"制度，两级党委第一时间组织党委会、党委扩大会、党委理论中心组学习等会议，开展专题研讨、制定落实举措，把习近平总书记"七一"重要讲话精神和对中国石油的10次重要指示批示精神，转化为"服务油气、保障钻探"的具体行动和实际成效。二是理论学习走深走实。采取个人自学、辅导讲座、专题调研、体验式学习等方式，推进两级党委理论中心组学习规范化、制度化、常态化，组织到梁家河、照金等红色教育基地开展体验式学习，举办"向大庆文化传统学什么"专题讲座，进一步增强"四个意识"，坚定"四个自信"，做到"两个维护"。三是主题教育入队进岗。按照中央和集团公司党组部署，深入推进"两学一做"学习教育常态化制度化，建立"不忘初心、牢记使命"主题教育长效机制，扎实开展党史学习教育，持续推动党的创新理论进支部、进车间、进班组、进头脑。四是政治生活严肃认真。贯彻新形势下党内政治生活若干准则，及时向组织报告领导人员个人事项等情况。严格执行"三重一大"事项决策规定和民主集中制，将党组织集体研究作为重大决策前置程序，做到科学决策、民主决策、依法决策。5年来，公司党委组织召开党委会126

次，研究"三重一大"决策事项636项。公司党委理论中心组集体学习79次，专题研讨20次。运用新理念指导实施一揽子改革发展举措，确保公司科技创新、深化改革、人才强企、安全环保等重点任务始终沿着正确的政治方向推进。

（二）发挥党委作用，改革创新取得新成果

充分发挥党委把方向、管大局、促落实领导作用，把党的领导融入公司治理全过程，将党委工作专章写入公司章程，稳妥推进改革创新工作。一是完成专业化重组。在集团公司党组的坚强领导、中油技服党委的大力支持下，先后两次持续推动测井业务专业化重组整合，公司全面完成中国石油国内、国际测井业务的统一管理。持续推动吐哈油田、华北油田测试业务和辽河油田射孔业务划转接收，进一步拓展测井业务链、提高市场占有率。二是实施归核化改革。认真贯彻落实集团公司决策部署，结合实际确定4个方面24项改革任务，深入推进改革三年行动，按照归核化、专业化原则，稳妥实施10项重点改革任务，涉及改革人员2560人，占员工总数的22%，基本实现"五化"目标，为公司高质量发展赋新能。三是布局数字化转型。编制公司数字化转型总体方案，布局"5327"工程，全面应用智慧党建、共享平台、协同办公等系统，信息化建设在公司生产经营管理中发挥了重要作用。推进测井大数据平台建设，发布测井大数据平台规范，完成5万余口井历史测井数据入库，全面推进50万口井新老数据应用，解释评价工作质量和时效大幅提高。四是推进智能化发展。接力开展智能地质测导系统研制，建立以井为中心的测井生产智能支持系统EISS，升级智能制造，国内首条测井行业自动化制造生产线建成并投产运行，29种仪器、274种零件实现批量生产，实现效率、效益、效能三提升。5年来，党对测井改革创新工作的领导落到实处，专业化、一体化发展优势凸显，CPLog成套装备和CIFLog软件平台已成为测井找油找气的利器，国内最大、全球第三的专业化测井公司地位得到巩固。公司聚焦发展主营业务，三项制度改革加快实施并凸显成效，"三供一业"等剥离企业办社会职能全面完成。

（三）坚持党管人才，队伍建设呈现新面貌

大力实施人才强企工程，人才队伍持续优化调整、梯队建设稳步推进、队伍素质大幅提升。一是经营管理队伍结构更加优化。5年来，严格按程序选拔140人次、调整交流200人次，基本配齐二级正副职，干部平均年龄为47.2岁，较2017年专业化重组后干部平均年龄下降3岁。建立公司《领导人员任期制和契约化管理实施细则》，两级领导班子成员实现任期制和契约化管理全覆盖运行。在公司范围内两批次公开招聘本部和辅助保障单元工作人员108人，平均年龄34.7岁，本部工作人员能力和结构得到优化提升。二是技术技能队伍机制更加灵活。全面实施"双序列"改革，专业技术人员4783名，占比41.5%。改进科技项目立项管理模式，建立"揭榜挂帅"机制。制定青年科技英才培养方案，量身定做培养计划，测井技术研究后备力量得到有效接替。持续推进技能晋级计划、创新创效能力提升计划和"石油名匠"培育计划，构筑从初级工到集团公司专家八级技能操作人员晋升通道。三是工程师队伍成长更加畅通。成立工程师管理中心，初步形成一套集培养教育、管理使用与服务保障于一体的管理体系，打造了一支3梯次80人的全能型工程师队伍。编写培训教材5类77种，建立岗位培训矩阵5个67项，在西部地区探索市场化用工机制，逐步解决人力资源不均衡问题。5年来，结构合理、年龄适中的公司人才梯队已经形成，有效激发干事创业活力的激励机制成效明显，"德配其位、能岗相适、五湖四海、实干担当"的用人导向深入人心，为高质量发展注入了强劲动力。

（四）凝聚思想共识，和谐稳定助力新发展

加强思想政治工作，发挥群团组织优势，把民生工程打造为民心工程，构建和谐测井大家园。一是抓思想、聚合力。连续两年组织开展员工思想状况问卷调查活动，坚持每年一个主题自上而下开展全覆盖的形势任务教育，引导干部员工认清发展形势、转变思想观念、强化履职尽责。严格落实意识形态责任，开展敏感信息大清理，坚决抵制各种错误思潮。扎实做好特殊时期、敏感时段的思想政治工作，及时化解矛盾。二是促融合、鼓干劲。建立公司统一的测井形象识别系统，持续推进思想、理念、目标、制度、行为、文化、标识、品牌八个融合，"测井一家人"的理念深入人心。成立中国石油报社驻公司记者站，连续3年在集团公司工作会期间，整版宣传测井专业化重组新业绩、新作为、新形象，在《科技日报》、人民网等主流媒体刊发聚焦融合、创新、改革深度报道661篇，展示了良好企业形象。三是架桥梁、保权益。坚持实施以职工代表大会为基本形式的企业民主管理制度，征集并答复落实职工代表提案41件，协调解决集体户职工子女上学、樱花园遗留事项处理、员工健康管理等职工关注的问题。开展专项劳动竞赛及岗位练兵，举办陕西省测井杯职业技能大赛，建成公司级以上职工创新工作室19个。持续推进"4+2"基层职工文体阵地建设，累计投入专项资金1265万元。举办年度职工文艺汇演、球类竞技等大型文体活动，在基层经常性开展积极健康、寓教于乐的小型文体活动，强健体魄、鼓舞士气。深入开展帮扶慰问活动，累计帮扶3796人次，帮扶资金1438.64万元。四是搭平台、激活力。广泛开展"创新发展·青年担当"主题实践活动，举办青年科技创新论坛、青年学术交流会，深化青年创新创效，青年创新意识和能力明显提高。9名青年成为集团公司青年科技英才，53名"青年创客"脱颖而出，青年创新成果获中央企业熠星创新创意大赛优秀奖。五是履责任、展形象。积极参与陕西省"三县一村"脱贫攻坚和乡村振兴，先后派驻2批7人入村工作，累计捐赠扶贫资金1543.1万元，开展项目30多个，消费扶贫超1000万元，直接受益贫困户近万人，公司驻村工作队荣获"陕西省脱贫攻坚先进集体"称号、参与的汉中合力团荣获"全国脱贫攻坚先进集体"称号，国企的责任和担当充分彰显。5年来，公司涌现出全国劳动模范李鹏、集团公司特等劳动模范谢小丽、陕西省"驻村联户扶贫工作优秀第一书记"李挺、"陕西产业工匠人才"牛承东等一批先进个人，先进典型示范引领作用充分发挥，和谐稳定发展氛围更加浓厚。

（五）夯实基层基础，战斗堡垒实现新巩固

聚焦党建"四化"，推进"四个转变"，促进"四个优化提升"，三年不换频道，一年一个台阶，基层党建持续加强，党建质量有效提升。一是"体"的系统得到整合。按照"党群工作十法"统筹落实党建工作"十项任务"，目标、任务、制度、流程等各种工作要素的有机联系更加紧密，构建了党建工作与科研生产深度融合体系。二是"面"的制度得到固化。完成10大类124项党建制度文件汇编，建立完善定期了解和掌握工作进展的党群例会制度，严格执行"三会一课"、主题党日、双重组织生活、党建"三联"等制度，有力保障科研生产重点任务完成。三是"线"的标准得到加强。开展工作大调研、制度大梳理、业务大培训、成效大考核，强化党组织书记抓基层党建述职评议，建立党支部达标晋级评价细则，实行党支部书记持证上岗，推广应用党建信息化平台，促进党支部建设标准化规范化。四是"点"的经验得到推广。连续三年举办党群干部培训班，连续三年召开本部党委扩大会，连续四年举办系列专题党课，本部党委连续三年开展分片包队安全教育，探索形成了党建联盟"共商共建共享共赢"的基层党建新格局，总结提炼了以双带、双培、双考为内容的"三双"工作法等基层党建经验做法，以党建促业务、以业务强党建。5年来，公司党委发展党员496人，所属单位基层党组织认真落实按期换届制度，做到应换尽换，217名党支部书记持证上岗，1261个作业队（班组）实现党员全覆盖。13个基层党组织荣获省部级表彰；41人次荣获省部级优秀共产党员、优秀党务工作者称号。12项党建及思想政治工作研究成果获得集团公司表彰，党组织的创造力、凝聚力和战斗力持续增强。

（六）狠抓责任落实，从严治党取得新实效

充分发挥高质量发展过程中的纪律保障作用，营造风清气正的良好发展环境。一是反馈问题彻底整改。集团公司党组2016年巡视公司党委所反馈的6个方面11项35个具体问题，全部按时间节点完成整改，巡视移交的14件问题线索全部按要求限期办结。二是两个责任逐级靠实。制定

《公司党委落实全面从严治党主体责任清单》，推动全面从严治党向纵深发展。组织领导干部和党员签订党风廉政建设责任书并实现全覆盖，制定《纪委书记述职考核管理办法》促进履职尽责。深化两级管理部门和重点业务领域的廉洁风险防控，梳理廉洁风险点2657个，制定业务风险防控措施3610条，初步实现人、财、物、事等各经营管理领域全覆盖。三是作风建设持续加强。修订公司公务用车配备使用、业务招待、因公出国等管理办法，制定公司解决形式主义突出问题为基层减负的十三条措施，落实集团公司改进会风文风十四条措施，更多基层干部把时间精力投入到改革发展具体任务中来，在"我为员工群众办实事"实践活动中，列出办实事清单330项、解决急难愁盼问题67个。四是内部巡察效果明显。建立公司巡察人才库，制定巡察工作实施办法、巡察成果运用实施办法等一系列巡察制度，5年来开展7轮巡察，覆盖20个单位、296个党支部，发现各类问题498个，收到信访举报20件，移交问题线索5件，提出整改建议121条，以巡察整改促进作风深入转变。五是"三不"机制有效推进。5年来，公司纪委共受理信访举报260件，处置问题线索183件，立案33件，"四种形态"处理分别占比79.8%、15.5%、3.1%、1.6%。落实业务部门"直线责任"，召开监督部门联席协调会，围绕业务重点领域开展专项检查，制度的笼子越扎越紧。以"四个专项教育"为抓手强化廉洁从业教育，抓实提醒谈话教育，撰写剖析材料以案促改，明底线、知敬畏、守纪律的氛围日渐浓厚。

5年来，公司党建与科研生产有机融合、双促共赢，整体工作取得新成效：服务保障成效凸显，累计施工作业44.6万余井次，集团公司重大油气发现参与率100%，为集团公司形成"3个1亿吨"油气生产格局贡献了测井力量。科技创新成果丰硕，9项成果获集团公司自主创新产品称号，4项成果入选"中国石油十大科技进展"，41项成果获省部级以上科技奖励，CPLog成套装备成功亮相代表我国科技创新最高水平的"十三五"科技创新成就展。经济效益稳中向好，累计创效21.78亿元，年产值最高达101.2亿元，年收入最高达86亿元，年净利润最高达2.44亿元。安全生产态势平稳，连续四年荣获集团公司"质量安全环保节能先进企业"称号。合规管理显著加强，优化完善管理制度339项，依法依规办企业的理念形成共识。员工队伍和谐稳定，石油工业优良传统在公司得到继承和创新，干事创业精气神得到充分凝聚。公司连续三年党建责任制考核获评集团公司A级，荣获"改革开放40年中国企业文化优秀单位"、集团公司"宣传思想文化工作先进集体"称号，继续保持"全国文明单位"称号，取得"双文明"建设丰硕成果。

5年来，我们在科技创新、深化改革、提质增效、安全生产、抗击疫情、脱贫攻坚及乡村振兴等大战大考中迎难而上、砥砺奋进，交出了一份份务实的时代答卷。我们深深感受到，实现高质量发展：一是必须强化政治建设方向不能偏。旗帜鲜明讲政治，以政治建设为统领全面加强党的建设，把党的政治建设贯穿于生产经营全过程，把稳高质量发展方向。二是必须锚定一流目标信心不能减。以"管理一流、技术一流、服务一流、品牌一流、业绩一流、文化一流"为奋斗目标，助推中国石油测井业务做强做优做大，增强高质量发展底气。三是必须推进人才强企基调不能变。坚持党管干部、党管人才，持续抓好三支人才队伍建设，让事业激励人才、让人才成就事业，激发高质量发展活力。四是必须抓基层打基础力度不能降。牢固树立大抓基层的鲜明导向，深入推进基层党建"三基本"建设和"三基"工作有机融合，把党的基层组织内嵌到生产经营各领域，夯实高质量发展基础。五是必须赓续精神伟力初心不能改。大力弘扬石油精神和大庆精神铁人精神，筑牢"根"和"魂"，把精神力量转化为改革创新、攻坚克难的不竭动力，凝聚高质量发展合力。六是必须推动从严治党步伐不能停。把纪律和规矩挺在前面，推动全面从严治党向纵深发展、向基层延伸，营造风清气正良好政治生态，创造高质量发展环境。

二、面临的形势任务

今后几年，是公司高质量建设世界一流测井公司的关键时期。我们要准确把握新发展阶段、全面贯彻新发展理念、加快构建新发展格局，坚持和加强党的全面领导，持续提升基层党建工作质量，助推改革创新发展，用高质量党建引领保障高质量发展。

贯彻"两个一以贯之"是保障国家能源安全的根本指引。党的十八大以来，面对能源供需格局新变化、国际能源发展新趋势，

习近平总书记从保障国家能源安全的全局高度，创造性提出"四个革命、一个合作"能源安全新战略。随着我国油气对外依存度分别突破73%和43%，能源安全问题日益突出。今年，习近平总书记到国家能源集团榆林化工有限公司考察时强调，能源产业走绿色低碳发展道路；在胜利油田考察时强调，能源的饭碗必须端在自己手里。总书记先后对中国石油作出10次重要指示批示，明确指示要"大力提升勘探开发力度"。作为国内最大的专业化测井公司，我们承担着支撑保障国家能源安全的神圣职责，担负着引领行业高质量发展的时代重任。必须贯彻"两个一以贯之"，认真落实党中央重大决策部署，胸怀"国之大者""企之要情"，积极投身"七年行动计划"，加快融入海外业务"二次创业"进程，全力支撑油气高效勘探和效益开发。深化管理体制机制改革，建立顺畅高效的管理体制和组织体系，推动测井行业技术水平、服务能力提升，坚决做党和国家最可信赖的找油找气先锋。

率先建成世界一流是落实陕西省委要求和集团公司部署的现实需要。面对我国发展阶段之变、国际格局调整之变、能源行业转型之变，陕西省委和集团公司党组对"十四五"及中长期改革发展进行总体安排，明确"建设世界一流综合性国际能源公司"战略目标和"两个阶段、各三步走"战略路径，大力实施"创新、资源、市场、国际化、绿色低碳"五大战略，统筹推进"发展、调整、改革、管理、创新、党建"总体工作布局，作出"着力高水平科技自立自强、全力加强市场营销、实施人才强企工程"等一系列重大部署安排。作为技术密集型企业，我们必须不折不扣落实集团公司党组部署，锚定世界一流目标，持续深化改革、坚持创新驱动，做强科技创新业务、做精装备制造业务、做优工程技术服务、做深测井应用业务，实现主营业务协调发展，不断提升科技创新能力、服务保障能力、单队作业能力和资产创效能力，为实现集团公司战略目标贡献测井样本和力量。

持续深化改革创新是实现公司战略规划的关键抓手。集团公司党组高度重视测井技术创新和业务发展，明确提出"测井公司要在2025年率先建成世界一流示范企业"，党组领导先后作出系列批示和要求，实施系列重大部署，支持公司发展。集团公司国内、国际测井业务由公司统一管理，测井业务国内外协调发展的基础更加牢靠；党组近一年内先后3次对公司领导班子进行补充调整，配齐职数；中油技服智能地质测导系统研发、制造业务部署到公司；中国石油测井院士工作站依托公司建设，李宁院士及其团队首批进站；中国石油测井科技创新大会、海外业务技术与应用研讨会由公司承办，将公司部署为测井原创技术策源地和现代产业链链长单位，引领测井技术进步和行业发展。上级的决策部署、关心支持和工作要求，为我们今后工作指明奋斗方向、明确重点任务。公司迎来了前所未有的发展机遇期，迈向世界一流的步伐更加坚定。

对照高质量发展和世界一流目标，公司当前主要存在四方面问题。一是科技创新差距大。原创性、基础性、前瞻性关键核心技术与国外还有较大差距。二是资产创效能力差。大而不强的问题亟待破解，突出表现在全员劳动生产率低。三是业务发展不平衡。一方面，四大主营业务发展不充分、不协调，服务业务"一枝独秀"、制造业务相对弱小、研发业务聚焦不够、应用业务力量分散；另一方面，国际化经营能力不够强，海外测井业务的规模和效益有很大提升空间。四是基础工作不牢固。公司近两年来发生多起安全生产事件和非工亡人事件，教训十分惨痛。

2017年以来，公司党委在建制度、促融合、抓班子、带队伍、聚人心等方面做了大量富有成效的工作，党建工作的实效性不断增强。我们也要清醒地认识到，党建工作中还存在不少突出问题，主要表现在：一是制度建设不够到位。有的

党组织制度的适应性、操作性不够强，一些党务工作流于形式，管理松散，党组织的凝聚力和号召力不够。二是队伍结构不够合理。干部队伍年龄结构尚待进一步优化；管理人员"三能"机制尚未建立；领军型技术人才紧缺；工匠型技能人才断层；年轻业务骨干不够。三是力量配备不够有力。在"强配"党务机构编制、"配强"专职党务干部方面不够平衡；有的单位党务干部成长渠道不畅，党务岗位对优秀年轻干部吸引力不强。四是作风建设不够严实。少数党员干部存在"等靠要、慵懒散、推拖拉、低老坏"等通病，存在形式主义、官僚主义作风。这些问题，在一定程度上削弱了党组织的凝聚力和战斗力，有的甚至成为腐败滋生的根源，我们必须勇于自我革命，下决心加以解决。

今后几年，公司党建工作的指导思想是：高举习近平新时代中国特色社会主义思想伟大旗帜，全面贯彻党的十九大和十九届二中、三中、四中、五中、六中全会精神，认真落实新时代党的建设总要求和新时代党的组织路线，贯彻"两个一以贯之"，坚持以新发展理念为引领，以推动高质量发展为主题，以改革创新为动力，以全面从严治党为保障，锚定世界一流目标，坚持"世界眼光、国际标准、测井特色、高点定位"，紧紧围绕公司"十四五"发展规划，大力实施"六大战略"、系统推进"十大工程"、持续强化"十项任务"、建立完善"五项机制"，着力打造党建与生产经营同频共振、相融互促的党建生态系统，把党的政治优势组织优势转化为竞争优势发展优势，为高质量建设世界一流测井公司提供坚强政治保证。

建设与生产经营有机融合、具有测井特色的党建生态系统，把方向、管大局、促落实，为公司高质量发展提供坚强保障。党建"四化"是基础。在巩固三年党建"四化"成果的基础上，提升"体面线点"的效能。"体"上，持续完善党的领导与公司治理有机统一的管理体系；"面"上，持续探索促进党建与科研生产融合的制度保障；"线"上，持续固化基层党建"三基本"建设与"三基"工作有机融合的工作标准；"点"上，持续总结具有测井特色的党建与生产相融相促的特色案例。"四篇文章"是重点。突出抓好市场、技术、管理、人才四方面工作。市场是立足之本，突出市场导向和国际发展，国内市场稳步提升，国际业务跨越式发展，建立起稳固的国内国际"双翼齐飞、两轮驱动"的市场新格局；技术是动力之源，突出创新驱动和数字转型，充分发挥科技创新支撑当前、引领未来的作用，推进测井数字化转型、智能化发展，实现测井技术从跟跑、并跑到领跑的战略性转变；管理是发展之要，突出精益管理，落实"四精"工作要求，深入开展对标一流管理提升行动，推进公司治理体系和治理能力现代化；人才是生存之基，突出人才强企，着力打造"三强"干部队伍、"四铁"技术队伍，形成人才辈出、人尽其才、才尽其用的生动局面。有机融合是支撑。测井业务"十大工程"和党建工作"十项任务"有机融合，"十项任务"内嵌到每项工程中，引领"十大工程"深入推进，用发展成果助推党建上水平。"五项机制"是保障。在测井改革发展实践中，逐步建立完善责任分工、统筹协调、人才交流、督查落实、激励奖惩五项机制，按照一年一个主题扎实推进。

具体目标是：

——党建质量持续提升。以党的政治建设为统领，以党建工作责任制为抓手，进一步压实管党治党政治责任，党的引领作用更加凸显，党建生态系统持续完善，形成一批基层特色党建品牌。

——发展活力不断激发。坚持科技立企和人才强企，强化党建引领，创新体制机制，建立"五湖四海、合作共赢"的发展共同体和创新生态圈，打造测井原创技术策源地和现代产业链链长。

——公司治理更加科学。把党的领导嵌入公司治理，持续推进治理体系和治理能力现代化，全力构建架构清晰高效、层级扁平精简、流程科学顺畅、体系规范完善的管理体制和制度体系。

——企业文化充满活力。以伟大建党精神为引领，以巩固精神文明创建成果为抓手，丰富拓展石油精神和大庆精神铁人精神内涵和外延，建立新时代具有中国石油测井特色的企业文化体系。

——和谐氛围日趋浓厚。坚持以人民为中心的发展理念，增强员工"主人翁"意识，惠民生、化风险、保稳定、促和谐,使发展成果更多更公平惠及全体员工,不断增强员工获得感幸福感。

——基层基础持续夯实。通过定标准、建机制、抓考核、树典型、固堡垒,实现基层组织坚强有力、基层制度健全规范、基层队伍素质优良、基层管理科学高效、基层业绩显著提升。

以高质量党建引领保障公司发展目标实现。"十四五"末,实现年产值超150亿元,利润总额超5亿元,其中国际测井业务收入25亿元。公司核心竞争力和品牌影响力显著增强,实现高质量发展。

三、今后五年的工作

围绕公司"十四五"发展规划,今后五年的党建工作以全面贯彻党的二十大精神为主线,以落实陕西省委、集团公司党组部署为重点,突出抓好以下七方面工作。

（一）突出政治建设,打造忠诚可靠测井铁军

旗帜鲜明讲政治,始终把学习贯彻习近平新时代中国特色社会主义思想作为首要政治任务,把"两个维护"作为最高政治原则和根本政治规矩,不断提高政治判断力、政治领悟力、政治执行力。一是坚定政治信仰。继续坚持"第一议题"制度,持续强化两级党委理论中心组学习,突出抓好习近平总书记在庆祝中国共产党成立100周年大会上的重要讲话精神、党的十九届六中全会和党的二十大精神的学习贯彻,深刻领会党的百年奋斗重大成就和历史经验,准确把握"以史为鉴、开创未来"内涵实质和实践指向,始终坚持把学习习近平新时代中国特色社会主义思想作为前进的旗帜、发展的方向和奋斗的动力。二是加强政治领导。建立完善公司党委学习贯彻习近平总书记重要指示批示精神落实机制,推动习近平总书记系列重要讲话精神再学习、再部署、再落实,健全完善党委发挥领导作用体制机制,贯彻执行好"三重一大"决策制度实施细则,认真落实集团公司党组关于进一步加强党的政治建设的重点措施,持续改进领导方式和作风。三是提高政治能力。深入学习领会习近平总书记对石油战线系列重要指示批示精神,落实好大力提升勘探开发力度、深化国企改革、"六稳六保"、国内国际双循环发展、构建大安全格局、乡村振兴等部署要求,坚决把党中央重大决策部署一贯到底。强化公司两级管理部门的政治意识,发挥群团组织政治作用,提高党员干部政治本领。四是净化政治生态。认真落实《关于新形势下党内政治生活的若干准则》,始终坚持并持续加强民主集中制建设,发展积极健康的党内政治文化,严明党的政治纪律和政治规矩,永葆清正廉洁的政治本色,推动全面从严治党向纵深发展,营造良好的政治风气、行为准则和干事氛围。

（二）突出党建引领,系统推进业务协同发展

通过政治引领、思想融入、组织保障、廉政筑防、文化聚力、工团鼓劲、综治保稳、队伍实施、本部支持,助推党建和业务深度融合、协同发展、落地见效。市场开发围绕"一切为了多打粮食",完善国内外市场营销机制,落实海外测井业务"四个着力"要求,突出"增量"激励,形成"国内业务做精做优、国际业务做大做强、国内国际双轮并驱"市场局面。生产组织围绕提高单队作业效率和创效能力,落实"一体两面""四个一"要求,建立生产资源快速高效的调配保障体系和快速响应机制。技术研发围绕打造测井原创技术策源地和现代产业链链长,加快关键核心技术攻关,推动智能测井技术快速发展,深化创新联合体建设,打造世界一流水平的测井装备与软件。装备制造围绕推进国产装备制造标准化、信息化、智能化,实施全流程精益制造,构建以智能制造为特征的大制造格局,引领国内测井装备制造业务发展。解释评价围绕服务油气田"增储、上产、稳产",推进测井数据资源共建共享,拓展面向井筒全生命周期的测井应用服务,助力油田高质量勘探开发。信息建设围绕建设"数字中国石油测井",提升全业务链数字化、网络化、智能化水平,实现降本增效、协同共享、持续创新、风险预控和智慧决策,构建智慧测井发展新模式。安全环保围绕推进安全生产、井筒质量三年专项整治,构建现代化质量安全环保管理、智能化信息化监督检查工作、测井生产制造绿色发展、国际业务社会安全防控、全方位安全技能培训五大体系。企业管理围绕落实"四个坚持"兴

企方略、"四化"治企准则，推动三年改革行动方案落地，加强战略研究，开展常态化对标，持续深化改革创新、精益管理、提质增效，着力推进公司治理体系和治理能力现代化。品牌打造围绕提升公司发展软实力和竞争力，打造世界领先的中国石油测井品牌，赓续 CNLC 服务品牌，叫响 CPLog 成套装备和 CIFLog 软件平台两大产品品牌，逐步建立健全中国石油测井品牌培育、保护和发展的体制机制。支持保障围绕支撑高质量发展的中心任务，系统推进一批民生工程和重点项目，创建和谐稳定的发展环境，确保职工身心健康、企业可持续发展。

（三）突出人才强企，持续激发人才创新活力

按照工程思维，坚持目标导向，牢固树立"人才是第一资源"理念，以一流人才队伍支撑改革创新。一是推动组织体系优化提升。全面开展"三定"工作，实施"管理＋技术＋核心技能岗位"用工管理，系统推进机构改革，深化生产组织模式创新，统筹配置人力资源，实现集约化配置、专业化管理。着力健全干部"选育管用"机制，提升劳动生产率和人力资源价值。二是推进八大人才专项工程。围绕"市场导向、油田至上，一体协同、竞合共赢"市场营销理念，着力培育一批"素质高、能力强、闯劲足"的市场开发人才。落实"四精"工作要求，着力培育一批"懂技术、善管理、会经营"的企业管理人才。建设科技创新示范团队，着力培育一批"肯攻坚、有韧劲、能奉献"的科研领军人才。按照快速解释、精细评价、综合研究三个层次，着力培育一批"立得住、叫得响、过得硬"的解释评价人才。广泛搭建平台，畅通晋升通道，创新用人机制，着力培育一批"勤钻研、有绝活、肯吃苦"的专业技能人才。以国际化视野和全球化思维，着力培育一批"站位高、视野广、谋划远"的国际管理人才。立足长远、统筹谋划、综合施策，做好传帮带，着力培育一批"政治强、本领高、作风硬"的青年后备人才。树立底线思维，增强危机意识，着力培育一批"不畏难、敢创新、思维活"的业务拓新人才。三是构建价值提升工程。坚持将人才作为第一资源进行价值开发，优化队伍数量、质量、储量，提升人力资源效益、效能、效率，健全人才考核评价标准体系，探索以价值为导向的分配机制，打通价值创造、价值评价、价值分配的人力资源价值管理链条。四是完善"生聚理用"机制。坚持科学、精准、梯次、复合培养人才。改善创新环境，拓展引才渠道，用好引才平台，加快紧缺人才引进，通过人力资源区域共享、操作工程师集中管理等措施，持续加大西部地区人力资源统筹配置力度。落实西部地区干部挂职锻炼、新引进毕业生轮岗实习等制度。完善绩效考核评价机制，强化市场化绩效、差异化考核，推进科研单位落实岗位分红。畅通人才职业发展通道，培育造就高端人才、稳定壮大关键人才、激活用好现有人才、战略储备接替人才，在大力发现培养选拔优秀年轻干部的同时，统筹推进各年龄梯次干部选拔使用，确保测井事业薪火相传、基业长青。

（四）突出文化建设，着力凝聚干事创业力量

大力弘扬石油精神和大庆精神铁人精神，以庆祝公司成立 20 周年为契机，加强宣传思想文化建设，坚持守正创新、促进融合发展。一是保持政治定力。持续强化意识形态管理，把意识形态工作作为党建和领导班子、干部队伍建设的重要内容，纳入工作规划和年度工作要点、纳入党建工作责任制、纳入领导班子和领导干部目标管理，与党建、安全生产等工作相结合，同部署、同落实、同检查、同考核，健全完善意识形态工作明责、履责、考责制度，对责任不落实的严肃追责，牢牢守好意识形态主阵地。二是凝聚思想合力。深化精神文明创建，大力弘扬社会主义核心价值观，持续开展好道德讲堂、志愿服务、身边好人选树、国学文化学习、光盘行动、垃圾分类等道德实践活动，推动精神文明创建向纵深拓展。坚持"抓生产从思想入手、抓思想从生产出发"，深入细致做好"一人一事一策"的思想政治工作，深入开展形势任务主题教育，把员工的思想和行动统一到高质量建设世界一流测井公司上来，增强凝聚力、向心力。三是激发文化活力。积极推进新时期测井文化研究和融合，持续加强理念、制度、物质三大文化体系建设，发布公司《企业

文化手册》《员工手册》《视觉形象手册》，着力提炼一批理念格言，打造一批教育基地，培育一批基层文化，创作一批文艺精品，选树一批先进典型，挖掘一批典型案例，深入开展文化创新实践，筑牢测井员工共同的思想价值基础。四是发挥宣传效力。加强正面宣传和舆情管控，做好内外宣传、做优品牌宣传、做强主题宣传、做透形势宣传、做准政策宣传、做亮成果宣传、做活典型宣传、做大正面宣传，扩大媒体朋友圈，壮大主流舆论场。五是增强典型引力。大力宣传劳模精神、劳动精神、工匠精神、科学家精神，用身边人讲身边事、用身边事感召身边人，讲好测井故事，传播测井好声音，为公司改革创新发展加油鼓劲。

（五）突出风险化解，大力创造和谐稳定环境

坚持底线思维、增强忧患意识、保持斗争精神，提高社会、安全、改革、管理等领域的风险防控能力，巩固良好发展形势，确保大局和谐稳定。一是筑牢稳定防线。持续抓好信访维稳、安保防恐工作，按照"东部重维稳、西部重防恐、海外重安保"原则，持续抓好重点节假日、重点时段的不稳定因素化解、隐患排查与治理。持续抓好改革重大事项风险评估，密切关注改革中的不稳定因素和苗头趋势，将人文关怀、心理疏导贯穿日常管理。持续抓好"枫桥经验"落实，以员工为中心创新群众工作方法，坚持"五必访、六必谈"，把问题解决在基层，把矛盾消除在萌芽，打造平安测井。二是夯实安全基础。按照"识别大风险、消除大隐患、杜绝大事故"要求，立足于"防"、突出从"严"、覆盖要"全"、以"人"为本，着力补短板、堵漏洞、强弱项，推动安全环保稳定工作上台阶上水平。慎终如始抓好常态化疫情防控工作，强化重点领域、重点环节防控措施落实，巩固疫情防控成果。强化海外防恐和社会安全管理，确保海外风险可防可控，推进社会安全管理系统化、规范化、标准化。三是提升管控能力。持续加强和改进员工职业健康工作，着力引导员工改进工作生活方式，提升健康水平，控制和降低非工亡人事件。抓严抓实保密工作，坚持"五同时"原则，建立健全保密管理体系，加强数字化背景下的定密、传密、保密、解密等工作。四是发挥工会职能。持续加强民主管理，涉及职工切身利益的重大事项提交职代会审议，切实维护职工合法权益。深入推进厂务公开，保障职工群众的知情权、参与权、表达权和监督权。大力实施素质提升，深化创新工作室创建、经验交流和成果转化。扎实做好困难帮扶，切实履行"三不让"承诺，为困难职工家庭构筑保障线。广泛开展寓教于乐的群体性文化体育活动，不断改善员工的生产生活条件，增强员工幸福感获得感。五是做好青年工作。坚持党建带团建，深化开展青年学习教育、青年创新创效、青年文明号、青年志愿服务、青年安全文化等品牌活动，大力推进青春铸魂、青春建功、青春育才、青春强基，着力培养测井事业发展的建设者和接班人。六是履行三大责任。落实"四个不摘"要求，加大人员、资金、政策支持力度，围绕发展乡村产业、壮大集体经济，拓展脱贫攻坚成果，接力助推乡村振兴。深度融入地方建设，为地方经济发展贡献石油力量，展现国企责任担当。

（六）突出"三基"工作，不断提高基层建设水平

以基础建设年为契机，加强以党支部建设为核心的基层建设，以岗位责任制为中心的基础工作，以岗位练兵为主要内容的基本功训练，推动基层党建与基层管理全面融合、全面进步、全面过硬。一是健全基层组织。持续优化基层党支部设置，依托生产经营基本管理单元建立党组织。探索创新以"党建协作区"为代表的项目型、区域型、功能型工作模式。通过优化发展党员指标、调整党员岗位、完善班组设置等措施，全面落实党建"四同步、四对接"要求，保持党组织健全率和党员受教育率100%。二是规范基层制度。持续探索"五型"作业队、班组建设与HSE标准化建设有机融合，实现岗位责任制规范化、有形化、标准化。加强制度制修订归口管理，实现各层级合规管理。强化制度宣贯，提高全员制度意识和照章办事能力。发挥党员在落实岗位责任制上的示范带动作用，激发全员岗位责任心，做到人人有专责、事事有人管、过程受控制、工作高标准。三是建强基层队伍。坚持党员教育与员工基本功

训练有机结合，注重把生产经营骨干培养成党员、把党员培养成生产经营骨干、把党员骨干输送到重要岗位。细化激励机制，将岗位练兵、实操训练、导师带徒、竞赛比武、应急演练等融入党员教育培训，激励党员带头学技术、练技能、长本领，争当业务骨干。加强对海外项目党员的教育、监督、管理，注重发挥海外党员先锋模范作用，在推动海外业务发展中建功立业。四是选树基层典型。定期在重点任务和难题攻关中发现选树立得住、叫得响、学得来、推得开的先进典型，及时总结推广经验做法，大力宣传典型事迹，形成学先进、比先进、赶先进的良好氛围。五是加强本部党建。按照本部党员大会确定的"12455"工作思路，不断加强两级管理部门自身党建工作，履行"五项"职能、深化"五型"创建，建立"马上就办、担当尽责"长效机制，着力建设"政治坚定、作风优良、执行有力、基层满意、党委放心"的价值型本部，推进两级管理部门党建工作走在前、做表率。

（七）突出从严治党，持续巩固党风廉政成果

以抓好集团公司巡视发现问题整改为契机，不断深化"三不"体制机制建设，构建"大监督"格局，推动各级党组织全面从严治党主体责任贯通联动、一体落实。一是认真抓好巡视整改。高度重视集团公司第三巡视组反馈问题的整改工作，建立健全整改长效机制，既着力解决具体问题，又举一反三完善制度，充分发挥巡视标本兼治的战略作用，推动巡视整改成果长效化。二是推进"三不"机制建设。严格执行信访举报和问题线索归口管理制度，狠抓线索核查和案件办理工作质量，严肃查处各种违纪违规问题，持续强化"不敢腐"的震慑。认真贯彻《中共中央关于加强对"一把手"和领导班子监督的意见》，强化党风廉政建设责任落实考核结果的运用，通过以案促改完善制度，堵塞管理漏洞，持续强化"不能腐"的机制。把思想政治工作贯穿于监督执纪问责全过程，积极推进廉洁文化建设，引导党员干部正确处理公与私、亲与清、情与法的关系，培育现代文明人格，持续强化"不想腐"的自觉。三是形成监督整体合力。强化政治监督，加强对习近平总书记重要讲话、对石油战线的系列重要指示批示精神以及上级党组织重大决策部署落实情况的监督检查，坚决维护党中央权威和党的集中统一领导。强化日常监督，加大对科研制造、物资采购、资金资产、合同管理、招标投标、国际业务等重点领域和关键环节的监督检查力度，严防权力失控、决策失误、行为失范。强化巡察监督，坚持问题导向，突出立行立改、举一反三、建章立制，高质量推进党内巡察全覆盖。强化联合监督，选准选精联合监督项目，推动各方责任主体认真履行"一岗双责"，形成监督合力。四是持续加强作风建设。深化整治形式主义官僚主义顽瘴痼疾，坚决纠治"等靠要、慵懒散、推拖拉、低老坏"等惯性问题，持续整治文山会海、检查考核过多、工作过度留痕等职工群众反映强烈的问题，推动形成求真务实、担当作为的新风正气。

谋新篇、开新局、转观念、勇担当 高质量建设世界一流测井公司

——金明权在中国石油集团测井有限公司2021年工作会暨党委（扩大）会、四届三次职代会上的主题报告（摘要）

（2021年1月30日）

这次会议的主要任务是，以习近平新时代中国特色社会主义思想为指导，深入学习贯彻党的十九大和十九届二中、三中、四中、五中全会精神，认真落实集团公司工作会议精神，总结"十三五"工作成果，分析面临的形势和任务，部署"十四五"和2021年重点工作，动员全体干部

员工，进一步凝心聚力、苦干实干，服务油气、保障钻探，推动高质量发展，加快建设世界一流测井公司，为集团公司建设世界一流综合性国际能源公司作出贡献。

一、总结发展成果，增强未来发展信心

"十三五"期间，主要取得5个方面成果。

（一）统筹协调资源强化服务，助力勘探开发成效显著

深入学习贯彻习近平总书记关于大力提升勘探开发力度的重要指示批示精神，认真落实集团公司"七年行动计划"工作部署，紧跟油气勘探开发需求提升"四种能力"，有效发挥服务保障作用。一是服务保障质量显著提升。"一井一策"定制服务，实施重点井跟踪保障，加强测井资料应用，油气藏研究能力持续提升。油气层解释符合率、产能预测准确率分别提高1.48、12.5个百分点，为国内油气勘探开发增储上产做出了测井应有的贡献。二是服务保障市场稳中有升。在主体市场深耕细作，市场占有率提高7.67个百分点；积极开拓新市场新业务，国内新进入76个油气区块市场，国外新进入18个公司项目市场，新增14项业务；海外累计签订合同9.56亿美元；射孔弹远销美国、阿塞拜疆等7个国家。三是服务保障方式均衡高效。灵活组队297支，年均协调队伍96支、设备85支，到井及时率提高4.5个百分点，测井综合提速年均3%以上。累计测井45万井次，测井最高井温达241℃、深8882米，旋转导向最长水平段4466米，钻具传输测井最深达8600米。

（二）大力开展科技创新攻关，技术装备水平国内领先

紧紧围绕制约油气勘探开发的测井技术难题，大力攻关关键核心技术，研制成套装备与软件，有效助力油田高效勘探、效益开发。一是形成国内领先水平测井技术装备。组织实施科研项目126个，其中国家项目12个、集团项目47个。打造形成中国石油测井成套装备CPLog，推出新一代远程测井地面系统，自主成像测井技术跨入多维高精度成像时代，地层评价随钻成像测井形成系列，水平井高效桥射联作2.0技术系列推广应用。累计推广应用地面系统347套、下井仪器2.24万支、软件1400套。二是科技创新平台体系更加完善。建立了岩石物理实验、仪器性能模拟与设计等10个科技创新平台，形成基础方法、机电设计与仿真等全生命周期创新研发体系。建立数值模拟仿真平台，配套高温高压试验、刻度井群、标准井等设施，形成较为完善的产品标准和质量体系。三是制造加工初步实现自动化。建成自动化机械加工和自动焊接生产线，时效和产能均提高45%以上。测井芯片实现试生产，核磁探头、感应线圈、3D打印极板实现批量生产。累计完成制造产值44.3亿元。四是信息化布局初步覆盖经营管理。建成四级高清视频会议系统，升级完善ERP、A7、A12、融合2.0、物资采购、合同管理等系统，应用智慧党建、共享平台等系统，信息化建设在公司生产经营管理中发挥了重要作用。

（三）全面深化改革提质增效，经营管理能力全面提升

顺利完成集团公司测井专业重组，党委工作专章写入公司章程，持续完善现代企业体制机制，优化经营管理流程，强化预算、投资、成本管理，规范采购、合同、资产管理，公司治理体系和治理能力明显提升。一是精益管理成效显著。深化对标管理和精益管理，一些主要经济技术指标与国内外先进水平的差距明显缩小。推进管理体系融合，持续深化管理创新，制修订339项规章制度，形成了规范管用的内部管理体系。坚持投资与生产经营计划"一本帐"管理，累计投资35.6亿元。坚持公开招标、集中采购，有效降低采购成本。推行全成本要素预算管理，完善"两金"动态监控，多措并举实现资产创效，财务管理能力进一步提升。二是深化改革纵深推进。优化业务结构，明确业务定位。规范机构设置，优化机关职能，管理效率明显提高。全面完成双序列改革，选聘首席和技术专家20名、一至五级工程师4226名。完成"三供一业"分离移交和退休人员社会化管理工作。改革考核分配机制，员工积极性有效激发。三是合规意识明显增强。严格执行"三重一大"决策制度，严格落实法律论证制度，有效提高决策水平。坚持应审尽审、凡审必严、严肃整改，强化海外业务风险防控，加强内控测试，有效预防和应对各类风险。

（四）坚持以人为本绿色发展，质量安全环保形势向好

牢固树立"以人为本、质量至上、安全第一、环保优先"理念，坚守"四条红线"，推行"六个全覆盖"，深化体系运行，强化风险管控和隐患排查治理，实现安全生产。一是责任体系更加完善。建立各层级岗位责任制和相配套的责任履职标准，修订考核办法，推行体系要素、安全职责、业务管理一体化任务考核清单1.17万份。完善制度规范103项，整合形成质量、健康、安全、环境、能源一体化管理体系。二是风险管控更加严格。突出放射源、民爆品、交通、现场作业及井控等重点风险隐患整治，累计投入3.24亿元治理安全隐患420项。建立三级监控四级监督机制，推行异体监督模式，实现重点要害部位、关键环节全程监管。三是管理基础更加扎实。"五型"班组与安全生产标准化站（队）建设同步推进，达标率逐年提升。强化职业健康体检和职业病危害因素检测，未发生职业病危害事故。落实集团公司和地方政府新冠疫情防控措施，科学部署国内外后勤基地防控工作，守住了工作场所"零疫情、零感染"和境外项目"两稳""两不"底线。

（五）加强党的领导党的建设，党群工作质量明显提升

深学笃用习近平新时代中国特色社会主义思想，扎实开展"两学一做"学习教育和"不忘初心、牢记使命"主题教育，持续推进"党建四化"工作任务，实施党建工作责任制考核评价，开展党组织书记抓基层党建述职评议，扎实推行党支部达标晋级，自集团公司开展党建责任制考核以来始终保持A级。连续三年组织党群干部培训，严格政治标准选干部配班子，建立党支部书记任职资格体系，大力培养选拔优秀年轻干部，一批忠诚事业、担当作为的专业化高素质骨干人才在公司不同岗位上发挥重要作用。积极践行社会主义核心价值观，持之以恒正风肃纪，大力弘扬劳模精神、劳动精神、工匠精神，改善员工生产生活条件，捐赠1473万元助力陕西"三县一村"脱贫攻坚，和谐发展氛围更加浓厚。

5年来，我们深入贯彻习近平总书记关于加大油气勘探开发力度重要指示批示精神，推进测井高质量发展，为保障国家能源安全贡献了测井力量。我们深刻体会到，必须做到五个坚持：一是坚持党的领导。始终坚持政治上的清醒和坚定，牢固树立"四个意识"、坚定"四个自信"，坚决同以习近平同志为核心的党中央保持高度一致，坚决做到"两个维护"。二是坚持新发展理念。把创新、协调、绿色、开放、共享的要求落实到工作的方方面面，坚持稳中求进工作总基调和稳健发展方针，统筹配置资源，绿色低碳发展，互利合作共赢，把公司效益同员工利益直接挂钩，使发展更加平稳、更有质量、更可持续。三是坚持改革创新。紧紧围绕制约发展的体制机制问题和勘探开发技术瓶颈问题，积极探索、大胆实践，科技攻关、勇于变革，不断激发员工干事创业活力、增强企业发展动力。四是坚持提质增效。把生产经营管理各环节纳入提质增效发展轨道，多措并举挖潜增效，提高服务质量和技术水平，降低经营成本，持续提升市场竞争力、创效水平。五是坚持人才强企。坚持严管厚爱结合、激励约束并重，大力弘扬石油精神和大庆精神铁人精神，打造坚强有力的干部队伍、勇于创新创造的技术人才队伍和技能人才队伍，为测井事业发展提供坚强的人才保障。

"十三五"期间，公司累计完成产值355亿元，比"十二五"增长88.82%。年产值最高达101.2亿元，年收入最高达86亿元，年净利润最高达2.44亿元，累计缴纳税费12.5亿元。持续保持"全国文明单位"称号，获"改革开放40年中国企业文化优秀单位"称号；获集团公司2020年工程技术业务市场开发先进单位，连续四年获集团公司质量安全环保节能先进企业，获集团公司2020年井控工作先进企业，获中油油服2019年服务保障先进单位等称号；32项成果获科技奖励，其中国家级1项，授权国家专利433个；李鹏获"全国劳动模范"称号，谢小丽获"集团公司特等劳动模范"称号，李挺获陕西省2020年脱贫攻坚贡献奖、陕西省"优秀第一书记"称号。

二、分析当前形势，准确把握发展方向

"十四五"是我国开启全面建设社会主义现

代化国家新征程的第一个五年，也是公司开启全面建设世界一流测井公司新征程的第一个五年。今年是中国共产党成立100周年，公司党委将迎来换届，我们要站在新时代背景下，深入分析当前面临的形势和任务，统筹谋划好"十四五"和2021年重点工作。

从国家层面看。发展形势复杂严峻，世界正经历百年未有之大变局，经济形势仍然复杂严峻，复苏不稳定不平衡，新冠肺炎疫情冲击导致的各类衍生风险不容忽视。全球能源产业深刻变革，新能源、新业态、新产业加快发展，受疫情和国际能源博弈影响，低油价或将成为一个时期的新常态。我国已进入新发展阶段，但发展不平衡不充分问题仍然突出，疫情变化和外部环境存在诸多不确定性，我国经济恢复基础尚不牢固。但我们也要看到发展机遇依然存在，能源方面，习近平总书记创造性提出了"四个革命、一个合作"国家能源安全新战略，作出了"大力提升勘探开发力度"重要指示；发展方面，党的十九届五中全会提出加快构建以国内大循环为主体、国内国际双循环相互促进的新发展格局；创新方面，中央经济工作会议强调扎实做好"六稳"工作、全面落实"六保"任务，把强化国家战略科技力量作为2021年八大重点任务之首；制造方面，习近平总书记强调装备制造业是国之重器，是实体经济的重要组成部分，《中国制造2025》明确以推进智能制造为主攻方向，西安市已明确大力打造先进制造业的战略部署。这些为我们应对复杂严峻形势、推动高质量发展指明了方向，创造了积极有利的宏观环境。

从集团层面看。集团公司新一届党组召开一系列会议，特别是刚刚召开的2021年工作会，戴厚良董事长作的主题报告明确锚定世界一流目标，强化创新改革管理，全力奋进高质量发展，提出大力实施"创新、资源、市场、国际化、绿色低碳"五大战略，统筹推进"发展、调整、改革、管理、创新、党建"总体工作布局，就2021年工作部署了"七个见到新气象"；李凡荣总经理作的生产经营报告明确坚持市场导向，深化提质增效，部署了"九个突出"工作任务。结合测井业务和公司实际，主要体现了五个方面要求。一是持续加大改革创新力度，落实"四个坚持"兴企方略、"四化"治企准则，认真开展改革三年行动，着力深化内部改革；坚持"四个面向"和"两个导向"，加快推进科技创新步伐，不断增强企业竞争力、创新力、控制力、影响力、抗风险能力；二是推进企业治理和治理能力现代化，扎实推进对标世界一流管理提升行动，强化从严管理，优化管理流程，完善管理体系，发扬"三老四严""苦干实干""岗位责任制"等石油优良传统作风，把"三基"工作和党建"三基本"建设结合起来，逐步建立科学规范、运行高效的管理体系。三是不断深化提质增效活动，落实"在经营上精打细算、在生产上精耕细作、在管理上精雕细刻、在技术上精益求精"的"四精"工作要求，深化精细管理，推动精益管理，加强以财务管理为中心的企业管理，持续提高管理效率和效能；四是持之以恒抓好安全环保，落实全员、全过程、全天候、全方位的"四全"要求，抓好安全生产和油气水井质量专项整治三年行动方案实施，识别大风险、消除大隐患、杜绝大事故，常态化抓好疫情防控，全面提升本质安全环保水平；五是全面从严加强党的建设，加强党对治理体系和治理能力建设的领导，发挥好把方向、管大局、保落实的作用；压紧压实党建工作责任，积极构建完善"大党建"工作格局，不断提高党的建设质量和科学化水平。同时，中油油服"11649"发展战略明确提出率先建成世界一流示范油服企业战略目标，对测井高质量发展提出明确要求。我们要按照集团公司系列会议精神和中油油服工作要求，下大力气把生产经营管理各项工作做实做细，确保集团公司党组决策部署在测井公司落实落地。

从公司层面看。一是油田有需求，油气田勘探开发对象日趋复杂，由简单油气藏转向复杂地层油气藏，由中浅层转向深层、超深层，由常规转向非常规，由直斜井转向水平井。油田勘探开发对测井提出"四个更高要求"，对测井仪器耐温、耐压、稳定性、可靠性、适应性提出了更高要求，对测井技术服务质量、安全、时效和精细刻画能力提出了更高要求，对软件和解释评价技术的快速解释、精细评价和综合研究能力提出了更高要求，对低成本技术、高组合性、复杂工艺技术、一体化综合服务等提出了更高要求。二是发展有要求，目前公司主要存在"六个不够"突出问题，业务布局不够合理、自主创新能力不够强、体制机制不够完善、劳动生产率不够高、安全环保基础不够牢固、干部队伍年龄结构不够优化。三是员工有期盼，随着社会发展，广大员工对美好生活有"三个希望"，希望能够更好发挥个人才能、干一番事业、多劳多得，希望身心健康、生活质量高、办公环境好，希望没有就医难、住房难、子女入学难等后勤保障问题。油田的需求、发展的要求、员工的期盼，就是我们在建设世界一流测井公司过程中必须要重点解决好的问题。

习近平总书记反复强调，要善于观大势、谋大事，自觉在大局下想问题、做工作。总体来看，今后一个时期，机遇与挑战并存，公司仍处于重要发展战略机遇期，机遇和挑战又有新的变化。站在新起点，踏上新征程，面对新变化，我们一定要谋新篇、开新局、转观念、勇担当，坚定不移朝着世界一流测井公司目标不断前行。要谋新篇，胸怀国际国内两个大局，正确分析当前公司所面对的发展阶段、客观环境、发展条件变化，正确认识当前公司的比较优势变化，锚地发展目标，审时度势谋划十四五发展规划，以更高愿景目标凝聚全员力量。要开新局，科学把握新发展阶段，深入贯彻新发展理念，主动融入新发展格局，用好国际国内两个市场两种资源，用好深化改革"关键一招"，因势而动、顺势而为、乘势而上，集中精力做好自己的事情，牢牢掌握发展的主动权。要转观念，牢固树立"发展才是硬道理"的思想，鼓起"刀刃向内、自我变革"的勇气；牢固树立"幸福都是奋斗出来的"的思想，坚定艰难困苦、玉汝于成的信念；牢固树立"一切都是为了多打粮食"的理念，找到主动应变、积极求变的方法；牢固树立"测井一家人"的理念，汇聚万众一心、同舟共济的合力。要勇担当，以"功成不必在我"的精神境界和"功成必定有我"的历史担当，在能源安全保障中担使命，在测井事业发展中找坐标，在世界一流建设中立新功。

三、明确发展思路，坚定一流发展目标

指导思想。以习近平新时代中国特色社会主义思想为指导，全面贯彻党的十九大和十九届二中、三中、四中、五中全会精神，坚定不移贯彻新发展理念，认真落实集团公司党组工作部署和中油油服工作要求，落实"四个坚持"兴企方略、"四化"治企准则和"四精"工作要求，履行服务油气、保障钻探两大使命，实施市场导向、创新驱动、精益管理、人才强企、数字转型、国际发展六大战略，推进测井业务"十大工程"，持续加强党的建设，建立五项保障机制，推进企业治理体系和治理能力现代化，全面建设世界一流测井公司，为集团公司建设世界一流示范性企业做出贡献。

发展目标。第一步：到今年底，多维高精度成像等成熟先进技术推广应用；国际测井业务形成五大区块；有序平稳推动体制机制改革，高质量发展布局基本完成；实现产值超105亿元，利润总额超3.27亿元。第二步：到2025年，实现高质量发展，综合实力跻身国际先进行列，结构优化、管理先进、体系完善、实力晋级。主体技术达到国际先进，多维高精度成像、超高温高压射孔技术国际领先；国内市场稳步提升，国际市场跨越发展；测井业务归核化重组完成；具有较强高端市场竞争优势、国际影响力；实现收入超150亿元，利润总额超5亿元，其中国际测井业务实现收入25亿元。第三步：到2030年，基本建成世界一流测井公司，制度先进、治理先进、技术一流、品牌一流。指标达到先进，规模实力行业前列；智能测井进入国际领先行列；基本实现数字化转型、国际竞争实力、品牌影响力名列前茅；实现收入超220亿元，利润总额超10亿元，其中国际测井业务实现收入50亿元。

发展战略。建设世界一流测井公司是公司今后一个时期的战略目标，实现这一目标，必须实施市场导向、创新驱动、精益管理、人才强企、数字转型、国际发展六大战略。市场导向战略。充分发挥市场在资源配置中的决定性作用，以市场为导向组织生产、配置资源，超前研判市场、主动适应市场、大力开拓市场、积极引领市场，推动市场竞争力测井行业名列前茅。创新驱动战略。立足科技自立自强，把创新作为引领发展的第一动力，持续推广成熟技术、攻关瓶颈技术、储备长远技术、加强基础理论方法研究、建立测井技术标准，完善科技创新体制机制，打造世界领先水平的CPLog测井装备和CIFLog软件平台，引领测井行业发展。精益管理战略。要树牢"一切成本皆可降"的理念，注重补短板、强弱项、堵漏洞，优化流程、完善机制、健全体制，推动全业务、全流程、全环节精益管理，实现高水平服务、低成本运营、绿色低碳、持续发展。人才强企战略。坚持以人为本、人尽其才原则，弘扬石油精神、科学家精神、工匠精神、创新精神，落实"生才有道、聚才有力、理才有方、用才有效"要求，优化队伍结构，提升综合素质，注重培养使用、考核评价、竞争激励，着力打造忠诚干净担当型管理人才队伍、尖端专业创新型技术人才队伍、绝活绝技工匠型技能人才队伍，为世界一流测井公司建设筑牢人才基础。数字转型战略。着眼于效率提升、效益提升、效能提升，以价值创造为目标，按照顶层设计、分步实施原则，将数字技术融入市场、研发、制造、采集、解释、安全、经营、党建全业务链，加快推动以"七个数字平台"为核心的"数字中国石油测井"建设，驱动业务模式重构、管理模式变革、商业模式创新与核心能力提升，以数字化转型驱动高质量发展。国际发展战略。坚持竞合共赢原则，统筹国内国外两个市场两种资源，认真研究国际测井市场，持续完善国际业务战略布局，着力提升国际商务运作水平，深度参与国际测井行业发展，推动市场、资源、管理国际化发展，打造全球测井行业知名品牌。

四、推进"十大工程"，实现更高质量发展

要深刻把握新发展阶段，贯彻新发展理念，构建新发展格局，统筹推进市场开发、生产组织、技术研发、装备制造、解释评价、信息建设、安全环保、企业管理、品牌打造、支持保障等测井"十大工程"重点工作，推进测井高质量发展。

（一）推进市场开发工程

深入贯彻落实集团公司市场营销工作会议精神，牢固树立"市场导向、油田至上、一体协同、竞合共赢"理念，准确把握"六个坚持"基本遵循，持续完善市场营销机制，突出"增量"激励，持续提升市场竞争力。到2025年，国际跨越发展，国内稳步提升，市场竞争力行业先进。一是持续加大市场开发力度。强化市场信息收集和统计分析，准确掌握国内市场容量，深挖全业务链市场潜力；定期与油田各层级开展技术交流，深化合作；建立完善重点井领导包队、专家会诊、一级工程师负责保障机制，助力油田重点勘探；加强与国内外同行交流合作，共同提升测井技术服务水平；加强产品宣传演示，扩大装备销售市场规模。二是稳步提升国内市场份额。做优常规油气业务，加快测井装备升级换代，优化推广测井系列，突出成像测井、快速测井、随钻测井、高端射孔等优势技术应用，更好满足油田需求，推动测井业务迈上中高端。做强非常规油气业务。坚持系统思维，针对水平井、侧钻井提供全生命周期服务，在钻井过程中提供测录导一体化服务，完井测井中提供过钻具测井取全取准资料，在固井、压裂前后提供质量检测评价，以及提供好水平井桥射联作、产出剖面服务，同时为油田做好精细评价、综合应用。做大新兴增值业务。积极与油田共建大数据环境，开展测井大数据应用、区块油气藏研究服务；拓展海上业务、储气库市场，加大地热、可燃冰等新能源、矿藏以及地质普查开发力度，提供测井服务方案，形成新的经济增长点。三是加快发展国际测井业务，深入分析国际油气资源现状、测井市场形势，优化整合国际市场业务，完善组织架构，提升国际市场竞争力；加强与集团公司国际勘探开发公司、长城钻探公司交流合作，利用集团公司整体优势扩大国际测井业务；在细分区域、油田客户、竞争对手、价值构成的基础上，做好对标分析，找准自身定位和突破方向，充分发挥差异化比较优势，加强与海外油气田公司合作、与国内外油服公司竞合共赢，大力开拓非中国石油市场，推动国际业务跨越发展。

（二）推进生产组织工程

认真落实戴厚良董事长提出的"一体两面"要求，着力提升"四种能力"，用先进技术为油田生产全过程提供优质技术服务。到2025年，形成生产资源快速高效调配保障体系，队均产值达到1150万元。一是持续加强生产组织协调。以井为中心统筹部署、合理配套生产资源，优先保障集团公司重点区块、上产区块服务需求；建立完善生产资源共享中心，全面运行好测井作业智能支持系统，形成快速高效生产组织保障格局。二是全面提升单队创效能力。持续推广灵活组队模式，优化完善远程测井、智能测井作业系统，建立远程作业施工流程标准，打造远程测井示范作业队，降低作业成本、提高作业效率。三是大力推广先进成熟技术。加快多维成像测井、过钻具测井、随钻测导、套后测井和光纤测井试验，大力推广偏心核磁、地层元素、三维感应、随钻测录导、桥射联作2.0和油水井井口计量装置等先进成熟技术，解决好油田技术需求，提供超值服务。四是持续抓好三基工作。开展提速提效劳动竞赛，根据井型结构变化抓好队伍转型，完善激励考核机制，营造"比学赶帮超"良好氛围；严格落实安全生产"三项纪律"，加强安全生产标准化建设，统一操作流程、培训教材，统一工艺工具、作业标准；强化岗位技能培训，提高标准化作业、风险识别和应急处突能力。五是加强国际业务项目管理。完善海外项目管理手册，强化标准化基地建设、标准化资源配置、标准化作业程序、标准化项目管理，根据项目进展做好人员换班、物资补充、技术支持与保障，保持海外测井服务一致性、标准化。

（三）推进技术研发工程

深入贯彻习近平总书记关于科技创新重要论述，落实集团公司创新战略、中油油服创新要求，坚持问题导向、目标引领，坚持重点突破、全面提升，加快攻关关键核心技术，推动智能测井技术快速发展，打造世界一流水平的装备与软件。到2025年，主体技术进入世界先进行列。一是打造中国石油测井新利器。重点抓好国家油气重大专项测井项目和集团公司项目，推进实施集团公司关键核心技术重大项目，以攻克175℃/200h测井高性能中子管技术等项目为突破口，形成一批核心技术。二是攻关研发瓶颈技术。围绕满足油田急需和补齐技术短板，加快测井技术标准统一，打造CPLog智能远程地面系统，重点要"定型四个系列产品、加快四个系列攻关"，定型偏心核磁、可控源地层元素与孔隙度、全景式声波测井、地层评价随钻孔隙度四个系列产品；加快页岩油气测井采集技术及配套工艺、智能导向系统、复杂井筒完整性评价、剩余油精细评价四个系列攻关。三是储备一批前沿技术。对标世界先进测井技术，要加强前沿技术调研和基础理论方法研究，努力在全谱测井新方法与新探测器、量子测量、数字岩石、智能井下实验室、自组装井下智能采集、井间/井地远探测等超前储备技术上取得突破。四完善科技创新体制机制。整合科研力量，完善科研组织架构，明确职责定位，推广完全项目制管理，完善薪酬激励机制，提升科技创新整体效能；按照推广成熟技术、攻克瓶颈技术、储备长远技术三大系列，加强基础理论方法研究，健全测井技术标准，优选科研项目，配置科技资源，确保项目任务顺利开展。五是加强科技人才队伍培养，充分利用社会创新资源，积极组建科技创新联合体；加大前沿基础研究领域领军人才培育和引进，配齐配强专家团队；关心科研人员身心健康，营造良好创新环境。

（四）推进装备制造工程

深入贯彻《中国制造2025》，以高质量测井装备为核心，以工业化、信息化融合为抓手，实施全流程精益制造，构建以智能制造为特征的大制造格局，推动制造服务转型，引领国内测井装备制造业务做强做大做优。到今年底，智能制造完成初步布局，先进制造初步形成产能；到2025年，智能制造工厂全面建成，先进制造形成工业化生产能力。一是加快建设智能工厂，以推动智能制造为主攻方向，抓好顶层设计，有序推进机加工、焊接、射孔枪与射孔器材制造、测井工具制造等自动化生产线建设，研究自动化调试生产线，加强检验检测能力建设，全面提升产品质量和制造能力。二是加快核心技术自主制造，利用3D打印、自动化技术，逐步提高极板、线圈、核磁探头等核心传感器的产能和质量，建设完善测井芯片制造车间、自动化机械加工车间、先进传感器制造检测车间，持续推动核心技术提质降本。三是加强精益制造管理，建立统一测井仪器、射孔器材制造工艺规范，完成 API 标准认证；优化产品制造组织方式，探索混合所有制合作，快速补齐制造能力短板。优化完善制造管理模式，稳步推进制造业务改革，建立完善制造考核激励机制，完善制造流程标准，适当与国外先进制造同行合作，加大与国内制造企业合作力度，推进制造业务精益化、高端化。四是推动制造服务转型，完善测井装备全生命周期管理系统，实现设计、制造、仓储与运维的全业务链、全产品链的数据互联互通，打造自动化制造、智能化服务新模式；统一备附件制造和三级维保服务，提升小队服务保障能力。五是着力培养技能人才队伍，通过技术培训、职业技能鉴定、技能大赛提升技能队伍素质，完善考核激励机制和评价体系，培育造就工匠型专家技能人才。

（五）推进解释评价工程

落实勘探开发关于加强解释评价工作要求，抓好快速解释、精细评价、综合研究三个层次解释评价工作，加强以数字岩石为基础的理论方法研究，推进测井数据资源共建共享，完善解释评价管理体系，拓展面向井筒全生命周期的测井应用服务，助力油田高质量勘探开发。到 2025 年，重点勘探开发领域解释评价技术系列基本完善。一是加强解释评价技术攻关，围绕页岩油气、复杂碳酸岩、超深层等领域，开展以含油气主控因素为核心的解释技术攻关，加强多学科一体化综合解释，提高油气层识别精度，为储层改造和油气测试提供可靠依据；深化区域评价技术、拓展工程应用技术，助力油田老区挖潜、高效开发；做深做细有利区带、井位部署、开发方案等研究，提升海外区块勘探开发全流程保障能力。二是强化岗位责任落实，加强公司层面解释评价工作的组织领导，推动二级单位属地保障责任和技术支持责任落实落地，完善考核激励机制，压实各级解释人员责任，推行专家会诊制、区域负责制、个人积分制，定期召开典型案例及质量分析会，进一步增强责任心、调动积极性。三是加强油田沟通交流，强化靠前服务和融入式工作模式，推进与油田联合研究机构建设，聘请油田地质、油藏等方面专家参与资料解释评价，与油田共建共用测井大数据应用环境，形成与油田各层级定期对接机制，发挥好解释评价作为服务油田的"技术纽带"和"对接窗口"作用。四是完善组织管理体系，加强解释评价与市场开发、生产组织、装备研发等业务的结合，完善协同工作机制，推进资源整合，加强评价品牌建设，加快成果转化和推广应用，大力培养区域解释专家和找油找气能手，提升解释评价服务保障能力和水平。

（六）推进信息建设工程

贯彻落实集团公司数字化转型工作部署，坚持"价值导向、战略引领、创新驱动、平台支撑"总体原则，提升全业务链数字化、可视化、自动化、智能化水平，实现降本增效、协同共享、持续创新、风险预控和智慧决策，构建智慧测井发展新模式。今年完成数字化转型顶层设计方案；到 2025 年，初步建成"数字中国石油测井"。一是做好顶层设计，深入分析国家规划、集团要求、公司现状和技术趋势，围绕业务发展、管理变革、技术赋能三大主线，以构建物理现实与数字环境的融合交互闭环，推进实体业务与数字世界的双向连接运行为目标，制定公司数字化转型发展规划，统筹实施、试点先行，有序推进数字化转型工作。二是加强业务融合，以"七个数字平台"为核心，按照赋能、优化、转型三个层次，加强业务主导，深化信息集成，打通"数据孤岛"，聚焦前端作业、中端管控、后端应用，推动业务优化、流程再造和效能提升，打造智能化作业、网络化协同、个性化服务等新能力、新模式、新业态。三是加强基础建设，构建统一的测井数据湖、云平台，推进工业互联网、5G、数据中心等信息网络基础设施建设，提升互联互通水平，增强安全防护能力，为数字化信息化提供高效数据及一体化服务支撑。四是加强措施保障，加强信息标准、数据治理、信息安全和运维管理等体系建设，提升信息系统平台化、集成化和智能化水平；统一数据标准，持续数据治理，规范数据管理，加强数据安全，完善组织机构，加强队伍建设，提升数字化保障和管控水平。

（七）推进安全环保工程

深入贯彻习近平生态文明思想和习近平总书

记关于安全生产的重要论述，落实集团公司安全环保工作部署，强化"四全"原则，落实"四查"要求，追求"五零"目标。到2025年，质量管理基本达到世界一流，安全生产从严格监管迈向新阶段。一是构建现代化质量安全环保治理体系。深化以"双重预防"为核心的运行体系，深入推进安全生产和油气水井质量三年专项整治行动，针对业务拓展、人员结构变化、工艺技术新发展，不断更新完善制度流程，强化安全科技攻关和信息化、智能化建设，强化责任落实，强化质量计量资源保障，保证安全投入，推动公司质量安全环保治理能力提升。二是构建常态化监督检查工作体系。完善"四不两直"监督检查实施细则，健全完善监督机构，推进区域监督，保持严格监管高压态势；用好监督成果，形成问题整改闭环改进机制。三是构建测井生产制造绿色发展体系。严格污染防治，加快"去化学源""永久性监测"技术发展，有计划淘汰高能耗设备，突出节能节水降耗，推动公司高质量绿色发展。四是构建国际业务社会安全防控体系。以"五维"绩效考核为抓手，强化项目风险管理和应急培训，注重海外健康管理和疫情防控，深化国际业务HSSE管理体系运行，突出过程管控，狠抓责任落实，提升海外风险防控能力。五是构建全方位安全技能培训体系。健全完善适用不同层级的安全培训模板，突出安全风险意识、岗位实操技能和标准化操作培训，落实持证上岗，建立全员安全履职能力考评体系。

（八）推进企业管理工程

认真贯彻落实集团公司推进治理体系和治理能力现代化工作部署，按照"四个坚持"兴企方略、"四化"治企准则，持续深化改革、提质增效，全力构建管理架构清晰高效、管理层级扁平精简、管理流程科学顺畅、治理体系规范完善，推动公司治理体系和治理能力现代化建设。到2025年，管理体制顺畅高效，制度体系基本成熟定型，公司治理体系和治理能力现代化取得显著成效。

一是强化企业治理。把党的领导融入生产经营全过程，建立完善"决策、执行、监督"的管理体系和"总部机关管总、研发制造主建、服务公司主战"管理模式，推进二级单位主营业务归核化，抓好机关职能优化和机构改革，健全完善授权管理体系、风险防控体系，进一步厘清职能定位、精简管理层级，提升管理效能。深化内部改革，着力推动技术研发、装备制造、解释评价、装备共享、维修保养、物资采购、国际业务、监督管理、计量质量、辅助系统等十项重点改革，要做好顶层设计，明确责任分工，抓好实施落实，配套建立完善体制机制，发挥好集中力量办大事优势。坚持市场化方向深化三项制度改革，使市场在资源配置中发挥决定性作用。以建设世界一流测井公司为目标，编制实施"十四五"规划。

二是加强财务管理。树立全员效益意识，市场要关注资金回收，研发要关注投产应用，制造要关注闲置装备，采购要关注存货积压，改革要关注提升效率效益，健全以效益为导向的生产经营运行机制，推动"以财务为中心"的企业管理；强化资产轻量化管理，提高资产创效能力，加大投入产出工作力度；在国际业务方面，实行弱矩阵式组织结构和运营模式，财务运营管理从收入和净利润两个维度加大区域贡献力度分析，从"国际化、标准化、信息化和当地化"入手降本、提质、增效，促进公司由"生产型"向"经营型"转变。

三是深化提质增效。落实"四精"工作要求，牢固树立"一切成本皆可降"的理念，聚焦制约效益提升的主要矛盾和薄弱环节，建立和完善提质增效长效机制，贯彻落实向市场升级要效益、向管理升级要效益、向质量升级要效益的要求，切实增强提质增效措施的精准性和有效性，着力打造提质增效"升级版"。深入推进对标管理提升行动，建立健全对标指标体系和对标机制，不断提升公司管理规范化、标准化、科学化水平。

四是依法合规管理。健全制度形成机制，推进制度建设和综合管理体系运行，逐步构建系统完备、科学规范、运行有效的制度体系。建立完善合规管理体制机制，加强合规管理监督检查，强化内控与风险管理，促进公司依法管理、合规经营。

（九）推进品牌打造工程

贯彻国资委关于加强品牌建设工作部署，认

真落实集团公司品牌建设工作要求，以创建一流、价值提升为目标，以增强品牌建设能力为重点，加强顶层设计，夯实管理基础，做好对外传播，打造具有世界一流水平的中国石油测井品牌。今年编制完成品牌打造方案；到2025年，形成较为完善的在国际上具有一定影响力的中国石油测井品牌。一是统筹做好顶层设计规划。将品牌打造与公司发展战略同规划、同部署、同落实，坚持整体规划、突出重点、分类实施、循序渐进原则，培养打造成套装备CPLog品牌、测井软件CIFLog品牌、海外CNLC品牌、射孔品牌、测井服务品牌、测井文化品牌，以及雇主品牌。同时要积极打造各类子品牌，如随钻测井品牌、生产测井品牌、解释评价品牌等。要制定品牌发展专项规划，把品牌深度融入生产经营各环节，逐步建立健全品牌培育、保护和发展的体制机制，促进品牌打造与业务协同发展。二是更加重视品牌管理。聚焦公司发展战略和上游业务价值，科学确立品牌定位，从技术系列、产品品质、服务质量、经营业绩、创新能力、社会责任、员工形象建设等多维度持续发力，发挥好一体化优势，积极履行社会责任，塑造良好企业形象，努力实现品牌价值最大化。要坚持品牌打造与知识产权保护相结合，加强境内外商标注册、维护与使用管理，维护好产权和商标的合法权益。三是拓展品牌营销传播渠道。加大品牌培训力度，健全完善品牌打造组织体系，加强策划、宣传，增强品牌传播的及时性、有效性，统筹开展品牌国际化传播，讲好中国石油测井故事，持续提升品牌全球影响力。

（十）推进支持保障工程

贯彻习近平总书记提出的"以人民为中心"发展思想，持续改善职工生产条件，丰富职工文化体育活动，关心关爱职工身心健康，让公司发展成果更多更公平地惠及广大干部员工，营造和谐稳定的生产生活环境。到2025年，建成运转高效、支持有力、员工满意的后勤保障体系。一是建好生产后勤基地。统一生产生活基地目视化、建设规范化、服务标准化，统筹民生工程、生产基地建设，编制实施生产后勤保障专项规划，持续改善生产生活基地条件，优化规范办公环境，特别是做好一线员工民生工程配套，让公司发展成果更多更好地惠及广大职工。二是尽力做好生活保障。办好食堂，让职工特别是一线作业人员吃上热菜热饭、健康食品；积极解决职工群众困难，帮助解决职工子女入学等难题，关爱离退休职工。高度关注职工健康和疗养工作，加大健身设施和健康应急设施配备力度，建立完善应急医疗支援体系，切实做到把员工生命安全和身心健康放在第一位。定期组织开展书画摄影比赛、体育运动、文艺汇演等活动，加强文化阵地建设，活跃职工文化生活。积极倡导职工志愿者服务，促进公司精神文明建设。三是健全辅助保障系统。进一步加强辅助系统设置和人员配备，重点健全定额造价、审计中心、档案管理、健康管理等专业单位，要总体设计、分步实施，进一步增强辅助保障作用。四是完善海外保障体系，针对不同国家、不同地区，充分利用社会力量，多措并举做好海外员工及家属的人文关怀和后勤保障工作，确保海外员工身心健康、队伍稳定、海外项目有序运行。五是压实后勤保障责任。落实机构设置，压实管理责任，建立完善后勤保障制度流程，打造"四化"后勤服务，发挥好后勤保障作用。

推进测井业务"十大工程"是一个有机整体，涉及公司生产经营方方面面。各单位各部门要按照"十大工程"整体部署，统筹推进、协同落实，要创新方式方法，层层压实责任，不折不扣把"十大工程"落实落地。

五、加强党的建设，发挥引领保障作用

"十四五"期间，党建工作的总体思路是：以习近平新时代中国特色社会主义思想为指导，深入贯彻党的十九大和十九届二中、三中、四中、五中全会精神，树牢"在经济领域为党工作理念"，按照"强弱项、促提升、上水平"三个阶段，以党建工作十项任务为基础，以党建工作与生产经营深度融合为切入点，不断推进"党建四化"任务，促进"四个优化提升"，初步形成具有测井特色的党建与生产经营有机融合的企业党建生态系统。

一是推进党群工作系统化，促进治理效能优化提升。按照"决策、执行、监督"管理体制和

"总部机关管总、研发制造主建、服务公司主战"管理模式，巩固深化大党建格局，横向上各工作部门，纵向上各业务节点，做到有独立有统合，有串联有并联，实现高效协同的党群系统与科学高效的公司治理体系无缝对接，有效融合、深度契合，把方向、管大局、保落实。

二是推进业务工作制度化，促进协同效率优化提升。在制度层面更加注重党建工作与科研生产同一方向、同一目标有机结合，以党的政治建设为统领，坚持价值引领、效益导向，健全学习贯彻党中央重大决策部署的落实机制，建立党组织保落实与经理层行使经营管理权有机统一的执行机制，建立党组织融入公司治理发挥作用的评价机制，建立践行不忘初心、牢记使命的长效机制，让各类生产资源得到充分利用，让"集中力量办大事"的制度优势得到更多体现。

三是推进基础工作标准化，促进执行效果优化提升。传承石油工业"抓生产从思想入手、抓思想从生产出发"优良传统，以落实岗位责任制为重点，积极推动党建责任和生产经营责任有效联动，在工作内容、工作节点和工作方法上相互融合，同研究、同部署、同落实、同检查、同考核，把具体操作过程从为做而做、到应做必做、再到为效而做，努力实现抓党建、促发展的良性互动。

四是推进党建工作特色化，促进示范效应优化提升。要不断强化典型的示范引领作用，选好、树好、讲好各个层面、各个系统典型，营造正向激励的文化氛围。强化干部典型示范，打造忠诚干净担当的高素质干部队伍；强化员工典型示范，打造具有行业特色的铁人式员工队伍；强化经验典型示范，在交流复制中实现共享提升；强化行业典型示范，在多个领域多个层面发出更多测井声音。

"十四五"党的建设总目标是：贯彻新时代党的建设总要求，把坚持党的领导和完善公司治理统一起来，推进中国特色现代企业制度建设。优化组织设置，建强建好各级党组织；建强党务干部队伍，选优配强党务干部。做好党员结构调整，统筹党员配置，做到班班有党员，充分发挥先锋模范作用。系统推进"智慧党建"，做好党建研究成果的应用。坚持精神文明和物质文明两手抓两手硬。创新海外测井党建方式方法，形成测井特色海外党建工作体系，确保海外员工队伍稳定。弘扬石油精神和大庆精神铁人精神，组织动员广大职工群众转变思想观念，勇于担当负责，为世界一流测井公司建设贡献力量。

（一）强化政治建设

提升政治意识，把学习贯彻习近平总书记重要讲话和重要指示批示精神作为第一议题，强化"四个意识"、坚定"四个自信"，坚决做到"两个维护"。加强政治引领，进一步优化完善党的领导和公司治理有机融合、有机统一，落实好"三重一大"决策制度，建立践行不忘初心、牢记使命长效机制。增强政治保障，根据测井跨区域管理特点设计章程和议事规则，严格执行党内政治生活若干准则，教育引导干部员工自觉在做强做优做大国有资本、深化油气行业改革、推进高质量发展等大局下行动，加强党性锻炼，永葆政治本色。

（二）强化思想建设

抓好思想政治学习，提升理论中心组学习研讨效果，创新基层日常思想政治教育，每年一个主题开展形势任务教育，做好建党百年系列庆祝活动，凝聚全员干事创业的强大力量。抓好宣传舆论工作，整合宣传资源，扩大宣传渠道，践行"有感宣传"，做好舆情管控，扩大覆盖面、增强亲和力。筹备好测井20周年系列庆祝活动，讲好测井故事，提高测井声音。抓好意识形态管理，加强社会主义核心价值观宣传教育，坚决抵制错误思潮，守牢守好意识形态阵地。

（三）强化队伍建设

构建人才机制，启动"十四五"人力资源规划，健全人才"生聚理用"机制，做到"生才有道、聚才有力、理才有方、用才有效"。建强人才队伍，不断优化班子年龄、专业结构，加强干部队伍治理能力提升训练，加大优秀年轻干部培养使用力度，加大高层次、紧缺人才引进力度，做好双序列人才动态管理，大力培育技能人才，全面提升人才队伍的素质能力和价值贡献。精准考核激励，持续深化三项制度改革，健全落实容错纠错机制，畅通培训、考核、晋级、分配成长通道，激发人才活力动力。

（四）强化组织建设

压实党建责任，推动落实主体责任、第一责任、一岗双责，完善"述评考用"机制，推动党建责任考核与经营业绩考核有机衔接融为一体，让党建工作真正为生产经营赋能。推进深度融合，把党建融入企业产业链、价值链、创新链的各环节各方面，用党建引领研发、制造、服务、应用业务发展。建强战斗堡垒，加强基层党建"三基本"建设，与中国石油传统"三基"工作有机结合，不断赋予新的时代内涵。加强党建研究，推动理论研究成果向实践转化。

（五）强化廉政建设

落实工作责任，推动全面从严治党各方责任主体贯通联动、一体落实。完善监督体系，整合监督资源，聚焦监督重点，创新监督方法，构建纪检、巡察、审计、干部、财务五大监督为主要内容的"大监督"格局，一体推进"三不"体制机制建设，抓好巡视整改，落实"一责任三把关"机制，确保权力公平公正运作。搞好政治监督，在具体事上找表现，在思想深处找根源，旗帜鲜明纠正政治执行力问题。加强作风建设，坚决纠治"四风"，用好"四种形态"，坚决防止和反对个人主义、分散主义、自由主义、本位主义、好人主义和宗派主义、圈子文化、码头文化，纯洁干部队伍。

（六）强化文化建设

打造理念文化体系，总结提炼形成新时期具有中国石油测井专业化特色的核心文化理念，筑牢员工共同思想基础。打造制度文化体系，将公司核心文化理念融入企业规章制度中，全面规范员工行为，形成按规章办事、按制度办事的文化自觉，增强引导力和执行力。打造物质文化体系，选树一批先进典型，提炼一批理念格言，创建一批文化基地，推出一批文艺精品，挖掘一批基层案例，叫响测井品牌。

（七）强化工会工作

加强民主管理，落实三级职代会，深化四级厂务公开，抓好职代会提案工作，落实职工知情权、参与权、表达权、监督权。抓实素质提升，持续搭建强技提素平台，锻造具有绝技绝活的职业测井人、专业测井队。推进服务关爱，发挥桥梁纽带作用，履行"三不让"承诺，加强"4+2"文体阵地建设，改善生产生活环境，增强员工的幸福感获得感。巩固扶贫成果，认真执行陕西省和中国石油脱贫攻坚工作部署，把扶贫脱困与乡村振兴有机结合起来，履实社会责任。

（八）强化青年工作

加强思想引导，准确把握和研究青年的思想观念、价值诉求和成长规律，教育引导青年员工"高举团旗跟党走"，深化"青"字号品牌系列活动，规范团组织自身建设，创新服务青年方式方法，不断提升团组织的向心力、亲和力、战斗力。搭建成长平台，积极搭建青年创新成果交流平台、志愿服务实践平台、建言献策征集平台，形成长效工作机制，促进青年更好发展。

（九）强化综治维稳

抓好信访维稳，深入细致做好一人一事的思想政治工作，强化重大改革方案出台前的稳定风险评判，加大政策制度的宣贯力度，健全激励关怀帮扶机制，及时化解各种矛盾，引导员工依法理性有序表达合理诉求，确保公司大局和谐稳定。抓好安保防恐，国内方面要持续推进反恐重点目标达标建设，强化警企联动，加强应急演练，不断提升应急处突实战能力；海外方面要密切关注各国政局变化和疫情变化，抓好海外基地社会安全，做好疫情常态化下国际业务发展谋划，稳定海外员工和家属思想情绪，确保公司海外风险可防可控。抓好保密工作，建立健全保密管理体系，加强数字化背景下的定密、传密、保密、解密等各项具体工作，保护好公司知识成果。

（十）强化机关建设

认真履职，加强"五型"机关建设，落实机关五项职能，发挥机关示范带动作用。转变思想，正确处理个人利益与集体利益的关系，正确对待深化改革过程中出现的进退留转问题，坚决纠正"等靠要、庸懒散、推拖拉、低老坏"等机关通病，做政治上过硬的机关干部。提升素质，把学习当作终身必修课程，加强综合能力训练，让提笔能写、开口能讲、问策能对、遇事能办成为机关工作人员的"标配"。强化服务，大力弘扬"三个面向""五到现场"的优良石油传统，提高工作效率，减轻基层负担。优化职能，健全完善授权管理体系，强化核心资源配置能力，突出服务指导功能发挥，彰显机关价值。

党建工作"十项任务"是党群工作的基础，也是抓好"党建四化"任务、建成具有鲜明测井特色的企业党建生态系统的基础。要抓实抓细，抓出成效，用高质量党建引领和保障公司高质量发展。

六、建立五项机制，确保工作推动落实

为有效推进测井业务"十大工程"、强化党建工作"十项任务"，要建立五项保障机制。

（一）建立责任分工机制

按照"决策、执行、监督"管理体系和"总部机关管总、研发制造主建、服务公司主战"管理模式，进一步厘清权责边界，明确机关基层职能定位。进一步加强授权管理，层层分解工作目标、压实责任，形成一级带一级、一级促一级、一级督一级的工作格局。

（二）建立统筹协调机制

要加强与上级主管部门的沟通协调，展示工作中的亮点，了解工作中的不足，弥补短板促进提升。要加强与油田、钻探的沟通协调，及时掌握生产动态和需求，精准做好服务保障工作。要加强与地方政府的沟通协调，积极争取各类政策支持，营造良好发展环境。要加强机关部门之间沟通协调，避免政出多门、重复劳动，切实为基层减负。要加强机关与基层单位的沟通协调，帮助解决实际问题，确保各项工作落实落地。要建立健全协调机制，搭建协调平台，制定相应制度，统筹各类资源，形成最大合力。

（三）建立人才交流机制

建立完善管理人才交流机制，统筹考虑公司管理干部成长情况，制定科学合理的交流规划，让不同领域的干部有机会在不同的岗位上得到锻炼，让不同地域的管理经验得到共享。建立完善技术人才交流机制，让不同专业背景的技术人才有机会跨专业跨行业丰富自身知识结构，拓宽技术视野，让不同领域的专业知识得到共享。建立完善技能人才交流机制，加强现场交流应用，促进工艺优化提升和方法固化定型，让创新经验得到共享。建立完善内部外部交流机制，加强公司与油田公司、科研院所、高校等单位人才交流，通过走出去、请进来，进一步拓宽人才成长通道，促进人才良性循环发展。

（四）建立督查落实机制

建立健全督查督办机制，全力抓好既定任务落实。要强化督促检查，将全部重点工作纳入督查内容，挂牌督办上级要求事项，跟进督办公司会议议定事项，专项督办基层反映事项，确保应办尽办、马上就办。要改进督查方式，对一段时间内的重要事项进行"清单式"督查，对深化改革等涉及员工利益的重要事项进行"调研式"督查，对解决油田技术需求的重要事项进行"交流式"督查，推动工作精准落实。要提高督查质量，以工作是否落实、效果是否明显、员工是否满意为标准，对督查事项定期开展"回头看"，深入实地核查验收，确保督办事项高质量完成。要用好督查结果，把督查工作效果作为评价工作成效、检验工作作风的重要内容，将督查结果作为年度目标考核依据，以实绩论英雄，促进事业发展与个人成长双丰收。

（五）建立激励奖惩机制

合理运用精神激励，规范各类先进评比，抓好各类典型选树，通报各类经验做法，增强激励对象的荣誉感。精准运用物质激励，优化考核指标，加强工效挂钩，体现多劳多得，增强激励对象的获得感。严格运用晋升激励，鲜明树立重实干重实绩的用人导向，完善干部考核评价机制，让踏踏实实干事的同志"付出总有收获"，增强激励对象的认同感。稳慎运用负向激励，坚持"三个区分开来"，用好容错纠错机制，既为敢于担当的干部鼓劲撑腰，也让慢作为、不作为、乱作为的干部受到警醒和惩戒，增强激励对象的责任感。灵活运用激励方法，注重激励实施的及时性，坚持激励操作的公正性，把握激励度量合理性，评估激励结果有效性，充分调动干事创业的活力动力。

"十四五"时期，是公司建设世界一流测井公司进程中的关键五年，我们要按照集团公司部署要求，特别是集团公司党组系列会议精神的工作要求，围绕推进治理体系和治理能力现代化这一主线，坚持整体部署、稳步实施、重点推进，一件一件抓落实，一年接着一年干，把既定的规划蓝图变为现实。2021年，重在谋篇布局，开展"改革深化年"活动，为"十四五"开局抢抓机遇提供体系保障。2022年，重在夯基提效，开展"基础建设年"活动，为"十四五"持续发展提供基础支撑。2023年，重在开源节流，开展"效益提升年"活动，为"十四五"加快发展提供效能驱动。2024年，重在风险管控，开展"安全巩固年"活动，为"十四五"稳健发展提供安全护航。2025年，重在圆满收官，开展"党建保障年"活动，为"十四五"完成任务提供政治保障。

增强忧患意识　加快改革创新　以高质量发展为"十四五"开好局

——胡启月在中国石油集团测井有限公司2021年工作会暨党委（扩大）会、四届三次职代会上的生产经营报告（摘要）

（2021年1月30日）

一、2020年主要工作成果

2020年，面对突如其来的新冠肺炎疫情和油价下跌严峻形势，公司上下始终坚持以习近平新时代中国特色社会主义思想为指导，坚决贯彻习近平总书记重要指示批示精神，认真落实集团公司党组决策部署和中油油服工作要求，提高政治站位、勇担责任使命，一手抓疫情防控，一手抓提质增效，稳步推进改革发展各项工作，取得了来之不易的经营业绩。全年完成各类作业80310井次，其中：裸眼测井19315井次、生产测井13416井次、工程测井21204井次、射孔25866井次、录井509口。完成随钻测井191口、同比增长19.4%；桥射联作1758口/15484段，同比增长34.2%。仪器一次下井成功率99.5%、测井一次成功率97.9%、曲线优质率99.0%。制造测井仪器1009支、射孔弹152.3万发、射孔枪35.8万米。完成产值94.46亿元，实现收入78.57亿元、净利润2.44亿元，上缴税费1.43亿元，完成了集团公司下达的业绩考核指标。荣获集团公司"工程技术业务市场开发先进单位""质量健康安全环保节能先进企业""井控工作先进企业"称号。

（一）提质增效取得良好效果

一是多措并举挖潜力，高质量开发市场。围绕"十保"全业务链挖潜，增加产值7.01亿元。围绕提高内部市场占有率、外部市场增长率积极开拓市场，开发新区块36个，创收3.13亿元，与13家油气田签订合作协议，国内投标102项，中标额2.71亿元。推广光纤测井、水平井示踪剂监测、等孔径射孔等新业务，增加产值1.1亿元。二是流程管理聚合力，高效益经营管理。将现行规章制度融合成一套综合管理体系，制度性文件数量压减至490个，文件优化率18.87%。建立并实施安全、生产、装备、采购四个管理流程，完善了公司、分公司、项目部三级管理手册。小队平均到井及时率99.8%，装备完好率99.96%，装备动用率82.7%；物资采购资金节约3.5亿元，节约率11.1%。三是精打细算强动力，高水平财务管控。两级机关管理费同比减少35.96%，其中五项费用同比减少52.03%。工程技术业务外包、设备租赁费用同比压减49.74%、24.42%。落实减免企业社保等优惠政策和税收筹划增利1.68亿元。回收应收款70.4亿元，清欠指标综合完成率45.4%，存货指标综合完成率126.6%。四是深化改革增活力，高素质队伍建设。调整工效挂钩实施办法，有效发挥薪酬分配激励作用。优化整合国内部分区域市场，推进资源效益最大化。协调97支队伍保障重点市场、重点任务，盘活1277人。推进"双序列"改革，选聘首席技术专家7

名、技术专家 13 名、一级工程师 33 名，4246 名专业技术人员全面实现岗位管理。103 名工程师在 12 个油气田轮换作业。

（二）科技创新取得重要成果

一是打造形成中国石油测井成套装备 CPLog。坚持"用"字当头搞创新，坚持一切经过试验搞推广，研发了新一代多维高精度成像系列，正在开展试验。以 15 米一串测为主的常规快测系列全面升级到 175℃/140 兆帕/20 小时。成像仪器累计投产 555 支。一串测累计投产 169 串，单井减少占井时间 42.61%。研发 175℃/140 兆帕高温随钻测导系统平台，形成旋转导向、"伽马成像 + 螺杆"两种测导结合的一体化服务模式，平均钻遇率达到 90% 以上。开展注采同测、井口计量现场试验。研发形成高温高压射孔器及超深井射孔配套工艺、装备，完全替代国外高端射孔技术。桥塞射孔联作技术 2.0 现场应用 135 口井。二是自主核心技术进展明显。建成测井芯片封装车间，研发 4 种芯片，耐温 200℃/20 小时。首条自动化加工生产线正式投产运行。自主制造三维线圈系 4 套，3D 打印极板 24 块。三项关键核心技术成功竞标立项，中子管耐温指标提升至 175℃。建成远程测井作业支持中心，升级 9 支小队装备，完成 20 口井远程测井试验。升级改造 4 套智能绞车系统。形成一套光纤测井传输系统和光纤传感组合测井仪器样机。制造完成产值 14.12 亿元。形成模拟测井研发平台原型。构建基于测井数据库的网络化协同处理解释流程，各环节数据自动流转，应用 2048 井次。三是新技术推广应用有效解决勘探开发难题。推广三维感应测井 60 余井次，在大庆油田砂泥岩薄互层、古龙页岩油等储层评价中效果显著。推广地层元素成像测井 59 口，在识别复杂岩性、评价非常规储层优势层段中凸显成效。FITS 过钻具测井仪成功投产应用 57 井次，有效解决了长水平段、复杂井况测井问题。应用随钻测导系统 8 口，仪器入井时间 1500 小时，总作业进尺 4000 米，最大单串作业时间 280 小时。应用"方位伽马成像 + 电磁波电阻率"随钻测井组合 5 井次，有效满足地质导向需求。应用等孔径深穿透射孔弹 25.4 万发，有效降低了近井筒地带的扭曲摩阻。累计授权专利 89 件、软件著作权 29 件，获得省部级科学技术进步奖 6 项，集团公司自主创新产品 3 项，"三维感应成像测井仪研发成功实现各向异性储层评价突破"荣获中国石油十大科技进展。

（三）服务质量效率明显提升

一是生产组织更加优化。理顺塔里木、冀东、川渝页岩气、苏里格区域市场管理方式，在 297 支队伍中开展"项目专测""测录联合组队""灵活组队"等，完成 11526 井次。协调重点装备 143 支/串。测井综合提速 4.9%，桥射联作段均提速 10.7%，水平井测井提速 13.8%，曲线优质率 98.9%，实现了提质提速提产提效既定目标。二是服务方式持续创新。对重点井实行统一管理、分级负责、领导包井、专家把关，完成重点探井精细评价 128 口，为蓬探 1 井、沙探 2 井等一批油气勘探重大发现井提供技术支持。开展劳动作业竞赛，累计 1219 口井、共 126 支队伍获奖，完成裸眼测井 200 井次、桥射联作 350 段、随钻测井 10 井次以上的标杆队分别为 10 支、3 支、6 支。测井生产智能支持系统正式上线，有效支持全流程数据填报及动态监控。广汉维保中心建成制造维修线 8 条，成立工程作业智能支持中心，建成旋转导向维保中心东北站，建成远程支持大厅，旋转导向利用率稳定在 52% 以上，远程技术支持 136 井次、优质储层钻遇率 97% 以上。三是流程标准更加严格。修订完善《生产管理办法》等制度 11 项，发布技术标准 4 项、操作规范 6 项和小队操作手册 33 项。开展应急演练 28 次。推广井控预警软件，精准预报井漏、遇卡等工程异常 229 次。四是资料应用持续深化。基于油藏约束，完成老井复查 2.7 万口、区块治理 3 个，累计增油 16.3 万吨、增气 9 亿立方米；发现规模储量区 32 个，为油田石油增储 1.6 亿吨、天然气增储 3973 亿立方米。形成水平井分段分簇和压裂优化方法，参与长庆油田页岩油国家示范区"小井场、大井丛"现场试验，为华 H60、H40 两个平台储层改造提供技术支持。全年刷新各类作业纪录 95 项，收到中油油服贺信 5 封、油田及钻探感谢信 46 封。

（四）疫情防控守住"双零"底线

一是提高站位，贯彻上级精神到位。第一时间组建公司新冠肺炎疫情联防联控工作领导小组，召开专题例会25次，及时传达学习贯彻落实上级工作要求，安排部署阶段性疫情防控重点工作，确保疫情防控职责清、责任明、措施实、效果好。二是慎终如始，防控措施落实到位。紧跟疫情形势，细化实化措施，发布六版操作手册，提升措施的针对性和可操作性；全面加强重点人员、重点场所及重点时段管控，开展核酸检测2292人次，建立全过程、可追溯流动人员信息台账；强化宣传，引导员工正面防控。三是多措并举，防疫物资配备到位。多渠道多途径协调采购、集中管控、统一配发防疫物资，累计采购口罩112.6万只、测温枪4810支、消杀用品12700公斤等防疫物资，各单位建立常态化防疫物资保障体系，有力保障了疫情防控有序开展。四是精准施策，海外项目防控到位。成立国际业务疫情防控专项工作组，实施网格化管理，建立海外人员信息"日报送"机制，协调海外项目员工疫苗接种率100%，确保了海外员工健康安全和海外项目平稳运行。五是压实责任，检查督导整改到位。开展疫情防控及生产复工复产大检查6轮次，发现并整改问题102项，切实推动疫情防控、复工复产、安全生产等各项措施落实落地落细，实现"双零"目标。

（五）质量安全环保持续向好

一是强化岗位职责落实，执行力建设取得新提升。修订QHSE职责198项、履职标准561条。发布安全生产三项纪律，完善管理规章制度、规范制度38项，推动安全生产责任落实。二是强化重点风险管控，"双重预防"建设取得新进展。强化放射源、民爆物品全过程监管，应用主动型行车安全监控系统1483套。清理不合格承包商11家。投入资金1.15亿元，治理隐患项目180项。建成员工健康管理平台及健康档案数据库，录入数据1.8万份。三是强化监督检查和体系审核，安全监管效果取得新加强。推进实施安全生产专项整治三年行动计划，分层级梳理安全监督检查点765个，组织监督检查52轮次，发现问题8064项，纠正违章908次。通过多级审核发现并整改问题1825项，作业队检查覆盖率100%。四是强化安全教育培训，全员安全能力取得新进步。举办HSE培训34期5355人次，岗位安全培训7700人次，安全管理人员取证302人次，41人通过注册安全工程师考试，包队安全教育培训748支队伍5523人次，员工安全意识和能力得到明显提升。五是强化标准化建设，基层基础工作取得新业绩。作业队标准化达标率100%，辅助班组达标率90%以上。分类建立作业队工器具配备标准，更新井口悬挂器等设备2180件/套。制修订行标、企标59项。六是强化质量计量管理，质量过程管控取得新成效。落实集团公司油气水井质量三年集中整治行动，进一步规范质量、计量管理。组织开展"质量月"及QC活动，有效提升全员质量意识和能力。

（六）国际业务取得显著成绩

一是市场运行卓有成效。紧跟国家"一带一路"宏观战略，规模性、高端性市场不断突破，在19个国家参与投标149次，中标65次，签约合同2.12亿美元。二是提质增效成果突出。利用新冠肺炎疫情期间出台的各项社保优惠政策，社保支出减少554万元。跨国调剂装备资产原值2.69亿元，库存物资1191万元。三是生产保障高效运行。全力保障了巴基斯坦联合能源测井射孔服务项目等4个新项目逆势开工。在哈萨克AMG探井核磁作业超4000米，在古巴顺利完成4600米水平段钻具传输测井。四是服务能力显著提升。全谱饱和度中子测井在南苏丹作业超30井次，推进装备提档升级，有效满足英国石油公司等高端市场业务需求。五是安全环保稳中向好。海外放射源及民爆物品实现在线动态管理，初步建成伊拉克、苏丹放射性在线监控系统。有效应对疫情和低油价影响，守住了国际业务不亏损的底线。

二、生产经营面临的形势任务

一是能源产业加速变革，市场竞争更加激烈。新技术深刻影响世界能源格局、重塑竞争格局，石油需求峰值将提前到来，世界油气市场较长时间内处于宽松格局，国际油价将在较长时间处于中低位运行，对公司生存和发展造成深远影响。二是测井服务对象深刻变化，对测井技术要求更高。全球油气勘探由浅层向深层特深层，由滩浅海向深水、由常规油气向非常规油气、由直井向大斜度及水平井、由中高渗整装向低渗透低品位进一步拓展，对测井技术服务提出了更高的要求。三是集团公司内部市场开放，国内市场保障挑战增大。集团公司要求油气勘探开发成本控制在每桶油45美元以内，各项成本要压降10%以上；同时将有序放开油田技术服务不低于20%的内部市场。这需要公司进一步提升服务质量，提高市场竞争力，同时要降本增效。四是公司自身制约发展的问题突出，"十四五"加快发展任务艰巨。业务布局不够合理，国际国内业务发展不平衡、不充分；自主创新能力不够强，还不能完全满足勘探开发的技术需求；体制机制不够完善，还不能充分激发各方面积极性、主动性；劳动生产率不够高，资产创效能力还比较弱；安全环保基础不够牢固，安全意识还需要进一步加强；队伍结构不够优化，领军型技术人才、工匠型技能人才、年轻骨干还比较紧缺。

今年生产经营工作的有利条件。一是发展形势较好。我国新冠肺炎疫情防控取得重大战略成果，成为全球唯一实现经济正增长的主要经济体。当前党中央加快构建新发展格局，健全完善中国特色社会主义制度，深入实施国企改革三年行动方案，为国有企业高质量发展创造了有利的宏观环境。二是发展机遇难得。党的十九届五中全会对加强国内油气勘探开发、保障能源战略安全作出重要部署；集团公司有序实施七年行动计划，今年勘探投资360亿元，其中风险勘探投资35亿元；大庆油田实现第6年国内原油稳产3000万吨，长庆油田建成年产6000万吨级特大油气田，塔里木油田建成3000万吨大油气田，西南油气田建成300亿立方米大气区，等等，这些为我们带来难得的发展机遇。三是发展潜力巨大。我们已经完成国际业务整合划转，形成了国内领先的测井装备CPLog，建立了高效的管理体制，培育了优秀的测井队伍，为建设世界一流测井公司奠定了坚实的基础。

今年，是"十四五"规划的开局之年，也是公司开启建设世界一流测井公司新征程的第一年。总的工作思路是：以习近平新时代中国特色社会主义思想为指导，全面贯彻党的十九大和十九届二中、三中、四中、五中全会精神，认真落实集团公司党组决策部署和中油油服工作要求，贯彻新发展理念，融入新发展格局，紧扣世界一流测井公司建设的目标任务，增强忧患意识，加快改革创新，着力推动落实"十大工程"重点工作，履行好服务油气、保障钻探使命，以高质量发展为"十四五"开好局。

主要生产经营指标安排是：

完成产值105亿元，实现收入93.58亿元、利润总额3.27亿元以上、净利润2.7亿元以上，国内业务扭亏完成率100%，经济增加值2亿元、净资产收益率2.8%、自由现金流1.3亿元，百元收入营业成本控制在91.3元以下，计划投资10亿元。重点工作推进成效评价95%，综合服务满意度98%以上。质量健康安全环保节能工作实现"十杜绝"和"六严控"目标，"两金"压控100%。

三、2021年生产经营重点工作安排

（一）坚持市场导向，全面加强市场营销工作

要认真落实公司市场工作会议精神，坚持"市场导向、油田至上，一体协同、竞合共赢"的理念和"六个坚持"的基本遵循，加强市场分析，优化市场布局，深挖市场潜力，打造测井品牌，全面提升市场竞争力，巩固拓展内部市场，全力扩大外部市场，特别是海外市场。

健全完善市场营销体制机制。一是建立市场指标科学测算方法。准确掌握油田每年的投资和建产计划、不同业务的工作量及需求计划，结合市场提升目标综合测算，建立符合油田特征的指标预测模型和测算方法。二是完善市场营销机制。完善市场开发责任体系，层层传递指标，落实责任分工，加大技术、产品、品牌的宣传力度，加大装备对外销售、技术转让的力度，形成全员拓市场、保市场、人人都是市场人的工作局面。三是突出经营绩效考核。完善以效益为中心的激励考核办法，突出市场增量和质量，完善薪酬与市场增量质量相挂钩、与单位经济效益相匹配的机

制，严考核硬兑现，引导高质量开发市场。

多措并举抓市场维护与开发。一是定期开展技术交流，完善交流协调机制，深化战略合作；加强多层面技术交流，提出测井服务方案，帮助用户用好测井资料。二是积极应对市场开放和降价，全方位做好市场开放信息跟踪，统筹协调公司优势资源，确保市场占有率不降低。内部互学互鉴保价格成功经验，确保价格稳定。三是高度重视重点井，落实好分公司领导班子成员包队抓重点井测井服务，助力集团公司油气勘探突破。四是加强竞争市场开拓，加强市场信息收集，持续完善市场开发和竞争策略；优化市场区域布局，发挥特色技术优势和区域保障优势，积极培育客户群体，努力扩大竞争市场规模。五是积极开发新市场新业务，大力拓展海上业务，加强储气库市场开发，积极参与新能源、矿藏及地质普查，提供测井服务方案，形成新的市场增长点。

品牌打造要统筹规划部署。按照把中国石油测井打造成为世界一流水平测井品牌的战略目标，搞好品牌打造发展规划，制定完善服务品牌、产品品牌、文化品牌及相关子品牌推进方案，逐步建立品牌资产管理、营销传播体制机制，加大品牌展示宣传推广力度，持续提升品牌影响力。

（二）坚持问题导向，持续提升科技创新水平

要贯彻落实创新驱动战略，坚持技术立企，强化创新主体意识，突出科技自立自强，编制并实施技术研发、装备制造、测井应用"十四五"专项规划，加快研发创新、制造创新、应用创新，引领测井行业高质量发展。

研发创新，更加注重关键核心技术攻关，打造测井利器。一是整合研发资源，打造高效研发平台。制定实施公司研发资源整合方案，实现专业研发力量更加集中、资源配置更加合理、共享协同更加高效，打造电缆测井、存储测井、随钻测井和射孔高效研发平台。二是建立统一测井装备和软件标准，构建开放型测井生态。尽快制定发布成套装备 CPLog 机电接口、通信方式等标准，保障特色技术顺利挂接。联合李宁院士团队在已有测井数据库基础上，补充完善岩心、录井、地震、试油等数据，结合云技术制定统一的数据存储和访问标准，形成统一的数据 API 接口和可视化成果显示 API 标准，全力构建统一的测井大数据平台 CIFLog，为各类测井处理、解释、评价应用软件开发提供统一平台接口。本着有所为有所不为的原则，建立完善多种合作机制，利用好国内、国外两种资源，构建中国石油测井生态圈。三是完善项目管理，强化关键核心技术攻关。按照推广、攻关、储备、理论方法、技术标准分层次规划立项，对科研项目实行技术分类管理，做好国家、集团公司专项"十三五"项目收官与接续。推进多维高精度成像系列研制与定型，攻关高灵敏度声波测井换能器、时间域电磁远探测等技术，研发介电扫描成像、高分辨率油基泥浆电成像，完善定型二维核磁、可控源地层元素与孔隙度、方位阵列侧向和模块式地层测试器；推进智能导向攻关，形成随钻孔隙度、元素、声波及钻后测井等技术；推进射孔机理研究，提升射孔增产效能；推进套管带压钻井测井、水平井固井质量等套后测井技术系列研究。四是强化产权保护，建设交流合作平台。建立完善知识产权保护制度，实行分级分类管理，积极申报高级别科技奖励，申请建立院士工作站、博士后工作站，申报国家重点实验室和技术工程中心，组织召开中国石油测井科技创新大会，办好行业协会和《测井技术》杂志，提升公司影响力。

制造创新，加快智能化工厂建设，推动制造升级。加强调研分析，制定实施公司制造资源整合方案，建立完善制造管理模式，推动制造专业化。加强旋转导向维保中心建设，加大仪器装备配件标准化力度，充分利用社会机械加工力量，加快服务制造转型。优化完善机械加工自动化生产线、焊接生产线、射孔器材生产线，加快推进制造信息化项目建设，进一步优化工艺流程，推进作业标准化，推行精益管理，规范目视化管理，加强质量追溯分析，推动产品系列化、制造规范化、信息化、智能化。

应用创新，深化油藏研究工程应用，扩大成果转化。在测井应用研究院塔里木分院、大庆分院试点运行的基础上，完善快速解释、精细评价、综合研究的方法流程，有序推进解释评价资源集

中,发挥好公司整体合力,更好服务油田勘探开发。在快速解释方面,要服务于油气生产现场。按照多学科一体化应用、大数据深度分析、人工智能提速提效要求,建设一体化大数据平台和智能处理解释平台,提高解释评价工作效率和质量。在精细评价方面,要服务于油气储量、产量评估。开展高温、高压复杂储层测井响应机理研究,加强成像资料深度处理,深入研究页岩油气"七性""四品质",建立综合甜点评价标准。在综合研究方面,要服务于油气藏描述,多学科结合深化测井资料应用。加大生产应用,发展区块综合评价技术,建立区块评价工作流程、技术规范和应用平台,与注采同测等业务结合,提升生产测井大包服务能力;加大工程应用,与钻井、压裂结合,拓展以水平井、非常规油气开发为重点的测井工程参数应用能力;落实整治行动,针对油气水井质量要求,规范测井数据采集、存储、处理、统计和提交流程,确保数据质量可靠、结果权威。

优化完善创新管理体制机制,全面激发创新创造活力。完善公司科技创新决策体系,进一步明确科委会、机关部门、科研机构职责定位,形成集中统一的科技管理体系。推广完善项目制管理,完善科技创新奖励办法,制定科技成果转化创效奖励制度,充分激发全员创新创造活力。加强与高校、科研院所交流,积极开展跨专业跨领域创新联合体建设,推进关键核心技术自主可控。持续完善公司专业技术人员管理办法,发挥好专家带头作用,进一步改善科研办公条件,营造良好科研氛围。

(三)坚持目标导向,履行服务保障职责使命

始终牢记"一体两面"定位,围绕服务油气、保障钻探职责,践行"一家人、一条心、一股劲、一起干"理念,着力提升服务保障质量效率。

统筹资源配置,提升创效水平。科学编制公司2021年生产计划,合理部署队伍和设备资源,不断优化队伍协调机制,成立装备集中管理共享机构,加大重点稀缺装备协调力度,实现资源集约高效利用。根据油田井型结构变化,控制队伍数量,深挖资源潜力,抓好队伍转型,将部分裸眼测井队转型为随钻测井、桥射联作、生产测井等队伍,加快推广一队N班、项目专测、测录联合等灵活组队生产组织模式,提升单队创效能力。围绕页岩油气、致密油测井作业能力建设,进一步完善设备及工艺配套,提升单井作业效率。测井综合时效再提高3%。

统一流程标准,提高服务质量。建立以作业时效、作业质量和井筒安全为核心的指标体系。持续总结提速经验,深化提速模板、学习曲线等方法应用,固化提速模板,完成好提速目标。制定测井智能化作业系统、远程测井作业相关流程标准,提升测井智能作业水平。落实油气水井质量三年整治行动,配齐配全刻度校验装置,助力井筒质量提升。开展电缆测井防卡解卡工艺技术研究,统一工器具、操作规程,建立工程复杂数据库。

加快技术应用,助力增储上产。全面推广CPLog测井成套装备,建立新技术推广应用考核机制,凝聚发展共识,促进研发和现场试验有机结合,提升新技术推广应用效果,推动测井业务迈上中高端。在探井中推广应用地层元素、三维感应、"三电两声一核磁"等成像测井技术,在开发井推广应用CPLog一串快测技术,在水平井推广FITS存储式测井、随钻测录导、随钻方位伽马、旋转导向、桥射联作2.0等技术,在生产井推广应用流动成像、RCD/RCB、光纤测井、注采同测、井口计量等技术。

(四)加大改革力度,健全完善管理体制机制

要贯彻落实精益管理战略,在生产经营各环节提质增效,以落实改革三年行动方案为抓手,加大改革力度,依法合规经营,持续完善公司治理体系,持续增强可持续发展能力。

加快改革上出实招。不断完善治理体系,持续优化完善管理制度和业务流程,编制推进治理体系和治理能力现代化方案,持续加强制度建设和管理体系融合,构建界面清晰、责任明确、运行高效的管理架构。持续完善组织体系,理顺机关部门职能分工、明确单位职责定位,努力解决重复建设和同质化、碎片化等问题,构建与技术进步、信息化建设相适应,与"油公司"模式相

配套的扁平化组织机构。积极推动专项改革，加强对标管理，抓好国际业务、技术研发、装备制造、解释评价、装备共享、维修保养、物资采购、监督管理、计量质量、后勤系统等业务改革，要坚持顶层设计，成熟一个实施一个，落实责任分工，配套完善相关体制机制，在确保大局稳定同时全面增强发展动力。持续深化"三项制度"改革，建立以市场化为导向的考核传导机制，把劳动生产率作为关键指标纳入考核体系，推进以市场增量和效益增量为核心的工效挂钩考核，员工收入增长与劳动生产率提升相一致；固化三项制度改革成果，持续构建公司人事劳动分配改革制度体系，推动归核化业务发展。

打造提质增效"升级版"。深入落实集团公司"四精"工作要求，坚持眼睛向内，苦练内功、降本增效，全员全要素全过程持续深化提质增效、强化精益管理。投资管理要聚焦主营业务、新兴业务、快速增长业务，坚持市场优先、效益优先原则，持续优化投资全过程管控，确保投资完成率90%以上。规划计划管理要继续按照集团公司和中油油服规划编制工作安排，多方征求意见建议，编制好公司"十四五"发展规划；制定2021年生产经营计划，加强投资项目后评估，并抓好组织实施。财务资产管理要强化"一切成本皆可降"理念，加强财务基础管理，强化投入产出分析，严控"两金"规模，加大资产轻量化力度，深入开展税收筹划，完善定额体系，切实增强财务决策支持、价值引领和风险管控能力。人力资源管理要严把入口关，系统完善公司培训体系，加强员工培训教育，尤其是第三方用工操作流程和规章制度培训，进一步强化"三支队伍"建设，全面提高人员素质。物资采购管理要理顺管理机制，加大集中采购力度，加强存货管理，确保完成存货压降指标。要坚持依法治企、合规经营，加强合同标准化建设，严格招标全过程监管，强化内控与风险管理，推进审计全覆盖，有效防范化解生产经营风险。

营造和谐生产生活环境。一是统筹推进，逐步建好后勤保障基地。制定民生工程建设"十四五"规划和年度计划，坚持顶层设计、分步实施，坚持新建与维修改造相结合，积极利用社会力量，多措并举改善职工生产生活条件。二是关注员工身心健康，加强人文关怀。积极组织开展群众文化活动、体育运动，抓好食堂管理，做好职工健康体检，完善职工健康档案，有针对性建立应急医疗救援体系，关爱离退休职工，做好节日慰问和困难帮扶，积极解决职工子女入学，加大海外员工及家属人文关怀力度，全力营造和谐稳定环境。三是完善体制机制，打造"四化"后勤服务。持续完善后勤保障组织管理，推动后勤管理体系化；梳理完善后勤管理制度流程，推动后勤业务工作制度化；统一后勤保障设备设施配套标准、服务标准，推动后勤基础工作标准化；鼓励利用信息化技术、利用社会化力量，推动后勤基地服务特色化。

（五）强化过程管控，夯实质量安全环保基础

加强思想引领，提高政治站位，强化"四全"原则，落实"四查"要求，聚焦"五零"目标，坚持识别大风险、消除大隐患、杜绝一般A级以上事故，持续推动质量健康安全环保工作再上新台阶。一是夯基础、强管理，持续推进综合体系运行。学深悟透习近平生态文明思想和安全生产重要论述，践行安全生产"三管三必须""七个带头"要求，强化责任履行。要将否决性、结果性和过程性指标统一纳入责任书签订，发挥激励约束导向作用。严格落实持证上岗培训，统一培训教材，强化集中学习和专题培训，提升全员风险防范意识。严控计量刻度、产品制造、工程服务等过程质量，强化全面质量管理。全面推行安全生产记分管理，加强岗位安全生产履职考评，提升全员安全生产责任意识。应用好公司员工健康管理平台，完善员工健康档案，精准预判，建立急救通道，减少员工非生产亡人事件。二是严督查、重改进，不断提升整体监管水平。整合监督资源，强化监督机构建设，完善制度标准，编制测井监督指南，配齐监测设施，实施区域监督，健全完善常态化"四不两直"监督检查工作机制。大力推进安全生产和油气水井质量三年专项整治行动，突出井筒质量和产品全过程质量监督，突出放射源、民爆物品、交通、井控以及承

包商等重点风险，建立隐患问题和制度措施"两个清单"。严肃质量安全环保事故事件问责，及时警示通报，提升安全生产事故事件防范和应对处置能力。持续开展一体化、差异化、精准化审核，结合短板要素实施专项审核。加强环保监督力度，持续推进环境保护与节能减排。推动成立测井专业井控培训中心，统一解卡打捞工器具、标准规程，提升解卡打捞能力和监管力度。高风险井领导带队，保障施工作业安全受控。三是强监控、增智能，有力夯实科技兴安根基。加大安全科技应用，强化防源落井、防卡解卡工艺技术研究推广，加大人机安全工程研究应用，提升本质健康安全水平。建立测井风险数据库，加快推进测井生产智能支持系统、员工健康管理系统、监督检查信息系统的建设和应用，实现动态智能监控。四是明责任、严监管，持续加强疫情风险防控。严格落实"外防输入、内防反弹""四早"以及"三个并重"要求，压紧压实"四方责任"。一手抓常态化精准防控，一手抓应对局部风险的准备，落实员工心理健康服务，加强联防联控和应急物资保障，强化教育培训和舆论引导，提升应急能力，抓好海外疫情防控，落实"两稳""两不"要求，维护海外员工队伍稳定，确保"双零"目标。

（六）发挥一体优势，提升国际服务竞争能力

要贯彻落实国际发展战略，健全测井国际业务矩阵组织结构和运营模式，建立全员市场营销体系，"做实"国际公司，"做活"境外分支机构。一是优化整合国际业务。稳妥推进国际业务优化调整，根据服务市场容量、地理位置、发展前景等因素，强化资源保障，建立布局合理、协同高效的国际市场格局，全面提升国际市场竞争力。二是统筹国际市场发展。深入分析国际油气资源现状，制定国际市场开发规划，建立适应国际市场的营销体系和运营机制，找准市场切入点，集中公司优势资源，依托钻探企业，着力提升一体化总包服务能力，做大做强伊拉克、南苏丹、尼日尔等市场。三是突出轻资产运营。强化资源协调，保障噪声测井仪、阵列持气率、RDT等油田需求急、见效快的装备，对哈萨克、伊朗等高库存项目进行专项治理；持续做好相关装备的税收筹划。四是加大技术支持力度。做好重点项目、重点井的保障，提高效率、确保质量，聚焦伊拉克等高端市场，强化成像测井技术支持；积极跟进尼日尔增油控水等市场需求，推广剩余油饱和度、噪声、氧活化等测井项目。五是大力培养国际人才。以海外工程师17级晋级体系为抓手，从培育公司核心竞争力的高度重视培训工作，强化员工素质提升和当地化质量，实现中方员工"全面化"、当地员工"专业化"、全体员工"职业化"。六是狠抓质量安全风险管控。深化国际业务HSSE管理体系运行，加快井控设备标准化，全面推广放射源在线监控系统，加强放射源建档，采用多种审核方式，推进海外体系审核3年全覆盖。

（七）推进数字化转型，实现测井高质量发展

要贯彻落实数字转型战略，以建设"数字中国石油测井"为目标，充分利用信息技术和数字化技术打造"七大数字平台"，实现智能化作业、网络化协同、个性化服务等新能力，开创基于用户、数据、创新驱动的新发展模式，实现协同共享、持续创新、风险受控和智慧决策机制，不断提高全员劳动生产率和资产创效能力。一是打造岩石物理平台。依托重点实验室，集中现有资源逐步完善常规、非常规岩石物理实验能力，建立完善具备测井数值模拟能力的数字岩心、数字井筒环境，开发具备现场快速测量、快速处理的数字岩心装备，构建新型数字岩电实验平台，为测井应用和仪器开发奠定基础。二是打造统一研发平台。整合测井研发资源，按照测井研发专业化打造电缆测井、存储测井、随钻测井、生产测井统一研发平台，实现知识积累和共享，提升研发效率。完善科技项目管理机制，开发基于数据库的科技管理系统，具备过程、工具、数据、知识一体化管理的协同研发能力，强化项目全生命周期管理。发布统一产品标准，全力构建测井生态圈。三是打造数字制造平台。利用机器人、自动化等先进制造技术，结合互联网、大数据、AI等，提高制造过程的自动化水平，缩短产品交付周期，提高产品的可靠性与成功率。四是打造智能采集

平台。按照低功耗、智能化、复用共享原则打造新一代采集机器人。集成 RCB/RCD、0.2 米薄层系列、射孔等特色技术，融入 CPLog；优化智能远程作业方式，研发自适应高精度的采集装备，推进测录导一体化。研发具备钻井质量分析、测井质量分析能力的智能化软件，进一步提升测井的质量安全水平。五是打造测井大数据平台。以应用为目的治理现有数据库，确保数据库信息规范，构建集测井采集、测井处理、录井、岩心、地震、试油、油藏等多学科数据于一体的大数据环境，与梦想云、RDMS 等系统对接，规范统一数据调用和可视化输出 API，打造中国石油统一测井大数据平台 CIFLog。六是打造智能解释平台。研究针对单井、多井、水平井等处理解释评价的智能化方法，基于测井统一大数据平台，实现测井人工智能应用场景构想，探索智能推送用户知识成果信息方式方法，深度利用测井、录井、岩石物理实验和地质等多维度信息，突出老井复查一体化应用能力，构建统一的智能快速解释、精细评价、综合研究平台。七是打造管理运营平台。以井为中心，按照研发、制造、服务、应用专业化管理完善平台建设，打通数据传输通道，保证系统间数据互通共享和数据一致性，持续推进测井生产智能支持系统应用，配置最佳资源，提升各项管理组织效率。

打造"七大数字平台"，构建测井生态圈。一是信息化赋能，对传统业务的信息化和数字化，形成一定规模的数据资产；二是智能化优化，对单项业务、业务流程及跨业务板块进行系统优化，实现业务重组、流程再造，包括智能机器人、智能评价、智能信息推送、智能过程管控；三是新产品服务和新发展模式，通过数据资产提供服务，实现远程作业等生产方式的转变。要集中优势资源、突破核心技术、统一技术标准、创新体制机制、重构价值体系、理顺生产关系，在人才、技术、装备、管理实现规模发展，建立快速适应内外部变化的扁平化、专业化、灵活敏捷的组织架构。到今年底，要形成数字化转型顶层设计方案，统筹实施、试点先行，有序推进公司的数字化转型。

（八）加强队伍建设，培养高素质专业化人才

贯彻落实人才强企战略，坚持以人为本、人尽其才原则，围绕人才"生聚理用"机制建设，加强培训评估和"三基"工作，为实现公司高质量发展、建设世界一流测井公司提供坚强的人才保障。一是创新人才培养方式。所有入职人员要强化培训严格考核，不合格不签合同。要突出骨干和紧缺人才培训的精准化，办好国情企情研修班、国际化人才培训班、项目管理培训班，强化海外项目运行、法律事务、商务、财务管理人才培养选拔；要抓好新技术和解释方法培训的常态化，组织好测井研究、制造、服务、应用等新技术推广培训，不断提升员工素质，更好地服务客户；要抓好管理岗和操作技能岗培训的规范化，统一培训课程，统一规定动作，统一考核标准，实现基本操作模式化、程序化、标准化。二是强化"三基"工作。在重点区域、重点井服务中，开展提速提效劳动竞赛，营造"比学赶帮超"良好氛围；严格落实安全生产"三项纪律"，进一步加强安全生产标准化建设，配套完善工艺工具；进一步强化安全生产"三标"建设，提升标准化站队建设质量，培育公司级示范站队 30 个。三是提升人力资源价值。充分发挥专家领衔作用，推行完全项目制管理；在前沿基础研究领域，引进物理、数学专业理论功底扎实人才；在机械、电子、软件等方面，以市场化方式靶向引进高层次及紧缺专业人才；在测井解释评价方面，利用好市场化手段，发挥退岗、离职经验丰富的专业技术人员作用。四是优化人才发展环境。分级分类开展以素质、能力、业绩为导向的人才评价体系，不断提高人才资源开发的质量和水平；做好 2021 年专家动态选聘；抓好工程师集中管理，建立人才资源共享机制。五是建立"揭榜挂帅"机制。推行项目长、课题长公开招聘等方式，领衔技术短板和瓶颈技术攻关，参与集团"石油科学家培育计划"，培养行业领军人才；强化科研与生产实践锻炼，向非常规及光纤等、35 岁以下骨干、博士倾斜，培育青年科技人才；大力弘扬工匠精神，以集团公司技能专家为重点，培育打造"石油名匠"，建设集团公司技能专家工作室。

中油测井党委书记、执行董事金明权在中国石油集团测井有限公司深化改革部署动员大会上的讲话（摘要）

（2021年7月20日）

本次会议主要任务是：以习近平新时代中国特色社会主义思想为指导，深入贯彻党的十九届四中、五中全会精神，认真落实集团公司党组关于推进公司治理体系和治理能力现代化的指导意见、集团公司改革三年行动实施方案等一系列安排部署，在新形势新任务下，立足公司发展实际，加快各类资源优化整合，为推动公司高质量发展、加快建设世界一流测井公司提供保障。

一、提高政治站位，深刻认识深化改革的重大意义

"周虽旧邦，其命维新。"以数千年大历史观之，革故鼎新总体上是中国的历史常态。正是由于不断的变革，社会进步才有不竭的动力。唯改革者进，唯创新者强，唯改革创新者胜。只有将改革作为应对变局、开拓新局的重要抓手，才能有效应对"百年未有之大变局"，于危机中育先机，在变局中开新局。

（一）从国家层面看，深化改革是实现民族复兴的国家大势

习近平总书记指出，改革开放是我们党在新的时代条件下带领人民进行的新的伟大革命，是当代中国最鲜明的特色，也是我们党最鲜明的旗帜。党的十八届三中全会强调，要以规范经营决策、资产保值增值、公平参与竞争、提高企业效率、增强企业活力、承担社会责任为重点，进一步深化国有企业改革。党的十九届四中全会对坚持和完善中国特色社会主义制度、推进国家治理体系和治理能力现代化作出重大战略部署，对深化国有企业改革、完善中国特色现代企业制度提出了明确要求，强调国有企业治理体系是党和国家治理体系的重要组成部分。党的十九届五中全会强调，要深化国资国企改革，首次提出做强做优做大国有资本和国有企业，发挥国有经济战略支撑作用。面对未来，公司要破解发展面临的各种难题，化解来自各方面的风险和挑战，更好发挥中国特色社会主义制度优势，推动经济社会持续健康发展，除了深化改革，别无他途。国有企业作为党的执政基础，是壮大国家综合实力、保障人民共同利益的重要力量，必须不断做强做优做大，以深化改革这"关键一招"实现质量变革、效率变革、动力变革，提高全要素生产率，开创高质量、可持续发展的新局面。

（二）从集团层面看，深化改革是增强发展动力的行业趋势

当前，新冠肺炎疫情全球大流行，使世界百年未有之大变局加速演变，全球经济陷入衰退，经济全球化遭遇逆流，能源行业的发展面临严峻挑战。全球技术发展和能源产业加速变革，新技术和颠覆性技术快速发展，能源行业的电动革命、数字革命、绿色革命、市场革命愈演愈烈，深刻影响和重塑世界能源竞争格局，对传统油气行业产生严重冲击。戴厚良董事长强调，面对不稳定性不确定性明显上升的外部环境，只有不断深化内部改革，优化调整组织体系，提升公司治理效能，才能更好应对各种风险挑战，推动集团公司行稳致远。集团公司党组大力推进企业治理体系和治理能力现代化，统筹推进"发展、调整、改革、管理、创新、党建"总体工作布局，提出了"坚持高质量发展、坚持深化改革开放、坚持依法合规治企、坚持全面从严治党"的"四个坚持"兴企方略；提出了"专业化发展、市场化运作、精益化管理、一体化统筹"的"四化"治企准则；提出了"经营上精打细算、生产上精耕细作、管理上精雕细刻、技术上精益求精"的"四精"工作要求。按照国务院国资委要求研究制定《国企改革三年行动方案》的意见和实施方案，以推进集团公司治理体系和治理能力现代化为主题召开了领导干部会议，制定了《关于深化集团公司体

制机制改革的意见》，广泛调动各方面积极性、主动性、创造性，不断增强集团公司的生存力、竞争力、发展力、持续力，为行稳致远掌握了主动。测井公司必须主动融入改革、主动实践改革，在集团公司统一部署下不断深化改革，在履行"一体两面"职责定位、掌握关键核心技术等重大问题上有所作为，为集团公司建设世界一流综合性能源公司贡献测井力量。

（三）从公司层面看，深化改革是破解发展瓶颈的必然态势

一部测井发展史，也是一部改革创新史。回顾测井公司19年发展历程，我们始终能够看到改革的"身影"：2002年按照集团公司《关于存续企业深化改革的若干意见》要求，测井公司完成专业化重组，正式开启测井行业新纪元；2006年西安石油勘探仪器总厂测井装备制造部分重组到公司，形成了测井技术研发制造服务一体化的体制架构；2017年实施测井业务持续重组，公司的规模实力进一步增强，迈上专业化发展快车道；2021年，完成集团公司国际测井业务整合划转，形成以国内市场大循环为主体、国内国际双循环相互促进的新发展格局，测井业务国内外协调发展的基础更加牢靠，迈向世界一流的步伐更加坚实。

"改革只有进行时，没有完成时。"公司在改革中诞生，在改革中发展，在改革中壮大，实践证明，深化改革就是我们推动发展的制胜法宝。站在新起点，踏上新征程，面对新形势，我们要清醒地认识到，当前公司运行现状和"本部部门管总、研发制造主建、服务公司主战"的管理模式尚不匹配，和推进测井业务"十大工程"尚不匹配，和集团公司领导提出的测井公司要在"2025年率先建成世界一流示范企业"目标尚不匹配。主要表现在：一是在部门职能方面，战略引领不突出，以市场为导向、效益为中心的资源配置、生产组织不到位；本部部门"参谋、服务、协调、管理、监督"五项职能作用发挥不够充分；部分业务划分不够科学、部门职能存在交叉；公司本部管理力量与改革发展任务相比尚有不足，部分工作质量不高。二是在科技研发方面，现有研发资源分散，研发合力不足；基础研究不够，"瓶颈"技术较多，许多关键核心技术依然没有掌握在自己手中；高层次创新人才引进难、易流失；研发体系的激励考核机制作用发挥不够，研发动力不足。三是在制造业务方面，制造业务力量分散，产业链发展不均衡，电缆测井装备占主导地位，生产测井、随钻测井、存储式测井发展缓慢；全过程质量控制体系不够完善，检验检测控制手段还需加强；产品设计能力较弱，仪器可靠性仍需提升；装备制造自动化、智能化程度还比较低。四是在装备共享方面，资源集约和共享不足，装备调配存在管理瓶颈；在用装备系列庞杂、标准不统一、技术水平参差不齐，采集数据格式多样、通用性差，不利于更新配套、共享共用及维护保养。生产成本居高不下，造成巨大浪费。五是在物资采购方面，采购资源分散，没有形成采购合力，采购效益效率不高；物资管理及采购存在管办不分，有合规风险；以需求为导向、质量优先、集中统一和协调高效的物资集中采购运行机制尚未完全建立。六是在质量计量监督方面，安全环保监管体系不健全，监督未形成有效合力、质量计量力量薄弱；质量计量监督标准不统一、发展不均衡、过程控制不严谨、资源利用不充分、技术特色不鲜明，没有发挥出测井行业特点优势。七是在国际业务方面，国际国内业务发展不平衡；国际市场部分重叠，存在内部无序竞争；海外装备、人力资源等得不到共享共用；海外测井品牌尚未完全统一。在集团公司所属涉外企业2019年国际化经营能力评价报告中指出，中油测井国际化经营整体得分为3.26分，只处于起步和发展阶段，排中油技服板块倒数第二，属于第三梯队。八是在解释评价方面，复杂目标解释评价技术精度不高，成像处理技术不匹配，技术尚不能满足油田勘探开发需要；精细化解释技术存在短板，解释标准不一；测井应用研究院业务界面与分公司存在重叠，难以发挥整体合力；公司解释评价业务增长点还有待建立；油田公司认可的领军解释评价人才短缺，测井话语权受限。九是在三项制度方面，全员劳动生产率整体偏低，公司整体创效能力差，目前仍为B类企业，干部队伍年龄结构尚待进一步优化，"盖层太厚、断层太深、储

层太薄"状况严重存在；管理人员能上能下、员工能进能出、收入能增能减的"三能"机制还需进一步强化。在集团公司2020年人事劳动分配制度改革考核情况的通报中指出，测井公司三项制度改革评价得分92.2分，考核结果为"一般"。十是在二线领导作用发挥方面，公司退出中层领导岗位人员作用发挥不够，如何充分利用现有人力资源，需要认真研究，统筹谋划，以调动二线干部群体积极性。面对这些问题，都需要我们拿出刀刃向内、自我变革的决心和勇气，破解发展困局，用改革引领公司高质量发展。

（四）从个人层面看，深化改革是共享发展成果的员工大事

改革依靠员工，改革为了员工。深化改革，既是贯彻落实党的主张，也是为测井人"谋幸福"的关键所在。全体员工是深化改革的实践主体，也应当是改革发展成果所要惠及的重要群体。一份份改革文件出台，一项项改革举措落地，无不是在回应广大员工的所期所盼。一是让职业发展更加畅通。追溯测井专业历史，无论是隶属油田，亦或是归于钻探，测井专业的发展通道均有局限。通过集团公司对测井专业的持续改革重组，测井的前景更加广阔，测井的声音更加响亮。今天我们的改革，就是要在专业化发展的基础上进一步深化，让测井行业每一个专业人员都能找到发展的平台，拓宽发展的通道。二是让个人利益更有保障。不同专业有不同的使命，相对应的也有不同的价值体现。通过相同专业的改革整合，在价值创造上有了更为精准的评判依据，为个人价值创造的利益实现提供了更加客观和公平的考核标准。三是让美好未来更可持续。深化改革是公司可持续发展的必由之路，是做强做优做大的必然选择。广大员工对美好未来的所期所盼，必然需要在公司改革发展的前提条件下，才能实现共享发展成果，才能不断增强个人的获得感、幸福感、安全感。因此，全体干部员工一定要坚定深化改革的信心和决心，理解改革、支持改革、投身改革，改出一片新气象，革出一片新天地，让测井保障国家能源安全的能力更足，公司高质量发展的动力更强，个人距离美好生活的目标更近。

二、强化战略引领，准确把握深化改革的思路原则目标

"立治有体，施治有序。"改革不是盲目的变革，也不是形式主义的花拳绣腿，更不是一时一域的临时佛脚，而是要切实解决发展中所面临的实际问题，系统思考、顶层设计、统筹推进，用"关键一招"打通企业的"任督二脉"，为公司更好发展强筋健骨。改什么、怎么改、改到什么程度、要达到什么目标？集团公司推进企业治理体系和治理能力现代化的工作要求，为公司深化改革指明了方向。这次改革，就是贯彻落实集团公司关于治理体系和治理能力现代化的有关要求，按照公司改革三年行动实施方案做出的具体实践，在改革的总框架下纵深推进，整合各类资源打造企业竞争优势，为高质量发展再赋新能。

（一）准确把握改革的总体思路

公司改革的总体思路就是以习近平新时代中国特色社会主义思想为指导，深入贯彻党的十九大和十九届二中、三中、四中、五中全会精神，坚定不移贯彻新发展理念，落实集团公司"四个坚持"兴企方略和"四化"治企准则，履行测井"服务油气、保障钻探"责任使命，实施"市场导向、创新驱动、精益管理、人才强企、数字转型、国际发展"六大战略，推动研发、制造、服务、应用专业化发展，推进"市场开发、生产组织、技术研发、装备制造、解释评价、信息建设、安全环保、企业管理、品牌打造、支持保障"十大工程，建立"责任分工、统筹协调、人才交流、督查落实、激励奖惩"五大机制，持续加强党的建设，建立完善"决策、执行、监督"管理体系和"本部部门管总、研发制造主建、服务公司主战"管理模式，推进治理体系和治理能力现代化，全面建设世界一流测井公司，为集团公司建设世界一流示范企业做出测井贡献。

（二）准确把握改革的基本原则

"四化"治企准则是推进公司治理体系和治理能力现代化的核心内容，是公司体制机制变革的重要引导和遵循。一是坚持专业化发展。充分体现公司各项业务发展规律，通过整合专业单元，汇集专业资源，形成专业能力，打造专业优势。重点致力

于破解"业务布局不够合理、自主创新能力不够强"等难题，通过对技术研发、装备制造、装备管理、物资采购、质量计量、安全监督、国际测井等业务分散资源的优化整合，形成公司内部各专业比较优势，让专业的人做专业的事，力出一孔，握指成拳。二是坚持市场化运作。发挥市场在资源配置中的决定性作用，遵循市场规律，遵守契约精神，统筹国内国际两个市场两种资源。重点致力于破解"体制机制不够完善"等难题，围绕"一切都是为了多打粮食"理念，通过以市场为导向组织生产、配置资源，按市场化原则建立内外部交易规则、价格机制和运营机制，用市场化手段激发内在的动力活力，持续提升公司市场竞争力。三是坚持精益化管理。树牢精益理念，培育精益意识，全面落实"四精"工作要求，突出补短板、强弱项、堵漏洞。重点致力于破解"劳动生产率不够高、资产创效能力不够强"等难题，坚持效益效率优先，对标国内外先进企业找准制约公司高质量发展的痛点堵点难点，全员全过程全方位持续改进，打造提质增效"升级版"。四是坚持一体化统筹。加强公司顶层设计，充分发挥整体优势，强化跨部门、跨业务、跨区域统筹协调，完善生产经营协同运行、快速联动和服务共享等机制。重点致力于破解"运营效率不够高、队伍结构不够优化"等难题，通过改革实现各种业务资源、生产要素的有效整合，实现各类业务共融互通，放大一体化效能，切实发挥好集中力量办大事的优势。

（三）准确把握改革的目标方向

这次改革，是为了系统回答好"如何破除体制机制障碍、激发内部活力"这一重大命题，主要包括了研发资源整合、制造业务整合、物资装备工艺资源整合、物资集中采购、质量计量监督业务整合、国际测井业务整合六个改革专项方案。刚才，邹荣同志对改革实施方案已经进行了概括说明。总的来说，就是要对技术研发等多个领域进行专业化资源整合，理顺管理体制，完善管理职能，厘清管理界面，实现管理架构合理、职能定位优化、管理流程顺畅、经营机制高效、治理体系规范的目标，达到谋篇布局、立柱架梁的目的。我们要牢牢把握目标方向，按照公司深化改革的任务书、时间表和路线图，持续推进，确保各项安排部署不偏离、能落实、见成效。

三、突出工作重点，全面完成深化改革的各项任务

去年以来，公司党委锚定"世界一流测井公司"发展目标，在测井业务"十大工程"的整体框架下，坚定不移推动各项改革走深走实，主要在以下八个方面做了大量艰苦细致的工作。一是学习上级文件，通过集中学习、专家解读、专题辅导等形式，认真学习集团公司领导干部会议等系列会议文件精神，深刻认识深化改革的重要性紧迫性。二是召开务虚会议，深入分析当前面临的形势与任务，查找制约自身发展的难点问题，找准改革方向。三是写入工作报告，对公司深化改革工作进行全面部署，明确今年重点工作在谋篇布局，深入开展"改革深化年"活动。四是制定改革方案，抽调29名业务骨干组成改革方案编制小组，六项重点改革同步推进，历经近四个月时间数易其稿形成方案定稿。五是党委会议研究，公司党委先后3次召开专题会议听取改革工作汇报，讨论研究方案，提出修改意见，明确工作要求。六是征求各方意见，先后4次召开座谈会，充分征求公司各单位、职代会团组长、干部员工的意见建议共计172条，认真研究、分类实施、逐条落实。七是制定落实措施，成立专项改革实施组，梳理20多份改革准备工作清单，明确责任确保改革工作顺利推进。八是报请上级批准，将公司改革方案专门向集团公司、中油技服相关领导和部门进行汇报，集团公司主管部门、中油技服均表示支持测井公司加大资源整合力度，不断深化内部改革，同时提出有关改革工作要求。

截至6月底，公司10项改革任务，部门职能改革、二线领导项目制改革2项任务已经完成。三项制度深化改革、解释评价业务提升改革2项任务正在稳步推进中。研发资源整合、制造业务整合、物资装备工艺资源整合、物资集中采购、质量计量监督业务整合、国际测井业务整合6项任务已完成方案编制和会议审定，今天会议后将按照方案正式启动深化改革各项工作。重点要在以下六个方面精准发力：

（一）在科技创新改革上精准发力

技术是立身之本，创新是关键所在，必须在打破现行科研体制机制上做文章，建设测井原创技术策源地和现代产业链链长，充分释放科技创新的活力动力。建立以市场需求为导向的科研立项机制，围绕支撑勘探突破、效益开发等油田核心技术需求，围绕打造国家重大专项中的测井关键核心技术，形成具有公司自主知识产权的核心利器。建立以"平台+项目"为组织方式的矩阵管理创新体制，统一研发平台，实现研发资源与项目的优化配置，加快研发进程，促进成果快速转化，通过技术积累，实现测井技术高质量与快速发展，打造中国石油测井技术装备品牌。建立以项目驱动为核心的科研管理机制，整合各类科研资源向项目聚拢，推进完全项目制管理，将更多的主动权、决策权和事务性管理权下放到项目组，让项目和项目长在科技创新过程中"唱主角"。建立以成果转化为标准的精准激励机制，坚持质量、绩效、贡献为核心的评价导向，全面准确反映科研成果创新水平、转化应用绩效和对用户解决问题的实际贡献，用科技成果转化激励成为驱动科技人员"多劳多得"的重要引擎。建立以价值创造为引领的人才胜出机制，实行"揭榜挂帅""赛马"等制度，让那些想干事、能干事、干成事的科技领军人才挂帅出征，让有真才实学的科技人员"英雄有用武之地"。建立以共享协同为平台的合作交流机制，加强与科研院所、军工企业、大专院校、行业同仁、民营企业等各类科研机构交流合作，分享科研平台，畅通合作渠道，构建共赢机制，以海纳百川的胸怀建设"不为我有、但为我用"的测井科技研发生态圈，构建测井科技创新命运共同体。

（二）在制造业务改革上精准发力

落实数字转型战略，以建设"数字中国石油测井"为目标，以高质量测井装备为核心，以工业化、信息化融合为抓手，实施全流程精益制造，推动形成大制造格局。建好控制体系，规范制造流程标准，加强检验检测能力建设，严格质量监督检验程序，加强质量追溯分析，做细做实质量全过程控制，全面提升制造产品质量。建好产品体系，在电缆测井装备制造、生产测井装备制造、随钻测井装备制造等方面协同发力，加快存储式测井装备生产线建设，促进测井产品链均衡发展。建好管理体系，优化完善制造管理模式，建立完善制造考核激励机制，完善制造流程标准，适当与国外先进制造同行合作，加大与国内先进制造企业合作力度，推进制造业务精益化、高端化。建好人才体系，制定人才队伍建设中长期规划，分类分级动态管理制造人力资源，培育造就工匠型专家技能人才队伍。建好保障体系，完善测井装备全生命周期管理系统，实现设计、制造、仓储与运维的全业务链、全产品链的数据互联互通，着力建设懂技术、善营销的售后服务团队，统一服务标准，为现场服务做好坚强后盾。

（三）在物资装备工艺改革上精准发力

统筹整合公司现有物资、装备、工艺等生产要素，让精益管理在促进测井产业链整体增值中发挥更大作用。突出物资精益管理。建设物资交流平台，形成动态平衡、盘活资源、加快周转的库存物资管理长效机制。建设仓储配送平台，优化配送方式，优选配送渠道，加快资金回笼速度，提升公司整体效益。建设信息管控平台，注重收集整合市场需求、自身供给、采购终端等供应链上的信息资源，加强物资大数据分析应用，让数据为管理赋能。突出装备精益管理。围绕共享共用，建立公司装备统一调配的新模式，大力推广成套装备CPLog，打破跨单位、跨区域的管理边界，按照市场化导向形成"以井为中心"装备资源的高效保障机制，实现装备效益最大化。围绕协同高效，科学统筹装备需求，规范装备配置标准，促进装备配件互换，实现装备标准化。围绕装备资产轻量化，加强低效设备资源内部调剂力度，加大无效设备资源的再利用，加大报废设备处置力度，为设备资产管理"瘦身健体"。突出工艺精益管理。强化工艺标准建设，降低事故复杂率和提高处置成功率。强化人才队伍建设，培养一批具有"绝技、绝活"的工艺专家，在公司范围内形成技术共享。强化工艺技术推广，用不同油田新工艺应用的成功案例成为公司市场营销的闪亮名片，为勘探开发提供更多优质解决方案。突出保障作用发挥。靠前服务、提前介入，紧跟作业一线生产进度，强化协调沟通，根据区域需求动态调整物资储备，运用信息化、智能化平台，从需求计划、生产制造、物资采购、物流配送到生产现场实行全供应链的精准管理，全面提升物资保障能力。推行装备标准化维保，健全完善维修制度，优化工艺流程，建立装备维修档案，实现预防性维修；紧盯仪器入井、返厂、维保、派送等关键环节，主动跟进，强化沟通，为分公司提供"井口对井口"的贴心服务，全面提升装备保障能力。

（四）在物资集中采购改革上精准发力

提质增效是推进公司高质量发展的长期性战略举措，采购业务是降本增效的重点领域之一，要不断做精做优，更好获取优质竞争资源，实现降控经营成本目标。要加强采购管理，按照权责统一、运转协调的原则，科学合理地界定物资装备处、采购中心、需求单位三者的职责和相互关系，科学制定采购目录，精准编制采购计划，规范高效实施招标，严格检查验收入库，形成多点发力、协同共赢的采购合力。要提高采购质量，牢固树立为需求单位服务的理念，做好采购环节的质量把控，既要"物美"也要"价廉"，最大限度地满足各方需求，切实提高采购满意度。要优化采购效率，在已有优质采购资源的基础上，形成"全供应链管理"新思路，打通各个环节的管理冗余，实现资源渠道、物流配送和资金结算的"三流合一"，建立协同高效的采购运行机制。要提升采购效益，逐步实现单一物资采购向多种物资协同采购转变，由单个项目采购向多个项目区域采购转变，由短期的单批次采购向长期战略合作转变，充分发掘集中采购新优势。要规范采购行为，落实物资管理和采购实施的"管办分离"，选商定价和采购供应的"采办分离"，严格执行招标选商有关制度，依法合规做好物管流程，坚决杜绝利用中国石油平台办理"人情采购"，让"阳光采购"赢得更多喝彩。

（五）在质量计量监督改革上精准发力

充分发挥计量标准、检测检验、认证认可和现场监督的协同作用，以计量刻度、产品制造、工程服务为核心对测井业务全产业链实现"异体监督"。要强化安全环保监督管理，按照"全覆盖、零容忍、严执法、重实效"监督检查原则，完善制度标准，健全工作机制，配齐监测设施，共享监督成果，实施统一化、标准化、精准化监督。要强化计量测试管理，尽快完善、拓展自身技术能力，在实现公司内部测试"自给自足"的基础上，充分发挥计量测试在服务和支撑产业提质增效、推动产业技术创新、提升产业核心竞争力方面的作用，抢占测井行业技术标准"制高点"。要强化质量检验管理，严格把关公司自主研发制造的各类装备产品和维保质量，严格重点仪器、设备的生产过程质量监造，严格质量问题追溯评定，形成产品研发、制造、使用、维保全生命周期质量控制机制。要强化井筒质量检测管理，建立完善井筒质量检测及评价数据库，开展井筒质量检测技术研究，推动标准改进，严格控制工程技术服务和解释评价全流程质量，树立起井筒质量检测的权威，在测井行业内形成品牌效应。

（六）在国际测井业务改革上精准发力

坚持"国际发展战略"，发挥公司整体优势，优化国际市场布局，提升国际业务综合竞争能力，推动国际业务跨越式发展。要做好市场开发，强化与集团公司职能部门、国际勘探开发公司、各钻探公司和公司各单位之间的沟通联系，研究国际市场，发挥好改革重组优势，做强做优做大海外测井业务。要做好统筹规划，立足国内国际两个大局，按照国际公司统一管理、海外项目部具体实施、海外大区区域协调的管理模式，统筹规划好市场、装备、人力等各类资源，建立布局合理、协同高效的国际市场新格局。要做好人才培养，以海外工程师17级晋级体系为抓手，实现中方员工"全面化"、当地员工"专业化"、全体员工"职业化"。要打造统一品牌，做好境外机构整合和法人机构名称变更，以CNLC品牌统一运营，深度参与国际测井行业发展，打造全球测井行业知名品牌。

通过改革，最终要达到"五化"的效果，即：突出生产经营，主营业务归核化；统筹生产要素，区域资源集约化；聚焦提质增效，企业管理精益化；理清工作界面，责任分工清晰化；完善培养机制，队伍建设专业化。

四、发挥头雁效应，切实担起深化改革的责任重担

政治路线确定后，干部就是决定的因素。能否把改革发展的蓝图变成现实，各级干部的执行能力和工作作风就是事业成败的关键。这次深化改革，整合研发资源，设立新的测井技术研究院；整合制造业务，设立制造公司；整合物资、装备、工艺资源，设立物资装备公司；整合质量计量监督业务，设立质量安全监督中心；优化整合国际测井业务，设立新的国际公司。

这次干部调整，我们以资源整合中组织机构调整单位的干部队伍为主体，按照公司新修订的《关于规范所属单位领导班子岗位及职数专业化设置的意见》，依据单位业务定位，设置党群纪检、经营财务等专业岗位，遵循"业务导向、人岗相适"工作原则，结合干部专业专长，按步骤、分阶段有序推进所属单位班子建设。本次干部调整工作主要基于以下六个方面因素考虑。一是政治意识、大局意识。讲政治、顾大局是领导干部应该具备的基本素质。只有坚定不移地听党话、跟党走，坚决贯彻落实上级党组织做出的决策部署，我们的事业才会兴旺发达。当前改革已经到了"深水区"，必须要有执行果断、落实坚决的干部，按照公司党委、公司的决策部署破除阻力、大胆革新，才能把改革蓝图变为现实。这次干部调整，公司党委从高质量发展全局角度出发，综合考虑改革后管理幅度难度、主营业务发展等情况，结合干部平时落实公司决策部署情况，把改革的重担交给让组织放心的干部，相信这些干部一定能把既定的改革任务完成好，取得深化改革和完成业绩双胜利。二是德才兼备、以德为先。人以品为重，官以德立身。这次干部调整，既是有序优化干部队伍结构的一次重要实践，也是对广大领导干部党性觉悟和能力素质的一次集中"体检"。改革过程中，必然会触动既有利益格局，难免使深化改革举措引起反弹，产生阻力。所以在这次干部调整中，把"德才兼备、以德为先"作为一条重要的考虑因素，有才无德不行，不能对员工的切身利益感同身受，考虑问题做出决策就会失去根基，甚至可能会激发内部矛盾，僵化干群关系，失去员工对改革的拥护，工作陷入被动；有德无才不行，改革工作千头万绪，且牵一发而动全身，影响公司整体工作，必须要有足够的经验和智慧，扫清改革路上的种种障碍。有才无德会坏事，有德无才会误事，有德有才方能干成事。三是履职尽责、注重业绩。本次调整，全面系统分析了各单位近几年来的业绩情况和各类检查巡察报告，调整的干部中，有的长期在生产单位抓班子、带队伍，有的本部部门管理经验丰富，有的理论功底扎实、技术水平过硬，这些干部，都是在各自业务领域表现突出、实绩显著的干部，执行上级决策部署坚决，善于驾驭复杂局面、解决复杂问题，在日常工作中勤勉敬业、担当作为。由他们负责改革相关工作推进落实，公司党委是放心的。四是专业搭配、人岗相宜。将岗位需求与干部专业素养有机结合，根据主营业务发展需要，把班子"位"定准；综合日常了解和深入考察，把干部"像"画准。既要考虑专业结构、理论功底、个人素质、业务能力，还要考虑干部认识的高度、思考的深度、执行的力度、协调的广度，确保人和事的高度统一，做到人岗相适、人尽其才、才尽其用。五是建设队伍、改善结构。在2019年度公司领导班子综合考评反馈报告中，集团公司党组要求加大优秀年轻干部培养选拔工作力度，明确"二级单位领导班子40岁左右的领导人员要达到班子成员总数的1/5，40岁左右的二级企业正职要达到正职总数的1/8左右"的队伍建设目标要求。通过此次干部交流调整，本部部门中，"70后"负责人占比37.5%，较调整前提升了8个百分点；二级单位中，"70后"班子成员占比65.71%，较调整前提升了5个百分点；"70后"班子负责人占比63.89%，较调整前提升18个百分点。六是五湖四海、维护稳定。这次干部调整，以现有队伍为基础，仅交流调整，有利于维护队伍稳定，最大限度挖掘现有队伍潜力，实现人力资源价值最大化。在岗位交流方面，注重艰苦地区干部交流使用，激发调动干部积极性；统筹推进本部与基层岗位之间、党群岗位之间、行政岗位之间、党群与行政岗位之间的干部交流力度，着力培养高素质专业化复合型领导干部。

新设立的单位机关设置，综合考虑整体转型。其中：以北京测井技术研究院机关为班底，组建新的测井技术研究院机关；以技术中心机关为班底，组建制造公司机关；以生产测井中心机关为班底，组建物资装备公司机关；以随钻测井中心机关为班底，组建质量计量监督中心机关；以国际公司机关为班底，组建新的国际公司机关。新设立单位机关办公地点的选择，原则上既考虑到避免造成人员大面积变动，也考虑利用好现有办公场地，尽量保持整体稳定。各分公司划转人员以"原地办公"为主，同时，专业人员必须按照"人随业务走"的基本原则进行工作安排分配。待运行一段时间后，再根据实际情况进行优化调整。

改革是最好的试金石。改革任务越重，越是到了考验干部意识能力的关键时刻，也是到了考验干部担当尽责的关键时刻。面对公与私的考验，当前与长远、全局与局部的权衡，是让大我战胜小我、勇气超越利益，还是左顾右盼、畏首畏尾、不惹事不做事、等待观望？是躲避改革，还是引领改革，是从口头上落实改革，还是在实际中推进改革，是真心诚意支持改革，还是有条件有保留地对待改革，选择的过程就是一次洗礼的过程。推进改革方案实施见效，作为当下最为重要的政治任务，无疑是检验干部思想上是否合格、作风上是否过硬、状态上是否最佳的试金石。

这次改革方案能够顺利实施，首先要感谢集团公司、中油技服对测井公司的正确领导和关心支持，正是由于我们坚定不移落实上级的政策要求，才能有公司改革方案顺利出台；同时要感谢参与改革方案编制与实施的全体人员，他们主动放弃个人休息时间加班加点投入工作中，在100多天的时间里顺利完成方案编制工作；还要感谢那些公而忘私的即将退居二线的领导干部，真正以实际行动诠释了"功成不必在我、功成必定有我"的胸怀格局，为公司改革实施赢得了主动，也为广大干部员工如何面对改革调整过程中的进退留转问题做出了榜样。

一代有一代的使命，一任有一任的担当。习近平总书记指出，"革命战争年代冲锋陷阵、英勇献身，现在，就是要勇于改革、善于改革"。各级领导干部必须从讲政治的高度，在政治判断、政治领悟、政治执行上下功夫，在深化改革的火热实践中历练自己，自觉把工作放到"国之大者、企之要者、民之盼者"中去思考定位，做到正确认识大局、自觉服从大局、坚决维护大局，创造无愧于时代、无愧于使命、无愧于员工的崭新业绩。

五、凝聚发展合力，认真落实深化改革的工作要求

一分部署，九分落实。一切难题，只有在实干中才能破解，一切办法，只有在实干中才能见效。公司深化改革的目标任务已经明确，改革号角已经吹响，改革进入实质性落实和推进阶段。上下同欲者胜，公司上下要统一思想、统一步调，汇集各方力量不折不扣抓好公司关于深化改革的决策部署，在革故鼎新中创造美好未来。

（一）提高认识，统一思想

改革会有阵痛，但不改革就会长痛。只有坚持深化改革、不断激发活力、共同做大"蛋糕"，我们的测井事业才会蒸蒸日上、基业长青，员工群众才能多受益、普遍受益、持续受益。领导干部要讲政治、讲党性，坚持从贯彻新发展理念、融入新发展格局的大局出发，从率先建成世界一流示范企业出发，从维护员工群众的根本利益出发，全面理解改革和正确对待改革，自觉把思想和行动统一到公司党委、公司的决策部署上来，以自我革命的勇气和胸怀推进落实改革部署。各单位党政主要领导要以海纳百川的胸怀和格局，善待每名干部员工，关心关怀其个人成长和价值实现，严禁搞山头主义、圈子文化、码头文化，一经发现要严肃处理。领导班子成员要认真履行"一岗双责"，在抓分管业务的同时必须抓好深化改革工作。基层干部要积极投身到改革中去，逢山开路、遇水架桥，在新的形势下带领一线员工干出测井人的精气神。共产党员要当先锋、做表率，坚决支持改革、坚决实践改革，坚决按照组织安排进退留转，在涉及自身利益的改革中亮出党员身份，展示党员形象，用实践改革的具体行动影响带动周围的员工群众，践行入党时的铮铮誓言。广大员工要转观念、勇担当，正确认识"大河涨水小河满，大河没水小河干"的发展道理，正确对待单位利益与公司利益、个人意愿与组织需求的关系，以与企业"同呼吸、共命运"的主人翁精神，恪尽职守、担当作为，通过不断地自我完善、自我革新、自我提高，推动改革向纵深前进。

（二）履行职责，扎实推进

各部门、各单位要把深化改革作为重大政治责任，加强组织领导，完善工作机制，强化任务落实，形成改革细化实施方案的研究和制定、实施和监督、评价和优化的高效闭环管理。改革推进领导小组要把好改革工作的总体方向，指导专项改革实施组做好相关工作，切实协调解决改革任务推动实施过程中出现的突出问题。各专项改革实施组要制定专项改革实施工作计划，准备好工作清单，深入基层调查研究，加强各组之间的沟通协调，做好推进落实工作，确保资源整合任务按时间节点完成。各专项改革实施组在交接完成后，要及时组织新组建单位领导班子召开专门会议，就深化改革工作明确任务、提出要求，确保改革整体工作圆满完成。综合保障组要抓好后勤资源共享共用的供给协调，做好保障支持各项工作，为改革工作做好坚强后盾。各级党组织要把改革任务落实作为头等大事来抓，切实发挥好把方向、管大局、促落实作用，以高度的政治责任感把集团公司党组、中油技服党委安排部署的深化改革这项政治任务完成好。各分公司是所在地区的组长单位，要履行"协调、指导、监督、支持和服务"职能，统筹抓好该工作区域的生产、安全、后勤等各项管理事宜，协调解决好各类问题。新组建单位要迅速制定与本单位业务相关的制度流程，搞好人员划转交接工作，处理好与其他业务的衔接关系，确保新的制度流程体系运行顺畅、协同高效。物装公司要到各单位做好人员交接事项。公司其他所属单位要从公司大局出发，从公司整体利益出发，全力支持新组建单位的各项工作，以"一家人"的责任担当与新组建单位共同爬坡过坎、磨合成长。本部部门要发挥好"五种职能"作用，统筹管理深化改革的节奏步伐，主动做好各单位之间的协调工作，真心实意帮助基层解决好改革过程中出现的难题，让管理更有质感、更有温度。改革工作总体时间进度是：从今天起，2日内党政主要领导要到位；一周内完成人员划转协议的签订和业绩合同的重新签订；7月底前完成新单位组建、交接、整合，搬家到位。

（三）生产经营，统筹兼顾

改革的目的是为了促进发展。要坚持深化改革与生产经营两手抓、两手硬、两促进，统筹处理好生产经营各项问题，通过改革提升效益效率，确保全年生产经营指标全面完成。加强生产组织，公司本部要加强统筹协调力度做好"战略准备"，工程技术服务单位要及时掌握生产需求做好"战术准备"，物资供应单位要及时提供设备物资保障做好"弹药准备"，集各方力量打赢"十四五"开局之战。加强市场开拓，树牢"一切都是为了多打粮食"的理念，充分发挥工程技术服务单位在改革后"轻装上阵"的竞争优势，腾出时间精力进一步深入研究服务区域的市场状况，让市场在资源配置中起决定性作用，让"市"在人为有更加突出的体现。加强经营管理，坚持"事前算赢"理念，立足科研、制造等业务专业化整合后所形成的新业务结构，通过内部市场化将测井成本管控的压力传导给整个产业链，深挖产业链、供应链等各环节降本增效潜力，确保公司综合成本能够适应国际油价波动，逐步形成低成本竞争新优势。

（四）防范风险，合规管理

今年是建党100周年，大事多要事多，加之当前国际形势错综复杂，新冠肺炎疫情仍在蔓延，各项风险隐患随之增大。要坚持底线思维，加强排查治理，坚决守住不发生重大风险的底线。要加强经营风险防范化解，加强合同管理，梳理潜亏因素，抓好两金压控，统筹制定风险防范措施。要加强质量健康安全环保风险防范化解，强化"四全"原则，落实"四查"要求，聚焦"五零"目标，坚持识别大风险、消除大隐患，持续推动质量健康安全环保工作再上新台阶。要加强疫情风险防范化解，严格落实集团公司和项目所在国政府关于疫情防控的部署，看好自己的门、管好自己的人、做好自己的事，牢牢守住海外中方员工"零感染"底线。

（五）升级管理，确保稳定

要升级请销假管理，加强员工请销假管理，减少因公因私外出，非必要不离开所在驻地，避免到疫情所在省份尤其是中高风险地区。要升级值班值守管理，公司改革调整时期，各单位、特别是生产单位，要落实"员工三班倒、班班见领导"的要求，在做好领导干部节假日值班带班的基础上，实行公休日领导干部轮流在岗值班带班，各级领导及值班带班人员保持 24 小时通讯畅通。要升级应急管理，进一步完善应急预案，配齐配全应急物资，提高第一时间突发事件处置能力。要升级稳定管理，严格落实属地管理职责，加强业务整合划转政策的宣讲力度，畅通信访渠道，做好一人一事的思想工作，结合"我为员工群众办实事"实践活动，解决员工关切，确保队伍整体稳定。同时，进一步明确有关单位稳定管理负责人：原测井技术研究院由刘越负责，技术中心由王德隆负责，生产测井中心由牟连明负责，随钻测井中心由李传伟负责，国际事业部由李汉忠负责。新组建单位由新任命的党委书记负责本单位的队伍稳定工作。各位稳定工作负责人要切实担负起本单位的稳定工作职责，用心用情用智用力做好员工队伍的稳定工作，坚守"稳"的底线，树立"进"的目标，追求"好"的效果。

（六）严肃纪律，转变作风

刚才，公司纪委书记邵镇江同志就改革推进过程中的党风廉政建设工作提出了具体纪律要求，大家要坚决抓好贯彻执行。我再强调几点要求，一要严守政治纪律，在工作中坚决维护公司党委、公司改革决策的权威性、严肃性，坚决按照深化改革工作部署，讲政治，顾大局，摒弃狭隘的单位利益观，不折不扣抓好落实，严禁上有政策、下有对策，搞变通、打折扣、拖延改革，严禁发表、散布、传播与公司党委、公司决策和工作要求相违背的言论。二要严守组织纪律，坚持个人服从组织、少数服从多数、下级服从上级的原则，加强请示汇报，服从组织安排，严格议事程序，做让组织放心的人。三要严守人事纪律，严禁拒不执行组织作出的机构调整、职位变动和干部交流决定。在人员队伍的划转过程中要秉公办理，不能因为一己之私而影响了公司工作大局。四要严守财务纪律，涉及机构改革的单位、部门要严格遵守有关规定，严格依法依规管理和处置各类资金资产，严禁漏报、瞒报、隐匿和违规处置国有资产，严防造成国有资产流失。五要严守保密纪律，对有关改革事项不允许擅自扩大知悉范围，对公司商业信息要严格管理，对工作交接过程中的涉密资料要妥善保管，确保各类资料秘密安全可控。六要转变工作作风，公司两级部门要以此次改革为契机，作为"五型"本部建设的重要载体，增强服务发展、服务基层的意识，坚决杜绝敷衍塞责、揽功诿过等现象；纪检部门要加强对深化改革过程的纪律监督，对发现的问题要严肃处理；各分公司与油田公司之间、公司本部与基层之间、各基层单位之间、新组建单位与原单位之间要加强沟通联系、密切协作，力戒形式主义和官僚主义，以严谨、务实、高效的过硬作风，营造风清气正、积极向上的改革发展环境，树立测井人的良好形象。

公司深化改革已经到了爬坡过坎、愈进愈难而又不进则退、非进不可的时候，需要大家认清形势、明确目标，在改革实践中去破解困局、再创新局。公司深化改革要提高效率再添动力，需要大家"转观念、勇担当、高质量、创一流"，在改革实践中对标国际国内一流水平，打造一流的业绩、一流的管理、一流的技术、一流的人才、一流的品牌。公司深化改革要持续向纵深发展，需要大家把开展党史学习教育焕发出的精神动力转化为攻坚克难、干事创业的具体行动，弘扬党的光荣传统、传承党的优良作风，在改革实践中为党的百年华诞献礼。

深化改革工作，是履行国企三大责任的重大举措，是落实集团公司要求的具体体现，是促进人才成长的快速通道，是满足广大干部员工切身利益的现实途径，更是建设世界一流测井公司的必然选择。毛泽东同志曾豪迈地指出："中国人民有志气，有能力，一定能够在不远的将来，赶上和超过世界的先进水平。"公司上下一定要以踏石留印、抓铁有痕的工作干劲，攻坚克难、锐意进取；一定要以事不避难、勇开新局的工作热情，直面挑战、敢于胜利；一定要以马上就办、办就办好的工作作风，善谋善为、善作善成，确保平稳高效完成各项改革任务，为高质量建设世界一流测井公司创造良好的体制机制，以优异的业绩献礼中国共产党成立 100 周年！

专 稿

中油测井 CPLog 多维高精度成像测井技术和装备入选国家"十三五"科技创新成就展

2021年10月26日下午，中共中央总书记、国家主席、中央军委主席习近平在参观国家"十三五"科技创新成就展时强调，"十三五"时期，我国科技事业加快发展，创新能力大幅提升，在基础前沿、战略高技术、民生科技等领域取得一批重大科技成果。这是在党中央坚强领导下，全党全国特别是广大科技工作者共同奋斗的结果。当前，我国已经开启全面建设社会主义现代化国家新征程，科技创新在党和国家发展全局中具有十分重要的地位和作用，全国广大科技工作者要面向世界科技前沿、面向经济主战场、面向国家重大需求、面向人民生命健康，坚定创新自信，紧抓创新机遇，勇攀科技高峰，破解发展难题，自觉肩负起光荣历史使命，加快实现高水平科技自立自强，为建设世界科技强国、实现中华民族伟大复兴作出新的更大贡献。

10月21—27日，代表中国科技创新最高水平的"十三五"科技创新成就展在北京举行。展览以"创新驱动发展 迈向科技强国"为主题，展示了中国深入实施创新驱动发展战略、建设创新型国家所取得的重大科技成果。中油测井 CPLog 成套装备同中国空间站模型、火星车、"九章"量子计算原型机、"奋斗者"号全海深载人潜水器等国家重大科技成果一起在展览中精彩亮相。

作为重大专项成果之一，中油测井 CPLog 成套装备以实物形式，从整体到细节全面展示在高精度油气测井技术方面取得的重大成果。在室外区域展示 CPLog 远程测井地面采集平台、偏心核磁共振测井仪、远探测声波测井仪、高分辨率微电阻率扫描成像测井仪、三维感应成像测井仪、随钻伽马成像、"先锋"高温高压射孔器等一批高端测井装备；在室内区域展示可控源中子管、声波换能器、核磁探头等一批核心探测器。

CPLog 多维高精度成像测井技术和装备，入选"十三五"科技创新成果展，既是对中油测井多年来始终强化自主创新科技工作的高度认可，更是激励广大测井科技工作者矢志不渝坚持技术革新，赋能"中国制造"的强大动力。

中油测井在"十三五"期间，紧紧围绕制约油气开发的测井技术难题，聚焦重点领域，大力攻关关键核心技术，依托国家、集团等重大科技专项，持续发挥研发、制造、服务、应用一体化优势，持续升级技术、装备与软件，组织实施科研项目126个，其中国家项目12个、集团项目47个，打造形成中国石油测井成套装备 CPLog，推出新一代远程测井地面系统，自主成像测井技术跨入多维高精度成像时代，地层评价随钻成像测井形成系列，水平井高效桥射联作2.0技术系列推广应用。全力以赴打造高温高压多维高精度成像测井、随钻测导一体化、桥射联作和复杂储层测井评价等技术系列，成功研制出具有完全自主知识产权的标志性大型 CPLog 测井成套装备，整体达到国际先进水平，使测井看得更清、探得更远、作业更高效。以储量产量为目标，持续自主科技创新，研发三维感应、远探声波等测井新技术新产品，实现阵列成像向多维成像的跨越式发展，能够清晰显现深达数千米的地下油气层图像，成为解决复杂油气评价的利器。其中，电成像测井创8882米的超深井测井纪录，远探测声波成像测井实现井旁80米以上有效探测，三维感应能够解决砂泥岩薄互层、砂砾岩、火山岩储层评价难题，偏心核磁能够解决及非常规储层孔隙结构评价和流体识别难题，远探测声波能够有效发现隐蔽性油气藏。研制成套装备与软件，有效助力油田高效勘探、效益开发，为油气重大发现和中国石油增储上产、提质增效和高质量发展提供有力技术支撑。

CPLog多维高精度成像测井系统，以网络化、模块化、智能化设计为核心，突破了高性能测井芯片、高精度传感器、高速通信等关键技术，成为集团公司测井主力装备，节约引进成本45亿元。服务国内16个油气田、海外19个国家、170个油气区块，中国石油油气重大发现测井参与率100%。CPLog系统研制成功及工业化应用，是测井界的"国之重器"，标志着我国石油测井迈入多维成像新时代。

中油测井自主研制的高温高压微电阻率成像测井仪器，3月22日在塔里木轮探3井8587米井深、182.3摄氏度井温条件下，顺利完成测井作业，创造中国石油高端装备超深井高温测井新纪录，成像质量达到国际同类产品先进水平，为复杂井筒高时效高可靠采集测井数据、开展"低深海非"等复杂储层精细评价、助力油气增储上产奠定坚实基础。

集团公司党组成员、副总经理焦方正3月25日给中国石油测井科技创新大会的贺信中指出："中国石油测井科技工作者牢记使命、弘扬科学精神，攻坚克难、永攀高峰，打造出具有完全自主知识产权的标志性大型CPLog测井成套装备，填补了国内空白，结束了我国先进测井装备长期依赖进口的历史。"

中油测井深化内部改革持续整合业务资源

2020年，中油测井以国家提出的"国有企业改革三年行动"为契机，认真落实集团公司党组关于推进公司治理体系和治理能力现代化的指导意见、集团公司《改革三年行动实施方案》等一系列安排部署，深化改革纵深推进。

2021年，中油测井立足公司发展实际，加快各类资源优化整合，优化业务结构，明确业务定位。规范机构设置，优化机关职能，管理效率明显提高，双序列改革全面完成。改革三年行动24项任务完成91.5%。

中油测井准确把握改革总体思路，部署"深化改革年"10项重点改革任务。完成集团公司国内外测井业务集中统一管理，中油技服智能地质测导研发、制造业务有序划转，华北油田测试业务、辽河油田射孔业务平稳接收。坚持专业化发展、市场化运作、精益化管理、一体化统筹的基本原则，完成技术研发、制造业务、物资装备工艺、物资集中采购、质量计量监督业务、国际测井业务等多个领域进行专业化资源整合。

整合9家单位研发资源，成立新的测井技术研究院，统一技术研发平台；整合7家单位制造业务，成立制造公司，建设4家智能制造工厂；成立物资装备公司集中管理各单位物资装备工艺；成立物资采购中心，建立物资集中采购管理运行机制；成立质量安全监督中心，整合专用计量检定、质量检验和QHSEE监督资源，实施全产业链"异体监督"；成立国际公司，整合4个单位海外业务，形成非洲、中东、中亚、亚太、美洲五大区战略布局，建立"国际公司—大区—作业区"运行模式；将测井应用研究院更名地质研究院，整合5家单位岩石物理试验资源。

理顺管理体制，完善管理职能，厘清管理界面，实现管理架构合理、职能定位优化、管理流程顺畅、经营机制高效、治理体系规范。完成本部职能、二线领导项目制、任期制和契约化改革，二三级领导人员签订任期责任书和岗位聘任协议。调整本部部门职能，压减二三级机构5%，2560名员工平稳实现"人随业务走"，夯实五项职能基础。初步实现主营业务归核化、区域资源集约化、企业管理精益化、责任分工清晰化、队伍建设专业化。实现公司成立以来力度最大、覆盖面最广、涉及人员最多的内部改革平稳落地，公司治理体系和治理能力现代化重点任务全面实施。

2021年12月22日，在中国企业改革发展峰会暨成果发布会上发布的"测井市场资源整合创新实战"成果获2021中国企业改革发展优秀成果三等奖。

中油测井人才强企工程取得实效

中油测井党委学习习近平总书记关于人才工作重要论述，认真贯彻落实新形势下中央人才工作会议、集团公司领导干部会议精神，贯彻落实党管干部、党管人才工作要求，坚持保障战略目标实现和生产经营需要为导向，深化人事劳动分配制度改革，持续加强三支队伍建设，人才总量大幅增加，队伍结构持续优化，能力素质显著提升，体制机制不断创新，人才环境明显改善，为公司高质量有效益可持续发展提供强大动力。

近年来，中油测井党委根据主营业务归核化发展要求，按照科技研发、装备制造、生产安全、解释评价、市场营销、海外业务、经营管理、党务政工等8个方向区分专业类别，完善所属单位领导班子岗位设置。建设形成国家级、省部级、公司级3个层面人才队伍，一大批享受国务院政府特殊津贴专家、集团公司技能专家、集团公司青年科技英才，中油测井首席技术专家、技术专家、一级工程师和企业技能专家，成为集团公司油气田勘探开发、增储上产和推进中油测井高质量发展的骨干力量。

2021年，中油测井加快推进行业人才高地建设，抢占测井事业高质量发展先机，将人才强企作为发展六大战略之一，深化人才发展体制改革，全面提升人力资源价值，构建完善"生、聚、理、用"人才成长机制。坚持"德配其位、能岗相适、五湖四海、实干担当"的用人导向，持续优化干部队伍年龄和专业结构；建立起纵向发展畅通、横向转换有序的人才成长通道；全面实施"双序列"改革，实现干部下得去、人才进得来、收入拉得开，锻造一支"三强"干部队伍和"四铁"技术队伍。

扎实推进测井人才强企工程重点举措落地见效，形成企业依靠人才发展、人才与企业共同成长的浓厚氛围，共同凝聚起高质量发展的"源动力"，引领测井未来，为中油测井发展护航远征。

坚持党的领导，把准人才工作正确政治方向，各单位党委把党的领导融入人才工作各方面、全过程，谋划工作时通盘考虑，出台政策时相互衔接，摆布力量时统筹兼顾，切实增强工作的前瞻性、整体性、协同性。夯实共建责任，积极构建人才发展工作格局，各单位党政主要领导对本单位组织人事工作及人才强企工程负总责，各级领导干部落实党建"一岗双责"，两级组织人事部门培育忠诚可靠的政治文化、涵养公道正派的职业操守、锤炼"安、专、迷"的专业精神。

坚持绩效优先，持续推进人力资源价值提升，各单位、各部门把价值创造作为评价人才、激励人才、用好人才的关键指标和鲜明导向，积极营造"以成败论英雄、以业绩论人才"的文化氛围。注重把握政策，不断完善人才发展体制机制，完善人才培养支撑体系、用好人才"资源地"、加强人才人文关怀、畅通人才发展通道、健全选拔任用体系，加快形成更加积极、更加开放、更具吸引力的人才政策环境和制度优势。坚持以人为本，努力营造人才发展良好氛围，充分认识人才对企业改革发展的极端重要性，营造鼓励创新的文化环境、干事创业的工作环境、识才用才的组织环境、留才爱才的舆论环境。

2021年12月8日，中油测井党委召开人才强企工作推进会，总结人才工作成绩，研究部署今后一个时期测井人才工作目标任务和重点举措。按照3个阶段推进，实施新时代测井人才强企工程，持续迈上3个新台阶，突出实施组织体系优化、八类人才专项提升、人才价值创造、分配制度改革等44项重点举措，为推动公司高质量发展，加快建设世界一流测井公司提供坚强组织和人才保证。

多年来，中油测井党委深入推进人才队伍建设，建立岗位、聘任、薪酬、考核、聘用等五大制度体系，形成较为完备、颇有活力的人才管理机制。中油测井党委坚持用当其时，按照梯次配备思路，推进年龄结构优化。公司干部平均年龄由2018年年初重组时的50.2岁降至2021年的47.2岁，2名"70后"提拔至总经理助理岗位，1

名"80后"提拔至二级正职，26名"80"后走上中层领导人员岗位。优化两级组织架构，强化功能体系建设，按照油气田设立技术服务单位，两次优化本部职能，开展内部资源整合，累计压减1个二级机构、30个三级机构，初步形成有利于强化人才管理、促进人才发展的新型管理机制、管控模式。打通国内专业技术人员管理与海外17级工程师培训晋级体系，建立国内外专业技术人员晋升双通道，为建设世界一流测井公司提供人才队伍保障。

中油测井推进海外测井业务打造国际品牌

2021年，面对世界百年变局错综复杂叠加新冠肺炎疫情愈演愈烈的严峻形势，中油测井围绕国际业务"十四五"规划目标和战略布局，凝心聚力、开拓创新，统筹改革划转和生产经营工作，着力保安全、抓生产、强经营、提效率，有力履行海外油气保障责任使命，实现深化改革后各项工作平稳过渡和高效运行，实现国际业务"十四五"跨越式发展的良好开局。顺利完成与长城钻探国际测井业务划转，完成中油测井内部国际业务优化整合，建立健全国际业务各项工作机制。通过持续加强技术推介、发挥品牌效应、扩大市场增量，发挥解释评价技术引领新作用，优化生产资源协调方式，加强精益管理，实现国际业务营业收入9.64亿元，完成指标9.12亿元的106%；利润2285万元，完成指标2198万元的104%；新签合同额2.74亿美元，完成指标2.28亿美元的120%；全年作业5242井次，同比增长18.7%。

1月13日，中油技服组织专题会议，研究讨论中油技服国际测井业务整合划转框架协议。中油测井以国际测井业务划转契机，做大做强国际测井市场，增加产值，创造价值。会后，中油测井与长城钻探签署《国际测井业务整合划转框架协议》，4月28日，双方签订《国际测井业务交接协议》和《战略合作协议》，完成国际测井业务划转。7月20日，中油测井整合内部国际业务，本部成立国际合作处，负责公司外事、境外社会安全、新冠肺炎疫情防控及员工健康管理；成立新的国际公司，统筹负责国际业务管理，承担市场开发和经营管理主体责任，构建"国际公司统一管理、境外作业区具体实施、大区区域协调"的管理模式，全面理顺管理权责界面，完善运行体制机制，为国际业务实现跨越式发展提供组织保障。10月14—15日，中油测井承办中国石油海外业务测井技术与应用研讨会。会上，中国工程院院士李宁，以及来自中国石油海外企业、油田技术服务企业、科研院所、咨询中心等14个单位的领导和专家共商发展，为深入推进海外测井技术发展明确了方向、把握了重点。会议为做强做优做大海外测井业务厘清现状、分享经验。会议聚焦当前海外项目急需攻关的重点和难点，研讨海外业务测井技术支持体系的建设方向，为中油测井精准开展海外测井技术攻关和业务布局启发了思路、提供了方案。会议指出，集团公司党组高度重视测井专业发展，中油测井经过几次重组，履行了上游油气投资业务的保障责任；创新形成了CPLog系列技术成果；积累了丰富的国际项目运作经验；打造了具有较高影响力的CNLC国际市场品牌；成立了测井院士工作站，为测井业务打下很好基础。10月16日，中油测井召开第13次总经理办公会，对做好会议总结、用好会议成果等作出要细分海外业务需求，明确公司领导和本部部门责任，每月召开调度会推进海外业务发展，建立CPLog品牌体系和标准，开拓尼日尔市场，加大海外项目攻关，做好海外人才储备，建立海外考核机制的安排部署。10月27日，集团公司党组成员、副总经理焦方正就推进国际业务发展，作"着力推进海外测井业务服务体制创新，着力提升支撑中国石油海外业务保障能力，着力开拓CPLog、CIFLog国际服务市场，着力打造国际知名测井品牌和测井国际化人才建设"重要批示。为进一步用好会议成果推动公司国际业务高质量发展，贯彻落实集团公司"四个着力"批示精神，推动落实领导小组围绕支持保障、生产组织、技术研发、装备制造、解释评价、市场开发、品牌打造、信息建设、安全环保、企业管理、海外党建11个方面，制订26条工作方案。

2021年，中油测井强化与集团公司职能部门、国际勘探开发公司、各钻探公司，以及中油测井各单位之间的沟通联系，研究国际市场，发挥好改革重组优势，做强做优做大海外测井业务。与长城钻探、川庆钻探等企业签署联管协议，海外市场中标113次，新签合同额2.74亿美元。尼日尔、乍得、伊拉克市场工作量同比增长30%，苏丹、南苏丹和古巴多个市场主力合同顺利续签，海外收入同比增长31.9%。立足国内国际两个大局，按照国际公司统一管理、海外项目部具体实施、海外大区区域协调的管理模式，统筹规划市场、装备、人力等各类资源，建立布局合理、协同高效的国际市场新格局。乍得项目引入核磁测井，跨国装备协调13批次，装备利用率同比提升12%。以海外工程师17级晋级体系为抓手，实现中方员工"全面化"、当地员工"专业化"、全体员工"职业化"，海外市场当地化率77.6%。

中国石油海外油气业务进入新的发展阶段，开拓新的勘探项目，巩固海外亿吨权益效益产量。面向更为广阔的海外市场，浩渺行无极，扬帆但信风。中油测井国际业务历经19年磨剑，构建国际国内"双翼齐飞、两轮驱动"新格局，多向联合、山止川行，持续打造国际一流测井技术装备，努力推进"四个转变"，走向一片"海阔天空"。

中油测井履行企业社会责任助力乡村振兴

2021年是巩固拓展脱贫攻坚成果与乡村振兴有效衔接的关键一年。中油测井坚决贯彻落实党中央"四不摘"工作要求，按照陕西省委、省政府部署要求，一如既往履行国有企业社会责任。中油测井作为成员单位的陕西省国资系统助力脱贫攻坚汉中合力团，获中共中央、国务院"全国脱贫攻坚先进集体"表彰。

中油测井积极与当地加强沟通与协调，选拔4名专职干部充实到驻村一线。6月，有序完成驻村第一书记和队员轮换工作，做到工作力度不减、资金投入不减、政策支持不减、帮扶力度不减，保持高昂斗志，全力投入乡村振兴。由中油测井扶贫建设的紫阳县燎原村食用菌基地投产，全年创产值150余万元，带动集镇周边30多名易地搬迁农户就业，农户月均增收1500元以上。村集体经济分红户均达660元，易致贫户、脱贫不稳定户、突发严重困难户"三类人群"和困难群体每户分红1400元，实现全体村民全覆盖。全年公司完成村消费帮扶426.6万元。

自2018年以来，中油测井全力投入陕西省"三县一村"脱贫攻坚和乡村振兴，先后派驻2批7人入村工作，累计捐赠扶贫资金1803.1万元，开展项目30多个，消费扶贫超1500余万元，直接受益建档立卡贫困户近万人，帮扶安康和汉中两市三县一村均实现脱贫摘帽，为陕西脱贫攻坚贡献重要的"石油力量"。在西乡县和略阳县两个陕西省贫困县，中油测井持续围绕农村电商项目发力，与兄弟企业共同援建略阳县物流快递仓储分拣中心，扶贫建设西乡县"大数据+电商"精准扶贫体系项目，促进农产品销售，配套完善县级电商创业孵化基地1个、镇级电商服务站23个、村级电商服务点277个和社区电商服务点20个，200户贫困户收益，实现两县三级电商网点全覆盖，向贫困户提供电商基础服务与培训，带动当地百姓就业，有效提升当地电商服务水平。

在陕西省脱贫攻坚和乡村振兴工作年度考核中，中油测井连续5年获驻村帮扶"优秀"单位、陕西省国资系统国企合力团"助力脱贫攻坚良好企业"，蝉联安康市社会扶贫先进单位、紫阳县"两联一包"扶贫先进单位等荣誉。

（郭永春）

市场开发

总　述
市场开发
技术服务
综合应用
技术研发
装备制造
生产保障
信息化建设
质量健康安全环保与节能
企业管理与监督
党建、思想政治工作与企业文化建设
荣誉录
机构与人物
所属二级单位概览
大事记
统计数据
附　录

国内市场开发

【概述】 2021年，中油测井应对市场开发中各种风险挑战，科学编制"十四五"市场专项规划、年度工作计划，压实市场开发责任，创新市场营销机制，在国内国外市场均创良好业绩。工程技术服务实现产值92.26亿元，同比增长22.12%。其中：集团公司内部市场产值80.53亿元，同比增长11.99%，国内外部市场产值2.19亿元，同比增长4.56%。

（王 书）

【市场开发管理】 2021年，中油测井分析集团公司内部16家油气田"十四五"发展规划，找准市场提升点和突破点，总结"十三五"市场工作经验，编制完成"十四五"市场专项规划。召开中油测井2021年市场分析会和2022年市场工作会，分析研判市场形势，安排部署2022年市场重点工作。制定中油测井《2021年市场增量绩效考核实施细则》，增加新市场、新业务、海外业务考核权重，激励各单位市场开发主动性。下发《关于加强矿权流转区块市场和生产管理的通知》，明确矿权流转区块市场划分及生产组织模式，市场占有率和服务价格整体稳定。与长城钻探签订《国际测井业务交接协议》和《战略合作协议》，为中油测井国际发展战略实施"三步走"目标推进打下坚实基础。建立投标制度流程，保障投标工作平稳有序，组建市场专项工作组，助力市场开发高效开展。开创国内国际"双翼齐飞、两轮驱动"的市场新格局，为中油测井"十四五"持续高质量发展提供坚强市场保障。

【国内市场交流】 2021年，中油测井领导带队拜访集团公司总部部门、走访油田和钻探企业，签订协议24份，收集需求253项，制定推进措施511条。举办中国石油测井科技创新大会、测井老井再评价工作技术讨论会、数字岩石技术交流会等5次会议。与油田公司开展技术交流1206次，成功进入大庆油田桥射联作、生产测井市场。组织召开中国石油海外测井技术与应用研讨会，收集梳理各类需求21项、会后落实保障措施55条。

2021年5月5日，大庆分公司在大庆油田古龙页岩油市场开展桥射联作施工（历程军 摄）

（张 宏）

【关联交易市场服务保障】 2021年，中油测井强化重点井保障，在中国石油内部市场主要服务于大庆、辽河、长庆、塔里木、新疆、西南、吉林、大港、青海、华北、吐哈、冀东、玉门、浙江等16家油气田，跟踪集团公司及油田重点井181口，完成测井任务118口，助力塔里木大北4、新疆呼探1等一批重点井获得重大地质发现。推动融入式服务，解释人员到油气田驻厂办公，参与方

2021年5月14日，塔里木油田测井研究中心正式挂牌运行（王丽 提供）

案设计，推介偏心核磁、三维感应、宽动态电成像等成像测井技术。在辽河油田庆宜流转区块应用自然伽马能谱、地层倾角等特殊项目267井次，实现产值2430万元；与塔里木油田联合创办塔里木油田测井研究中心，全面参与油田勘探开发，创收400万元；参与大港油田射孔方案设计，推介高附加值射孔技术，增创产值1120万元。

【中国石油内部市场份额扩大】 2021年，中油测井发挥"同价质优、同质价优"策略，扩大竞争市场份额，实现冀东市场占有率86.5%，煤层气市场占有率92%，射孔市场占有率75%，塔里木裸眼测井市场占有率79.4%，川渝页岩气整体市场占有率73%，钻探总包市场占有率84%。盯紧吐哈油田吉木萨尔、玉门宁庆流转区块，落实高效保障措施，市场占有率100%，创收7150万元。

【国内外部市场拓展】 2021年，中油测井外部市场产值稳步增长，国内集团外部市场主要包括中石化、中海油、延长、道达尔和壳牌反承包项目、地方国企、地方民企以及地质调查局等区域，主要服务业务包括裸眼测井、射孔、生产测井以及少量随钻测井业务。天津分公司在中国海油湛江市场实现裸眼测井项目零的突破，在涠洲11-2-C4H井高孔密长井段水平井射孔作业，创国内单趟射孔弹20827发最多纪录，单井创收700万元；吐哈分公司与延长油田签订测井服务合同，实现产值604万元，同比增长112%；大庆分公司利用FITS工艺中标中国海油过钻具存储式测井业务，实现产值320万元。注重新领域市场开发，成功开拓河北雄安、乌鲁木齐西山及中国石化绿源等5个区块地热项目。天津分公司成功中标"南黄海'一带一路'海上地震监测服务项目"，首次进入中国地质调查局海上测井市场；地质研究院首次承担中国地质科学院地调项目"干热岩综合地球物理测井资料精细处理与高级解释"业务。

【"十四五"市场开发规划】 2021年，中油测井围绕"十四五"目标任务，制定"十四五"市场开发规划。坚持"市场导向、油田至上、一体协同、竞合共赢"市场营销理念，持续完善市场营销机制，突出"增量"激励，着力增强市场开拓能力、市场保障能力、价值创造能力。统筹国内国际两个市场、两种资源，争取发展主动。精耕细作，深挖国内市场潜力。竞合共赢，做大做强国际市场。强化数据资源应用，持续推进市场营销。树立全员市场意识，加强市场营销队伍建设。到2025年，国内服务市场收入100亿元；国际服务市场收入25亿元，力争50亿元。装备及射孔器材销售收入较2020年翻一番，达到5亿元。集团公司内部裸眼测井市场力争100%占有、智能导向维保市场全部占有，射孔除大庆、华北、玉门市场以外市场占有率保持95%以上，生产测井除大庆、青海、大港市场以外市场占有率达70%以上。优化市场结构，随钻测井收入占比由2020年的2.7%扩大至10%，生产测井收入占比由6.25%扩大至20%，高端业务产值年均增长3%以上。顾客满意度98%以上。

（王 书）

国外市场开发

【概述】 2021年，中油测井聚焦甲方需求，以技术引领市场，开发维护国外中东、中亚、亚太、非洲、美洲五大油气合作区市场；以市场价格参与国外油气勘探开发技术服务市场竞争，提升管理水平服务质量和效率，实现效益提升，打造中油测井（CNLC）服务品牌。针对中国石油国外作业区市场，加强与中国石油国际勘探开发有限公司（简称中油国际，英文简称CNODC）合作，发挥海外联合解释评价中心作用为海外油田开发全生命周期提供服务，提高市场占有率。针对国外外部市场，加强与钻探公司及民营公司合作，捆绑参与市场竞争；提升一体化服务市场竞争力，提高中标率，扩大市场规模。在尼日尔、乍得、哈萨克斯坦、伊拉克、苏丹工作量同比增长超

20%。在乍得与长城钻探工程公司合作大包进入OPIC市场。

2021年，中油测井依靠技术进步推进海外市场开发，横向科研项目新签合同2700万元，海外各项目投标、议标及延期等164次，与25个国家开展106场次线上、线下技术交流，签订服务合同16个，完成新签合同额2.74亿美元，同比增长38%，国际公司获中油技服市场开发先进集体。

（王 书）

【中东油气合作区市场开发】 2021年，中油测井在中东油气合作区主要服务于伊拉克和伊朗。在伊拉克，通过伊拉克西古尔纳油田海上等高端项目资格审核。公司开展全员市场营销体系，利用竞合关系，合理制定市场策略，市场开发取得良好成绩。2021年共投标21次，新签15个合同，新签合同额约4730万美元。

表1　2021年伊拉克新签项目合同一览表

序号	合同名称
1	东巴测井射孔服务合同
2	绿洲生产测井合同
3	绿洲生产测井合同
4	格拉芙ERIELL分包（陀螺仪部分）
5	格拉芙钢丝服务标（测井部分）
6	格拉芙35口井修井（测井部分）
7	米桑油田10口井总包项目（测井部分）
8	解释哈法亚数据可视化软件开发
9	米桑油田11口完井总包项目（测井部分）
10	COSL爬行器服务
11	解释哈法亚油田日常生产技术支持
12	解释哈法亚水淹层
13	米桑油田10口井总包项目（测井部分）
14	大庆鲁迈拉44口井大包井分包
15	哈法亚裸眼井合同续签

在伊朗市场受美国前政府2018年5月退出伊核协议，对伊朗采取"极限施压"政策的影响，伊朗测井市场份额被竞争对手瓜分，客户关系逐渐淡化，市场恢复面临极大挑战。按照集团公司政策要求，作业区自2018年11月以后完全停止当地市场开发活动，并退出非中资项目，仅为中石油和中石化豁免项目提供技术服务。2021年，客户仅有中石油北阿项目和中石化雅达项目，执行服务合同3个。为中国石油北阿布扎比项目和中国石化雅达项目提供PLT，钢丝测压、连续油管、酸化、射孔等技术服务，北阿布扎比项目增加合同额39万美元。

表2　2021年中油测井在伊朗执行服务合同一览表

序号	项目名称	客户
1	北阿动态监测服务合同	中石油北阿项目
2	北阿CTU酸化服务合同	中石油北阿项目
3	雅达早产和一期综合服务合同	中石化雅达项目

【中亚油气合作区市场开发】 2021年，中油测井中亚油气合作区主要服务于哈萨克斯坦、土库曼斯坦和乌兹别克斯坦。在乌兹别克市场与当地油田公司及油服公司加强合作，培育潜在客户；调整报价结构体系，在生产测井，套后测井等作业项目获取工作量或分包部分工作量；与乌兹别克地球物理公司签署特殊项目合作合同；加大与Surhan油公司PLT技术推介，争取PLT作业市场；在阿姆河油公司推广MAPs作业，施工作业4口井，创效69万美元；在NGS油公司推广RPM作业，单井创效5万美元；作业区首次完成修井机油管传输作业，解决NGS甲方固井质量资料缺失的难题；在乌兹别克各油公司进行RPM技术推介，单井创效5万美元；作业区通过推介特色技术（RPM、MAPs）、与甲方沟通补偿增值税及关税返还等措施，创收520万元；通过合理安排在岗人员、退租设备、车辆、提高人员技能、设备转关等措施，共计节约成本210万元。在土库曼斯坦，巩固中方市场，争取川庆分包，开拓外方市场，探索和当地测井公司合作模式，与土库曼地球物理公司联合射孔，创效35万美元。联合哈萨克斯坦油气研究院取得KBM中信研究项目代理，获项目产值67万美元。哈萨克斯坦项目部发挥解释人员作用，与甲方勘探、地质、研究院沟通，开拓市场；与中国石油集团东方地球物理勘探有限责任公司（简称东方物探，英文简称BGP）

竞争获取 AMG 三维地震研究项目代理，增加收入 28 万美元；签订作业区第一个 TMG 公司科研项目承包合同，收入 32 万美元；与阿克纠宾西部东方公司联合，以大包的模式，争取乌里河套的 2+2 口深探井，单井测井产值 100 万美元；阿特劳洲际市场稳定，维持与小股东的测井公司份额持平，实现收入 95 万美元；与当地乌金测井公司联合投标中信 3 年测井、射孔标，获取 25% 约 70 万美元的工作量。

【亚太油气合作区市场开发】 2021 年，中油测井在亚太油气合作区主要服务于巴基斯坦、印度尼西亚、孟加拉国和泰国。在印度尼西亚，中标印度尼西亚国家石油公司（Pertamina）项目，成功进入印度尼西亚主流市场，签订 2 年期合同；利用客户信用评级，创新拓源，取得非集团内钻探大包 11 口井合同；实施"客户体验式"服务，中标 SRMD&JSJB 和 Petrogas 项目，累计新签合同额 2066 万美元。在泰国，克服新冠肺炎疫情和泰国政策变化影响，按时启动项目，避免每天 1.28 万美元的罚款。通过泰国国家石油管理局勘探生产公司海上等高端项目资格审核。在巴基斯坦，完成能源合同延签以及小甲方服务合同，超额完成全年考核指标。与斯伦贝谢公司展开完井作业服务竞争，获得 UEP 甲方认可，85% 工作量授予 CNLC。推广特殊测井方法，WSTT 在 UEP 替换常规声波，作为主力测井项目，单井增收约 2 万美元，全年增收 28 万美元，XRMI 在国内解释和项目的配合下，完成 3 口井施工作业，增收约 6 万美元，展现公司高端技术服务能力。

表 3 2021 年中油测井在巴基斯坦执行服务合同一览表

序号	项目名称
1	联合能源测井项目
2	PPL 套后测井 Callout 合同
3	POL 裸眼测井 Callout 合同
4	POL 生产测井 + 测试 DST Callout 合同

【非洲油气合作区市场开发】 2021 年，中油测井在非洲油气合作区主要服务于苏丹、南苏丹、乍得、尼日尔、阿尔及利亚和利比亚。在尼日尔市场，续签保价合同 4200 万美元，海外各项目投标、议标及延期等 164 次，市场扩容增项成果显著。在乍得与长城钻探密切合作，以大包井的形式进入 OPIC 市场，实现签约额 535 万美元，推介注产剖面测井技术，增收 185 万美元。中标阿尔及利亚国家石油公司三年期测井标，实现高端市场规模性突破；完成苏丹 2B 区块 OPOC 和苏丹 6 区甲方执行测井合同的更新延期，中标南苏丹 1/2/4 区块 GPOC 甲方测井项目和南苏丹 3/7 区块 OPOC 1 年期测井项目，开拓套管井测井服务市场。加快回款工作力度，汇兑损失大幅下降；南苏丹优化发票内容，减少甲方税务部门私扣、乱扣租赁税的现象发生，租赁税较去年下降 78 万元，超额完成公司下达考核指标。

2021 年疫情期间中油测井在苏丹作业区服务员工（许可 提供）

【美洲油气合作区市场开发】 2021 年，中油测井在美洲油气合作区主要服务于古巴、厄瓜多尔和巴西。在古巴作业区，加强与现场作业甲方沟通，保持设备性能完好，提高作业成功率，增强甲方对技术服务作业的认可度，甲方完井数量减少，6 个钻井队中仅有 2 个队全年连续作业，在有限作业量的情况下，提高市场占有份额，完成签约合同额 930 万美元，合同期限 3 年。在厄瓜多尔作业区，签约合同额 45 万美元，包含 5 万美元的 1 年测井车辆租赁合同和 40 万美元的 2 年射孔分包合同。在上半年油价低迷时期，与分包商谈判，签订整体服务价格同比降低 3% 的补充协议，协议有效期为 2 年，减少成本支出。

【国外市场交流】 2021 年，中油测井构建业务对接机制，建立对集团公司国际部、中油国际、中油技服等日常工作沟通机制，对接中油技服所属钻探企业，完成框架合作协议签署。加大本部部门与国际公司之间协调交流，全方位做好技术推介。创新新冠肺炎疫情管控条件下的市场开发模式，与境外多个客户开展线上技术推介和交流80余次。

【国际测井业务划转】 2021年，中油测井与长城钻探完成测井业务交接、股权划转、法人变更和财务资产交接，签署境外业务联合管理协议，建立定期工作交流机制。依托原国际公司组织架构，完成原国际事业部、大庆分公司、天津分公司海外业务整合，形成新的国际公司。完成国内职能部门及所属单位机构设置、人员配备和国际业务境外机构、基地优化整合，形成"国际公司统一管理、境外作业区具体实施、大区区域协调"的管理模式。

1月13日，中油油服组织专题会议，研究讨论中油技服国际测井业务整合划转框架协议。中油技服党委书记、执行董事秦永和宣布将长城钻探国际测井业务整体移交测井公司。会后，双方签署《国际测井业务整合划转框架协议》。

3月10日，中油测井总会计师邹荣就国际测井业务划转交接工作，与长城钻探副总经理韩敏座谈交流。双方经过交流和协商，针对苏丹、南苏丹、哈萨克斯坦和伊朗4个国家测井业务的交接形成共识，双方签署《苏丹、南苏丹、哈萨克斯坦和伊朗4个国家国际测井业务交接协议》。

4月28日，在中油测井党委书记、执行董事金明权与长城钻探党委书记、执行董事马永峰座谈，双方签订《国际测井业务交接协议》与《战略合作协议》，为国际发展战略实施"三步走"战略目标推进打下坚实基础。

【中国石油海外业务测井技术与应用研讨会】 2021年10月14—15日，中油测井承办中国石油海外业务测井技术与应用研讨会在西安召开。会议由中油国际联合中国石油勘探开发研究院（简称勘探院）主办。中国工程院院士李宁，中国石油海外企业、油田技术服务企业、科研院所、咨询中心等单位188名领导、技术专家，聚焦海外测井技术需求和业务发展，以线下线上参会方式，总结交流海外测井技术成果，梳理海外测井技术现状与需求，深化海外特色测井技术研究与应用，为海外油气高效勘探和效益开发提供优质技术供给。

会上，中国工程院院士李宁以《CIFLog的前世、今生与未来》为题，讲述CIFLog打破国际垄断和实现对国外单井处理系统的超越，介绍其主要功能与特色技术、推广应用与未来展望，强调要同心聚力打造一个强大的中国测井。中油测井以《赓续CNLC品牌建设世界一流测井公司》为题，介绍公司发展历程、CPLog多维高精度成像测井系统、集团海外测井保障措施及测井业务发展规划。8位测井技术专家，分别就海外业务测井技术应用成果及面临挑战、中东等地区测井综合评价技术现状及需求、CPLog特殊方法等技术及应用实践，在会上总结经验、交流成果。10个高水平技术报告，围绕海外业务宏观形势分析、区域测井技术需求、海外测井技术现状介绍、特色测井技术成果在会上分享。

会议就海外测井业务发展，提出下一步要从加强党建基础工作，做好技术创新和管理创新相辅相成，用好和优化好人力、装备、资金资源，做好市场营销、科技进步、运营管理、风险防控四点工作。

（张　宏　许　可）

技术服务

总　述
市场开发
技术服务
综合应用
技术研发
装备制造
生产保障
信息化建设
质量健康安全环保与节能
企业管理与监督
党建、思想政治工作与企业文化建设
荣誉录
机构与人物
所属二级单位概览
大事记
统计数据
附　录

国内技术服务

【概述】 2021年，中油测井打造"高效率生产组织、高效益生产作业、高标准现场管控、高质量生产服务"施工保障体系，实现生产"平稳、均衡、效率、受控、协调"运行的工作格局。全年完成各类作业87597井次。其中，裸眼测井20579井次（14543口），生产测井13563井次，工程测井24395井次，射孔28573井次，录井487口。随钻测井222口，桥射联作2067口/20877段。仪器一次下井成功率99.62%、测井一次成功率97.94%、曲线优质率99%。测井综合提速达到3.45%，单队平均产值同比提高8.8%。

（田赟蕾）

【裸眼井测井】 2021年，中油测井在工作任务集中区域应用存储式专测服务，在大平台井开展"1234"（一支队伍使用两个厂家的三串仪器保障4口井施工）、"两队三面"（两支队伍形成三个作业面，同时保障3口井施工）等灵活组队模式，全面应用ThruBit和FITS等过钻具存储式新工艺技术提升服务保障能力，规模应用成像测井技术，为油气识别提供精准依据。完成水平井裸眼测井1687口，完成微电阻率扫描、核磁共振、地层元素、井周超声等成像测井6790项（次）。在西南油气田应用CPLog微电阻率成像测井技术，完成剑阁1井（井深7728米、井温173.8℃、压力160兆帕）高温高压小井眼测井作业；在塔里木油田轮深3井创造CPLog系列区域温度最高186.4℃新纪录，大北4井完成井底压力186.7兆帕测井，创国内最高井底压力测井纪录；在大庆油田古龙页岩油古龙2井实现173.38℃的存储式测井。

【生产测井】 2021年，中油测井在长庆、西南、新疆、大港等油气田开展井筒光学高清成像、流动成像、光纤测井等生产测井高端业务，完成水平井生产测井376井次。推进光纤测井技术现场应用，在长庆油田完成安加171-202井首口分布式光纤同心双管吸水剖面测井，洞12H3井首口水平井套管外永置光纤监测；在长庆油田J12H3井完成国内首口可开关式固井滑套长久式光纤监测项目，安装滑套28级。推进穿电缆连续油管输送工艺应用，完成长庆油田S47-23-69H1井水平井产气剖面实现双制度测井，新疆油田JLHW2039井MOT套管外敷光纤定位测井。在大港油田板南储气库应用俄罗斯套管固井饱和度综合诊断CCFET技术顺利完成库2-4井、库2-5井两井次管柱完整性检测测试任务，为储气库综合检测提供技术保障。

（高　旭）

【射孔作业】 2021年，中油测井定型模块化分簇射孔器、一次桥塞坐封工具等井下工器具，优化插拔式快速井口装置和不倒防喷管井口换装、电缆全井筒高效输送、连续油管输送及爬行器输送多簇射孔等工艺，完善系列等孔径射孔技术，形成桥射联作2.0核心技术，在川南页岩气应用152口井/2700余段，段均作业时间缩短至2.45小时，多级射孔能力提升至20簇，降低平均加砂压力5%以上。应用89型245兆帕超高压射孔器、73型230℃超高温射孔器，在青海油田K101井创下柴达木盆地射孔井深最深7288米，井温最高208.62℃两项新纪录；应用73型、86型、89型175兆帕水平井射孔器，有效解ST6井、KZ108h井、BZ3-k2井、YB701侧1井等超深小井眼水平井射孔技术难题；在重庆涪陵、南川，以及四川叙永等页岩气区应用89型少碎屑射孔器以及射孔碎屑强磁同步疏通工具，解决水平井桥射联作过程中射孔碎屑落入井筒的难题，其中少碎屑射孔弹现场应用10万发，强磁同步疏通工具推广23套，单套最多下井超过100趟。

（马江湖）

【随钻测井】 2021年，中油测井推广随钻测定导地质工程一体化技术服务，加强自研装备技术现场应用。自研智能导向系统在西南、辽河、长庆等油气田现场应用13井次，累计循环时间2525小时、进尺10901米，实现最大造斜率13.94度/30米、最长无故障使用时间363小时、单趟最长进尺1178米等多项指标；在长庆油田靖51-29H1井应用旋转导向完成水平进尺5256米，刷新亚洲陆地旋转导向作业最长水平段纪录；在新疆油田前哨402-H井应用互联互通旋转导向助力钻井提速12.5%，水平段油气层钻遇率100%，测试获日产原油130余立方米、天然气61万余立方米；在塔里木油田英西1井应用自主研发方位侧向电阻率成像随钻测井仪采集到优质测井曲线与井周成像图，解决了塔里木主力上产区超深碳酸盐岩油藏易喷易漏井资料采集难题；在西南油气田高石103-C1井应用自主研发高温电磁波电阻率随钻测井仪完成作业进尺1064.55米，缝洞储层钻遇率92.3%，测试日产天然气101.78万立方米；在华北油田晋45区首次应用185毫米近钻头钻测井仪器施工，二开井段工具下井一趟完成钻进，钻井周期从29天缩短至15天，油层钻遇率99%；新一代小井眼方位伽马成像随钻测井系统完成内蒙古太611X井作业，入井507小时，进尺1456米，一次入井成功率100%。

【录井作业】 2021年，中油测井在青海油田部署28支综合录井队，完成探井录井33口，评价录井4口，录井总进尺74万米，钻井取心535米。油气层发现率100%、岩性剖面符合率90.13%、层位卡准率100%、异常报告准确率100%、数据差错率1.78‰、油气层解释符合率86.67%。在英雄岭、阿尔金山前、风西地区应用元素录井技术作业22井次，采集18543个样品，指导现场混积岩、基岩岩性识别及关键标志层位划分。应用井筒液面监测技术，实现压井管汇、节流管汇、钻台钻具水眼等位置及井下液面监测，在风险探井柴探1井累计测量55趟次，井下液面监测准确率达90%以上。应用近钻头方位伽马和元素录井相融合的精准导向技术，助力青海油田柴平1井地质导向实现甜点钻遇率达到93.4%，获得日产油113.5立方米、气1.6万立方米。

（高 旭）

【工艺技术】 2021年，中油测井全面梳理测井（射孔）工艺技术标准，持续改进标准流程，制定《测井作业标准化规范》《测井现场标准化定置模板》《测井车辆工器具定置标准》和《测井作业标准化流程和工艺标准化操作模板》。制定《测井作业工器具配套规范》，编制26项《FITS存储式仪器维保手册》及35项《成套测井装备操作手册》。建立《测井作业规范性引用标准文件清单》，促进岗位人员上标准岗、干标准活。全面推广桥射联作2.0技术，完成作业1244口/13742段，段均作业时间缩短至2.49小时。强化工艺改进，推广直推式等"通测一体化"工艺技术，规模应用存储式和爬行器工艺技术，分别完成1635井次和1475井次，水平井测井提速10.8%。

（马江湖）

国外技术服务

【概述】 2021年，中油测井整合国内国际业务，1月，与长城钻探签订国际测井业务交接协议和战略合作协议，中油测井集中统一管理国际测井市场，成立国际公司。7月，国际事业部、大庆分公司、天津分公司和辽河分公司国际市场统一划入国际公司。中油测井国外技术服务区域分布在中亚、亚太、中东、非洲及美洲5大油气合作区的19个国家，有32个项目部，部署队伍96支，中方员工255人，外籍员工629人。整体推进海外测井业务，以CNLC品牌统一运营，拓展CNLC、CPLog、CIFLog品牌营销传播渠道，扩大品牌影响力，国外工程服务产值9.53亿元，同比增长518.96%。

2021年，中油测井重点围绕海外油田勘探开发，发挥地质油藏工程一体化优势，解决项目中的地质难题。强化解释评价与市场生产联动效益，开展井位部署、测井采集和解释评价一体化服务。组建专家团队提供重点业务支撑，开展对口支持，参与作业设计、资料质量把关、解决技术难题。在尼日尔、乍得、伊拉克鲁迈拉等项目，解释人员在国内进行远程解释，技术专家全过程跟踪支持等措施，提高现场保障能力。参与伊拉克、印度尼西亚、乍得等特殊方法及套后饱和度测井技术推介，并取得扩容增项实效。在国外非中国石油市场，测井、射孔业务在尼日尔、乍得、哈萨克斯坦、泰国、孟加拉国等地工作量同比增长明显，在尼日尔项目使用定向井电缆传输测井完成率由36%增至95%，高效保障中国石油海外重点项目。

【中东油气合作区技术服务】 2021年，中油测井在中东主要服务国家为伊拉克和伊朗。在伊拉克，共有7个基地，在9个不同区域点进行作业，测井工作量不均衡，公司坚持做好风险识别和隐患排查治理工作，通过事前防范、过程管控，落实措施等安全管理工作，实现疫情零感染，安保零伤亡，生产运行平稳，射孔施工作业一次成功率100%，测井曲线合格率在98.5%以上，测井资料解释符合率在95%以上。主力区域工作量同比增长30%以上，伊拉克米桑项目复工上产、快速融合，伊拉克鲁迈拉套后测井高端项目成功启动作业，哈法亚项目复工后拿到全部工作量，连续3年签订地质综合研究服务合同。

【中亚油气合作区技术服务】 2021年，中油测井在中亚主要服务国家有哈萨克斯坦、土库曼斯坦、乌兹别克斯坦和蒙古。哈萨克斯坦5个州的作业，点多、线长、面广，作业量巨大，实现作业、质量、环保和社会安全零事故；克服新冠疫情，中方人员零感染，作业区完成作业1144井次；全员参与编制单井计划书，执行审批制度，从项目经理、作业营销部（专业）经理、QHSSE部经理、QHSSE总监（重点井）直至总经理全部参与工作全过程；检测完成作业区19枚放射性源的过期使用许可，并取得3年新使用许可；完成阿特劳9口井水平井射孔，成功率100%，单井最长射孔228.98米，总计1108.57米，射孔弹12595发；完成扎纳若尔3口探井全井段特殊方法（核磁共振，电成像和交叉偶极子阵列声波）测井，增加产值。在哈萨克斯坦作业区内部市场，占据阿克纠宾地区AMG（CNPC占股89.64%）和KMK（中资占股100%）90%的工作量，克孜地区PK（CNPC占股66.7%），保证70%的工作量；扎纳若尔5口探井加测全套特殊方法，增收100万美元；哈萨克斯坦作业区AMG综合研究项目5口探井井位部署获得高产工业油流，助力甲方实现新突破。在土库曼斯坦作业区，完成新增加4口井CTU-MAPS施工作业，实现产值430万；与当地公司合作，开展射孔施工作业，新增加2口井的补孔作业，射孔作业带动火工品消耗，库存下降。在乌兹别克斯坦作业区，发挥技术优势，充分利用一体化测井车、工程车、5700远探声波及地面系统、LOGIQ电成像及地面系统、Leap 800成像仪器及地面系统等设备优势，加强新技术推广，增加工作量，突出单井创效，推广高附加值测井项目。

【亚太油气合作区技术服务】 2021年，中油测井在亚太主要服务国家为巴基斯坦、印度尼西亚、孟加拉国和泰国。在巴基斯坦作业区，完成主力设备进口，和仪器、测井车相关牌照办理，与斯伦贝谢同台竞技，争取到联合能源85%裸眼测井工作量，双密度、CAST-I成功投产，实现100%外籍雇员组队作业，缺乏高端测井服务设备，如核磁共振、井壁取芯、地层元素测井仪器等；在泰国作业区，雇员对新设备不熟悉，加强作业流程融合、磨合等方面培训，做好项目启动前的雇员培训，让雇员了解设备性能和设备技术特点；在PTTEP高端市场，首次应用多层选发射孔技术服务，循序渐进由2枪选发逐步实现5枪选发，在确保安全作业的前提下，逐步提高作业效率；开展切割、穿孔、套管补贴等作业，成功作业358井次。在印度尼西亚作业区，独立作业Petrogas、SRMD、JSJB多个项目，在中方人员中采取"一岗多能"的措施，实现增能不增员，Pertamina和Petrogas新项目，顾客满意度100%，年度平均满意度96.32%。SRMD项目甲方上产，增加钻修井工作量；在JSJB项目，工作量增加9井次，但射孔长度减少，导致产值下降；中石油印尼区块延期未定，工作量产值大幅下降；Petrogas项目增加4井次的工作量；APS-EMP项目增加5井次的工作量；TMMJ/SRB项目增加9井次的工作量，新增探井工作量，致使产值较高；中信项目因新冠肺炎疫情影响，工作量下降3井次；Pertamina项目完成工作量11井次，主要产值增长点是新项目。在孟加拉作业区，完成测井50井次，同比去年增加35井次，作业内容包括常规、固井质量、生产测井、射孔、桥塞、派克、VSP、电成像及地层测试等。作业区配置1套裸眼完井和1套射孔成套装备，地层测试、取芯、饱和度测井等特殊作业，采用仪器外部租赁方式。

【非洲油气合作区技术服务】 2021年，中油测井在非洲主要服务国家为苏丹、南苏丹、乍得、尼日尔、阿尔及利亚和利比亚。在非洲各主力区域工作量同比增长30%以上。在尼日尔作业区，定向井电缆传输测井完成率由36%增至95%。乍得作业区特殊方法测井实现扩容增项，电成像、核磁共振测井得到甲方认可，生产测井收入增长75%。在苏丹与南苏丹作业区，首次完成套后饱和度测井油管注气，环空生产气举PLT作业，RAT技术首次应用于苏丹市场，为甲方重点井产油提供技术支持。推介完成12口大斜度井/水平井的MDT+RBT+水平井射孔服务，累计作业830米，实现产值157.8万美金。

【美洲油气合作区技术服务】 2021年，中油测井在美洲主要服务国家为古巴和厄瓜多尔。在古巴作业区，主体设备LEAP600B使用年限长，设备陈旧，技术故障多发；作业区多数完井井况复杂，甲方考虑到作业风险，均改为LWD测井，取消大部分的中完测井，工作量锐减，全年完成作业4井次；解释人员精细解释，助力巴西海域面积最大的盐下风险勘探区首口探井获得发现。在厄瓜多尔作业区配备常规电缆测井和射孔设备，未购置超声波固井、LWD等设备，提供常规技术服务，完成51井次作业。

【国外业务支持保障】 2021年，中油测井建立国际项目生产资源协调与保障机制，推广CPLog应用，增强测井技术装备在国际上的知名度。强化标准化基地建设、标准化资源配置、标准化作业操作、标准化项目管理，做好海外项目支持保障，促进国际业务发展。做好资源调配，动态调配资源，保障海外项目复工复产及新项目启动。推广新技术保障中国石油海外重点项目，主动与相关方对接，完成与中国石油物资有限公司进口委托代理协议、与长城钻探签订委托采购和代理出口协议签订，保障海外物资装备供应。信息助力减负提效，完成OMS系统迁移，确定功能升级方案；启动中油测井"十四五"数字化转型海外业务相关项目建设，完善技术总结及经验分享云端管理模式，探索海外放射源及民爆物品在线动态管理。针对伊拉克、尼日尔、乍得等重点区域，从施工设计、井场作业、数据解释和质量控制，建立重点井专家24小时远程在线技术支持保障机制。完善远程解释生产模式，涵盖哈萨克斯坦、巴基斯坦、乍得和伊拉克等作业区，涉及电成像、阵列声波、核磁和PLT/PNN等9项测井解释评价，为海外一线提供技术支撑。

（许　可）

生产运行管理

【概述】 2021年，中油测井坚持工程思维，精耕细作测井业务，提高综合竞争实力和服务保障能力，完成年度生产经营各项任务。通过精益生产组织，统筹部署生产资源，开展区域联合保障，就近组织生产；统一协调全局队伍装备，满足大规模和快节奏上产区建设需要；利用好承包商资源，严格承包商管理；抓实井控应急准备，降低事故复杂；EISS和远程测井等信息化建设取得新进展。全年生产保障工作平稳运行，完成工程技术服务作业8.7万井次，比2020年增长5.34%，获集团公司2021年度"先进集体""质量健康安全环保节能先进企业"称号，实现"十四五"高起点开局。

【生产组织】 2021年，中油测井推进生产组织工程，增强服务能力。统筹制订年度生产计划，根据市场工作量分解生产任务，明确生产指标，部署作业队伍854支，配置成套生产装备1077套。建立东部、中部、西部、南部及海外5个联保区域，推行片区负责制，基本建成2小时生产保障圈，队伍到井及时率达99.9%。在长庆苏里格、川渝页岩气、冀东油田等区域落实"六统一、三共享"要求，有效盘活区域队伍与资源，减少9个项目点7支作业队伍。全年跨区域协调队伍64支，高端装备35次71支（串）；有序保障长庆、川渝、新疆等重点上产区域，永探1井、吉2812井、狮303井等一批重点风险探井的勘探开发。

【资质管理】 2021年，中油测井严格按照集团公司"资质管理只能加强，不能削弱"要求和资质审核标准开展资质管理工作。为满足机构调整要求，组织申报184支队伍到期换证，9支作业队伍升级为甲级资质，8支单项作业队伍调整为综合测井队，4支作业队设备及其他变更，61支队伍进行所属企业变更。办理连续油管企业和队伍资质，为公司业务拓展奠定基础。企业及施工作业队伍资质符合率100%，申报材料现场审核率100%。完成集团公司测井企业及队伍资质审核标准的修订，明确队伍关键岗位，非关键岗位人员根据施工作业项目按需配置，为灵活组队提供根本制度保障。

【承包商管理】 2021年，中油测井加强承包商管理，使用工程技术承包商298家，通过综合评价和过程监管评估，淘汰10家，淘汰率3.4%，整改14家，整改率4.7%，全年未发生承包商安全生产事故。开展工程技术承包商检查，发现问题28项，全部督促整改完成。组织492名承包商队伍关键岗位人员进行HSE取证培训，全部通过考核。发布《中国石油集团测井有限公司业务外包管理办法》，从职责分工、业务范围、立项审批、工作流程等7个方面规范业务外包管理。通过内部消化吸收、优化装备配置、仪器设备租赁、抢占承包商市场等方式，减少业务外包，增加收入，扩大自主市场份额，累计自主完成施工860井次，减少支出7939万元。

（高 旭）

【井控管理】 2021年，中油测井对标国内先进测井井控培训机构，完成测井井控培训实际操作训练基地建设。制订井控警示月活动方案，开展井控事故事件案例反思活动54场7740人次参加，开展冬季井控风险"四查"活动，发现整改风险隐患350项，不同层级开展井控应急演练210次，员工井控风险意识进一步增强。积极践行"大井控"理念，在青海分公司录井作业全面应用井控预警软件，为钻井方预报工程异常113次。

（靳敏刚）

【应急管理】 2021年，中油测井针对洪涝灾害、敏感时段作业实际工作需要，发布《关于做好2021年防洪防汛工作的通知》《关于做好防洪防汛相关工作的紧急通知》《关于进一步强化2021年国庆期间施工安全的紧急通知》，督导二级单位落实安全生产责任，确保特殊生产运行平稳有序。修订《工程事故复杂管理规定》，细化各级岗位责任，严格审批流程，开展防卡解卡项目研究，召开事故复杂分析会，收集穿心解卡和打捞事故案例72例，全年解卡打捞同比减少50井次。举办新技术培训班，组织应急管理知识培训35人次，组织所属单位应急管理人员参加集团公司、中油技服应急管理培训4人次；开展"火工品丢失失控"和"钻具输送测井作业井控险情"实战演练，开展厂处级应急演练48次，提升应急处置能力。完成华H100-2井、忠14井、柴14井工程事故复杂现场处置；落实关键节点作业许可和技术专家值班制度；编制区域支持中心复杂处置工器具配置清单；总结提炼形成《中油测井放射性测井防卡解卡经验做法》，规范应急管理工作。

（李孜虎）

【重点区域重点井保障】 2021年，中油测井落实"总部管总"职责，优化重点井保障方案，明确工作目标和领导小组成员，形成5个方面15条保障措施。根据中油技服各重点区域服务保障方案，成立区域领导小组，落实包井领导77位、支持专家46位，实施"一井一策"服务保障，跟踪重点井181口，完成测井任务118口，测井系列优化建议采纳67口，助力塔里木油田大北4井、西南油气田永浅6井、吐哈油田萨探1井、大港油田歧页1H井等获得多个地质重大发现。

（高　旭）

【技术服务数字化转型】 2021年，中油测井按照数字化转型工作整体部署，推进生产运行和施工作业数字化转型。制定《远程测井中心管理规定（试行）》《远程测井工艺流程》及《CPLog远程测井软件操作规程》，升级远程测井队伍19支，优化远程测井软件测试流程6项，解决软硬件问题26个。全年有37支队伍具备远程测井能力，完成403井次远程测井任务。

持续完成EISS系统功能，与昆仑数智科技有限责任公司（简称昆仑数智）签订《中油测井生产智能支持系统二期建设合同》，优化车载数据中心、风险管控、市场需求等9个功能模块，发布《测井生产智能支持系统操作手册》《生产智能支持系统录入规范》，建立日检查、周总结、月通报工作制度。累计上线登录68余万次，信息自动流转8.3万井次，收录设备数据4.9万条、危害因素辨识2.5万条、检查8.3万井次，实现对施工作业的全员、全过程、全方位、全天候风险管控。通过系统全年开展各类检查366806次，其中放射源动态监控55136次，民爆物品动态监控46954次，交通监控309579次，作业现场监控6246次，覆盖616个作业队，2317台车。发现问题200个，已整改200个，纠正违章69项73人次。

（王　鑫）

【"四提"作业竞赛】 2021年，中油测井进一步保障集团公司深层勘探开发、页岩油气效益建产，提高深井、大丛井"四提"（提质、提速、提产、提效）水平，开展深井、大丛井作业竞赛，开展随钻测井及旋转导向工具维保支持劳动竞赛，累计达标井2051口，其中水平井406口、桥射联作539口、随钻测井111口、深井超深井995口，旋转导向工具维保项目6个，完成6000米以上深测井304井次，其中8000米以上深测井达37井次。桥射联作300段以上作业队18支，水平井段3000米以上作业队19支。

【"十四五"生产组织规划】 2021年，中油测井围绕落实"一体两面"工作要求，强化"三基"工作，加强生产组织，强化技术推广，抓好转型发展，创新服务方式，用先进技术为油田生产全过程提供优质技术服务，履行好服务保障任务。科学制定"十四五"生产组织规划。

持续完善、推广应用提速模板，加强标准化建设，做到任务细化、责任到岗；锻造扎实基本功，强化岗位技能培训，发挥创新工作室作用；严格落实安全生产管理，提高风险识别和应急处突能力。开展重点井重点区域提速提效劳动竞赛，根据井型结构变化抓好队伍转型，完善激励考核机制，营造"比学赶超"良好氛围。

以井为中心统筹部署生产资源，合理配套队伍、装备，加大集团公司重点区块、上产区块资源保障力度，确保满足油田技术服务需求。逐步建立生产资源配置共享中心，推动仪器装备统一管理，统一作业标准、流程，深化完井测井、随钻测井、生产测井、射孔、录井等8项测井工艺流程应用。加强测井防卡解卡工艺设备研究配套，推广应用井控预警技术，强化应急管理，降低事故发生。

持续深化推广测井新技术，在探井中推广应用地层元素、远探测、三维感应等成像技术，在开发井推广应用一串测，在水平井中推广过钻具存储测井、随钻测录导、随钻方位伽马成像、智能导向等技术，在生产井中推广应用光纤测井、注采同测、井口计量，全面推广桥射联作2.0技术，抓好页岩油气、致密油测井作业能力建设，持续推进测井业务迈上中高端。在探井、水平井、生产井技术系列基础上，进一步建立完善开发井、射孔、资料评价应用及新能源技术系列。

借助大数据与人工智能技术，打造智能测井平台，以数字化转型驱动高质量发展。构建贯穿装备、作业、记录、处理、应用、安全6个环节的"下井仪器+互联网"应用环境，实现数据互联、作业互联、仪器信息互联，形成自适应井况、自适应地层、自适应仪器的采集系统,具备多源数据流转、在线数据处理、专家决策支持的大数据实时分析系统,建立测井数据智能采集应用新模式,进一步提高服务效率、提升服务效益。

推广以井为中心的灵活组队模式,加快一岗多能、一队多能、综合队建设,降低作业成本、提高作业效率。推进测录导一体化,共享物探、钻井、录井、井下等多专业数据,打造钻井质量分析、测井远程质控、在线验收、处理解释等智能化软件平台,进一步提升测井质量安全和服务水平。规模应用一体化智能电驱动测井车,实现装备操控自动化,加快远程测井、智能测井进程。到2025年,测井生产智能支持系统(EISS)全面应用,生产组织全流程实现信息化,基本形成国际一流快速高效生产组织管理体系。

建立国际项目生产资源协调与保障机制,推广CPLog应用,增强中油测井国际知名度和影响力。强化标准化基地建设、标准化资源配置、标准化作业操作、标准化项目管理,做好海外项目支持保障,促进国际业务发展。

(田赟蕾)

综合应用

- 总　述
- 市场开发
- 技术服务
- **综合应用**
- 技术研发
- 装备制造
- 生产保障
- 信息化建设
- 质量健康安全环保与节能
- 企业管理与监督
- 党建、思想政治工作与企业文化建设
- 荣誉录
- 机构与人物
- 所属二级单位概览
- 大事记
- 统计数据
- 附　录

解释评价

【概述】 2021年，中油测井落实集团公司勘探开发关于加强解释评价工作要求，明确工作思路、健全管理制度、强化技术攻关、主动交流推介。针对重点勘探开发领域和中国石油海外合作区创新评价技术，集中解释评价资源，整合岩石物理资源，建设中国石油统一测井数据湖和测井大数据平台，开展历史数据入库治理，强化快速解释、精细评价和综合研究工作效率提升。建立风险（重点）探井测井专家支持系统，开展油气田老区测井评价挖潜工程，加强标准化体系建设，支撑国内16家油气田和海外五大合作区油气发现和增储上产。全年完成裸眼井解释15319井次（国外888井次），同比增长11.26%；套管井解释31165井次，同比增长7.16%；探井解释符合率87.53%，评价井解释符合率88.57%，开发井解释符合率96.68%，总解释符合率94.74%，产能预测符合率84.99%，完成集团公司下达的质量考核指标。

（季尔涛）

【新技术推广】 2021年，中油测井加强新技术推广工作，与各油田开展解释技术交流902次、回访109次，参加试油气方案讨论及单井解释汇报2661井次，推介测井新技术191井次。召开公司数字岩石技术交流会，推进全直径岩心二维核磁扫描技术首次在国内开展研究与应用，实现现场采集参数优化、数据处理技术集成化，形成自主处理软件，具备成熟的现场扫描岩心密封工艺技术，助力华北油田高产井、大庆古龙页岩油大发现。在不替浆情况下偏心核磁iMRT技术成功识别储层，助力吐哈油田萨探1井二叠系井井子沟组获高产工业油流。宽动态微电阻率成像MCI技术在青海、塔里木、西南等油田多口井应用，完成盐水钻井液成像系列采集，提升复杂油气层精细刻画能力。三维感应技术实现立体刻画岩层电阻率特性，提升薄互层和纹层识别能力，在古龙页岩油的应用中三维感应各向异性值有效指示页岩油整体含油气性。方位侧向电阻率成像RIT技术，助力塔里木英西1井裂缝识别在奥陶系获得高产，为塔北超深油气区发现提供支持。剖析CPLog国产多维高精度成像测井方法原理和适用条件，收集整理45个典型案例，编辑出版《CPLog测井技术应用典型案例》。

（冯显飞）

【重点井解释评价】 2021年，中油测井集中跟踪重点井181口（含风险探井47口），成功解释发现井、高产井133口。在松辽盆地利用成像精细评价长深40井获得高产；在鄂尔多斯盆地强化四性关系研究，助力宜129井本溪组获得高产气流；在塔里木盆地建立孔隙+裂缝型碎屑岩储层流体性质识别方法，助力博孜10井取得高产油气流；在准噶尔盆地基于成像资料精细评价储层、识别流体，助力康探1井连续4层获百立方米高产工业油流；在四川盆地通过页岩油四品质评价技术，助力平安1井凉高山组获高产油气流；在渤海湾盆地歧页1H井基于核磁共振资料解释一类油层662.0米，压裂获工业油流；在柴达木盆地利用地层元素、电成像等资料精细评价储层，助力青海油田持续获得发现；在巴西海域面积最大的盐下风险勘探区首口探井获得近十年来世界性重大发现；在哈萨克斯坦滨里海盆地东缘通过常规和成像测井资料解释评价，多口井试油获高产，展现该区构造—岩性圈闭背景上连片含油的良好资源前景。

（季尔涛）

【老井综合复查】 2021年，中油测井落实中国石油天然气股份公司领导指示要求，"十四五"期间全面推进智能化老井再评价工作，承办中国石油天然气股份有限公司老井测井再评价工作技术讨论会，提出"十四五"期间测井老井再评价工作计划。在长庆油田、新疆油田和西南油气田等开展老井复查 1.46 万井次，发现潜力层 4716 层，见效井 732 口，落实有利区 95 个，提出测井优化建议 267 条，为油田老区挖潜作贡献。在塔里木油田，深化应用地层倾角和数字声波资料，甫沙 8 井通过复查新增油层 8 米、差油层 27 米，助力昆仑山前侏罗系勘探获得突破。在长庆油田，依托万口油井评价挖潜工程项目，运用智能化分层、参数计算、油气识别和自动批处理解释对老井复查流程进行智能化改造，初步实现综合评价测井技术智能化升级，提升工作时效。

（盖龚秋）

【解释评价工作会】 2021 年 3 月 5 日，中油测井以视频形式召开解释评价工作会。会议在总部西安设主会场一个，所属单位设分会场 16 个，320 人参加会议。党委书记、执行董事金明权出席会议并讲话，总经理胡启月主持会议。总工程师汤天知，副总经理、安全总监陈宝，副总经理石玉江参加会议。

石玉江在会上作题为《如何做好解释评价工作》专题报告，长庆分公司等 10 家单位作解释评价工作汇报，信息管理处发布《关于加强解释评价工作管理提升服务质量的意见》，塔里木分公司等 7 家单位提交书面汇报。

会议指出，"十三五"以来，中油测井组织解释评价工作，开展技术攻关，测井资料应用水平不断提升，油气藏研究能力持续增强，为保障油田勘探开发，支持生产作业和市场开发作出重要贡献。通过"出成果、出经验、出典型、出专家"的解释评价"四出"工作，带动解释评价工作开展，开创解释评价工作新局面，推进解释评价工作高质量发展，为建设世界一流测井公司贡献力量。

会议强调，要集中力量打造测井大数据平台，把测井数据资产转化为生产力和经济效益，要贯彻落实好会议精神，提出要深化特殊方法攻关，提升测井资料应用水平；要强化平台标准建设，推进数据资源共建共享；要加强人才团队建设，切实履行油藏研究责任；要传达学习会议精神，扎实推进解释评价工作四点要求。会议表彰 27 个解释评价先进班组和 73 位先进个人。

（季尔涛）

【"十四五"解释评价规划】 2021 年，中油测井完善提升解释评价技术、服务、管理、组织、保障等体系，编制"十四五"解释评价发展规划。以"高质量建设世界一流测井公司"为目标，聚焦"解释评价"业务，落实专业化发展、市场化运作、精益化管理、一体化统筹"四化"治企准则和精心规划、精致建设、精细管理、精美呈现"四精"工作要求，履行识别发现油气层和油气藏研究工作职责，强化技术创新，按照"3413"发展思路❶筑牢解释评价高质量发展根基。到 2025 年，解释评价综合实力跻身国际先进行列，自主采集市场单井解释占有率 100%，对非自主采集市场占有率 10%，非单井解释评价服务创收进一步扩大。到 2030 年，解释评价技术达到世界一流，国内市场进一步拓展扩大，中国石油海外市场解释服务占有率 30%。

（张弘恕）

---

❶ 实现"3"大转变——从单井解释向多井综合研究转变、从注重地质向地质工程一体化转变、从传统解释向大数据智能解释转变。攻关"4"项关键技术——陆相页岩油岩石物理与甜点测井评价技术、超深层高倾角强应力复杂井筒环境测井响应模拟与评价技术、井场多尺度岩石物理快速测量与数字岩石表征技术、多维多域高精度成像数据处理及应用研究技术。打造"1"个平台——测井大数据智能解释云平台。建立"3"项保障——油公司与测井公司一体化工作模式、培养高素质复合型人才队伍、全过程闭环质量控制体系。

综合应用技术研究

【概述】 2021年，中油测井持续推进测井解释评价技术自立自强，提升复杂勘探目标服务保障能力，助力油气勘探发现和增储上产。创新深层复杂碎屑岩评价技术，解决裂缝性致密砂岩有效性和超压储层产能主控因素评价难题。攻关页岩油解释评价技术，实现岩心关键参数现场测量，确定页岩优势岩相，形成页岩含油性、可动性评价方法，古龙页岩油储集性及含油性取得新认识。深化缝洞碳酸盐岩评价技术，建立孔洞缝定量刻画技术，进行储层连通性评价以及致密碳酸盐岩有效性评价。规模应用低阻低饱和度测井评价技术实现复杂水性流体识别和产水率预测。强化新领域储层认识和再评价，实现铝土岩、基岩等特殊储层识别和评价，支持油田新类型油气发现。

【复杂碎屑岩储层】 2021年，中油测井针对塔里木盆地库车凹陷开展裂缝性致密砂岩有效性评价，利用电成像、偶极声波综合评价油基钻井液套件下裂缝有效性，在塔里木大北4井解释气层61米，裸眼测试日产气19.3万立方米，助力库车山前首口超8000米深井获重大突破。在准噶尔盆地南缘和阜康凹陷创新渗透率超压校正方法，揭示超压碎屑岩高产机理，形成基于渗透率校正的超压碎屑岩储层产能预测技术，储层产能判别准确率88.2%，成功解释准噶尔南缘呼探1井清水河组高产气层。

【页岩油（气）】 2021年，中油测井利用移动式全直径岩心二维核磁技术，针对关键参数刻度难题，采用移动式核磁岩心测量技术，在大庆油田古龙、西南油气田等页岩油（气）储层应用，实现岩心核磁实验资料现场快速测量，解决页岩油（气）"甜点"优选、流体识别及含有饱和度的定量评价难题。通过优势岩性岩相分类评价技术，综合考虑页岩储层宏观结构、岩石矿物组分和有机碳含量等，应用元素测井、微电阻率扫描成像、三维感应，评价地层有机质丰度、脆性矿物含量、纹理发育程度及各向异性，确定页岩有利岩性岩相。基于游离烃S1的含油性评价技术，在准确计算成熟度、有机碳含量基础上，结合井温梯度变化，创新建立基于页岩游离烃S1的非电法含有饱和度模型，计算结果与岩心测试一致。开展页岩油可动性评价技术攻关，针对玛湖风城组混积型页岩油，形成不同流体组分的核磁剥谱技术，实现可动油饱和度的定量计算，支持玛湖风城组滚动勘探，针对古龙页岩油，形成可动性综合定性评价方法，支持古龙页岩油储量提交。

【缝洞碳酸盐岩储层】 2021年，中油测井针对川中古隆起震旦系—下古生界储层，创新缝洞模式识别与连通性评价技术，形成AI图像分类、连通指数计算等方法，有效区分天然裂缝与诱导缝、低阻团块与溶蚀孔洞，提高缝洞参数定量刻画精度。结合缝洞参数构建多源信息融合的产能评估指数，建立岩溶缝洞型储层分级评价方法和标准，应用与四川蓬探XX井，日产气220万立方米，助推太和气区万亿立方米储量规模建设。在鄂尔多斯盆地中东部马四段台内丘滩体，基于成像孔隙结构分析及水平裂缝特征研究，形成云质薄储层解释技术，助力马四新层系突破。

【低阻低饱和度储层】 2021年，中油测井在巴彦河套盆地兴隆构造带和鄂尔多斯盆地环西地区，规模应用低阻低饱和度测井评价技术，形成基于孔隙结构分类的低阻油层识别技术，建立核磁孔隙结构分类的含油指数评价方法，解决复杂水性储层流体评价难题，成功识别临河凹陷兴隆构造带低阻油层，油层电阻率下限从2欧米/米下降至0.9欧姆/米。针对鄂尔多斯盆地环西侏罗系水性变化大、低对比度油层发育的问题，基于相渗实验建立等效产水率下限法，进行产水率预测和油水识别。

【铝土岩储层】 2021年，中油测井强化新领域储层认识和再评价工作，形成铝土岩测井评价技术，构建水铝石矿物组分计算模型，精准识别铝土岩，建立孔隙度评价与流体识别方法，有效识别铝土岩含气层。运用铝土岩测井评价技术，形成基岩风化壳评价技术，基于非电法的饱含水含氢指数，结合斯通利波幅度衰减、岩石力学含气敏感参数，进行基岩裂缝型储层含气性综合评价，柴达木盆地最深井昆101井在7278.0—7288.0米获日产气12.2万立方米。

（季尔涛）

综合应用基础建设

【概述】 2021年，中油测井强化业务主管部门管理职责，将信息管理处更名评价信息处，将测井应用研究院更名地质研究院，突出科研攻关和地质油藏综合研究业务定位，开展测井解释评价技术和油藏综合研究。

【解释评价平台建设】 2021年，中油测井发挥整体优势，通过平台建设促进协同共享，提升解释评价工作效率与质量。建设测井大数据应用环境，建立测井大数据标准，深化测井数据库应用，设立跨单位数据库用户，实现测井数据定向安全共享。初步建成风险（重点）探井测井协同工作平台，构建"数据共享、工作协同、专家支持"的测井支撑环境，提供各类单井资料集成展现、多井对比和协同工作功能，全年各类风险井、重点井专家参与率100%。创建解释软件和技术管理共享平台，对Techlog、Petrel、Eclipse等软件实行集中管理，统一调度，软件使用效率提升2倍以上，30个许可支持200余人的分时段异地调用。

（季尔涛）

【联合评价中心建设】 2021年，中油测井按照"需求主导、面向生产、靠前服务、深度融合"方式，推进"联合办院"。5月31日，中油测井与西南油气田公司在成都共建四川盆地测井评价研究中心，签订合作协议，以保障油田增储上产为目标，围绕四川盆地热点区块、重点井测井解释难点开展工作。6月6日，中油测井与大庆油田共建大庆油田测井研究院。大庆油田测井研究院围绕大庆油田当好标杆旗帜、建设百年油田的发展目标，发挥测井公司在装备、技术、人才等方面的优势，提升油气藏多学科一体化综合评价能力和复杂目标的测井联合攻关能力，创新形成融合式工作方式，创建油田公司与中油测井一体化运行模式，加快成果转化，提升应用效果，为大庆油田发展提供优质高效的技术服务。12月24日，中油测井与吐哈油田公司深入贯彻落实集团公司"一体两面"定位、探索甲乙双方深度融合、积极构建油公司和服务公司一体化工作模式，共建吐哈油田测井技术研究中心，双方本着建立长期稳定紧密合作关系，发挥各自技术和人才优势，提高勘探开发研究工作质量和效率，促进技术攻关能力提升，本着互利双赢的宗旨签署共建协议，在测井设计、新技术推广应用、综合评价及测井解释评价技术攻关等方面开展技术合作，针对重点难点课题，集中开展技术攻关研究工作。

（盖冀秋）

【历史数据治理】 2021年，中油测井成立专项项目组，盘点梳理历史测井数据，制订入库治理方案，研发配套入库工具，持续推进中国石油统一测井数据库建设，新老数据并举，边建边用，突出存量数据规范化入库，加快数字中国石油测井建设，为油气田增储上产提供保障。全年历史测井数据入库124093口井，完成率33.23%。中油测井与大庆、长庆、青海等多家油田单位就共建测井大数据应用环境达成共识，为下一步扩大与油田合作，建设油气公司与测井公司一体化协同工作平台，加快存量数据规范入库，推进测井数据湖、智能解释、数字油藏建设，提升测井数据使用效率，充分挖掘数据价值，促进老井再评价和老区挖潜工作奠定基础。

（张弘恕）

【制度建设】 2021年,中油测井制定《解释评价管理办法》,明确测井解释评价、油藏动态研究、与油田对接交流、测井数据管理等11项工作责任主体与职责,规范相关工作流程,制定业务监督检查方案,明确考核指标,提升运行效率。制定《重点井和重点区域解释评价服务保障管理办法》,突出专家联保,落实专家把关,强化闭环管理,提升解释质量。风险探井、重点探井解释评价按照"跟踪分析、收集处理、解释评价、应用反馈"四个阶段进行闭环管理,专家全程跟踪把关。制定《勘探开发测井贡献奖励管理办法》,设立勘探开发测井贡献奖,激励在重大勘探发现、增储上产中做出突出贡献的团队。修订《测井数据库管理办法》,强化"建管用维"责任体系,完善数据库用户管理,新增跨单位用户,统一授权、备案,实现内部员工权限有效期内跨单位的数据共享,补充油田和集团公司用户管理流程。实施"解释符合率、试油气成功率、油层漏判率、个人积分制、区域负责制、专家会诊制、案例分享制、月度质量分析会"的"三率四制一会"保障机制,将个人积分高低、区域负责效果、专家会诊次数纳入考核,激励全体解释评价人员增强事业心、责任感,调动工作积极性。通过月度质量分析会检查交流分公司成果经验、分析疑难问题,提升解释评价工作质量和效率。

(季尔涛)

技术研发

总　述
市场开发
技术服务
综合应用
技术研发
装备制造
生产保障
信息化建设
质量健康安全环保与节能
企业管理与监督
党建、思想政治工作与企业文化建设
荣誉录
机构与人物
所属二级单位概览
大事记
统计数据
附　录

装备研发

【概述】 2021年，中油测井围绕测井技术难题，攻关关键核心技术，研制成套装备，科技创新迈出新步伐，助力油田高效勘探、效益开发。建立完善多种合作机制，构建开放型中国石油测井生态圈。关键技术攻关取得新进展，175℃高灵敏度声波换能器试验8口井，175℃高性能中子管寿命测试超过400小时，微电阻率成像等资料处理实现功能升级，智能测井采集系统自动控制时间达到85%以上，油基钻井液电成像、介电成像及快速地层测试仪器完成室内试验，智能测导系统试验10口井。产品研发迭代加快，统一CPLog地面系统接口标准，实现多家外部单位特色仪器挂接。建立测井芯片高速采集制造工艺规范，岩密及核磁探头、3D打印极板实现批量生产，一串测耐温提升到200℃。持续推广新技术，推广CPLog成套装备成像测井2064井次，三维感应技术在7个油气田推广应用，作业一次测井成功率100%。偏心核磁技术解决了盐水泥浆环境测井难题。应用FITS过钻具工艺，提高工作时效30%。

（万 磊）

【电缆测井技术研发】 2021年，中油测井拓展电缆测井技术利器应用范围，实现规模应用。依托国家重点研发计划，突破微型高灵敏度传感器设计、大功率复合发射及同步采集、高精度正反演成像、系统智能化与集成等多项关键技术，研制井中重力、井中磁力、激发极化、造岩元素等7种井下探矿仪器和1套地面采集传输系统，以及综合处理解释软件平台，形成国内首套3000米以下地下及井中探矿成套装备，使探矿技术从单项测量提升到多参数组合集成测量，整体指标达到国际先进水平，实现我国矿产资源地球物理勘探技术与装备的升级换代，为我国资源勘查走向深部提供技术支撑。依托集团公司、中油技服、中油测井重大科研项目，多维高精度测井系列完成试验验证。远程测井完成23支队伍技术升级，全球首创测井智能化作业系统，累计试验403口井，实现在各种井型环境下自动化输送仪器串，仪器串进入"无人驾驶"时代。创新三维感应高分辨率处理技术，将水平、垂直和整体电阻率的纵向分辨率由0.6米升级到0.4米，在7个油田推广，测井73井次，探评井解释符合率94.3%。偏心核磁在青海、吐哈、长庆等油田开展试验与应用，测井13口，解决大井眼、盐水钻井液复杂井况核磁资料获取难题。

MCI微电阻率成像在剑阁1井创下149.2毫米最小井眼纪录及173.8℃最高温度纪录，获中油技服贺信，宽动态微电阻率成像在吉林、新疆、青海、长庆、大庆和辽河等油田成功应用20余口井，在青海油田柴904井高矿化度钻井液环境测井成功，解决盐水钻井液图像模糊问题，优于国外同类仪器。FITS可打捞钻杆保护套工具及工艺在长庆油田首试成功，形成测通一体化工艺，测井时效提高30%以上，成为重点井和复杂井首选仪器。200℃/20小时一串测完成样机装配。230℃/170兆帕高温高压小直径一串测系列完成181℃生产井声波侧向仪器串资料采集，实现超高温高压快测与成像测井仪器定型和技术配套。远探测声波成像测井仪MPALF可提供近井储层分析、岩石机械特性、地层各向异性等信息，可探测井旁80米范围内缝洞、断层及裂缝隐蔽储层，定量评价裂缝组的产状及延伸高度，在长庆、华北、吉林、塔里木、青海等油田应用100多口井，在提供岩石力学参数、评价井筒稳定性和压裂效果及发现井旁隐蔽构造等方面见到较好效果。油基钻井液微电阻率成像仪器已开展整机联调，宽动态仪器正在加工装配。宽频介电T型天线仪器开始整机联调。

（万 磊 张宇昆 宫 璇）

【生产测井技术研发】 2021年，中油测井具备注产剖面、井筒完整性评价、套后剩余油评价、测控测调 4 种套后测井能力，形成低渗透水平井流动成像、井间声波层析成像和远程实时注采同测等特色技术，完成 1000 余套装备现场应用，满足油田基本需求。注产剖面测井方面，创新温差流量面积积分算法，降低流量启动排量阈值，形成以阵列电磁波、阵列温差流量为核心的低渗透水平井流动成像技术。集成五参数通过完善制造工艺，作为吸水剖面监测主力装备实现规模化应用。井筒完整性评价方面，形成电磁探伤、电磁测厚、多臂井径、扇区胶结、噪声等系列化的一串测技术，提升了测井时效和解释精度。开展了固井质量与套损检测声波扫描测井仪等高端仪器研究，完成固安试验 1 井和中国海洋石油集团有限公司刻度井群的试验测试，验证仪器超低水泥密度（1.0 克/厘米³）固井质量评价功能。套后剩余油评价方面，脉冲中子全谱突破解释方法瓶颈，通过多口井试验对比，达到国外同类仪器水平。高性能碳氧比能谱仪器测速由 36 米/时提升到 70 米/时以上，首次采用性能优异的溴化镧晶体，提升伽马探测器效率。高性能碳氧比能谱、过套管阵列密度、过套管地层电阻率、套后补偿中子、自然伽马能谱等多种仪器通过适应性研究，基本可以满足不同区域现场需求。测控测调方面，远程实时分层注采测控系统通过替换进口电机、优化机械结构等措施，提升动密封效果，解决分注井设备出现大电流现象、井下通信异常问题，完成分采模块和分注模块改进工作，并完成一个井组的先导性现场试验，形成 5 项试验成果并得到油田认可，为测井产业链延伸打下基础。系列井口含水率和液量计量装置通过完善和升级，提高环境适应性、增加测量参数，完成多井次推广应用。开展井间声波层析成像升级与现场试验，升级滤波算法和机械传递机构，实现 2 米稳定传输速率同时信噪比和可靠性也得到提升，在二连煤层气实现 2 井次井间压裂监测应用。开展 CPLog 生产测井系统优化升级与集成配套研究，开发一套具备本地、远程客户端与生产测井内部模块数据分配、协议转换、实时任务处理等功能的生产测井地面系统。在解释评价领域，采用数值模拟技术，研究井眼环境和地层因素对测井响应的影响，结合裸眼井资料建立饱和度解释模型，开发基于 LEAD 平台的数据处理和解释模块，为复杂井筒剩余油精细监测与完整性评价提供技术支持。

（屈　凡　万　磊）

【随钻测井技术研发】 2021 年，中油测井开展随钻测井装备试验推广，初步形成随钻地质导向、地层评价、旋转导向作业能力。开展与斯伦贝谢旋转导向头互联互通，采用压力下行控制和转动下行控制，通过测量井下振动和转速变化两种模式切换控制，实现井下 Downlink 功能。推出的高温平台最高工作温度 175 ℃、最大工作压力 140 兆帕，5000 米深井解码成功率 90%，形成"高温平台+随钻方位密度+随钻方位侧向电阻率成像+随钻井径""高温平台+随钻伽马成像+随钻方位侧向电阻率成像测井仪（高温旋转导向头）"等作业方案，为重点油气开发区地质增效提供保障。完成随钻电阻率、声波、放射性系列成像仪器样机研制并开展现场试验，随钻远探测电磁波形成 30 米远探边样机和 10 米前探模型机。智能导向系统在西南、辽河、长庆等油气田现场试验 9 口井，验证系统各项性能指标。深探测电磁波成像随钻测井仪在长庆油田、大庆油田完成 4 井次现场试验，获取电阻率测井曲线一致性、重复性较好，对地层边界有明显响应。方位侧向电阻率成像随钻测井仪改进样机先后在塔里木英西 1 井、西南 103-C1 井取得成效，仪器高阻测量性能得到显著提升，仪器各项指标接近斯伦贝谢同类仪器，实现技术追赶。可打捞化学源中子密度、可控源中子在塔里木、长庆、大庆油田现场试验 6 口井，取得合格测井曲线，验证了可打捞化学源施工安全性。多极子声波成像随钻测井仪通过优化仪器主控时序、换能器安装结构，解决波列首至波到时错位和接收电路底噪峰峰值过高等问题，在新疆完成钻后现场试验，验证仪器功能。近钻头伽马电阻率成像随钻测井仪样机完成压力测试、仪器调试和功能测试。在长庆油田完成 2 口井现场试验，伽马、电阻率测量数据与电缆测井同类数据吻合，电流无线短传稳定可靠。近钻头伽马成像随钻测井仪样机在长庆油田、山西煤层气完成 4 口井现场试验，验证无线短传通讯解码稳定、近钻头伽马成像数据准确，实现精确导向。随钻核磁共振测井仪模型机在石油工业测井计量站刻度标准井通过频率扫描、单频测试、测试曲线采集等试验环节，采集出谱型、峰值与电缆测井结果一致，模型机性能得到基本验证。模型机外径171毫米，探测区最大外径347毫米，探测区高度70毫米，最小回波间隔0.6毫秒，为"十四五"随钻核磁共振测井仪器研制奠定关键技术基础。

（熊焱春）

【射孔技术研发】 2021年，中油测井针对超深、超高温和超高压井射孔施工难点，开展井下射孔模拟试验、现场先导性试验，不断验证技术指标，形成73、86、89、121等6种型号高温高压深井系列射孔器材，最高耐压245兆帕（全球最高），最高耐温230℃，可满足国内外各大油气田勘探开发需求。在长庆油田H40平台2口井桥射联作任务中，应用射孔设计优化与作业监测软件1.0施工设计，施工平均泵压和施工时间比邻井同类作业分别下降6.33%和71.25%，降低高泵压风险，提升作业时效。"先锋"超深穿透射孔器在中国石油、中国石化、延长等国内石油公司16个油田进行现场应用，并成为塔里木油田、中国石油涪陵焦石坝国家级页岩气示范区唯一指定用射孔弹产品。模块化分簇射孔器采用模块化集成式设计，实现分簇射孔器内部无贯通导线；同时，缩短射孔器间中接头，实现电缆一次下井40簇射孔，提升深层页岩气井多簇射孔能力30%以上；器材最高工作温度175℃、最大工作压力175兆帕；累计在川南页岩气长宁、威远、昭通、泸州、渝西等区块以及塔里木油田累计推广应用170余口井、22000余簇，在桥射联作工作量的应用占比达73.7%，助力打造多个测试日产超100万立方米、200万立方米的高产平台井。截至2021年底，应用自动化生产线生产射孔弹900余万发，实现涉爆压装作业机械化替代率100%，作业模式由传统"两人操作一机"向"一人监控多机"转变。

【测试取心技术研发】 2021年，中油测井开展地层测试器优化集成研究、采集处理及解释分析软件开发、配套工具和资料完善及新一代地层测试器技术方案研究。重写采集处理软件，改进100余项，增加单探测器命令链、单探测器调试窗口、错误数据过滤、仪器防落、泵抽活塞防卡、智能图文日志等功能，优化液压动力消息控制机制，有效提高自动化、实用性和稳定性。完成注油短节研制和组装，能够便捷地进行抽真空、过滤及注油，提高液压油的洁净度。优化平衡阀盖、探针嘴等零部件，提高现场适用性。在华北、大庆完成6口井现场试验，取得4条压力恢复曲线和1个地层流体样品。优化型模块式动态地层测试器能够进行地层压力测试、光谱分析和流体取样，常用模块包括电源、液压动力、单探测器、光谱分析、多取样、双封隔器、泵抽排模块，其他模块包括常规取样模块、双封隔模块、注油短节、转换短节等。测试器耐温175℃，耐压140兆帕，外径120毫米（最大137毫米），应变压力计精度±20磅力/英寸^2，石英压力计精度±4磅力/英寸^2，预测试体积为10—40毫升，油水识别准确率100%，泵抽克服最大压差28兆帕，多取样瓶体积3个，每个500毫升。

开展大颗粒井壁取心器性能优化研究和采集处理软件开发，完成整体高温设计及液压系统效率提升，形成高温电缆大直径井壁取心仪器样机1支及地面系统1套。通过整体高温高压设计、高温电机控制驱动研究、通讯抗干扰研究、液压动力系统研究和取心钻头及驱动机构等研究，实现仪器在温度200℃、140兆帕环境下稳定可靠工作。掌握电机高温直流电机驱动控制技术、实现恒转速控制，提高电机在井下工作可靠性、降低卡钻概率。掌握复杂地层取心适应性技术，通过恒钻压控制大大提高钻头稳定性。完成相关配套软件开发，实现采集软件可视化，减少操作工作量，采集数据可追溯。全年在华北油田完成3次商业井测试，合计取心27颗，合格数25颗，合格率92.5%，应用效果良好。取心器耐温200℃，耐压140兆帕，连续工作4小时，适用井眼7-19英寸，岩心尺寸管径38毫米×63毫米，储心50颗，地面模拟取心200次以上，成功率90%以上。

（唐爱武）

【光纤测井系统研发】 2021年，中油测井光纤监测技术取得重大进展。经过持续攻关，突破拉曼散射与瑞利散射小信号高速采集与噪声信号处理技术，解决DTS温度数据随机波动大的技术难题，成功研制分布式光纤测温系统DTS和分布式光纤声波监测系统DAS。完成裸光纤投放装置、井口防喷释放装置、低功耗DTS设备及太阳能供电采集系统等辅助工具研制，初步实现分布式光纤与传感器组合测井。光纤监测技术在玉门油田、辽河油田、塔里木油田共完成5井次测试任务，取得合格资料。5月，在玉门油田庙B207H井，采用光电复合缆，利用牵引器输送工艺，首次完成分布式光纤自喷水平井产出剖面DTS测井施工，测井资料显示DTS测量数据能够较好地分辨出低产液井各层的产液情况，测量结果优于电子仪器。6月，在辽河油田曙2-010-8井，利用光电复合缆进行光纤与电子仪器组合测井，测井结果显示光纤测井与电子仪器测量结果基本一致，验证光纤产液剖面测井的可行性。8月，在塔里木油田轮深2井，利用万米光缆完成6230米井深分布式光纤测井现场试验，创中油测井光纤测井最深纪录，验证自主研发设备能够实现超深井测量。10月，在辽河油田双23井完成储气库井分布式光纤DAS/DTS找漏测井，是在储气库井筒完整性监测首次应用。利用DTS测量温度特征和DAS震动反应，相互约束，准确确定井筒漏点深度以及漏失量的相对大小。12月，在曙3-08-5注水井首次开展分布式裸光纤投放测井技术带压试验，是国内首次采用裸光纤带压作业，完成长达17天的分布式光纤远程长效监测，测量结果显示长效监测能够更好地反映井筒各层注入量的变化动态。分布式光纤监测系统，能够进行全井筒井温、声波及振动监测，通过解释评价实现注采剖面、井筒完整性监测，尤其适合全井筒长效监测。此外，通过分布式光纤与常规测井仪组合测井仪，可同时完成常规生产井测井与光纤测井，测井信息更多，解释结论更准确。

【核心技术研发】 2021年，中油测井开展200℃主控芯片、低速采集芯片、中速采集芯片、高速采集芯片研制。4月，通过电路优化、芯片内合理布局布线、FPGA时序优化及高温环境安装工艺升级，实现中速采集芯片和高速采集芯片定型，芯片最高工作温度提升到200℃，在优化定型过程中，形成芯片加工的高效验证模式，缩减芯片加工过程中验证周期40%以上。高速采集平台、中速采集平台测井芯片分别在岩性密度、数字声波仪器上通过200℃工作环境下连续工作4小时试验，性能指标达到设计要求。高速采集平台测井芯片可满足放射性、核磁类仪器系列10万～10兆赫频率范围内信号测量需求，中速采集平台测井芯片可满足声波、感应等仪器系列1万—10万赫兹频率范围内信号精确测量需求。8月，第一批低速采集芯片样片试制成功。低速采集平台测井芯片可满足侧向类、井间电磁、地井电磁等0—100000赫兹频率范围内信号精准测量需求。测井芯片系列自投产应用以来，在各仪器应用50余片。

175℃/200小时高性能中子管研制，通过电磁场仿真、束流轨迹和束靶反应模拟，开展中子管高效离子源、离子光路、自成靶等关键技术研究，攻克小空间高温强电场真空器件的材料和工艺难题。6月，通过模拟仿真、结构优化、材料优选和工艺改进，解决长时间高温环境下作业离子源绝缘变差和真空度下降等难题，成功研制175℃/500小时/直径25毫米及175℃/200小时/直径40毫米两种型号高性能中子管，产额分别为1亿中子/秒和3亿中子/秒，并形成中子管设计验证试验平台和中子管高温性能检测平台设计方案。11月，175℃/500小时/直径25毫米高性能中子管样管寿命测试超过100小时，通过500小时寿命实验的第一个测评结点。2021年底，形成直径30毫米、直径25毫米两个型号高性能测井中子管，其中直径30毫米中子管，中子产额大于3亿中子/秒，最高工作温度175℃，寿命时长超过100小时，生产6只，推广应用6只；直径25毫米中子管，中子产额大于1亿中子/秒，最高工作温度175℃，寿命时长超过200小时，生产8只，推广应用4只。

高性能声波测井换能器研制完成205℃声波测井换能器3种压电陶瓷材料组分设计及配方验证。开展提高极化温度验证材料的极化效果研究，对205℃压电陶瓷极化工艺进行改进。开展物理冲击、化学脱脂等表面处理技术以及胶粘剂在高温—常温强度的非线性研究。增强高温条件下的压电陶瓷与金属的整体胶合，完成205℃声波测井换能器耐高温黏接工艺研究，形成205℃声波测井换能器样机。在中国船舶海鹰企业集团有限责任公司的消声水池中完成205℃声波测井换能器样机的水声测试，测试参数达到设计指标要求。175℃声波测井换能器产品，单极发射换能器在8000—20000赫兹带宽内发射响应均大于120分贝；偶极发射换能器在2000—6000万赫兹带宽内发射响应均大于100分贝；指向性好；多极接收换能器最大接收灵敏度达到-204分贝；3帕声压能够产生0.2毫伏的电压信号。205℃声波测井换能器，单极发射换能器在8000—20000赫兹带宽内发射响应均大于105分贝；偶极发射换能器在2000—6000赫兹带宽内发射响应均大于95分贝；指向性好；多极接收换能器最大接收灵敏度达到-204分贝。

（屈凡　万磊）

系统研发

【概述】 2021年，中油测井以建设数字中国石油测井为目标，推进数字化转型，整合研发资源，开展岩石物理平台、统一研发平台、数字制造平台、智能采集平台、测井大数据平台、智能解释平台、管理运营平台七大数字平台研究建设，打造电缆测井、存储测井、随钻测井和射孔高效研发平台。

（万磊）

【公共技术平台开发】 2021年，中油测井梳理技术研发中的共性研发技术和流程，以标准化、流程化形式，对项目研发的数字化设计、分析、仿真、检测、验证、试验等固化形成统一研发平台。公共技术平台开发列入中油测井十大项目之一，开展项目立项调研与可行性方案设计。项目研发任务以结构化设计，采取"平台+项目"矩阵式运行模式，规范统一研发标准流程、统一采集控制平台、统一设计开发工具、统一测试试验平台、统一机电接口及流转数据标准、统一产品工艺文件、统一成果格式，形成研发技术积累、资源和知识共享的公共技术平台。

公共技术平台开发项目研发计划实现跨单位、跨行业、跨学科、跨地域共享利用科技资源。平台从基础研究、电路设计、机械设计、软件开发、工程化等方面按专业特点标准化设计，基础研究突出创新，共性技术注重标准化、流程化与技术积累迭代。通过梳理项目研发中形成的共性技术，以数字化、标准化、流程化形式固化沉淀于统一研发平台，以便迭代与复用。所有项目依托平台运行，项目研发任务采用结构化设计，以适应"平台+项目"矩阵式运行模式。根据项目的技术成熟度，依托平台开展技术迭代或集中资源攻关研发，提高研发效率。

（黄光宇　范宇翔）

【测井综合应用平台研发】 2021年，中油测井瞄准数字中国测井"十四五"目标，围绕采集、处理、解释、评价业务发展，坚持"标准先行、接口统一、应用互通、生态共建"原则，提升标准化数据服务能力，推动数据采集、处理等智能化软件系统研发，构建测井软件生态圈，初步建成基于微服务的技术架构。测井综合应用平台包括测井处理解释软件、测井大数据平台、随钻与导向系统软件。开发LEAD4.0海外版，满足伊拉克解释成果提交的特殊性需求，提升软件国际化能力。测井大数据平台启动全部历史数据入库，目标是在2年内，完成业务范围内测井数据入库，测井大数据平台数据总量达到50万口井，成为全球最大测井专业数据平台。4月，测井大数据智能应用生态系统项目，开展测井大数据平台研发，发布《测井大数据平台规范》。7月，各油气田分公司开始配合中油测井进行统一规范的中国石油测井数据库录入工作。随钻地质导向软件研究围绕有利层段预测、地层分层建模及DTB边界探测反演等一系列基础方法，开发多井对比、地层分层建模、三维可视化、构造分析及工程安全分析等模块。12月，依托集团公司工程重大专项（二期）项目，通过研发集成相结合，形成LogSteer随钻成像测井地质导向软件。

（范宇翔）

【测井远程控制及实时传输系统研究】 2021年，中油测井为确保远程测井作业的安全和数据完整，自主研发控制权协同调度技术，可进行多测井主控安全协同，提升系统应对紧急突发情况的处理能力；开展测井采集、控制自动化和智能化研究，将井下仪器和地面电源的联合控制，一键完成指令下发、供电、开合仪器臂、到位识别、停止供电的全推靠操作过程，提升自动化程度。利用语音识别和合成技术，增加语音提示和预警功能，为测井作业全过程提供风险预警。对长庆、大庆等4个分公司13支队伍开展远程测井技术升级工作，开展远程测井163井次。针对野外数据传输网络信号不稳定情况，采用KCP全新远程传输控制协议，提升远程监控流畅性和操作实时性，保证采集数据的完整性。为配套CPLog测井装备，整合测井采集软件，统一采集软件平台，实现业务应用集成，形成高速、高可靠的智能远程采集软件系统，服务于海内外测井市场。开展CPLog智能远程采集软件系统研发与应用项目研究，技术中心联合长庆、华北、吉林等分公司，开展CPLog统一采集软件研发、远程测井作业系统开发、智能采集模块研究、现场测试及软件优化。

（宫 璇 屈 凡）

基础研究

【概述】 2021年，中油测井打造"平台+项目"管理机制，院士工作站挂牌运行，筹建博士后创新基地。荔参1井测井试验基地建设项目前期立项进展顺利。制定创新基金管理办法支撑重点实验室基金项目研发。举办中国石油测井科技创新大会，发布CPLog、CIFLog系列标准。构建中国石油测井CNLC品牌框架体系，CPLog多维高精度成像测井系统亮相国家"十三五"科技创新成就展。

（万 磊）

【测井理论基础研究】 2021年，中油测井依托承担集团公司项目"非均质复杂储层新技术新方法研究"的子课题"页岩油岩石物理实验与测井特征研究"，形成页岩地层组分定量计算方法和微观孔隙结构精细表征方法，取得的成果可直观准确描述页岩地层特征，计算储层组分，精确评价页岩不同类型孔隙度，准确描述页岩储层孔隙结构，评价页岩储层品质；形成匹配产出机理的页岩油可动性实验评价技术、基于物模与数模的页岩油含油性评价技术、基于GA-CM最优化方法的地层组分计算方法及一套有利层段测井响应特征库，通过页岩油储层赋存状态和油水运移规律的数值模拟研究，分析表面性质对页岩油可动性的影响规律，揭示页岩油赋存、渗流规律；形成测井数值模拟平台LogLIP，挂接在测井大数据平台上，可实现包括侧向测井、感应测井、宽频介电测井、声波测井、核测井、核磁共振、岩石物理、随钻、过套管电阻率测井等主要仪器的全数字仿真模拟功能，具备复杂地层测井响应分析、仪器结构参数设计优化和环境影响校正等研究能力，累计完成8种高端成像仪器环境校正库及响应模型计算和国家"十三五"重大专项多维高精度测井系列方法研究工作。在声波理论基础研究方面，开展声波测井数值模拟技术研究，分析声波测井环境影响因素，形成一套地层径向声速剖面成像反演方法。在电法理论基础研究方面，开发通用三维正演数值模拟软件，突破亚毫米级网格与百米级网格剖分融合技术，形成近井眼三维电性体反演成像和裂缝延展度定量表征方法。宽频介电测井数值模拟软件已应用到仪器设计及数据处理中，主要包括天线设计、天线阵列布局、单通道增益设计等数据处理，实现原始幅度相位测量信号与地层介电常数、地层电阻率等物理参数的转换。核测井数值模拟使用蒙特卡罗数值模拟方法形成仪器的数值处理方法，主要包括基于加权直接解调法的可控源地层元素解谱方法和基于多组耦合场理论的可控源密度高精度计算技术。

【物理模拟研究】 2021年，中油测井为CPLog测井装备的研制和推广提供测试验证环境，支撑多项国家、集团公司、中油测井项目的研发，持续开展物理模拟研究。声速标准装置及其余配件通过验收并投入使用。核磁物理模拟与刻度系统为探测器研制、核磁共振测井仪MRT检测、样机测试和刻度、偏心核磁iMRT探测器性能检测及流体识别实验，提供测试环境。

（宫璇　屈凡）

【测井技术标准研究】 2021年，中油测井围绕建设世界一流企业目标、打造测井品牌战略。建设统一的CPLog测井和CIFLog两大标准体系，全面实现技术、装备和管理的统一，提高设备利用率和全员劳动生产率。CPLog测井系统接入规范方面，编制统一的地面系统及井下仪器系统接入规范，用于指导外部接入测井装备在机械、电气、软件、协议等技术方面符合CPLog测井系统的统一要求，保证外部接入装备在CPLog测井系统应用环境下的兼容性与可靠性。CIFLog测井大数据平台接入规范方面，编制测井大数据平台接入规范，使用户在测井大数据平台的数据访问、数据通讯和数据可视化展示等方面统一规范、安全有效。CPLog测井技术研发标准方面，开展科研项目的共性关键核心技术、制造技术与工艺、研发数据资料分析、数字仿真、机械电路设计、软件开发、检测、验证、试验等研发过程标准的研究，起草编写标准，规范研发与设计标准。2021年列入中油测井十大科技项目重点研究内容之一，开展项目立项调研与可行性方案设计，完成CPLog测井技术研发标准顶层设计，从技术研发、制造、检验检测、技术产品、现场服务应用等分类分层级全面梳理标准体系清单。

（黄光宇　熊焱春）

【测井重点实验室建设】 2021年，集团公司测井重点实验室采用主实验室＋分实验室的运行模式。主实验室设在中油测井，分实验室包括测井新理论与新方法研究室、电化学测井研究室、油气藏动态监测方法研究室、光纤传感器测井研究室、测井信息处理与解释评价研究室、工程测井技术研究实验室。推进加入低渗透油气田勘探开发国家工程实验室，将测井重点实验室纳入国家工程中心实验室，名称暂定为地球物理实验室，等待低渗透油气田勘探开发国家工程实验室正式批准。申报陕西省非均质储层测井重点实验室，完成申报材料，等待陕西省现场核查。测井重点实验室制定《运行基金管理办法》，围绕数值模拟、数据处理、探测器等方面，支撑10项重点实验室基金项目研发。基金项目范围延伸至各分实验室，实现开放、联合、创新研发。加强测井重点实验室运行管理，提高仪器设备利用率。

【测井技术试验基地建设】 2021年，中油测井推进荔参1井高温试验基地建设，加强平台运行管理，提高试验基地运行效率。筹备建设集团公司测井装备的试验、刻度、实操和培训一体化综合型试验培训基地。包括高温高压试验场地、半空间刻度装置及无感检验台场地、无感加温木板房场地和实训井场4个试验场地，4个建筑物及室外配套设施。

（陈玉林）

装备制造

- 总述
- 市场开发
- 技术服务
- 综合应用
- 技术研发
- 装备制造
- 生产保障
- 信息化建设
- 质量健康安全环保与节能
- 企业管理与监督
- 党建、思想政治工作与企业文化建设
- 荣誉录
- 机构与人物
- 所属二级单位概览
- 大事记
- 统计数据
- 附录

制造基础

【概述】 2021年，中油测井加快生产线建设，促进产能提升。制造单位有制造公司、四川石油射孔器材有限责任公司，具备年产30套CPLog快速与成像测井装备、10套FELWD随钻测井系统、20套旋转导向组装、30套随钻系统平台、30套生产测井装备、200套测井工艺工具，200万发射孔弹、44万米射孔枪和10万件接头，180套钻井参数监测仪、120套井场和测井车视频监控系统的能力，主要机械加工设备204台，机械加工能力45.3万工时。制造公司有机械加工设备103台，包括5轴加工中心3台，4轴加工中心8台，数控车床44台，建成测井装备自动化加工线、自动化焊接线、射孔枪自动化加工线、射孔弹自动化加工线等4条自动化生产线，自动化焊接生产线配备波峰焊和回流焊设备，实现包括贴片元件（SMT）焊接、插件元件选择性波峰焊等焊接工艺，具备完成多层电路板、球型器件等高精度器件的焊接和检测的能力，焊接效率提升50%，焊接合格率由过去手工焊接86%提升到100%。

2021年6月，中油测井自动贴片机设备在产业化工房完成自动贴片（张轶英 提供）

中油测井有20余条机电产品、信息化产品的组装、调校线，涵盖机加工全业务链，具备产品机电一体化设计与仿真、信息化开发与集成能力，建有一套完善的调校、工艺及检验制造标准体系。开展装备制造信息化、自动化、智能化建设，开发3D打印、测井芯片、自动化线等先进制造技术，推动测井制造产业升级，迈向智能制造。

2021年7月，中油测井3D打印机设备在产业化工房自动打印仪器极板（张轶英 提供）

建成生产测井仪器及工艺工具压力试验室、拉力试验室、元器件检测试验室、物化性能检测试验室及温度试验室，形成完善的生产测井装备制造原材料及产成品检验测试能力。在天津制造厂启动射孔枪自动化生产线建设，在西安制造厂建设机械加工二期自动化生产线。

【自动化生产线建设】 2021年，中油测井机械加工自动化生产线新增FITS-57存储仪器、随钻UPA、小直径一串测等3类产品生产能力，完成29种仪器、345种6140件零件加工，优品率99.6%，效率提升2.37倍。自动化焊接生产线配备波峰焊和回流焊设备，包括贴片元件（SMT）焊接、插件元件选择性波峰焊等焊接工艺，能够完成多层电路板、球型器件等高精度器件的焊接和检测，焊接效率提升50%，焊接合格率由过去手工焊接时的86%提升到100%。西南分公司射孔器材有限公司建成自动压罩、压装、射孔弹标识、射孔弹药型罩检测、炸药称装等一体化作业，生产效率提高30%，完成射孔弹180万发。天津制造厂启动射孔枪自动化生产线建设，西安制造厂建设机械加工二期自动化生产线。截至2021年底，初步完成械加工二期自动化生产线和天津制造厂射孔枪自动化生产线建设，进入生产线调试阶段。研制成功国内首个射孔弹传爆孔自动封贴装置，实现Cu-Pb复合粉末、弹药型罩不烧结等技术应用，桥塞射孔联作2.0技术进入现场应用。

（王　鲁）

【3D打印技术】 2021年，中油测井优化3D打印工艺，批量打印20支岩密探头、100块极板，质量与效率明显提高，小批量试制完成随钻电阻率天线罩3D打印；利用送粉打印技术开展外壳断面增长与修复技术攻关，实现棒料到管料加工方式转变；探索攻克极板原位破损修复技术、岩密探头硬质合金防磨层打印技术等工艺难题，提高易破损部位耐磨强度，延长零部件使用寿命，缩短制造维修周期。3D打印制造技术形成从超精细结构到超大尺寸金属设计与打印能力，加工效率提高2.3倍。先后完成3件岩密探头外壳超大金属结构体、8种48件复杂曲面结构UPA涡轮和26块微扫极板的批量打印。

【测井芯片车间】 2021年，中油测井测井芯片车间解决微焊盘裸芯引线键合、非均匀介质面引线键合、高温环境下导电胶流动位移等技术难题，掌握超高温、高精密的点胶、固化、键合、封焊等4道核心封装工艺技术，开发4种测井芯片平台并在200℃测井仪器中小批量应用，初步形成高温厚膜电路封测制造和检修能力，制造成本减少15%。

【制造全流程数字化】 2021年，中油测井搭建数字化制造平台，将信息化建设与自动化生产线、先进制造技术相结合，促进智能化提档升级，加速推动智能制造。建设装备制造信息化项目，搭建完成测井装备全生命周期管理系统，产品数据管理PDM系统、制造执行MES系统、智能仓储WMS系统、仪器运维MRO系统4个子系统互联互通，并与ERP系统、EISS智能支持系统、AP/TP系统和自动化生产线全面集成，初步实现公司产品设计、工艺、制造、仓储、销售、运维服务一体化全生命周期管理。优化测井装备全生命周期管理系统项目，在测井技术研究院、制造公司、物资装备公司推广应用。将管理流程、生产线建设及设备保全TPM融入信息化系统，基本实现制造全流程数字化管理。仪器信息化项目在长庆区域70块信息化调制解调板完成升级更换，为测井装备全生命周期管理提供可追溯数据支撑。

（王易敏）

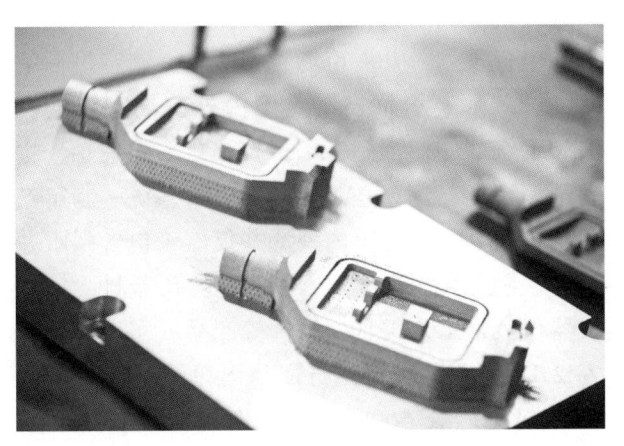

2021年5月14日，制造公司应用3D打印技术制造超大尺寸金属测井仪器极板（雷蕾 提供）

制造产品

【概述】 2021年，中油测井贯彻《中国制造2025》部署，以高质量测井装备为核心，以工业化、信息化融合为抓手，实施全流程精益制造，构建以智能制造为特征的大制造格局，推动制造服务转型，引领国内测井装备制造业务做强做大做优。截至2021年底，智能制造完成初步布局，先进制造初步形成产能。制造各类仪器652台（套/支）、射孔弹180万发、射孔枪50.63万米。

【装备产品】 2021年,中油测井装备制造主要以自主品牌CPLog产品为主体,包括测井装备、工具、射孔器材、仪表类产品返厂大修和备附件制造,以及产品外销,承揽中油测井科研样机及小批量试制、外部产品制造等业务。取得多项核心制造产品,建立高速采集测井芯片封测工艺。由技术中心独立封装的第一片测井芯片——核测井高温采集测井芯片(初样)制造成功。截至2021年底,应用自动化测井芯片组装生产线,实现测井公司自主封装测井芯片零突破,对射孔枪制造装备SLCF-X15X32型激光切割机进行同理改造,弹架切割质量和效率得到提升。注产测控系列推出双探头存储式压力计DPSG32299,采用双压力探头和主备电池供电,两组独立的压力测量回路,压力检测更加准确;主备电池增加热切换功能,延长测井时间。测量数据存储容量达到50万组数据,比常规压力计增加1.5倍,采用低功耗电路设计,工作电流小于2毫安,比常规压力计降低6倍。全年双探头压力计DPSG32299制造30支。

3月25日,中油测井多维高精度成像测井新产品在中国石油测井科技创新大会上,以云视频形式发布。面对复杂的地质条件和井筒环境,聚焦重点领域,依托国家、集团等重大科技专项,发挥研发、制造、服务、应用一体化优势,升级技术、装备和软件,打造高温高压多维高精度成像测井、随钻测导一体化、桥射联作和复杂储层测井评价等技术系列,成功研制出具有完全自主知识产权的标志性大型CPLog测井成套装备达到国际先进水平,测井精度更高、探测范围更广、作业更高效。以储量产量为目标,自主科技创新,研发的三维感应、远探声波等测井仪器新产品,实现阵列成像向多维成像的跨越式发展,清晰显现深达数千米的地下油气层图像,成为解决复杂油气评价的利器。其中,电成像测井创8882米的超深井测井纪录,远探测声波成像测井实现井旁80米以上有效探测。三维感应能够解决砂泥岩薄互层、砂砾岩、火山岩储层评价难题,偏心核磁能够解决及非常规储层孔隙结构评价和流体识别难题,远探测声波能够有效发现隐蔽性油气藏,为油气田重大发现和中国石油增储上产提供有力的技术支撑。

【产品管理】 2021年,中油测井强化产品管理,提升产品质量。严控新产品小批量试制转产业化鉴定环节,综合审查产品制造生产工艺、工装与产品测试设备等各种技术资料的完整性,现场试验区域和施工井口量、取得测井曲线质量,仪器稳定性、可靠性、可制造性,对于特殊产品还增设一项可维修性。完成FITS-57存储式测井仪、3DIT6531三维感应成像测井仪、MRT6911多频核磁共振测井仪、MCI6575微电阻率成像测井仪、MESS4603多级电子选发开关等5种新产品小批量试制转产业化制造产品鉴定,成功转入产业化制造。修订完善制造技术标准,在工(器)具设计技术规范的基础上,制定《测井作业工器具配套规范》,修订《CPLog生产测井综合集成系统》等36项企业标准。

【产品销售】 2021年,中油测井强化营销管理,促进外销收入增长,研究分析国内外市场,制定产品销售规划,开展市场营销活动,制定投标策略,合规履行合同,满足国内外市场客户的需求。围绕"一切都是为了多打粮食"的理念,主动开拓市场、建章立制、精准施策,统一制定产品销售规划,销售国内外测井仪器(包含裸眼井测井、随钻测井、生产测井)、射孔器材、钻井仪器仪表、工艺工具、软件等产品。实现外销收入2.41亿元,射孔器材产品出口快速增长,射孔弹同比增长500%,射孔枪同比增长160%,产品出口产值突破1亿元,创历史新高。射孔产品销售至中国石油、中国石化、中国海油和陕西延长石油(集团)有限责任公司等国内各大市场,以及美国、英国、伊朗、土库曼斯坦、尼日利亚、委内瑞拉、伊拉克、印度尼西亚和澳大利亚等37个国家。测井装备仪器获俄罗斯市场2022年CPLog成像仪器1500万元采购意向,为开拓国外市场奠定基础。

(王易敏)

制造管理

【概述】 2021年，中油测井整合7个单位电缆测井、随钻测井、生产测井、射孔、钻井等相关的装备、器材、仪表和工具制造业务，成立制造公司，负责产业化制造。装备制造业务以建设"国内第一、世界一流"测井装备制造中心为目标，以工业化、信息化融合为抓手，实施全流程精益制造，探索制造发展方式转变，开发3D打印、测井芯片、自动化线等先进制造技术，提高工业化制造质量和效率，推动测井制造产业升级，构建以智能制造为特征的大制造格局。

【精益管理】 2021年，中油测井深入推进精益管理，系统提升整体水平。从优化工艺流程、作业标准化、生产计划管理、制品管理、"6S"管理、目视化管理、班组管理等方面持续推进，系统提升。射孔弹传爆孔自动封贴装置在同任务量（1万发/日）下实现减员5人，达到降本增效的效果。自主研发的智慧检修装置已完成5类仪器、12种电路板的自动检测装置的开发和小批量生产，为电路板焊接标准化检测和仪修快速诊断故障搭建快速检测平台。开展随钻仪器自制部件替代升级，全面推广自制的WPR电路和钻井液导流套、居中伽马一体化探头，有效压控制造维保成本。通过工艺技术研究，完成进口电成像极板、感应线圈系等关键核心器件的自主化制造。

【制造业务改革】 2021年，中油测井整合制造资源，以工业化、信息化融合为抓手，推进制造创新，构建以智能制造为特征的大制造格局。围绕整体优势发挥不足而制约业务发展、影响质量效益提升的突出问题，从业务发展实际出发，理顺职能定位，创新体制机制，激发制造活力，达到资源共享、提升制造效率、提高经济效益、促进持续发展。7月，测井公司整合7个单位电缆测井、随钻测井、生产测井、射孔、钻井等相关装备、器材、仪表和工具制造业务，成立制造公司，负责产业化制造，具备产品机电一体化设计与仿真、信息化开发与集成的能力，建有一套完善的调校、工艺及检验的制造标准体系。制造单位有制造公司、四川石油射孔器材有限责任公司。四川石油射孔器材有限责任公司具备射孔弹、射孔枪及配套工具制造能力，制造公司天津制造厂具备射孔枪及配套工具制造能力。重庆仪器厂有钻井仪器仪表产品生产线和信息化系列产品生产线，具有钻井井场智能作业数字化产品、工业物联网与安全管控信息化产品的制造能力。强化工厂管理精益化、工艺技术及智能制造、第三方质量监督及出厂检验、市场营销、科技成果转化，与公司集中采购、仓储配送、维保、科研转化等环节紧密衔接，实现制造过程的精益化、标准化、自动化、信息化制造工厂集中专业化管理。推动制造产业转型升级，形成制造+服务新模式。

【制度建设】 2021年，中油测井持续优化完善质量管理体系，加强特色检测技术研究，强化工艺标准化、检验规范化。梳理完善《增材制造后处理工艺规范》《常用标准件选用规范》《非金属增材制造加工工艺规范》《可溶球座加工工艺规范》《微扫极板体粘接装配工艺规范》《测井仪器关键零部件打标规范》等规范，夯实装备制造信息化建设基础。

【"十四五"装备制造规划】 2021年，中油测井贯彻《中国制造2025》，以推动智能制造为主攻方向，加快自动化生产、智能制造建设，实施全流程精益制造，促进服务型制造转型，打造高质量测井成套装备，引领国内测井装备制造业务发展，制定《"十四五"装备制造发展规划》。到2025年，智能制造工厂基本建成，核心技术系列装备规模化制造，实现制造产值20亿元，外销收入5亿元。

规划分4个部分：一是整合制造资源，加强专业化管理，补齐制造业务短板，加快机加工自动化产线，射孔枪、射孔器材自动化产线，工具工艺生产线建设，扩充完善焊接自动化产线，加快推进全自动升级改造，建设智能制造工厂，提升制造能力。二是加快核心技术自主制造，建设完善测井芯片制造车间、自动化机械加工车间、中子管车间、核磁探头、声波换能器等传感器制造车间。加速测井芯片、中子管、核磁探头、声波换能器等传感器的产业化制造及3D打印技术批量应用，持续提升制造竞争力。三是做好制造服务转型，完善测井装备全生命周期管理系统，实现设计、制造、仓储与运维的全业务链、全产品链的数据互联互通，打造自动化制造、智能化服务新模式。加强三级维保基础管理，借助装备全生命周期信息系统平台，实现维保标准化及智能化，技术支持远程化，实现装备全生命周期管理。四是创新管理模式，深化精益制造管理，建立统一测井仪器、射孔器材制造工艺规范和流程标准，优化产品制造组织方式，优化完善制造管理模式，稳步推进制造业务改革，建立完善制造考核激励机制，激发制造人员精雕细琢，使产品变精品、精品变口碑；广泛开展合作交流，采取联合开发等多种方式探索制造合作业务，提升智能导向制造水平及产能，加快推进制造业务精益化、高端化。

（王易敏）

生产保障

- 总述
- 市场开发
- 技术服务
- 综合应用
- 技术研发
- 装备制造
- **生产保障**
- 信息化建设
- 质量健康安全环保与节能
- 企业管理与监督
- 党建、思想政治工作与企业文化建设
- 荣誉录
- 机构与人物
- 所属二级单位概览
- 大事记
- 统计数据
- 附录

装备管理

【概述】 2021年，中油测井装备管理提质增效取得明显效果。实现装备资源集中共享管理；在装备管理业务关键环节加强精益管理，夯实装备管理制度标准基础，加快自主CPLog装备推广应用，推进测井装备统一标准化建设，装备管理业务"十四五"稳健起步、取得良好开局。

【装备管理标准规范】 2021年，中油测井完善标准规程，规范装备管理。制定《测井作业工器具配套规范》，规定测井作业工器具的配套原则、分类、配套方案及管理要求。制定《测井仪器三级维保体系管理规范》，规范测井仪器、工器具及检验检测设备的使用、保养、维修操作。修订《FITS过钻具测井仪器配套规范》，更改仪器外径参数、型号信息等内容，规定FITS过钻具测井仪器按照不同作业需求配套的原则、构成和依据。发布FITS测井仪器维保操作规程26项，规定FITS测井仪器维保要求、维保流程和质量控制要求；发布35项成套装备操作手册，规范在用35种成套装备的操作方法和流程。

【装备统一标准化】 2021年，中油测井完成测井装备统一标准化研究。对标国际油服公司装备管理先进经验，锚定装备管理高效率、高效益目标，编制完成电缆测井装备、生产测井装备、射孔装备、随钻测井装备统一标准化方案。计划"十四五"期间，扩大自主CPLog成套装备应用规模，推进测井装备系列从多样向统一化发展。

【CPLog装备推广】 2021年，中油测井在国内外同步推进CPLog装备应用。协调CPLog 175℃/20小时系列共32支井下仪器及6项配套附件，为CPLog装备出国服务尼日尔项目做好准备。汇聚研发、制造和现场服务力量，成立专项推广工作组，在国内油田推广应用175℃/20小时系列仪器，现场试验72井次，解决现场问题49项，推进CPLog 175℃/20小时测井仪器现场应用。协调推广应用三维感应、iMRT偏心核磁、宽动态/高压电成像、FITS存储式、随钻伽马成像、随钻电阻率成像等高端测井仪器成效显著，进一步提升生产服务保障能力。

【装备效益管理】 2021年，中油测井以装备全生命周期管理为主线，落实"四精"（精心规划、精致建设、精细管理、精美呈现）工作要求，实现装备流程关键环节精准发力、精益管控。

精益装备配置，及时调整完成测井、射孔、随钻装备58套，大幅提升成套装备利用率，全年成套装备综合利用率105.30%，保障长庆苏里格、川渝页岩气、江苏储气库等重点区域生产运行。以CPLog、ThruBit、FITS-57等装备验收为主线，加速装备验收，建立问题反馈处置长效机制，投产时间同比缩短25%。新装备的规模化应用，提升复杂井、水平井测井保障能力。强化重点测井装备协调共享力度，加强装备协调，理清国际业务装备双向保障机制，实现国内国外装备共享"双循环"。

2021年完成装备协调142批次1332支（串），保障永探1井、兴华5井、林探1井等重点井施工；完成跨国装备调剂13批次，国外装备利用率同比提升12%；提升重点装备利用率，同比提升2.87%；推行三级维保制度流程，规范装备维修，促进装备由"故障维修"向"预防维修""精准维修"转变。强化仪器维保集约化管理，建立高端仪器维保项目组，仪器一次下井成功率同比提升1.2%，维保周期平均缩短2时/支。

推行装备维保"贴身服务"，在广汉、大庆旋导维保中心和租赁防喷装置维保点维保效率持续提升；随钻旋转导向仪器深层故障率控制方面，较最高时降低42%，总体故障率下降10%。根据中油测井装备现状及市场服务需求，严控装备租赁，制定装备租赁计划，高效配套租赁装备保障生产，全年装备租赁费用同比压减21.2%。加快装备资产轻量化步伐，组织报废23批次3000余项仪器装备；对报废装备，实行拆件利用、纪念留展、乡村振兴等处置。

加速淘汰年久老化、技术落后装备，为物资装备公司轻装上阵打好基础。推广新技术、新材料、新工艺、新设备应用，推广固井质量刻度装置18套，实现井筒固井质量的准确测量评价；在水平井推广存储式测井、爬行器工艺技术，实现水平井平均提速30%以上；开展液压坐封工具、RCB/RCD仪器实验对比，为大规模应用起到前引作用。

【测井仪器运维系统建设】 2021年，中油测井推广应用测井仪器运维系统（MRO），实现关联现场使用、仪器维保、故障调查的仪器全生命周期线，提升仪器维保保障能力和仪器可靠工作时间。在长庆分公司、西南分公司、制造公司、物资装备公司4家单位开展试点应用，实施三级维保流程信息化，提高维保效率20%—30%，推进仪器维保管理向专业化、数字化、智能化转型发展。

【装备业务检查】 2021年，中油测井组织完成装备管理两级检查和集团公司装备管理检查迎检工作。推动落实装备管理"四个主体"（操作主体、组织主体、指导主体、监管主体）责任，整改销项596项装备检查发现问题，完善装备管理薄弱环节。选树表彰集团公司、中油技服装备管理先进集体5个、先进基地队（站）17个、先进个人25名，以典型示范引领深化装备管理。

【装备"四化"项目管理】 2021年，中油测井推进中油技服装备标准化、自动化、专业化、信息化项目管理工作，定型两种规格插拔式快速井口装置，完成120井次试验，作业时效提升0.4小时/段；推广应用插拔式井口快连装置9套，井口拆装时间由原来20—25分钟缩减至2—4分钟，井口拆装及桥射联作管串换装整体时效提升62%，105兆帕插拔式井口快速连接装置完成400余段桥射联作施工，成功率100%。开展国产底盘车辆现场试验、"三合一"测试车、新型危货工程车技术升级工作，强化科学顶层设计，成立工作专班，畅通问题解决途径，推动公司车辆配置向减重、减车、降油耗目标迈进，减少射孔、试井施工车辆使用成本33%以上；完成国产底盘测井车辆投入13台，降低投资成本20%—30%；开展"清洁用能替代"，推广应用智能电驱绞车，实现"操作+绞车"人员单岗作业，智能化控制时间占比大于80%，节省人员1—2人。

【装备业务改革】 2021年，中油测井对标国际测井公司，按照"资源集约化、高效化、管理精益化、扁平化"改革思路，编制装备资源整合改革方案，推进装备管理业务改革。依托物资装备公司，打造中油测井装备业务专业化、市场化、一体化管理架构和运行体系。完成仪器资源划转及ERP系统调整工作，划转各类测井装备35010支（台/套）。开展装备实物清查工作，摸清家底，提升装备管理。

【制度建设】 2021年，中油测井明确装备全生命周期管理界面和流程，11月12日，印发《中国石油集团测井有限公司装备管理办法（试行）》，明确中油测井装备管理范围和测井重点装备，提出装备管理、提质增效及改革效益释放的思路和措施，提高装备管理效率、效益，保障生产经营有序运行。2021年中油测井装备管理范围和重点装备目录见表1、表2。

表1　2021年中油测井公司装备管理范围表

序号	装备大类	范围
1	完井测井装备	用于油气井投产前测井的装备，包括裸眼井、取心、三样变密度测井等装备。
2	生产测井装备	用于油气井生产过程中的测井装备。
3	射孔装备	完成井眼预定层位开孔作业的装备。
4	随钻测控装备	用于随钻地质导向，实时获取地层信息的测井装备。
5	录井装备	用于实时收集井筒信息、钻井信息的装备。
6	仪修及检定装备	仪修及仪修附属装备、仪器刻度装备、仪表及仪表检定装备、电缆测试检定装备、张力校准检定系统、计量装备、计量标准化装备、电缆标定装置等。

续表

序号	装备大类	范　围
7	工艺工具装备	测井施工现场配套工器具、解卡打捞工具、防喷装置（器）、井控装备、爬行器、水平井工具等装备。
8	放射源	用于生产的放射源（伽马刻度源、伽马能谱刻度源、伽马能谱稳谱源、中子测井源、中子校验源、密度测井源、密度校验源、密度谱刻度源、密度稳谱源、流体密度测井源、水泥密度测井源、持气率测井源、同位素贴片、实验室源、射线装置等）。
9	解释信息装备	用于解释评价工作所需的装备。
10	办公设备	办公室处理文件、会议运行设备。
11	科研制造装备	用于科研的装备，仪器制造相关的装备。
12	安全设备	包括监控设备（如放射源监控、GPS及监控、消防、防盗等）、安全防护设备（如放射性防护服、放射性防护装置等）、安全监测设备（如气体检测仪、放射性探测/检测仪等）、救援逃生设备（如逃生呼吸器等）、放射源火工品危化品存储设备（含移动存储库）等。
13	特种设备	锅炉、压力容器、压力管道、电梯、起重机械等特种设备。
14	基地设施设备	用于保障基地生产、生活使用的设施设备。
15	车辆	包括一体化测井车、测井工程车、测井源车、一体化试井车、爆破器材运输车、汽车起重机、随车起重运输车、货车、客车、越野车、轿车、测井拖橇、连续油管作业车、试井工程车等。

表2　2021年中油测井重点装备目录

序号	分类	项　目	主要型号
1	完井测井	核磁	MRIL-P、MRIL-XL、MRT6910等
2	完井测井	电成像	FMI、STAR-HD、XRMI、WBMI、MCI6575、MCI6573等
3	完井测井	感应成像	3DIT6531等
4	完井测井	阵列侧向	1249XA、HAL6505、HRLT等
5	完井测井	阵列声波	1678MC等
6	完井测井	声波扫描	Sonic Scanner
7	完井测井	地层元素	GEM、FEM6461、ECS、FLEX
8	完井测井	LOGIQ高温高压小井眼	HOSTILE
9	完井测井	存储装备	ThruBit、Compact等
10	生产测井	Sondex系列	FDR、FDI、CTF、ILS、CFBM、PGR等
11	生产测井	MAPS系列	RAT、CAT、SAT、MIT034、MIT027、MTT、RBT003、RBT004
12	生产测井	WELLSUN系列	MCT08、MCT28、SBT、RBT12、RBT10
13	生产测井	电磁探伤	MID-K
14	生产测井	水泥胶结	SGDT-100、CM8-12
15	生产测井	宽能域氯能谱	SNGK-SH、SNGK-CH
16	生产测井	PNN	PNN-COMM、PNN-DUAL-GR、PNN-DN、PNN-GEN
17	生产测井	储层分析仪	RAS
18	生产测井	井间微地震	JDB30等
19	生产测井	光纤陀螺测斜	GXTL-I
20	射孔取心	井壁取心	FCT-2、ESCT等
21	随钻测井	旋转导向	SLB高温、RGSS2230、G3、GT4等
22	随钻测井	随钻成像	GIT等

强化车辆管理，规范车辆验收使用，提升车辆改装质量，控制车辆维修保养成本，制定《车辆管理规定》征集意见稿。规范车载数据中心设备管理，保障行车监控、生产监控和资料传输，制定《车载数据中心设备管理规定》征集意见稿。

（廖远兴）

物资采购与供应

【概述】 2021年，中油测井加强生产资料的采购、仓储及供应等采购计划、物资组织和管控工作。落实改革三年行动实施方案工作部署，整合物资采购资源，以需求导向、质量优先、集中统一和协同高效的物资集中采购运行机制，推进物资集中采购改革。通过集中资源优势，开展集中采购，集中储备，全力保障生产运行。

【物资采购管理】 2021年，中油测井强化物资采购管理，推进集中采购改革工作。在管理体制方面，围绕"两个分离平台"建设，建立由物资装备处统一管理，采购中心整体实施集中采购的管办分离平台；建立采购中心实施招标选商定价，物资装备公司负责合同签订、到货验收、仓储配送等业务的采办分离平台。在业务职能方面，物资装备处对招标采购业务进行监督、检查和审核；采购中心业务独立运行，负责物资、服务类等集中采购的招标选商定价工作；物资装备公司依据选商定价采购结果签订合同，组织物资到货验收及保供。在物资管理方面，按照"人随业务走"原则，整合各二级单位物资计划、采购与仓储配送人员，实物存货与仓储设施等整体划转至物资装备公司，负责二级单位物资保障工作。以物资需求计划为基础，发挥规模优势，实施物资集中采购，保证生产物资供应。通过规模化标准化采购，推进物资集中采购，全面完成年度归口业务考核指标。中油测井存货压降综合完成率151.7%；物资两级集中采购度99.73%，平均库存周转22.92次。全年完成投资类设备采购49项，完成投资4.09亿元，总中标金额3.64亿元，节约投资4518.22万元，资金节约率11.05%。材料类物资集中采购项目由2020年21项增加至160项，增长661.90%，采购金额7.35亿元，节约金额6403.15万元，资金节约率8.71%。服务类集中采购项目由2020年的14项增加至165项，增长1078.57%，采购金额15.34亿元，节约金额4567.26万元。按照集团公司物资管理相关要求，与兄弟单位对标物资采购管理体制、机制、供应商、物资质量、仓储物流5个方面的物资采购管理工作。

【商务管理】 2021年，中油测井依据集团公司工程和物装管理部《关于做好2020年集团公司物资供应商考核评价工作的通知》，开展代理商、贸易商压减工作。压减70家代理商、贸易商，压减率30.4%。优化压减二级物资供应商511家，其中，代理商26家，贸易商137家，制造商348家。印发《关于加强新增物资编码管理工作的通知》，按专人专岗加强物资编码审核和编制工作，完成物料编码申请流程两级审批设置。

（杨育民）

【物资仓储管理】 2021年，推进国际公司重组，中油测井与长城钻探物资管理部对接，完成物资实物盘点工作，加强和完善物资仓储管理。落实集团公司"零库存"要求，降低库存资金占用，持续推动代储代销工作。维护代储代销目录，继续扩大代储代销品种。根据内部改革确定的管办分离、采办分离管理模式，指导存货划转工作，理顺内部交易流程。

（和 俏）

【物资仓储信息化应用】 2021年，中油测井依据机构调整后的组织架构，变更ERP2.0系统，9月30日正式运行。开展智能仓储信息系统二期建设，开发单品质量追溯、手机App查询等功能，提升仓储精细化管理水平。

【制度建设】 2021年，中油测井根据集团公司

《中国石油天然气集团有限公司物资供应管理规定》及相关配套办法，物资采购管理工作以保障服务、创造价值为主线，坚持"合规、质量、效率、效益"理念，对标同行企业，修订《物资供应商管理办法》《物资供应仓储物流管理办法》《物资供应管理规定》和《物资采购管理办法》共4个管理办法，进一步规范公司物资采购供应链资源管理、物资采购、物流仓储管理等方面内容，推动公司物资采购和供应工作管理创新，实现工程物资招标业务一体化统筹，资源合理配置和价值最大化提供制度保障。

（杨育民）

招标管理

【概述】 2021年，中油测井持续规范招标业务，所有招标业务均委托招标专业机构实施，不再开展自行招标。工程、物资和服务类项目总体招标率78.61%，明确应招限额以下项目原则上通过公告邀请竞争性谈判或询价的竞争性采购方式选商，率先按照集团公司推行的应招限额以下项目竞争性采购率进行考核，全年限额以下项目竞争性采购率70.68%。

【招标项目管理】 2021年，中油测井首次在招标管理制度中增设章节，明确开展覆盖全部支出类项目的招标项目计划管理，强化招标项目的规划性和计划性。业务管理部门负责需求立项和同质同类项目的合并，招标管理部门负责对招标项目分类汇总，明确集中招标范围，制订实施计划。建立以年度计划为主、月度和应急计划适当补充的招标计划管理运行模式。

【评审专家管理】 2021年6—7月，中油测井为加强评审专家管理，强化招标评审专家队伍建设，提升专家履职能力和评标业务水平，完成在库公司级招标评审专家培训考核工作，通过培训考核，净化34.6%的在库评审专家。同时规定，自2021年起新入库招标评审专家均需通过考核后方可入库，保证中油测井在库评审专家队伍质量。

【招标管理信息化应用】 2021年，中油测井借助协同办公平台，全新搭建了招标管理模块，招标业务的各类审批事项全部固化进信息化系统管理。招标管理所有的招标方案、招标结果、可不招标事项申报、可不招标结果、招标评审专家指定、项目终止等各类审批事项均在招标管理信息化系统中进行操作，同时，该系统具备合同签约情况填报和异议投诉处理情况填报功能，减轻基层工作量，提升审批效率，其中招标方案审批平均提速44%，非招标项目审批平均提速86%。

【制度建设】 2021年，中油测井依据《中国石油天然气集团有限公司招标管理规定》，修订《招标管理办法》，明确把应招限额工程类项目提升至400万元，物资类项目提升至200万元，服务类项目提升至100万元。建立招标项目技术、商务、合规3项协同审查机制，规范集中招标形式，细化业务考核内容，为招标管理工作提供制度保障。

（王新云）

信息化建设

总　述
市场开发
技术服务
综合应用
技术研发
装备制造
生产保障
信息化建设
质量健康安全环保与节能
企业管理与监督
党建、思想政治工作与企业文化建设
荣誉录
机构与人物
所属二级单位概览
大事记
统计数据
附　录

数字化平台建设与应用

【概述】 2021年，中油测井全面推广统建系统建设与应用工作，围绕研发、制造、服务、应用、生产运营等方面，构建测井特色业务场景，加快数字化转型，智能化发展，完成协同平台、装备制造信息化、EISS、远程测井、ERP等9个信息系统的建设、完善和推广应用（表1）。

表1 2021年中油测井信息系统建设情况一览表

序号	名称	备注
1	统一研发平台项目综合管理平台	阶段完成
2	测井装备全生命周期管理系统	阶段完成
3	测井生产智能支持系统（EISS系统）	阶段完成
4	协同办公平台	阶段完成
5	企业资源计划系统（ERP）	阶段完成
6	远程测井系统	阶段完成
7	测井大数据平台	阶段完成
8	测井专业软件云平台	阶段完成
9	无纸化会议系统	阶段完成

【研发平台】 2021年，中油测井开展统一研发平台项目综合管理平台建设，围绕打造世界一流CPLog测井装备目标，构建统一研发数字化平台，完成科技管理系统平台调研与顶层设计；搭建公司级科研项目全生命周期管理系统，基于研发资源整合后"平台+项目"的管理模式，搭建包括异地办公、多人同时办公、矩阵式项目管理等交互式项目运行系统，实现项目成果资料的自动存储、查询、分析、共享；打造具有测井特色的车载岩心实验室，实现岩石物理实验现场快速测量、高效共享，完成车载岩心实验室建设方案。

【制造平台】 2021年，中油测井全面落实"改革深化年"系列部署推进"装备制造"工程，推动落实物资采购和仪器装备资源整合，实现统一管理；开展测井装备全生命周期管理系统建设，测试完成产品数据管理系统（PDM）、制造执行系统（MES）、智能仓储系统（WMS）和仪器运维系统（MRO）4个系统的数据互联互通，持续与集团统建ERP、A7、A12等系统集成，初步实现数据在产品生命周期内各环节的流转和共享应用。9月3日测井装备生命周期管理二期建设上线运行，PDM录入记录4952条；通过MES下达派工单49536个，完成工序报工4648次；MRO完成72种仪器维修BOM的搭建，编制32种仪器维保工艺文件，录入刻度、故障、维修等各类记录2193条。

（刘 蕾）

【服务平台】 2021年，中油测井全面推进远程测井示范应用及队伍建设工作，通过连通"井场—数据中心—基地"的远程测井工作环境，实现测量参数自适应、测井质量智能分析与校正、风险自动判识与处理，实现"千里"之外测井作业远程操控和数据实时采集。全年EISS系统登录58

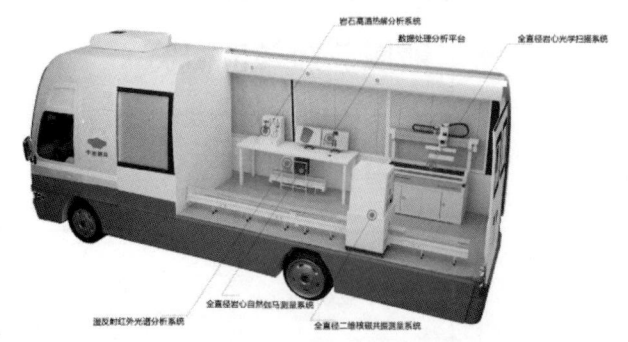

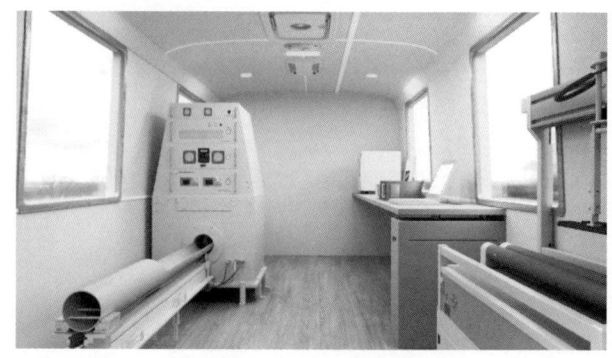

2021年，中油测井建成车载岩心实验室功能示意图及内景（冯显飞 提供）

万余人次，完成8万余井次作业信息自动流转，实时监控5138枚密封源、161座放射源库，收录设备台账数据近7.2万条、危害因素辨识2万余条，生成85万余张检查表。

（代明忠）

【应用平台】 2021年，中油测井发布测井大数据平台规范V1.0，统一数据接入规范，畅通数据通道，为建立集测井、录井、岩石物理、地质等多源数据一体化的分布式数据库系统，为打通装备研发、井场采集、岩心建模和处理解释与数据库系统的流转通道奠定基础。建设测井专业软件云平台，利用测井云端环境，实现Techlog、Petrel、Eclipse等专业软件集中共享和云化应用，减少重复购置，提高软件利用率。

【管理运营】 2021年，中油测井推进经营及综合类系统建设。1月4日，集生产、安全、资源、市场于一体，贯穿生产经营各管理要素测井生产智能支持系统（EISS）正式上线运行。7月13日，测井协同办公平台上线试运行，开展典型场景协同办公应用示范。系统涵盖常规业务审批流程32项，实现各类工作督办电子化，完成与中油即时通信、无纸化会议系统信息集成。7月21日，按照中油测井深化改革部署总体安排，启动ERP系统变更项目，完成与组织机构设置等主数据、财务核算、接口程序、用户权限等9项业务调整，9月20日新系统正式上线，截至2021年底处理订单近10万条。持续推进国际业务信息化整合工作。整合完成统建系统国际业务工作，开展海外工程作业系统迁移，确定海外物资管理系统整合实施方案，启动公司英文网站建设，开展"智慧测井蓝图"系统方案设计等。

（刘 蕾）

基础设施建设

【概述】 2021年，中油测井加强信息化基础设施建设，提升信息基础设施保障能力，提高网络安全管控水平，新增和割接网络节点16个，基础网络带宽4900兆，接入节点51个，终端计算机近1.3万个。增加视频会议室，保障各级会议正常运行。

（白 辰）

【网络建设】 2021年，中油测井实施测井广域网3.0项目建设，启动局域网改进项目，更新配套设施及陈旧设备56台（套），建设完成云计算中心移动机柜扩容及5G核心设施建设。改进提速部分主、备用链路，优化3个节点网络架构。成立项目经理部，由安全副总监牵头，实施集团公司北斗导航能源安全生产综合系统试点，开展北斗项目终端应用测试、方案论证工作。总体技术方案以危险品全过程监控、行车安全监控、应急通信等应用为重点，完成北斗终端应用需求计划上报。

（刘 蕾）

【云平台建设】 2021年，中油测井基础设施云平台全年新承载19台云主机，为82台云主机提供安全可靠、规范高效的支撑服务。围绕数据湖等数字化转型项目承载需求，进一步开展云平台总体方案设计，初步形成新一代测井云平台建设总体方案。在数据湖建设方面，启动编制测井数据湖建设方案，试点运行测井数据湖，制定统一数据录入规范，按照测井数据采集时间从新到老的原则在长庆分公司试点，开展入库工作，其他单位同步开展数据基础资料整理工作。截至2021年底，完成历史数据库入库治理11万余口井。

（钮 顺）

【数据中心建设】 2021年，中油测井数据中心作为集团公司西安区域网络中心辅助机房和网络中心节点，承载长庆石化、内蒙古销售等12家单位的网络接入及互联网访问业务。为满足中油测井数字化转型智能化发展需求，编制数据中心建设方案，支撑公司数据存储、信息系统部署管控，内外网业务安全高效接入。

（白 辰）

【视频会议系统】 2021年，中油测井持续开展无纸化办公，完善视频会议系统。7月12日，科研楼17楼会议室启用无纸化会议系统。扩展测井视频会议平台功能，扩展覆盖会议、培训、巡检及海外交流等视频会议云化场景。新增5个视频会议会场，累计支持保障集团公司和公司各类视频会议364次，会议数量同比增长34%，会议时长约1600小时，保障10万人参会。

（代明忠）

信息化管理

【概述】 2021年，中油测井以建设"数字中国石油测井"为目标，以对标世界一流，实现高质量发展为主线，将数字技术融入市场、研发、制造、采集、解释、安全、经营、党建全业务链。以实现各项业务有效统一管控，提升研发系统化，制造智能化，服务远程化，应用价值化，运营一体化水平为目标，编制完成信息化"十四五"规划，全面推广统建系统深化应用工作，构建测井特色业务场景，提升信息基础设施保障能力，提高网络安全管控水平，完善信息化管理体系，提升信息化管理和服务水平，加快数字化转型，智能化发展，为生产经营提质提效提供有力保障。

2021年，中油测井贯彻落实集团公司数字化转型战略部署，推进信息建设工程，深化信息技术与公司研发、制造、服务、应用、管理等全业务链结合。聚焦前端采集、中端管控、后端应用，构建统一的测井数据湖和云平台，开展岩石物理平台、统一研发平台、数字制造平台、智能采集平台、测井数据平台、智能解释平台、管理运营平台"七大数字平台"建设。全面推广A7、A12、ERP、FMIS、HR、合同管理、档案管理等统建系统深化应用工作。按照"5327"（围绕五类场景，聚集三条主线，筑牢两个基础，打造七大平台）工程建设方案，推进首批数字化转型项目建设。加强数据治理和系统融合，构建统一的测井数据湖和云平台，持续推进测井广域网3.0项目建设提升信息基础设施保障能力。配合完成集团公司网络安全域相关项目实施，加强中油测井网络安全管理工作，提高网络安全管控水平。完善信息化管理体系，实现流程优化、协同共享、效率提升信息化管理。

（刘蕾）

【信息安全建设】 2021年，中油测井落实集团公司信息安全建设工作部署，完成集团公司网络安全域3.0项目建设。部署网络边界安全防护设备，实现与态势感知平台联动，提升网络智能及安全能力。及时处置各级各类网络安全通报；开展网络安全宣传周活动；完成"护网2021"行动及"建党一百周年""十四运"重要节假日网络安全保障等专项工作。

【信息系统应急保障】 2021年，中油测井推进信息系统应急保障工作，落实集团公司工作要求，先后参加工程技术ERP系统应急演练，集团公司广域网、网络安全应急演练。组织中油测井网络安全、视频会议等应急演练，有效保障信息系统平稳运行和业务的连续性。

（钮顺）

【信息化管理与服务】 2021年，中油测井加强信息化管理与服务工作。开展年度网络安全和数据中心检查工作，审核所属单位信息化项目技术方案，推进项目建设科学化、合规化。开展在用软件合规管理工作，调研软件合规应用需求，普及全员对软件合规应用的认识，推进软件正版化工作。开展办公自动化系统、门户网站、CNPC邮件系统、集团AD域、VPN系统运维管理。完成门户网站敏感信息筛查清理工作，删除敏感信息1809条、修改信息24条。解决各类信息化运维事件近1.4万个，提升各项信息系统运维管理水平。

（白辰）

【信息化体系建设】 2021年，中油测井推进数字化转型、智能化发展。召开数字化转型推进会，成立以公司主要领导任组长的数字化转型领导小组、以分管领导任组长的5个专项推进组，加强信息化管理，推进信息化建设和应用。制定拟启动"十四五"数字化转型项目（一期）列表（表2）。

根据集团公司《信息化管理办法》、集团公司油田技术服务有限公司《信息化管理办法》等规章制度，修订中油测井《信息化管理办法》；为适应网络发展趋势，规范公司计算机网络运行管理，保障网络安全可靠运行，制定《计算机网络运行管理办法》；为规范和加强公司信息基础设施云平台应用管理，保障所承载的各类信息系统能够持续安全可靠运行，确保资源合理分配及有效利用，制定《基础设施云平台管理办法（试行）》；为规范视频会议运行，根据集团公司油田技术服务有限公司《视频会议管理办法（试行）》，结合实际，制定《视频会议管理办法（试行）》；为规范中油测井网络安全管理，保障信息网络安全，根据《中华人民共和国网络安全法》《网络安全等级保护条例》等法律法规、集团公司《网络安全管理办法》《信息化管理办法》等规章制度，制定《网络安全管理办法》，完善信息化管理体制机制，建立云平台、网络运行、网络安全等信息化工作管理体系。

【"十四五"信息化规划】 2021年，中油测井编制发布《信息化"十四五"规划》。到2025年，初步建成"数字中国石油测井"，基础网络高速畅通，数据资源集成共享，系统运行安全高效，业务管理智能协同，国内国际融合一体。在研发、制造、服务、应用、管理运营等主要业务领域打造智能制造、设备全生命周期管理、测井远程作业、大数据智能解释、企业智慧运营驾驶舱等10个典型场景。实现科技研发能力、核心资产创效能力、单队作战能力、QHSEE运行管控能力、全员劳动生产率等方面提升。编制发布《数字化转型总体实施方案》。实施"5327"工程，使数字

表2　中油测井"十四五"数字化转型拟启动项目（一期）一览表

序号	类别	项目名称	主要内容	牵头部门
1	企业经营管理	协同办公系统	协同办公平台及无纸化会议	评价信息处
2		测井ERP集成系统	测井ERP应用集成系统变更实施	评价信息处
3	技术研发与安全管控	统一研发平台	统一研发平台	科技处
4		安全生产配套项目建设	重点场地智能AI监控识别	质量安全环保处
5		协同办公系统	公司标准化管理系统	质量安全环保处
6	基础设施与大数据平台	大数据平台	大数据平台	科技处
7		探井测井专家支持系统	探井测井专家支持系统	评价信息处
8		智能解释平台	智能解释平台	评价信息处
9		测井数据湖建设	测井数据湖建设	评价信息处
10		桌面云及视频会议提升	公司视频会议室改造	评价信息处
11	海外业务管理	管理运营平台	CNLC品牌运营配套支持信息系统	评价信息处
12		安全生产配套项目建设	海外生产运营系统配套建设	评价信息处
13		广域网3.0及5G应用	海外信息化基础设施建设	评价信息处
14	生产运行与物装保障	管理运营平台	国际业务海外物资管理系统	物资装备处
15		数字化制造平台	数字化制造平台	物资装备处
16		测井生产智能支持系统	测井生产智能支持系统（EISS）二期	市场生产处
17		智能采集平台	远程测井项目建设	市场生产处

技术与测井业务深度融合。构建从研发、制造、服务、应用、管理运营5个方向推进数字化应用场景建设。聚焦推进以仪器装备研发制造全生命周期管理、生产作业远程操控全程管控、测井数据勘探开发地质工程一体化应用为主线的业务流程转型。筑牢"两个基础"，建设测井数据湖、测井云平台，为数字化提供高效数据及一体化服务支撑。打造建设测井岩石物理实验平台、统一研发平台、数字化制造平台、智能采集平台、测井大数据平台、智能解释平台、管理运营平台等七个数字平台。应用系统云化率100%，专业软件云化率80%以上，数据统一入库率100%。建立数字测井平台，提高测井装备研发效率。围绕打造世界一流CPLog测井装备目标，构建数值模拟测井研发平台、机电仿真平台、通用电路设计平台、刻度标定平台和标准井试验平台，形成满足仪器真实环境条件一体化仿真与仪器智能优化设计的数字化设计体系，CPLog装备研发、制造效率提高30%以上。集成整合制造信息系统，实现装备全生命周期管理。实现与ERP、车载数据中心、制造工艺文件及检验检测报告AP/TP、自动化生产线、测井生产智能支持系统等深度集成；通过"产品数字孪生""生产数字孪生"和"运营数字孪生"进行全价值链数据整合。建造网络化测井系统，实现智能远程测井。制定统一的软硬件标准，形成CPLog/网络化测井系统，构建"井场—数据中心—基地"远程测井系统环境，实现测量参数自适应、测井质量智能分析与校正、风险自动判识与处理，逐步实现智能远程测井。安全生产监控网络覆盖率100%，作业队网络覆盖率98%以上，远程测井服务覆盖率50%以上，测井施工作业全要素全过程实时监控覆盖率100%。构建大数据生态系统，实现智能解释评价。统一测井数据存储、交换、应用标准，构建中油测井大数据平台，形成标准化数据服务能力，推动数据采集、处理、应用智能化软件系统研发，建成以CIFLog测井大数据平台为基础的数据服务能力，测井解释评价实现网络化、协同化、智能化。基于机器学习、深度学习等人工智能方法，开展解释评价自动化、智能化方法研究。深度挖掘数据，有效利用数据资源价值。构建智能分析决策体系，提升管理运营效率。整合信息资源，推动业务流程创新。形成满足各级管理者需求的统一管理运营工作环境，实现功能灵活的数据集成及交互，深化数据应用，实现数据挖掘、多维分析、智能决策等业务处理，构建全局、全面、融合、共享的运营、管理、决策分析体系。生产管理流程线上化率100%，经营管理流程线上化率95%以上，主要业务系统的重要信息推送及时率达到相关规定要求，协同办公等日常业务全面实现移动化。

（刘　蕾）

质量健康安全环保与节能

QHSE 体系管理

【概述】 2021年，中油测井以QHSE管理体系建设为主线，持续完善QHSE管理制度，落实全员质量健康安全环保责任，强化风险管控和隐患排查治理，扎实开展体系审核和评审，规范体系有效运行。

【QHSE 责任制】 2021年，中油测井规范员工行为，加强各管理层面职责，根据本部部门分工和职责调整，编印《中国石油集团测井有限公司机关QHSE管理职责规定》，明确公司领导和本部部门的QHSE管理职责。开展新任二级正职干部安全生产述职工作，组织41名干部安全述职。按照新《安全生产法》"全员责任制"要求，与"三基"工作有机融合，规范区域、属地单位和岗位人员QHSE责任，形成"一岗一清单"1.2万个，实现质量健康安全环保责任全覆盖。

【QHSE 体系审核】 2021年，中油测井配合完成集团公司一年2次、5个阶段的体系审核，发现整改问题459项。以"专项检查+全要素审核"内审的方式，分两个阶段完成全年审核计划。6月，开展专项检查，重点关注6项工作落实，检查井筒质量、道路交通安全、放射性物品、民爆物品、现场（吊装）作业等重大风险防控、夏季"八防"措施落实情况及管理短板。10月，结合新冠肺炎疫情防控要求，采取分级审核、专家督导和第三方等审核方式，实现本部部门、二级单位、基层单位全覆盖审核，同时覆盖国际测井项目，发现整改问题1477项。横向对标国际一流企业，主动邀请挪威船级社（DNV）开展认证审核和对标提升，发现整改问题点及观察项88项，完成认证证书换证，持续保持管理体系的有效性。

【QHSE 体系管理评审】 2021年，中油测井总结、分析和评价QHSE及社会安全管理体系运行、实施、保持情况，所属单位、本部部门围绕QHSE运行指标、职责落实情况等进行有效性分析，形成管理评审输入材料，编制《中国石油集团测井有限公司2021年度QHSE管理体系暨国际业务社会安全管理体系运行报告》。召开管理评审会议，评审QHSE方针目标、运行现状、机构职责、资源配置、改进机会的适宜性、充分性和有效性，会议指出2021年中油测井通过组织机构优化调整及资源整合，配套完善体系文件，更有利于QHSE管理，公司QHSE管理体系运行与现有管理水平相适应，提出6点工作要求。会后形成《QHSE体系管理评审报告》，针对体系持续改进提出10项建议，纳入2022年各业务管理重点工作内容。

（张馨月）

质量与计量

【概述】 2021年，中油测井围绕"诚实守信、精益求精"的质量方针，完善质量管理制度流程，开展质量培训教育，推进计量设备设施配套，持续推进油气水井质量三年集中整治行动，持续开展群众性质量活动，实现全年一般及以上质量事故为零。

（赵喜亮）

【质量培训】 2021年，中油测井以全面落实质量精益管理制度开展培训教育，组织开展质量管理培训班和计量管理培训班，提升相关人员专业管理水平。组织开展以"深入实施质量提升行动，大力推进质量强国建设"为主题的质量月活动，组织培训教育活动312场次，参加人数7648人次，组织参加全面质量管理答题，参与人数7839人。

（刘君华）

【井筒质量】 2021年，中油测井围绕油气水井质量三年集中整治方案，梳理总结井筒质量测井技术适用条件及其优劣势，汇总制定38项井筒施工及检测质量考核指标，制定50项具体行动措施，指导和督促各单位质量整治工作，年度任务完成率96%。参与集团公司井筒质量分析讨论会8次，配合调取固井质量解释成果1300余口，参加固井质量申诉井复核2次，对138口井复议并提出专业意见，保障集团公司专项整治行动顺利实施。推广应用扇区水泥胶结—水泥密度组合测井等井筒质量检测新技术628井次，解决传统方法评价结果不确定等问题。

（赵喜亮）

【计量管理】 2021年，中油测井提升测井仪器的可靠性和准确性，保持测井计量的先进性，在天津分公司基地新建6口具有加温加压功能的固井质量标准井群，在测井计量站后村基地新建2口声波标准井，为长庆、西南等分公司购置安装10台水泥胶结刻度装置、2套感应刻度装置。测井计量站完成专用计量试验1250井次、计量器具送检及现场检测服务1527台（套）。完成自然伽马和中子孔隙度2项行业最高标准装置资质复审，研制成功国内首套可控源氚—氚量值传递仪器。

（刘君华）

【群众性质量活动】 2021年，中油测井开展质量改进、质量攻关、质量提升等群众性质量管理活动，提高岗位人员的业务水平和质量管控能力，开展QC小组活动354个，形成258项成果，其中18项获省部级及以上优秀成果，4个班组获省级"质量信得过班组"称号，解决了制造、现场作业、解释评价质量难题。

（赵喜亮）

健康管理

【概述】 2021年，中油测井健康管理持续完善"大卫生、大健康"的工作格局，坚持把员工生命安全和身体健康放在第一位，推进健康企业创建，着力提升员工健康管理水平和保障能力，不断完善员工健康管理，严防新冠肺炎疫情风险。

【员工健康管理】 2021年，中油测井成立健康服务中心，设置专职健康管理岗位，建设健康小屋20个，完成8353名40岁以上员工心脑血管疾病专项筛查体检，完成11115人的常规健康体检，建立体检档案1.8万份。全面排查境外员工基础病情况，对45名基础病人员实时监测，督导健康改进。依托专业医疗机构，对境外人员提供评估健康状况和远程健康咨询指导，开展远程诊疗3人次。

【职业健康管理】 2021年，中油测井推进员工职业健康管理工作。完成4027名接害人员基础信息更新及99个职业病危害因素检测点检测工作，职业病危害因素检测率100%；职业健康体检率100%，跟踪73名体检结果异常员工，12名复查异常员工得到妥善安置。

【疫情防控】 2021年，中油测井按照集团公司和属地政府的新冠肺炎疫情防控要求，组织召开新冠肺炎疫情防控工作领导小组会议15次，先后6次修订《新型冠状病毒感染肺炎疫情防控工作方案》《新型冠状病毒感染肺炎疫情防控指导手册》和《本部基地疫情防控操作手册》，修订《新型冠状病毒感染肺炎疫情应急预案》，开展应急演练40余场次。全年完成核酸检测33000余人次，疫苗接种超过12000人次。利用海外当地资源和"春苗行动"，完成境外在岗中方员工疫苗接种率100%，及时更新补充防疫物资，通过航空携带、当地采购补充、与兄弟单位共享等方式，确保国内、境外项目防疫物资均可满足90天防疫的需要。

（邢 军）

安全生产

【概述】 2021年，中油测井以习近平总书记关于安全生产重要论述为指引，贯彻落实集团公司、中油技服关于新冠肺炎疫情防控和质量健康安全环保节能工作部署要求，忠诚履行"服务油气、保障钻探"责任使命，坚持全员、全过程、全天候、全方位的原则，落实查思想、查管理、查技术、查纪律的要求，追求零缺陷、零伤害、零污染、零事故、零浪费的目标，以体系运行为主线，以双重预防为核心，以井筒质量和安全生产两个三年专项整治行动为抓手，落实"十个加强"和"五个转变"工作要求，疫情防控和质量健康安全环保节能各项工作平稳有序运行，完成全年质量健康安全环保节能工作目标，公司获集团公司2021年度"质量健康安全环保节能先进企业"称号。

（姜 乔）

【安全教育培训】 2021年，中油测井加强员工安全教育培训工作。建立驾驶员、井口工、作业队长等关键岗位的能力模型；编制井口工、作业队长岗位指导书，安全生产三项纪律、QHSE责任制及岗位安全操作考核清单，"四必知"应急处置卡；开展放射源安装拆卸必会、防御性驾驶必会、民爆物品使用必会、正确吊装仪器及测井辅助设备必会、应急处置及现场急救CPR必会、作业过程中正确站位必会、气体检测仪使用必会、个人劳动保护装备PPE正确使用必会、正压呼吸器使用必会和防爆技能必会（可燃气体、粉尘）现场作业队10项HSE技能"十必会"培训评估；编制《测井监督指南》《防御性驾驶手册》《井口工操作手册》和124个QHSE培训课件。采取线上线下的方式，强化对生产、技术、设备等关键岗位人员的HSE培训。组织实施安全管理人员资格取证等QHSE培训班17个，参训4765人，参与集团公司安全总监培训等21个QHSE培训班，选送参加培训人员78人。

（王永刚）

【重点风险防控】 2021年，中油测井以安全生产专项整治三年行动为契机，围绕放射性物品、车辆交通、民爆物品管理，开展风险防控与隐患治理。依据国标升级更新环保型智能源罐558个，送贮放射源76枚，检测放射源778枚，改造非亲磁性放射源13枚，应用防源掉落源杆272套。组织177名防御性驾驶内训师开展防御性驾驶培训，驾驶员成绩优良率提高28%。增加200套行车主动预警系统，优化在线监控软件，主动预警疲劳驾驶、车道偏离、超速等危险驾驶行为，提升本质安全能力。建设射孔弹自动化装配及打包机器人生产线，自主研制射孔弹自动化封贴编码一体机，实现射孔弹涂底部封口胶、上压爆丝、开箱、装箱、封箱、包装箱检测、码垛等工序全自动化；在西南分公司运行民爆物品信息化管理系统，全程在线监管民爆物品储存、出库、使用和退库。针对特殊敏感时期风险管控，编制《关于做好"七一"特殊敏感时段和改革调整期生产经营安全稳定升级管理工作的通知》和升级管理项目清单，强化重点风险防控管理。

（姜 乔）

【安全监督检查】 2021年，中油测井整合长庆质量安全监督分中心和所属单位监督站，成立质量安全监督中心，实现测井业务全产业链"异体监督"。全年开展现场监督检查7613井次，检查作业队6782队次，检查科研制造、测井应用及后勤辅助班组1500次，视频监控检查13812井次。检查放射源库455次、民爆品库376次、其他重点要害部位2238次，抽查绞车"黑匣子"数据1210井次、放射源装卸过程实时现场监督491井次、放射源装卸视频回放监督2418井次、抽查测井原始资料1299口井，发现问题15933项，全部整改完成。

（张 利）

【安全隐患治理】 2021年，中油测井全面排查各类隐患5763项，投入资金17243万元，治理隐患220项。修订《安全生产经费管理办法》，进一步理顺安全生产费用投入渠道，将单位计提额度的20%留给单位自行支配，用于"急、险、小"隐患项目治理，提高隐患治理的时效性和灵活性。

【事故事件管理】 2021年，中油测井发生各类事件609起。发生交通事故2起，均为次要责任，分别是吐哈"3·14"重大交通事故和天津"12·7"一般交通事故。发生涉源仪器工程事故5起，其中1起责任性工程事故。及时开展事故调查通报，分享事故过程和教训，警示教育作业人员。

（姜 乔）

环境与节能

【概述】 2021年，中油测井持续推行环境与节能体系管理，落实国家和集团公司要求，以污染防治、温室气体排放和节能节水为工作主线，实现一般C级以上突发环境事件和环境违法违规事件为零，全面完成集团公司污染物控制指标和节能节水指标。

【污染防治】 2021年，中油测井按照集团公司《关于进一步加强危险废物监管工作的通知》要求，进一步健全危险废物管控、过程跟踪、末端监管机制，按照"产生单位填报、各单位审核、公司监管"的原则，对固体废物产排环节进行全过程信息化管控，对固体废物产排环节进行全过程管控，产生一般固体废物347吨，产生危险废物105.765吨，固体废物合规处置率100%。长庆、西南、天津和塔里木分公司和生产服务中心等生活源锅炉使用单位，依法进行排污许可登记。策划组织排查生态环境隐患，建立生态环境隐患清单，配置污水处理设施13套、危废暂存库25个、生产测井车载污水回注系统31套，治理生态环境隐患17项。

【温室气体排放】 2021年，中油测井按照集团公司《关于加强温室气体排放管控工作的指导意见》要求，结合不同地区车辆测井作业与道路运输时间比例，建立科学统计方法，将作业现场发电产生的污染物，与集团公司不纳入统计的道路交通运输产生的污染物进行区分，准确统计废气污染物。移动源产生废气污染物二氧化硫0.05吨、氮氧化物188.19吨，分别占比中油技服公司下达2021年废气污染物二氧化硫控制量的10%、氮氧化物控制量的47.05%，完成中油技服公司下达的废气年度控制指标。

【环境保护宣传与培训】 2021年，中油测井在"6·5"世界环境日期间，开展世界环境日宣传活动，邀请环保专家将法律法规、节能减排、绿色出行、垃圾分类等生态环境保护专业知识送到基层一线，开展环境保护宣传教育活动，印发辐射防护知识、辐射事故案例分析、公民生态环境行为规范等学习资料，组织世界环境日知识答题等，增强全员环保意识，引导员工从思想上重视环保，从行动上支持环保。

（周子剑）

【节能节水管理】 2021年，中油测井利用节能宣传周和全国低碳日活动，宣传"节能低碳，创新增效"节能方针，开展节能培训67场次，组织节能减排知识答题88场次。推广硬电缆、爬行器、存储式、一串测等新技术代替常规电缆测井，推广应用桥射联作智能泵送技术工艺，利用电缆高效输送、多级点火、一次性桥塞工具、专用压裂射孔器、插拔式快速井口等工艺、工具和装置的优化升级，累计节约作业时间12750小时，节能129.99吨标准煤，节水240立方米。

（刘君华）

标准化工作

【概述】 2021年,中油测井贯彻《国家标准化发展纲要》精神,围绕建设世界一流测井公司目标,推进CPLog成套装备、CIFLog大数据标准体系建设,加强标准宣贯,提高标准化管理水平。加强基层队(站)QHSE标准化建设工作,以标准化管理、标准化现场、标准化操作为抓手,提升基层队(站)标准化作业水平。

【标准化管理】 2021年,中油测井结合机构人员变动情况,调整标准化委员会委员,在标准化委员会下设装备与器材、现场作业、实验与解释评价、HSE、综合管理5个专业工作组。全年完成企业标准制修订项目55项、立项集团公司企业标准制修订项目3项,其中36项是《CPLog生产测井综合集成系统》系列标准,进一步规范CPLog成套装备的生产和使用流程,增强CPLog品牌竞争力。《测井大数据平台技术规范》系列标准,规范了大数据平台数据管理、使用、存储及二次开发等方面的基本原则。组织宣贯《石油电缆测井作业技术规范》《油气勘探开发测井资料采集与管理规范》《石油测井数据记录格式规范》《固井质量评价》《测井作业工器具配套规范》《模块化分级射孔器现场作业技术规范》等标准,培训1650余人次。

【基层队(站)QHSE标准化建设】 2021年,中油测井以落实集团公司基层站队(班组)HSE标准化建设要求,持续推行"五型"班组及HSE标准化建设工作,以"标准化管理、标准化现场、标准化操作"为核心,规范"两书一表一单一卡"应用,宣贯执行安全生产三项纪律,提升基层队(站)标准化作业水平。全年作业队"五型"班组创建与HSE标准化建设达标率100%,辅助班组"五型"班组创建与HSE标准化建设达标率99.4%。

(牛宏斌)

企业管理与监督

总　述
市场开发
技术服务
综合应用
技术研发
装备制造
生产保障
信息化建设
质量健康安全环保与节能
企业管理与监督
党建、思想政治工作与企业文化建设
荣誉录
机构与人物
所属二级单位概览
大事记
统计数据
附　录

法人治理

【概述】 中油测井由集团公司单独出资，不设股东会，设执行董事1名，为公司法定代表人。集团公司依照《中华人民共和国公司法》《中华人民共和国企业国有资产法》《企业国有资产监督管理条例》等法律和行政法规履行出资人职责。中油测井根据《中华人民共和国公司法》和《中国共产党章程》规定制定《中国石油集团测井有限公司章程》，设立中国石油集团测井有限公司党委，党组织关系隶属中共陕西省委。2018年3月，中油测井修订公司章程，将党建工作写入公司章程，党委在进一步推进公司发展，创新测井技术，服务油田勘探开发工作中发挥把方向、管大局、促落实的领导政治核心作用。执行董事会是经营决策主体，定战略、作决策、防风险，依照法定程序和公司章程决策重大经营管理事项。执行董事决定重大问题前听取公司党委的意见。公司不设监事会，设职工监事1名。公司设总经理、副总经理、总会计师等高级管理人员。总经理主持公司的生产经营管理工作，组织实施集团公司和执行董事的决定。依照《中华人民共和国工会法》，建立中国石油集团测井有限公司工会，组织关系隶属陕西省总工会，受陕西省总工会直接管理。

2021年，中油测井严格按照公司章程履行职责、规范运作，锚定世界一流、聚焦主责主业，强化党建引领、深化企业改革、加快科技创新、实施人才强企，服务保障能力增强，完成各项生产经营任务，经营业绩创历史最高水平，实现"十四五"良好开局。

【中油测井党委会】 2021年，中油测井公司党委在集团公司党组的正确领导下，坚决贯彻落实全面从严治党主体责任，党建引领作用充分发挥，为推动世界一流测井公司建设提供坚强的政治保证。召开党委会35次，建立并落实"第一议题"制度，学习贯彻习近平总书记重要指示批示，以及党中央重要决议决定和会议精神；修订《"三重一大"决策制度实施细则》，界定决策事项范围，明确决策主体权责，严格执行前置决策程序，研究决策"三重一大"事项108项。决策内容涉及贯彻落实党的路线、方针、政策，干部队伍建设规划，公司"十四五"发展规划，精神文明建设，机构调整，干部任免，研发、制造重点项目，市场开发，国内国外技术服务，年度资金预算，乡村振兴等方面。逐步完善"决策、执行、监督"管理体系，围绕上级决策部署和公司重点工作，开展集中督办4次，涉及重点工作933项，推动重点工作开展和落实。召开中油测井第四次党代会，完成"两委"换届选举，部署今后一个时期党建工作总体思路和目标任务。2021年，中油测井《党建工作与科研生产深度融合的探索实践》获集团公司党建研究成果一等奖。

【中油测井执行董事会】 2021年，中油测井召开执行董事办公会5次，传达国家、集团公司、中油技服重要会议精神，听取并审议本部处室关于公司管理和公司发展情况汇报，审定"三重一大"事项范围外的决策事项、项目安排、资金运作等其他重要经营管理事项。督办"十大工程"工作落实，推进深化改革、人才强企工作。修订《中国石油集团测井有限公司投资管理办法》，明确界定人事、计划部门职能职责和投资管理界面。研究形成公司技术品牌体系架构，成立品牌管理委员会。会议通过公司测井装备统一标准化、扩大自主CPLog成套装备应用规模。讨论公司科技与信息化创新大会、中国石油海外业务测井技术与应用研讨会、测井科技高端论坛等会议筹备工作、中国石油测井院士工作站、荔参1井测井试验基地、中油测井数字展厅等建设事项。研究2021年经济责任及经营成果审计、重点成本费用专项审计、安全环保隐患治理专项审计情况，推进审计成果应用。

【总经理办公会】 2021年，中油测井召开总经理办公会15次，推进"六大战略""十大工程""十项任务"落实，部署国内外生产经营，科研制造计划实施和国内外测井专业化重组。推进技术服务和市场开发，总结与16个油气田开展技术交流情况，围绕古龙页岩油、光纤技术、高端装备、防患治理等油田需求，研究制定服务落实措施。在大庆油田实现测井服务链全覆盖、长庆油田随钻测井工作量同比增长56.67%、华北油田低效井治理实现一体化大包服务，在新疆油田、吐哈油田实现地质导向市场突破。制定"平台+项目"管理机制，推进175℃高灵敏度声波换能器、175℃高性能中子管等关键技术突破；完成油基钻井液电成像、介电成像及快速地层测试仪器室内试验；智能测导系统试验10口井；统一CPLog地面系统接口标准；3D打印极板实现批量生产。筹备完成中油测井院士工作站建设。部署CPLog成套装备国际市场推广应用；研究非洲、中东、中亚、亚太、美洲五大油气合作区服务格局。制订荔参1井测井试验基地建设方案。研究信息化建设，加快数字化转型智能化发展。研究中油测井品牌建设，形成CNLC国际品牌、CPLog装备品牌和CIFLog软件品牌。推进依法治企管理，讨论通过制度65项，综合管理体系正式运行。

【制度建设】 2021年2月24日，中油测井修订《中国石油集团测井有限公司会议制度（试行）》的通知，进一步明确公司党委会、执行董事会、总经理办公会议事规则，规范决策程序，理清决策界面，提高决策的科学化、民主化管理水平。6月20日，印发《推进公司治理体系和治理能力现代化实施方案》，优化完善结构体系、组织体系、运行体系、制度体系、监督体系、党建体系全面提升公司治理能力。

（王涯菲）

组织人事管理

【概述】 2021年，中油测井组织人事系统学习贯彻习近平总书记对组织及人才工作系列重要指示批示精神，按照集团公司领导干部会议、组织部长会议等重要部署、中油技服党委工作要求，围绕"六大战略"、测井业务"十大工程"、党建"十项任务"及"五项机制"建设，编制实施《人力资源发展与队伍建设"十四五"规划》，推动人才强企工程，为"十四五"良好开局提供坚强组织人才保障。

【人事制度改革】 2021年，中油测井按照集团公司、中油技服三项制度改革总体安排，围绕改革三年行动重点工作，坚持目标导向、问题导向和效果导向，以优化组织体系、调整业务布局、聚焦干部能上能下、员工能进能出、收入能增能减机制建设为主线，以优化业务结构、组织机构、创新生产组织模式，优化人力资源统筹配置、完善考核分配机制，建设高素质专业化人才队伍为重点，完成6方面17项改革重点任务。通过持续深化三项制度改革，形成集中技术研发、归集装备制造、专业技术服务、统一物资装备保障、异体安全监督的工作新局面。构建主营业务归核化、区域资源集约化、企业管理精益化、责任分工清晰化、队伍建设专业化的高质量发展新格局。在《国企》杂志"特别策划"栏目开展"党建+改革+创新，开启大测井之路"成果报道，《测井市场资源整合创新实践》获2021中国企业改革发展优秀成果三等奖。

（桂林海）

【领导班子建设】 2021年，中油测井党委坚持"两个一以贯之"，实施人才强企工程，聚焦队伍新老交替、立足事业长远发展，在分析队伍现状的基础上，制定队伍建设时间表、路线图，以工程化思维持续推进领导班子和干部队伍建设。全年调整中层领导人员226人次，占总职数的121%。调整干部中，提拔职级及进一步使用86人，退出中层领导岗位27人，岗位交流、序列转换113人次。在新提拔中层领导人员中，40岁及以下的、41—45岁的、46岁及以上的分别占比33%、30%、37%。贯彻落实集团公司党组提出的"三个1/3"配备比例要求，2名"70后"提拔至助理副总师岗位，1名"80后"提拔至二级正职，20名"80后"走上中层领导人员岗位。通过优选强配各级领导班子，选拔使用各类优秀人才，队伍平均年龄47.2岁，较2017年测井专业化重组时降低3岁，二级单位40岁左右班子成员占比21.31%，提前实现集团公司党组提出的"1/5"队伍建设目标。

（张　晗）

【人才强企工程】 2021年，中油测井党委贯彻落实中央人才工作会议精神，将人才强企作为"六大战略"之一，深化人才发展体制改革，全面提升人力资源价值，构建完善"生聚理用"人才成长机制。成立以党委主要领导为组长的人才强企领导小组，推动建立"党委统一领导，组织人事部门牵头，各职能部门分工负责、密切配合，所属单位具体实施"的人才工作联动运行机制。依托人事处（党委组织部）成立工作专班，坚持把高质量作为重要任务、把工程思维作为行动指南，历时4个多月，提出44条措施，编写完成《人才强企工程行动实施方案》，主要包括思路原则、现状分析、主要目标、组织体系优化、八类人才专项提升、人才价值提升、分配制度改革和组织保障8个部分。细化人才强企目标任务，建立人才工作联动运行机制，将考核结果纳入党建责任制考核、党组织书记抓基层党建述职评议、领导班子经营业绩考核。配套制定专业技术人才队伍发展专项规划和新能源、新材料、新事业人才专项规划。推动人才总量增长，优化队伍结构，提升能力素质，创新体制机制，为中油测井高质量发展提供动力。

【人才队伍建设】 2021年，中油测井贯彻落实人才强企战略，培育攻坚克难型技术人才，深化"双序列"改革，培养科技领军人才和创新团队，增补选聘首席技术专家1人、技术专家1人、一级工程师9人。建立纵向发展畅通、横向转换有序的人才成长通道，打造首席专家领衔、技术专家具体负责、一级工程师研究攻关、青年骨干锻炼成才的梯次化成长团队。完善考核评价配套制度，试行代表作评价、执行考核档次强制分布，强化考核结果应用。成立中国石油测井院士工作站，与西安交通大学联合筹建博士后创新基地，精准引进关键核心岗位高校毕业生115人，大力引进"高精尖缺"人才29人、高层次人才2人。建立科技创新人才、国际化人才、操作工程师岗位交流机制，共建共享全能型工程师队伍103人。打造工匠绝活型技能人才，组织技能专家征集和解决一线生产难题70余项，"国产化高温高压钻具切割装置的研制"难题入选2021年中国石油技能人才创新基金项目。培育选树"石油名匠"3人，选聘集团公司技能专家5人，中油测井技能专家36人、首席技师42人。组织11批次784人次技能等级认定，通过率60.33%，考评认定高级技师13人、技师34人，4名专业技术人员取得"双师制"资格。承办集团公司射孔取心工技能大赛和首届测井工实训师专业赛，射孔取心工技能大赛获个人金牌3人、银牌9人、铜牌13人，并获优秀教师团队；测井工实训师专业赛获一等奖1项、二等奖2项、三等奖6项、优秀奖7项，并获团体三等奖。中油测井获评"十三五"集团公司技能人才培养开发工作先进单位、2021年集团公司职业技能竞赛优秀组织单位。

（张　蕾）

【组织机构管理】 2021年，中油测井以调整优化管理职责、推进内部资源整合为着力点，持续优化组织体系。整合2个强关联处室，对6项管理职能进行调整，突出国际业务管理职能。调整后，附属机构减少1个、本部编制减少10人。整合9个单位的研发资源，打造北京和西安两个研发高地；整合7个单位的装备制造业务，在西安、任丘、重庆、天津建设4个智能制造工厂；将所属单位装备、工艺、物资资源集中管理，形成中部、西部、东部、西南4个保障中心；整合所属单位专用计量鉴定、质量检验与QHSEE监督资源，搭建中部、东部、西部大区监督架构；整合4个单位的海外业务，形成非洲、中东、中亚、亚太、美洲五大区服务格局。整合后，二级机构减少1个，二三级机构压减3.27%，中层、基层领导人员职数压减5.52%。

（李廷园）

【劳动用工管理】 2021年，中油测井聚焦主责主业，以人均收入为导向，制定《目标定员工作方案》，对标行业先进提出公司中长期目标定员、制定分阶段实施计划和落实措施，已按程序上报集团公司，待审批通过后印发实施。严把人员入口，引进高校毕业生中泰晤士世界大学排名前100院校占6%，"985""211"和"双一流"院校占57%，新增员工全部补充到生产一线关键岗位和科研岗位。畅通人员出口，自然减员与措施减员协同推进，2021年通过严格劳动合同管理清理清退、违法违纪主动解除、特殊工种提前退休等措施，实现除自然减员外的其他措施减员136人，占2020年末员工总量的1.2%。持续加强两级配置平台应用，推进人力资源挖潜盘活，全年实现集团公司跨企业间劳务输入142人，内部优化盘活1623人。

（桂林海）

【薪酬绩效管理】 2021年，中油测井围绕构建落实稳健发展方针，实现高质量发展业绩考核制度和指标体系，制定以考核收入增量和效益增量为主的生产经营绩效考核办法。推进工资总额分级管理，指导所属单位健全完善内部工资总额分配办法，确保员工收入与岗位价值、能力水平和业绩贡献紧密挂钩，实现工资能增能减。为充分调动科研人员工作积极性，健全完善标准化重点激励政策，按照集团公司科技型企业分红激励相关办法，制定公司科技型企业岗位分红实施方案，报集团公司审批组织实施。根据集团公司《关于优化调整薪酬结构的通知》，完成优化调整薪酬结构工作，提高岗位（技）工资及公司高级管理人员的岗位薪酬标准。加大对基层一线、科研人员和业务骨干的精准激励力度，员工收入保持增长势头。

（朱西林）

【组织人事基础管理】 2021年，中油测井聚焦党的建设、干部管理、人才发展、劳动组织、薪酬考核5个方面业务，持续完善管理制度、业务流程，细化工作标准，推进人事基础管理工作。编制《人力资源发展与队伍建设"十四五"规划》《人才强企工程行动实施方案》《推进基层党建"三基本"建设与"三基"工作有机融合实施方案》等20余项规划、制度和方案。开展干部人事档案专项审核"回头看"工作，录入和维护人力资源管理信息系统基础数据信息。推动《组织史资料》企业卷、基层卷编纂工作，按照"五年一编纂、一编到底"的原则，编纂完成《中国石油测井公司组织史资料》第二卷（2016—2020），并通过集团公司组织史编纂办规范性审查。

（桂林海）

【制度建设】 2021年5月，中油测井持续深化人事劳动分配制度改革，从体制机制层面持续拓宽干部"下"的出口，制定《关于进一步发挥公司退出中层领导岗位人员作用的意见》，作为党委一体化统筹推进干部任期制改革工作的"组合拳"。6月，落实集团公司《企业领导人员任期制管理暂行办法》，从操作执行层面，建立《中层领导人员任期制实施细则（试行）》，全面夯实干部任期和契约化管理制度基础。7月，按照有关制度要求，结合国际业务划转、内部资源整合实际，修订《关于规范所属单位领导班子岗位及职数专业化设置的意见》。8月，制定《中层领导人员选拔任用工作规范》，聚焦分析研判、动议、民主推荐与考察、讨论决定、任职、任后事项7个主要环节，建立选人用人基础材料体系，明确每项工作主要程序和标准要求，不断规范选人用人行为，提高选人用人质量。11月，修订《中层领导班子和领导人员综合考核评价办法》，将业绩考核比重由原来的35%提升至70%，明确领导班子及各类干部评价维度，持续推进考评结果与薪酬待遇、能上能下实现"硬挂钩"。

（张　晗）

【"十四五"人力资源规划】 2021年，中油测井深入贯彻落实新发展理念和人才强企战略，推动测井产业变革和高质量发展，构建适应建设世界一流测井公司的人力资源保障体系，编制完成《人力资源发展与队伍建设"十四五"规划》。规划总结"十三五"主要成效，分析面临的形势，围绕实施"六大战略"、推进测井业务"十大工程"，明确"十四五"人力资源发展与队伍建设的总体思路、工作目标和重点任务。总体目标主要包括员工总量控制在10000人以内；全员劳动生产率50万元/人，队均收入1250万元、人均制造产值333万元；二三级机构及管理人员压减20%以上。重点工作包括建设高素质专业化管理干部队伍；建设专业技术人才队伍；建设工匠型实干型技能操作人才队伍；培养综合能力突出的国际化人才队伍；加强组织建设和员工管理，提高企业效率效益；完善工效挂钩机制，激发队伍创效活力；加强培训工作，提高队伍素质；强化组织实施，抓好规划落地8个方面。

（崔　浩）

【人才强企工作推进会】 2021年12月8日，中油测井以现场和视频形式召开人才强企工作推进会。学习习近平总书记关于人才工作重要论述及中央人才工作会议精神，贯彻落实集团公司领导干部会议、科技与信息化创新大会和中油测井第四次党代会部署。

会议总结中油测井人才工作所取得的成绩，研究部署今后一个时期测井人才工作的目标任务和重点举措，深化人才发展体制改革，全面提升人力资源价值，构建完善"生聚理用"人才成长机制，打造一流队伍，为建设世界一流测井公司提供强有力的人才支撑。

2021年12月8日，中油测井召开人才强企工作推进会

中油测井党委书记、执行董事金明权作题为《用好第一资源、激发第一动力，奋力谱写新时代测井人才发展新篇章》讲话，党委副书记、总经理胡启月主持会议。纪委书记邵镇江作《人才强企工程行动实施方案》说明，总会计师邹荣作《专业技术人才队伍发展专项规划》编制说明，领导班子成员出席会议。会议在产业化基地设置1个主会场，在各单位、各项目部设置72个分会场，1758人参会。

会议要求所属单位、各部门要通过党委会、支部"三会一课"等多种形式组织好会议精神的学习贯彻，深入领会讲话精神，贯彻落实各项工作要求，切实把思想统一到公司党委的决策部署上来，扎实推动组织人事工作和人才强企工程，做好生产经营、改革创新和风险防控等重点工作，全面推进公司高质量发展和世界一流测井公司建设。

（张　蕾）

规划计划

【概述】 2021年，中油测井规划计划工作贯彻落实集团公司工作部署、公司"三会"精神及本部党委扩大会议精神，统筹推进规划编制、投资管理、基建管理及统计评价工作，持续提升决策支持和服务保障能力，成效显著。

（林　枫）

【规划管理】 2021年，中油测井按照集团公司、中油技服工作部署及要求，聚焦率先建成世界一流测井公司目标，围绕"六大战略"和测井业务"十大工程"、党建工作"十项任务"，科学编制"十四五"规划，提出建设世界一流测井公司发展分"三步走"的发展目标。第一步：到2021年，高质量发展布局基本完成。智能导向、多维成像推广应用；国际业务形成五大区块；双序列改革初步完成，有序平稳推动机构改革；收入105亿元，利润3.27亿元。第二步：到2025年，实现高质量发展，率先建成世界一流测井公司，结构优化、管理先进、体系完善、实力晋级。主体技术达到国际先进，旋转智能导向、多维成像国际领先；国际市场跨越发展，国内市场稳步提升；专业化改革重组稳步推进，测井业务归核化重组完成；具有较强高端市场竞争优势和国际影响力。公司用工总量控制在10500人以内，队伍1000支，装备1250套，具备15万井次/年的作业能力。公司总产值达到150亿元，收入超135亿元，利润总额5亿元。其中国际业务收入超25亿元，奋斗目标50亿元。第三步：到2030年，全面建成世界一流测井公司。规模实力位居世界前三，主要经济指标达到世界一流。数字化转型成效显著，测井技术装备进入国际前列。基本实现公司治理体系和治理能力现代化。收入超220亿元，全球市场占有率达到20%，国际市场占比达到40%。利润总额10亿元，净资产收益率7%以上，全员劳动生产率超80万元/人。

参加工程技术服务板块规划对接会，召开"十四五"规划对接会，完成"三上三下"（第三阶段上行和下行）数据对接，细化各项指标。编制市场开发、工程技术服务、技术创新、装备制造等12个专项规划，长庆、西南、新疆等分公司18个所属单位发展规划，根据业务整合改革实际情况，调整相关专项规划和所属单位规划。制作规划简明读本和宣传海报，宣贯推进各项规划落实。贯彻集团公司"清洁替代、战略接替和绿色转型"总战略，围绕集团公司新能源、新业务"六大基地"和"五大工程"建设，开展地热、干热岩、可燃冰等新能源领域，CCUS（碳捕获、利用与封存技术）、矿藏勘察等新业务，以及清洁用能替代和环保产业化相关研究，编制首个新能源、新业务"十四五"发展规划。收集整理涉及40个相关规划，汇编形成国家相关部委、地方政府"十四五"规划摘要，供公司本部部门、所属单位，在市场拓展、生产经营过程中参考应用。

（张进国）

【投资管理】 2021年，中油测井强化投资管控，合理优化投资结构，统筹做好年度投资计划管理工作。聚焦主营业务、新兴业务、快速增长业务，加强项目前期论证，严格项目审查，控制投资规模总量，按照集团公司投资计划，分7批次安排下达投资9.19亿元。其中，工程技术服务项目占46.9%；长期待摊项目占38.77%；安全环保隐患治理项目投资占12.77%；科技项目投资占1.55%。

生产保障方面，在长庆区域重点补充小井眼及生产测井仪器；在川渝区域投资高温电成像及旋转导向设备；在新疆区域补充更新随钻测井仪器、存储测井仪器、高温高压测井仪器，3个重点油气区域非安装设备投入投资占62.04%，全力保障集团公司重点区域勘探开发。

推动业务发展方面，投入3056万元改造智能化制造生产线、射孔长短枪自动化生产线，提高制造加工能力和效率。投入26150万元推广应用CPLog成套装备，发挥自主制造装备成本优势。投入2197万元补充基础研究及非常规油气试验设备，提升研发服务能力。

基础管理方面，加强过程管控，投资计划下达后根据实施方案制订转资计划，进行月度跟踪季度通报，按期完成所有项目。组织19家所属单位和本部相关业务部门召开业务发展对接会，形成2022年业务发展与投资框架建议计划及实施方案。启动重点基建维修项目方案论证，编制完成2022年基建维修预算。开展线上业务培训，宣贯投资管理办法，提升投资系统人员业务水平。

（付 瑞）

【项目管理】 2021年，中油测井为解决高温测井、随钻测井、智能地质导向、大斜度井三相流等关键核心技术装备的试验、刻度、操作和井控实际操作训练难题，加快技术研发效率，加速成果转化应用，全力保障集团公司深层超深层油气、非常规油气勘探开发需要，成立联合项目组，重点推进荔参1井测井试验基地项目建设，编制完成拟建设随钻实钻试验（含丛式井群）、高温高压井试验场地、半空间刻度装置和无感检验场地、无感加温木板房场地、实际操作训练井场、综合工房、公寓及餐厅的可行性研究报告，通过中油技服初审。

（付 瑞）

【基建管理】 2021年，中油测井基本建设工作按照"十四五"发展规划。在重点工程建设方面，实施新建与维修改造相结合，落实为职工办实事的要求，推进完成陇东火工品库搬迁、定边生产工房和轮台多功能工房等生产基地建设项目，总计建筑面积7946平方米，保障陇东、定边、轮台生产基地的有效运行。维修改造16个所属单位一线基地生产设施，改善职工生产生活条件。在土地及房产管理方面，成立土地房屋专项工作组，清查13个所属单位84宗（4770.2亩）土地、921项房屋的权证、资产、使用情况，督导各单位建立完善土地、房屋台账。针对现场调研和各单位重组资产划转具体情况，从3个方面提出36条建议，促进土地房屋规范管理。

（朱德鹏）

【业务管理】 2021年，中油测井按照集团公司、中油技服对业务管理工作的要求，在严格落实项目后评价全覆盖的基础上，聚焦重点项目，统一开展过钻头存储式测井设备、高温小井眼仪器等32个重点投资项目的后评价工作，其中详细后评价项目19个、简化后评价项目13个。通过项目后评价，项目投资管理提炼出6个方面的工作亮点，查找出存在的14个问题，有针对性地制定工作计划和建议，来提升投资管理水平。统计工作方面，坚持真实、准确、及时的原则，定期发布月报、年报、专项分析等统计报告，完成国家、地方、集团各类统计报表300余张，完成地方政府各类统计调查10余份。挖掘数据价值，为投资提供决策依据，满足集团公司油气勘探开发需要。专项分析全员劳动生产率指标，多维度分析劳动生产率影响因素，检验提质增效成果，促进措施落实落地。配合集团公司综合统计管理信息系统2.0试运行并推广，提升统计工作信息化管理能力。收集陕西省、西安市、高新区优惠政策，召开政府政策宣讲研讨会，成立项目申报工作小组，申报西安市规上企业研发投入奖补项目奖励50万元；申报"西安市百强企业"，中油测井排名31。

（张进国 林 枫）

【制度建设】 2021年，中油测井依据集团公司、中油技服投资管理办法，修订《投资管理办法》，完善优化部分条款的适用性和可操作性。修订《基本建设项目管理实施细则》，细化完善基本建设项目管理的机构职责、可行性研究、施工设计、竣工验收等10个方面内容，编制基本建设项目开工报告、试运行备案表、竣工验收方案等6项模板文本，为基本建设项目管理提供制度保障。

（曹顺海 朱德鹏）

【建设世界一流研究项目】 2021年，中油测井按照国务院国资委及集团公司、中油技服"率先建成世界一流示范企业"的战略部署，成立项目组，制订项目实施方案，实施建设世界一流测井公司相关问题及跟踪评价项目研究。项目组在征集各方面意见和专题讨论的基础上，根据国务院国资委"三个三"（要成为在国际资源配置中占主导地位的领军企业，引领全球行业技术发展的领军企业，在全球产业发展中具有话语权和影响力的领军企业；效率领先、效益领先和品质领先；要成为践行绿色发展理念的典范、履行社会责任的典范、全球知名品牌形象的典范）标准，中油技服管理一流、技术一流、服务一流、品牌一流、业绩一流、文化一流"六个一流"要求，开展以管理一流、技术一流、服务一流、品牌一流、业绩一流、文化一流、人才一流"七个一流"为核心指标体系的项目研究。对标斯伦贝谢公司、中国石油集团东方地球物理勘探有限责任公司（简称东方物探）等6家单位，初步确定7个一级指标、32个二级指标及50个备选指标进行基础资料收集和对标分析工作。

（张进国）

科技管理

【概述】 2021年，中油测井完成研发资源整合，通过资源整合打造"平台+项目"管理机制。院士工作站挂牌运行，李宁院士及首批团队进站；筹建博士后创新基地，荔参1井测井试验基地建设项目前期立项进展顺利。制定创新基金管理办法，支撑10项重点实验室基金项目研发。组织召开中国石油测井科技创新大会，发布CPLog、CIFLog系列标准，构建测井科技管理生态圈。

2021年，中油测井落实集团公司科技管理工作部署，管理在研科研项目（课题）103项。其中，国家项目（课题）2项，集团公司项目（课题）32项，专业公司（技服）项目（课题）8项，陕西省级项目（课题）1项，公司项目（课题）60项。全年开题47项课题（集团级20项、专业公司级3项、公司级24项），组织验收65项课题（国家级5项、集团级课题20项、专业公司级3项、公司级37项）；科研项目计划落实率100%。

（黄光宇 万 磊 张宇昆）

【科技改革】 2021年，中油测井贯彻落实中央关于深化国有企业改革的指导意见和集团公司改革三年行动方案总体部署，按照工作会关于"整合研发力量和搞好内部研究机构重组"安排，开展研发资源整合。以技术中心、测井技术研究院、生产测井中心和随钻测井中心4个研究单位为基础，成立新的测井技术研究院。剥离4个研究单位的研发资源，吸纳大庆分公司、国际公司、新疆分公司和辽河分公司等单位研发资源统一划入新成立的测井技术研究院。搭建科学合理的研发组织架构，统一技术研发平台，创新体制机制。采取"总院+分院"管理模式，配套形成高效的"平台+项目"运行机制、灵活的人员流动机制、高端人才引进和培养机制、分类分层次精准激励机制，推进科技改革创新工作。

（黄光宇）

【国家级科技项目】 2021年，中油测井完成国家油气重大专项"高精度油气测井技术与装备研发及应用"项目及下属6项课题的总结验收工作，通过综合绩效自评价、档案现场核查、综合绩效评价，参加中国工程院组织的监督评估及中国石油企业协会组织的访谈。组织完成国家重点研发计划"地下及井中地球物理勘探技术与装备"项目所属课题绩效自评价。编写《"十四五"国家油气重大专项重点任务梳理和接续实施方案》。

（熊焱春）

【集团公司和中油技服科技项目】 2021年，中油测井年度在研集团公司项目（课题）32项，完成随钻远探测电磁波电阻率成像测井仪器研制等20项集团公司项目（课题）立项，完成"十三五"非均质复杂储层测井新技术新方法研究、测井核心装备与软件研发、测井重大技术现场试验与集成配套等23项集团公司重大科技项目（课题）验收，5项关键核心技术攻关项目通过集团公司年度综合评估。中油技服科技项目方面，完成CPLog桥射联作系统优化与集成等3个项目的立项，完成中油技服旋转导向互通互联技术研究与试验等5个项目验收。组织专家对旋转导向集中研发项目现场技术核查、完成专家意见落实整改。

（万 磊 熊焱春）

【中油测井重大科技项目】 2021年，中油测井在研项目60项，涵盖平台、装备、软件、解释4个领域。完成CPLog系统国际在用仪器的集成配套研究、CPLog地层成像系统集成配套与适应性研究、随钻孔隙度系列优化升级与集成配套等24个项目立项，完成存储式测井仪器优化集成与应用、高温电缆大直径井壁取心器研制等40个项目验收。

（张宇昆）

【科研经费管理】 2021年，中油测井下达科研经费计划4.16亿元，其中国家级70万元，集团公司级1.02亿元，中油技服公司级0.17亿元，公司级及以下2.96亿元，占中油测井总收入的4.16%；科研创收1.6亿元，集团公司级1.02亿元，横向项目0.58亿元；经费支出4.15亿元，研发投入强度4.36%。

【科技成果推广】 2021年，中油测井推广地层成像系列，推广三维感应技术67井次，探评井解释符合率94.3%；推广偏心核磁技术13井次，解决大井眼、盐水钻井液复杂井况核磁资料获取难题；推广宽动态微电阻率成像技术20余井次，解决高矿化度泥浆成像模糊问题；推广过钻具系列229井次，测井时效较湿接头工艺提高53%，完成哈里伯顿两串仪器以租代售合同，通过阿布扎比国家石油公司技术评审；推广应用桥射联作2.0在川南页岩气、致密气水平井152口井/2700余段；推广近钻头伽马电阻率成像在山西煤层气实现商业应用，实现随钻测导平台小规模化应用；开展CPLog成套装备在尼日尔的推广工作，拉开国际市场推广序幕。

（黄光宇　万　磊　张宇昆）

【知识产权】 2021年，中油测井严格实用新型专利审核，提高发明专利申请占比和授权率，专利申请全部上线运行。合规专利申请144件，其中发明专利135件；授权专利90件，其中发明专利36件；软件著作权登记29项。根据集团公司最新专利管理规定，所有专利均需在新版知识产权管理信息平台申报、审核，避免以分公司、个人等名义线下申报专利。对知识产权实行A、B、C三级分级分类管理，其中A类专利由集团公司承担申请维护费用，B类专利申请费由地区公司承担、维护费由集团公司承担，C类专利申请及维护费由地区公司承担。非研究单位专利申报数量占比控制在A∶B∶C＝3∶3∶4。按照集团公司专利管理相关办法，选聘西安通大专利代理有限责任公司等6家专利代理服务机构分片区为公司提供知识产权服务。加强专利申报材料的申报、审核、审批流程管理，对存量专利进行评审，放弃对65件C类实用新型专利维护，提升发明专利占比。

（唐爱武　陈玉林）

【科技奖励】 2021年，中油测井主导研究项目"等孔径多簇射孔技术及工业化应用"获集团公司科学技术进步奖二等奖，参与研究项目"蒙西新区石油勘探理论技术与河套盆地重大发现"获集团公司科学技术进步奖一等奖，参与研究项目"'三低'油气藏测井评价技术级规模化应用"获中国产学研合作创新与促进奖二等奖，主导研究项目"地层评价随钻测井系统"获中国石油和化学工业联合会技术发明奖三等奖。"超深穿透射孔器及射孔工艺配套技术"获集团公司成果转化创效奖。测井公司获陕西省石油学会科学技术进步奖一等奖4项、二等奖4项、三等奖2项。获集团公司科技与信息化大会科技工作先进单位1项，杰出青年创新人才1人，科技先进工作者4人，科技创新团队1个，"CPLog多维高精度成像测井

2021年9月，中油测井获集团公司"科技工作先进单位"称号

2021年9月，中油测井获集团公司"科技创新团队"称号

系统"获集团公司十大科技创新成果奖。评出中油测井科学技术进步奖35项。

（陈玉林）

【科技交流】 2021年，中油测井强化"人才、技术、资料、信息、成果"共享，推行融入式工作模式。与中国石油集团工程材料研究院有限公司合作，解决现有可控中子源技术难题。与中科院地质与地球物理研究所、中国石油大学（北京）、中国石油大学（华东）等13家科研院校、兄弟企业签订长期战略合作框架协议。与陕西省科技厅、湖北省地质局等地方政府开展项目攻关和技术交流合作，共商共建测井"生态圈"。与上海硅酸盐研究所、海鹰企业集团有限责任公司，青岛智腾微电子有限公司，北京贝威通能源科技集团有限公司等高科技企业合作以"双赢"模式推进关键核心技术研发，形成创新合力。参与第十二届UPC测井新技术国际学术研讨会、第三届非常规油气藏开发与油气藏动态监测技术研讨会、第二届复杂油气藏勘探开发与测井技术研讨会、吉林油田技术交流会等技术交流会议，发表高质量学术论文30余篇。

（张宇昆）

【科技综合管理系统】 2021年，中油测井开发基于测井大数据构架的科技管理系统，搭建科技研发管理"云桌面"系统，实现包括项目计划、立项、验收、成果登记、成果推广应用、成果评奖等全生命周期管理。创新成果、学会期刊、院士/博士后工作站等多种科技元素及科技创新过程中人、财、物的全面数字化管理。形成一套自动化、协同化的科技管理系统，具备科研项目资料管理、知识产权管理、标准管理、科技成果管理等功能，优化信息录入、数据统计等方面工作，提高工作效率。已完成总体架构和功能设计和成果管理模块的开发与应用。

（黄光宇　范宇翔）

【平台+项目】 2021年，中油测井推进公司机制体制改革，提出建立以适应技术研发特色的矩阵式项目管理机制，从总体设计、基础研究、电路设计、机械设计、软件开发、工程化等，按专业业务分类分级精准布局建立统一平台，所有研发资源、成果、标准纳入平台统一管理的远景规划。基础方法研究突出创新，平台注重标准化、流程化和技术迭代积累。纵向上按照部所管理，行使相应管理职能。横向上按照项目管理，项目经理担负起项目管理主要职责，负责任务分解到各平台，各平台负责分解任务实施。"平台+项目"将使原来个性化的项目研发统一到平台下进行，通过平台的标准化、流程化与资源优化配置和技术迭代，形成一个采集控制平台统一、设计开发工具统一、测试试验平台统一、机电接口及流转数据标准统一、产品工艺文件统一、成果格式及可视化统一的科学工作协同、高效产品研发、充分资源利用、高度知识共享的研发体系。

（黄光宇）

【学会管理】 中油测井是陕西省石油学会、中国石油学会测井专业委员会的挂靠单位。2021年，学会先后组织召开测井科技大会、油气田勘探与开发国际会议、国际石油石化技术会议。举办第六届全国大学生测井技能大赛。组织中油测井所属单位参加中国石油学会、测井专业委员会等科技社团主办的学术交流、专业培训和科技奖励等活动。

【制度建设】 2021年，中油测井为加强科研项目管理，依据集团公司、中油技服和科技管理实际工作要求，制定修订订项管理办法。修订《科技项目管理办法》，明确项目立项、实施、经费、验收等阶段的完成时间节点、具体流程、考核评估等。修订《科技奖励办法（试行）》，增设基础研究奖等5种奖项，增加科技进步奖授奖人数和奖励金额，制定《科技成果转化创效奖励办法（试行）》，明确纳入转化创效项目范围、奖金计算方法、评定程序等。制定《项目经理招聘与考核办法（试行）》，明确项目经理招聘与考核兑现程序，项目经理揭榜挂帅，竞聘上岗，按任期考核兑现；项目按照里程碑考核，分类考评，严格兑现。制定《开放科技基金项目管理办法（试行）》，明确开放基金征集、指南发布、合同签订、资料验收等内容。制定《品牌管理办法（试行）》，明确公司品牌策划、传播、运营等相关工作要求。

工作站致力于发展战略咨询，搭建国际前沿技术交流窗口，推动科技创新体系完善，促进科技成果转化应用。以"产学研用"相结合，培养高水平科技创新人才，为推动测井行业科技进步，打造集团公司原创技术策源地发挥支撑和引领作用。全年完成CIFLog软件优化完善，形成CIFLog3.1软件版本，开展CIFLog软件推广应用，完成CIFLog软件在国际公司的换装。参与"十四五"开题立项与项目技术攻关，完成3个集团公司项目课题的开题立项和经费预算工作，并通过立项论证和经费审核。

（陈玉林）

【"十四五"技术创新规划】 2021年，中油测井编制"十四五"技术创新规划，规划包含现状分析、面临形势、发展思路和目标、发展部署、保障措施五大部分。"十四五"技术创新规划发展目标是：到2025年，基本解决测井产业链"卡脖子"技术问题，科技实力和信息化水平稳居集团公司第一方阵，在国家油气测井创新体系中的主体地位更加巩固。在测井技术标准研究与公共技术平台开发、全域测井装备研制与配套、测井大数据平台研发、快速测井装备研制与配套、随钻智能地质测导装备研制与配套、生产测井装备研制与配套、射孔技术装备研制与配套、测井油藏与地质研究、测井应用基础与前沿储备技术研究、海外测井技术配套研究十大科技创新方向，部署项目规划。在体制机制、人才队伍、平台建设等方面提出具体保障措施。

【中国石油测井科技创新大会】 2021年3月25—26日，由集团公司科技管理部主办、中油测井承办的中国石油测井科技创新大会在西安举行。集团公司党组成员、副总经理焦方正向大会发来贺信。集团公司科技管理部总经理匡立春发表致辞。中国工程院4位院士及来自集团公司总部部门、专业分公司，16家油气田企业、6家油田技术服务企业，2个研究院等共33个部门、单位近230名领导和专家参加会议。

会议以"创新测井、服务油气"为主题，总结"十三五"中国石油测井技术创新成果及应用效果，探讨"十四五"勘探开发对测井技术的需求及测井技术发展的目标和重点。

会议聚焦关键核心问题，围绕"深、低、非、老"复杂储层精准探测和精细评价、基础和前沿技术研究、核心部件和材料等关键技术实现自主化、国产化等方面，作21个交流报告，院士欧阳晓平、赵文智、王双明、李宁分别就如何在科学研究中实现创新、我国陆上油气勘探开发总体形势与未来趋势、煤炭主体能源地位与绿色开采的思考、协同创新——把握中国测井难得的发展机遇等方面作报告。会议就落实集团公司科技创新重大科技项目组织实施、科技体制机制改革及管理创新作出安排部署，对测井发展提出工作要求。

大会期间，中油测井多维高精度成像测井新产品在大会发布，中油测井与中国石油勘探开发研究院签署战略合作框架协议。

【科技与信息化创新大会】 2021年12月7日，中油测井以现场和视频会议的形式召开科技与信息化创新大会。

2021年12月7日，中油测井在西安（主会场）以现场和视频会议形式召开科技与信息化创新大会

会议传达学习贯彻习近平总书记关于科技与信息化创新的重要论述，研究部署"十四五"及中长期推进科技创新和数字化转型、智能化发展目标任务和重点举措。中油测井党委书记、执行董事金明权作题为《立足自主创新，打造测井利器，加快数字化转型，高质量建设世界一流测井公司》主题报告，总经理胡启月主持会议。副总经理、总工程师、安全总监陈宝作"十四五"科

技与信息化规划编制说明，首席技术专家，总经理助理、安全副总监，本部部门负责人、各单位有关领导及相关人员865人在19个主、分会场参加会议。

会议总结中油测井"十三五"以来，科技与信息化工作以成套装备与软件研发为重点，以重大现场试验为抓手，结合生产需求攻关，突破一批制约主营业务发展的关键瓶颈技术；提升基础设施和网络安全保障能力，推进信息系统建设应用，实现从系统集成向深化应用迈进。

会议强调，要强化原创性、引领性攻关，推进科技与信息化体制机制改革；要围绕测井技术标准研究与公共技术平台开发等测井十大科技创新方向，统筹部署重大科技项目，抓好公司级以上重点项目的组织实施，加强卡脖子技术攻关、前瞻性基础性战略性技术研究；要遵循数字经济发展规律，锚定"数字中国石油测井"建设目标，全面部署"5327"工程，围绕"五类场景"，聚焦"三条主线"，筑牢"两个基础"，打造"七大平台"，推进数字化转型、智能化发展。

会议要求，全体干部员工要坚持科技先行，坚持党对科技与信息化工作的领导，大力实施"创新驱动""数字转型"战略，坚持支撑当前、引领未来，加强基础理论方法研究、建立测井技术标准，加快突破关键核心技术、数字化转型和智能化发展步伐、改革完善科技创新体制机制、造就一流创新人才队伍，牢固树立"科研就是为了应用"的思想，立足自主创新，打造世界领先水平的测井装备CPLog和测井软件CIFLog，构建中国石油测井创新生态圈，引领测井行业高质量发展。

（万 磊）

财务资产管理

【概述】 2021年，中油测井财务资产管理工作坚持以市场为导向、以效益为中心，聚焦"两利四率"（净利润、利润总额，营业收入利润率、资产负债率、研发投入强度率、全员劳动生产率）指标，牢牢把握高质量发展要求，持续抓实提质增效专项行动，切实增强价值创造能力，全面完成2021年度各项生产经营指标，收入、考核净利润创历史最好水平，实现"十四五"开门红。

【提质增效专项行动】 2021年，中油测井贯彻集团公司"四精"管理要求，以市场升级、创新驱动、质量升级、管理升级和深化改革5个方面为抓手，在工作目标、行动措施和保障措施上主动加压，增加扭亏解困、深化改革、项目评价等行动措施，着力打造提质增效"升级版"，财税资金运营管控直接创效3.08亿元。突出政治引领，一体化融合推进提质增效专项行动和"转观念、勇担当、高质量、创一流"主题教育，把提质增效作为各级领导班子的中心任务，突出市场增量、效益增量与工效挂钩。深化宣传引导，开设提质增效专栏，发布提质增效工作简报12期，推送基层动态46条，优选典型案例53个，形成"全员、全过程、全生命周期"提质增效良好氛围。

【预算管理】 2021年，中油测井深化全面预算管理，落实预算指标分解及编制，按业务进行预算分解和归口管控，将年度预算分解到季度、季度预算分解到月，预算执行符合率100.4%。优化预算指标体系，突出国资委提出的"两利四率"考核，更加重视净利润、净资产收益率、经济增加值、自由现金流等高质量发展指标，加强进度指标符合率和重点工作推进效果考核力度。调整预算管理模式，按照"大预算—分预算—专业预算"三级体系和"抓大放小"原则，修订完善预算管理办法，建立预算执行情况分析、风险预警和盈利预测制度，以预算、预测为抓手，实现预算全过程动态管理。

【会计核算】 2021年，中油测井服务改革发展，完成机关事务部辅助保障单元调整、国际测井业务重组和内部业务归核化整合的相关财务工作，完成2次资产划转、3次财务架构搭建、4次财务系统重构。编制与审核财务相关报表，开展资产盘点、减值计提、往来对账、函证等工作，按时完成决算报告编制、上报，通过中油技服的决算审核，网上审核一次通过率进一步提高，连续18年获标准无保留意见审计报告。

【财务转型】 2021年，中油测井开展财务大数据分析与评价，从盈利能力、资产质量、债务风险、经营增长4个方面，按优秀、良好、平均、较低、较差5个档次和国内、国际2个维度，建立18个财务绩效指标分析模型，编制《财务参考》和业财融合分析报告，为管理决策和生产经营运行优化提供依据。开展项目（区域）核算和效益评价，将收入、成本和利润核算到项目（区域）等管理单元，从人均产值、全员劳动生产率等9个方面多维度定量分析评价，剖析管控优势领域与薄弱环节，提升项目管理水平，最大限度挖掘基层创收增效潜力。

【财务共享】 2021年，中油测井按照集团公司财务共享体系建设总体要求，克服国内国外点多面广、语言多样、政策不一、汇率差异大、时空跨度大及财务人员短缺等困难，实现国内财务共享业务全承接和国外共享业务全线上运行，业务处理提升60%以上，会计信息质量进一步提升，成为集团公司首家国内、国外共享业务全承接的单位。

【定额造价管理】 2021年，中油测井建成内部定额造价体系，制定发布定额造价体系1.0。包括内部交易价格体系、成本预算定额体系和仪器制造定额体系，规范成本费用标准，建立内部结算程序，推动健全以市场为导向、以效益为中心的生产经营运行机制。构建中油测井对外价格体系，建立涵盖对外仪器销售价格、对外技术服务价格和招投标限价的对外价格体系。深化定额造价体系运用，以信息化、数字化为抓手，推动定额造价体系与预算、核算、考核、生产强关联，促进内部经营管理上水平。

【资金管理】 2021年，中油测井完善资金管控机制，坚持"以收定支、量入为出"原则，优化"年预算、季预测、月计划、周控制、日安排"的资金计划管控模式，资金计划执行符合率97%以上。采取商业汇票、保函信用证等多元化结算方式，推进票据池业务，多措并举提升资金运营效益，自由现金流同比增加34.41亿元，资金运营管控创效0.43亿元。高度关注境外资金安全，开展境外资金风险排查和摸底，组织境外各作业区财务负责人签订《资金安全责任书》。坚持国际结算收支两条线，采取收硬付软等方式，汇率风险保值措施创效0.44亿元，获取汇兑收益0.93亿元。

【"两金"压降】 2021年，中油测井严控应收账款和存货"两金"规模，坚持目标导向、问题导向，压存量与控增量并重，制定陈欠款清收专项激励奖惩办法，采取差异化清欠措施，累计收回应收账款109亿元，其中，收回陈欠款3.4亿元，压减43.42%，"两金"压控综合完成率120%。加大收入结算力度，对收入结算与应收款项清收进行周督办、月通报，推进落实关联交易结算，收入结算率86.77%。

【税收政策与管理】 2021年，中油测井科学合理纳税筹划，综合测算制定纳税方案，各所属单位、子公司办理退税有效增加公司现金流，公司企业所得税税负仅1.40%，整体税负创公司成立以来历史最低水平。通过提高研发加计扣除比例、减少纳税调整事项、规范专项储备使用、专项资产抵扣等，实现退税增利。针对进项税加计抵减优惠政策到期的情况，对税款缴纳"临界点"单位跟踪管理，协调各单位办理进项税加计抵减，增加公司净利润。针对驻疆企业增值税税率调整对公司涉税业务的影响，与集团公司及地方主管税务机关沟通，确保公司整体利益不受损失。

【资产管理】 2021年，中油测井实行资产分类管理，组织各单位维护完善资产信息系统关键数据字段，推进资产分类管理，分析公司资产结构，为提高资产创效能力提供必要的系统基础数据支持。资产轻量化管理，持续开展资产报废和低效无效资产清理处置，处置低效无效资产317项，有效提升资产价值创造能力。商业保险集中管理，完成非统保设备险上报集团审批及相关工作，在有效控制风险的前提下，降低保费支出，实现保险效益最大化。

【财务基础管理】 2021年，中油测井加强财务基础管理工作。开展财务大检查，针对发现的问题及时整改，固化形成财务运营管控长效机制。配合集团公司巡视和公司党委巡察工作，对发现的问题立行立改，财务管理体系和效能不断提升。开展财务会计信息虚假问题整治自查，对集团公司转送的问题开展"回头看"，防范财务会计信息虚假风险。加强制度建设，修订完善《资金管理办法》《总部资金授权管理办法》《差旅费管理办法》等制度14项。

【财会队伍建设】 2021年，中油测井坚持人才强企战略，以"一个家庭，一所学校，一支军队"的理念为引领，打造一支团结协作、专业化、国际化复合型财务人才队伍。开展财务"三张表"学习培训，举办总会计师、财务科长、业务骨干和财务共享业务全承接4个培训班，有效提升公司两级财务队伍的综合素质和管理水平。选派业务骨干11人次参加集团公司培训，组织内部财务系统培训学习1233人次。统筹协调新冠肺炎疫情防控和决算工作，安排集中办公，展现财务队伍"忠诚担当、奋发有为"的良好精神风貌。

（柳岳辰）

国际业务与外事管理

【概述】 2021年，中油测井围绕建设世界一流测井公司目标，突出国际化发展战略，统筹规划国际业务，完成与长城钻探国际测井业务划转，内部国际业务优化整合。理清管理界面，在社会安全、境外疫情防控、员工健康管理等方面完善业务流程、健全规章制度。在重组阶段，按照"人心不散、工作不停、业务不乱、市场不丢"的管理要求，深化改革，境外项目平稳运行。在国际业务划转重组期间，妥善解决人员出入境各类手续办理问题，保障境外岗位人员正常倒班轮换。完善国际业务社会安全防控体系，提升境外项目社会安全管理水平。加强境外现场常态化疫情防控，促进境外项目人员健康管理。

（胡慧琳）

【国际业务管理】 2021年，中油测井按照中油技服2020年12月31日下发的《关于做好国际测井业务整合划转的通知》，上半年与长城钻探签订《国际测井业务整合划转框架协议》《苏丹、南苏丹、哈萨克斯坦、伊朗四国国际测井业务交接协议》《国际测井业务交接协议》《战略合作框架协议》《国际测井业务整合划转财务资产交接协议》；9月，双方签订《境外业务联合管理协议》，明确共同使用GWDC、CNLC两个服务品牌，对外统一管理，实现合作共赢；11月，双方达成一致意见，加快机构交接进度。内部国际业务整合方面。4月初，中油测井成立改革专项方案编写专班，遵循"坚持顶层设计、坚持统筹规划、坚持统一品牌、坚持安全稳定、坚持加快发展"原则，起草公司国际业务整合实施方案。中油测井本部成立国际合作处，负责公司外事、因公出国（境）、境外社会安全、境外疫情防控以及境外员工健康管理。整合原国际公司、国际事业部、天津分公司、大庆分公司的国际业务、人员、资产和装备，成立新的国际公司，统筹负责公司国际业务管理，承担市场开发和经营效益等业务。国际公司下设非洲、中东、中亚、南美、亚太5个境外大区，构建"国际公司统一管理、境外作业区具体实施、大区区域协调"的管理模式，理顺管理权责界面，完善运行体制机制，以保障国际业务实现跨越式、规模式发展。

（丁海琨）

【对外合作交流】 2021年10月14—15日，中油测井承办的中国石油海外业务测井技术与应用研讨会在陕西省西安市召开。会议由中国石油国际勘探开发有限公司和中国石油勘探开发研究院联合主办。来自中国石油海外企业、油田技术服务企业、科研院所、咨询中心等单位188名人员参会。技术专家聚焦海外测井技术需求和业务发展，总结交流海外测井技术成果，梳理海外测井技术现状与需求，深化海外特色测井技术研究与应用，为海外油气高效勘探和效益开发提供优质技术供给。10月16日，中油测井第13次总经理办公会对做好会议总结、用好会议成果等进行安排部署。10月27日，集团公司党组成员、副总经理焦方正针对本次会议，作"着力推进海外测井业务服务体制创新，着力提升支撑中国石油海外业务保障能力，着力开拓CPLog、CIFLog国际服务市场，着力打造国际知名测井品牌和测井国际化人才建设"的重要批示。为贯彻落实集团公司"四个着力"批示精神，进一步用好会议成果推动公司国际业务高质量发展，制定印发《中国石油海外业务测井技术与应用研讨会会议成果推动落实工作方案》，推进工作落实。

（尤嘉祺）

【外事管理】 2021年5月，中油测井外事管理业务和系统由办公室移交国际合作处管理。按计划梳理和完善外事管理工作相关制度，8月30日，修订《因公出国管理办法》。11月16日，制定《外事接待和线上外事活动管理办法》和《领导人员外事活动规定》，完善因公出国立项审批流程，提高审批时效。全年办理因公出国立项团组108个251人次，办理因公护照73本、销毁过期因公护照761本。完成国际业务重组人员的外事关系划转和护照管理移交，完成原长城钻探工程有限公司人员护照关系移交237人；完成大庆、天津、辽河等分公司国际业务人员护照关系公司内部划转137人。新冠肺炎疫情期间，对因公出国人员报批跟踪管理，保障境外员工倒班轮换工作正常运转。严格控制派出一般性临时出国团组，做到"非必要不出境"。严格出国人员资质审查，重点关注有基础病或存在健康隐患的员工，严格体检、疫苗接种等出国要求，加强出国人员疫情防控知识教育和旅途防护培训，签订《出国员工健康承诺书》，提高出国员工自我防护意识，有效控制出国管理风险。规范出国管理基础工作，组建外事管理员团队，18家二级单位各设立1名专兼职外事管理员，及时传达集团公司、公司最新文件、通知要求及疫情航班动态信息。12月22日，举办出国管理暨制度宣贯培训班，各二级单位共18名外事管理员参加培训，提高员工外事管理水平和团队工作效率。

（沈 霞）

【境外项目人员健康管理】 2021年，中油测井开展出国人员健康体检评估，梳理健康档案，完成出国人员3年内体检报告历史数据统计，开展全员健康监测。全年完成境外项目人员健康改进填报427人次，健康监测填报1475人次。与专业医疗机构合作，签订远程健康咨询指导协议，指导国际业务新冠肺炎疫情防控一体化方案的制定、实施、完善和评价，对境外项目人员健康医疗与管理提供远程指导。各境外作业区开展境外健康企业建设自评估工作，每个项目现场根据实际情况配备急救包、血压计和血糖仪等医疗设施。加大境外项目人员家属关心关爱工作力度，重点关注超期一年境外服务人员，全年开展境外项目人员关心关爱活动2605人次，对家属帮扶慰问90人次。加强境外现场常态化疫情防控，成立三级疫情防控工作领导小组（工作组），健全责任体系，落实四方责任。坚持分级分区差异化管理和重点精准施策，落实境外疫情防控措施，定期开展视频巡检。及时传达学习上级疫情防控要求，加强疫情防控培训宣贯，提高员工安全防护意识和能力。持续更新完善国际业务疫情防控方案，11月19日，编制印发《中国石油集团测井有限公司国际业务新冠肺炎疫情常态化防控工作方案（第三版）》，各境外项目疫情防控措施完善318条。开展国际业务相关培训488场3824人次，组织和参与境外视频巡检195场次，整改发现问题92项。落实集团公司超期人员轮换休假工作，寻找商业回国途径，重点完成超期一年人员回国休假，全年安全回国倒休129人，出国183人。

（朱 禾）

【境外社会安全管理】 2021年，中油测井境外项目多位于高风险及以上国家，高风险Ⅲ级及以上项目27个，占项目总数的84%。为适应改革重组后国际业务的需求，持续改进国际业务社会安全管理，保障境外员工和财产安全，修订《中国石油集团测井有限公司国际业务社会安全突发事件专项应急预案》《中国石油集团测井有限公司国际业务社会安全管理体系》和《中国石油集团测井有限公司国际业务社会安全管理办法》等国际业务社会安全管理规章制度。境外社会安全管理在集团公司2021年度五维绩效考核中取得90.28分，同比提高4.28分，级别由"优秀级"晋升为"卓越级"。结合国际业务发展新态势，加强多方信息收集及风险研判。针对所在国大选、重大节日等特殊敏感时段，及时发布社会安全预警预报信息；动态跟踪巴基斯坦、伊拉克、伊朗、乍得、苏丹、南苏丹等重点国家社会安全形势，落实伊朗作业区人员转移，制定南苏丹撤离方案，巴基斯坦、乍得社会安全升级管理方案、应急处置预案。结合境外社会安全共性和各作业区特性问题，一对一制订安保方案33项、应急预案28项，全年境外社会安全零事故、零伤亡，保障海外生产作业平稳运行。

（刘 亮）

企管法规

【概述】 2021年，中油测井围绕深化改革和依法合规要求，着力提升法制建设水平，强化制度管理，加强管理创新经验总结与交流，完善内控与风险管理体系建设、强化合同管理能力，推进公司治理体系和治理能力现代化。

（王 瑜）

【法律事务】 2021年，中油测井落实"三重一大"决策制度要求，加强重大事项法律参与。完成国际测井业务发展、华北油田生产井监测业务接收、辽河油田射孔业务划转、射孔业务外包等事项的合法合规性审查。审核重要战略框架协议、股权划转协议、高层次人才引进协议和制度流程等20余项。开展重要项目法律论证。完成公司英文名称变更论证、软件公司致函风险应对、战略合作框架协议研究论证等。对国际事业部劳务纠纷、塔里木辅助外包员工纠纷等提供法律指导。梳理境内外重大合规风险，开展重大法律合规风险分析，强化风险预警。深化风险研判与政策跟踪，加强新形势下垄断风险防范。强化案件处理和改进管理。建立案件督办台账，采取加强指导、专家会商、上下协同等措施，强化结案措施案件处理，全年处理在审和执行案件20余件。通过法律途径维护权益，中油测井作为原告方案件占2021年全部新发案件金额的70.53%。实施所属单位纠纷案件月报管理，完善案件申报与过程管控，实时掌握案件进展。定期开展纠纷案件数据统计分析，制订应对措施。

（刘兰樱）

【制度与合规】 2021年，中油测井着重构建系统完备、科学规范、运行有效的制度体系。制订年度计划，完成制度制修订65个。印发海外业务规章制度参考资料，统筹推进海外业务规章制度建设。开展制度体系建设宣贯培训，提升制度编写质量。按照基本制度、管理规章、操作规定3个层级开展制度梳理，制度数量持续优化，清理部分非制度文件63个，制度优化率17.45%，截至2021年底，公司规章制度共计298个。向全员配发集团公司《诚信合规手册》，开展全员《诚信合规手册》和合规业务培训，组织10795名职工签订诚信合规承诺书，提升全员合规意识。

【综合管理体系】 2021年，中油测井推进综合管理体系有效运行。印发综合管理体系手册2000

册，实现关键岗位人员全覆盖。开展综合管理体系宣贯培训，营造良好体系运行氛围。建立综合管理体系运行机制，从职责管理、文件管控、监督检查、持续改进四方面推进体系运行。对新疆分公司等5家单位开展综合管理体系运行检查，发现问题79个，提出合理化建议31条，提升体系运行质量。开展体系融合，将海外社会安全体系纳入综合管理体系手册，实现体系与业务有机融合。

（周茂荣）

【内控与风险】 2021年，中油测井围绕深化改革年工作安排，按照"管理制度化、制度流程化、流程信息化"要求，推进测井产业链专业化发展，实现业务流程顶层设计，规范流程操作程序，夯实企业管理基础。结合公司深化改革方案，推进内部资源整合，优化业务流程管理程序，完善内部监管制度，提升内控手册质量和提升内控体系管理水平。编制年度内控测试运行大表，开展内控自我测试，面对新冠肺炎疫情影响，采取"远程+现场"相结合的方式，对所属单位自我测试进行实时监控，按季度通报测试进度和质量。修订《内部控制与风险管理评价实施细则》《内部控制测试管理实施细则》，规范内控测试考核评价标准。把内控管理层测试、公司评价测试和自我测试发现例外事项整改，作为测试监督重要内容和改进测试重点，明确管控职责和整改责任人。完成2021年重要例外事项整改。

（金朝晖）

【合同管理】 2021年，中油测井修订《合同管理办法》，完善制度优化流程，进一步规范交易行为，提升合同规范化、标准化、信息化水平。开展2次培训宣贯，提高"守合同，重信用"的合规意识。制定突出问题专项治理实施方案，组织排查问题，解决合同管理难点。联合审计处、纪委办公室组成联合督查小组，督查所属单位合同管理突出问题专项治理，对问题整改落实不到位、屡查屡犯边查边犯的单位及个人，采取加强审核、领导约谈等措施，严格督查督办。通过治理事后合同率下降至0.13%，合同标准文本使用率从20.54%上升至61.81%。按照公司改革方案和进度要求，完成资源整合后的合同签订与已签订合同迁移，保障生产经营开展。

【工商事务】 2021年，中油测井加强工商事务管理工作，在营业执照管理方面，全年借用原件26次，复印件372次。11月25日，中油测井技术服务有限责任公司完成工商登记信息变更，成为中油测井全资子公司，法定代表人为沙峰。

【管理创新】 2021年，中油测井加强管理创新基础建设，动态调整管理创新评审专家库成员，确保专家库覆盖各类管理人才，提升项目与成果评审的公平性、科学性。坚持问题导向、目标导向、结果导向原则，引导围绕热点难点开展项目立项，完成项目立项17项。推进管理创新成果有形化，完成28项管理创新成果评审，评选出2021年度管理创新优秀成果一等奖4项、二等奖6项、三等奖10项，成果涵盖财务、人力资源、市场生产、党建等方面，形成一批可复制、可推广的管理模板。开展管理创新课题研究，申报集团管理创新项目1项。申报的《转变经营机制促进高质量发展创新实践》获集团公司管理创新成果三等奖，《"激发活力，赋能业务"导向型科技管理体制机制创新与实践》获中油技服管理创新成果二等奖，《以提速提效为目标的桥射联作业务流程再造创新与实践》获中油技服管理创新成果三等奖，《敏捷管理在产品研发中的价值研究》和《"四严四强化三融入"工作法打造示范党支部》获中国石油企业协会管理创新论文一等奖，《"互联网+"环境下测井放射源管理研究及应用》《物资供应代储代销模式的创新与实践》和《油服企业以提质增效为导向的深化改革创新实践》获中国石油企业协会管理创新成果三等奖，操作工程师管理模式和税收筹划管理经验在中油技服板块推广。

【对标管理】 2021年，中油测井对标世界一流管理提升，围绕战略管理、组织管理、运营管理、财务管理、科技管理、风险管理、人力资源管理、信息化管理8个方面，制定《中国石油集团测井有限公司对标世界一流管理提升行动计划》，建立对标指标库。推动制定制度流程11项、规范标准4项、编制方案18项，编撰专业规划2项。全年，对标管理提升行动完成率93%，在集团公司排名位列第一梯队。学习东方物探、中海油田服务股份有限公司管理经验，制订对标学习落实工作计划；学习中油国际海外市场开发管理经验；到工程技术研究院、勘探开发研究院，开展技术合作探讨科技管理模式创新；到大庆油田、长庆油田、塔里木油田、西南油气田等了解甲方需求，研究工作方向；到宝鸡石油机械有限责任公司（简称宝石机械）、昆仑数智、三一重工股份有限公司，学习精益管理、标准化设计、信息化应用、数字化管理、自动化加工与智能化制造经验，探索合作方式。

（王 瑜）

【深化改革】 2021年，中油测井依据《中国石油天然气集团有限公司改革三年行动实施方案2020—2022年》部署安排，制定《中国石油集团测井有限公司改革三年行动实施方案》，确定4个方面24项71个子项改革任务，系统谋划年度改革工作。7月20日，召开深化改革部署动员大会，对改革实施方案进行说明，强调深化改革的重大意义，宣布组织机构调整、干部任免、岗位聘任决定，明确升级管理的工作要求，进一步统一干部员工的思想和行动。全年完成10项改革重点任务，改革三年行动任务完成率87.5%，超额完成"70%"目标。完善中国特色现代企业制度，制修订20余项制度办法，完善"决策、执行、监督"管理体系，推动大监督常态化运行。

持续深化供给侧结构性改革，完成国际业务资产、人员划转和旋转导向项目接收，推动吐哈、华北油田测试业务、辽河油田射孔业务划转。整合研发资源，打造北京和西安两个研发高地；整合制造业务，在西安、重庆、天津、华北建设4个智能制造工厂；整合物资、装备、工艺资源，形成中部、西部、东部、西南4个保障中心；整合专用计量鉴定、质量检验与QHSE监督业务，搭建中部、东部、西部区域大区监督架构，组建成立中国石油集团井筒质量检测中心，取消各单位物资采购权，成立物资采购中心；整合4个单位海外业务，成立国际公司，建立"国际公司—大区—作业区"运行模式；整合5家单位岩石物理实验资源，为复杂储层解释评价提供方法支撑。完成本部职能、二线领导项目制、任期制和契约化改革。

健全市场化经营机制，发布实施公司定额造价体系1.0，完成川渝页岩气等区域市场整合，开展2批次13名高层次人才引进，制订优化人力资源统筹配置方案，调整各单位2021年绩效考核指标，制定《科技型企业岗位分红激励办法》，涉及岗位人数1200余人。

持续加强党的建设，完善"第一议题"制度，一体统筹测井业务"十大工程"和党建工作"十项任务"，做到"思想融、决策合，组织融、业务合，流程融、工作合，能力融、责任合"，实现党建目标与测井使命担当有机统一。

建立院士工作站。制定人才强企工程行动实施方案和专业技术人才队伍专项规划。印发《文化引领工作实施纲要》《企业文化工作管理办法》，打造中油测井文化体系；参加第九届全国品牌故事大赛，其中"打开地下宝藏的钥匙"演讲作品获全国二等奖，"星火燎原"短视频获西安赛区二等奖；制作中油测井形象宣传视频片，编印形象宣传画册，编印《测井文化》内刊，宣传中国石油测井文化。

【管理专题项目】 2021年，中油测井结合深化三项制度改革、领导人员任期制和契约化改革要求，制定《中层领导人员退出领导岗位管理暂行办法》和《关于进一步发挥公司退出中层领导岗位人员作用的意见》。第一批12个、第二批17个企业管理专题项目完成立项研究，成立项目长选聘工作领导小组，公开遴选企业管理专题项目长，按照老中青组建研究团队，签订任务书，召开企业管理专题项目进展情况汇报会，推动工作落实。制定《企业管理专题项目管理办法》，各专题项目按进度运行。

（冯俊贵）

内部审计

【概述】 2021年，中油测井落实党和国家对审计工作的要求、集团公司审计工作部署及中油测井工作会议精神，全面履行审计监督服务职能，做好常态化"经济体检"，推进审计转型升级，守正创新，提高审计工作质量和效益，开展经济责任、经营成果、物资采购管理、基建项目、重点科研项目和其他专项6类135个审计项目，审计单位覆盖率100%，审计资金140.73亿元，审计发现问题290个，审计发现问题整改率100%，现场督导立查立改问题225个，取得直接经济成果1035.90万元。发挥审计监督服务和参谋助手作用，出具审计意见书15份，向党委呈报专题报告及管理建议书8份，提出两级管理建议59条，管理建议采纳率100%，移交审计线索1件，处理违规追责问题4件。

【重要审计项目】 2021年，中油测井严格落实"有权必有责、用权必担责、滥权必追责"的权力运行监督机制。在经济责任审计方面，坚持"离任必审"，开展领导人员离任经济责任审计10项，发现问题52个，提出管理建议21条，现场督促立查立改问题103个。在物资采购管理审计方面，服务物资采购管理体制机制改革，审计采购、合同、招标、仓储等全业务链，发现问题9类113个，问题金额7595.03万元，提出管理建议9条，现场督促立查立改问题42个。在基建工程、成本费用审计方面，以控制投资费用和提高质效为重点，开展89个工程项目竣工决（结）算审计，审计资金8867.63万元，审减1035.9万元，审减率11.68%。围绕以"财务为中心"的管理思路，审计业务外包、设备租赁等重点成本项目，发现问题22个，问题金额1645.11万元，提出审计建议8条，现场督促立查立改问题33个，促进降本、提质、增效扎实推进。在民企清欠、维稳费用审计方面，对所属19家单位民企清欠情况进行跟踪审计，发现问题3个，问题金额194.2万元，提出管理建议2条，将民企清欠监督工作要求落实落地。在2020年维稳费用支出审计方面，发现问题2个，问题金额118.15万元，提出审计建议2条，促进维稳费用合规管理。在重点科研项目、安全隐患治理审计方面，完善科研项目经费必审制度，集团公司科研项目审计全覆盖，审计公司级重点科研项目，完成审计29项，审计资金36072.66万元，发现问题30个，规范科研经费管理。规范安全隐患治理资金使用，审计所属单位2019—2020年安全隐患治理发现问题55个，问题金额2620.44万元，提出审计建议9条，现场督促立查立改问题32个。在采购计划、采购价格大数据审计方面，开展实时在线采购计划审计，审核采购计划314批次，涉及采购品种1.85万种693.59万项，采购金额9.30亿元，从源头化解重复采购产生物料积压风险。落实以效益为导向的采购运行机制，开展采购价格大数据审计，在线全覆盖审查411组采购价格异常数据，核实价格异常数据4215条，发现5个问题，提出5条管理建议。在经营成果审计方面，推进落实"加强考核、严格兑现"要求，核实评价绩效合同效益类指标完成情况，审计新疆分公司2020年经营成果，发现8个问题，问题金额544.77万元，提出3条管理建议，督促现场立查立改问题15个。在配合迎审上级审计方面：加强组织协调，配合集团公司开展"使用中央财政资金情况专项审计"和"2012年以来贯彻落实国家有关优化产业布局政策投资建设产业园区（基地）情况专项审计"，选派业务骨干，参加集团公司开展的"大庆油气持续有效发展关键技术研究与应用项目经费管理"和"大港油区效益增储稳产关键技术研究与应用项目经费管理"审计。

【**审计管理**】 2021年，中油测井加大数字化审计应用，深化运用集团公司数据仓库平台，优化企业经营画像功能，新增指标分析模型5个，审计发现模型12个，制定个性化大数据审计方案16个，形成指标分析、模型构建、线下核实为主要节点的大数据审计分析工作流程，建立健全大数据审计管理体系，编制《大数据审计模型使用手册》，确立专家和应用组两级结构，规范组织管理和技术管理大数据审计。拓展搭建审计发现模型，利用"会计账簿分析模型"，对公司改革过程中重点关注的物资采购、合同、工程、装备、科研、基建等12项内容进行综合分析和风险识别，利用大数据分析发现审计问题90条，占审计发现问题总数的37.19%，审计费用同比下降66.75%，推动数字化审计转型落到实处。

采取嵌入式、"1+N"审计组织方式，实施多个审计项目同部署、同进点、同开展。减少交叉进点、重复审计，现场审计平均时间同比减少25%。

坚持"监督与服务并重"工作要求，扩展审计服务职能，审计业务重点关注物资采购、成本费用、安全环保等服务改革发展，推进公司决策部署落实落地。审计业务深入基层项目部、班组实地调查，从加强管理、深化改革、提升绩效角度，提出建议59条，帮助基层解决发展难题；细化审计意见内容，逐项列明适用法规制度的关键条款。推进违规经营投资责任追究工作体系建设，发布《中国石油集团测井有限公司违规经营投资责任追究工作实施细则》，构建统一管理、统一追责的工作机制，全年违规追责问题和线索4件，责任追究9人，其中提醒谈话5人、诫勉谈话3人、处罚1人。

突出审计整改时效，向集团公司、中油技服报送整改报告2期、后续整改报告4期；编制审计跟踪整改周报7份、月报4份，现场督促被审计单位立查立改问题225项；将审计整改情况纳入被审计单位主要领导履行经济责任和年度业绩考核内容，对不能按时、保质完成整改的4家单位，在年度考核中扣分，倒逼审计整改成效。

加强审计与纪检、巡察、财务等业务管理部门信息共享，在大监督联席会议上通报审计发现问题线索，推进建设大监督体系。参审财务大检查联合监督，编制油料管理专题报告4份，发现问题18个。参审关键技术研究费用规范使用情况联合监督，审查2项公司级重点科研项目流程合规性和经费使用，发现问题3个。发挥审计在反腐败作用，及时向纪检部门移送审计发现违纪违规线索1起。

按照集团公司工作要求，完成设租寻租问题专项整治，自查重大投资项目672项、重大工程建设项目114项，自查覆盖率100%，发现风险点3个，全部完成专项整治工作。

【**审计队伍建设**】 2021年，中油测井落实集团公司内部审计体制改革工作要求，成立审计中心，完善审计工作组织架构，审计队伍增加9人。形成"审计处抓管理、审计中心抓落实"的"双驱动"审计管理体制。

【**制度建设**】 2021年，中油测井为加强和规范公司违规经营投资责任追究工作，落实国有资产保值增值责任，有效防止国有资产流失，根据《中国石油天然气集团有限公司违规经营投资责任追究工作暂行规定》，制定《中国石油集团测井有限公司违规经营投资责任追究工作实施细则》《中国石油集团测井有限公司审计发现线索移送及责任追究事项移交工作实施细则》2项制度。系统梳理法律法规、内部审计准则、审计管理制度、集团公司及中油测井管理制度5个层面制度规范，动态更新发布《审计法律法规及规章制度库》，为依法依规审计奠定基础。

（李 明）

行政管理

【概述】 2021年，中油测井按照集团公司综合管理部的要求，贯彻落实党中央、集团公司党组、中油技服、陕西省委、省政府工作部署，落实第一议题制度，推进文秘与督办、文书与机要、会议会务、业务接待管理、综合事务管理等业务工作落实，管理、指导所属单位办公室（综合办公室）业务，履行机关"五项"职能，保障公司党委、公司日常办公良好运行。

（白松涛）

【"第一议题"制度落实】 2021年2月，中油测井党委根据《中共中国石油天然气集团有限公司党组"第一议题"制度》，研究制定"第一议题"制度，规范两级党委执行"第一议题"工作。第一时间以党委会、党委理论中心组集体学习等形式，专题研讨习近平总书记新时代中国特色社会主义新思想新理论，学习贯彻党的重要会议精神、习近平总书记对石油石化行业和能源领域相关的重要指示批示、关于国资国企改革、能源行业发展和党的建设等内容。全年开展专题研讨6次，制定落实措施48项，把贯彻落实学习成果转化为"服务油气、保障钻探"的具体行动和实际成效。9月，办公室（党委办公室、维稳信访办公室）牵头，联合监督检查基层党委落实"第一议题"制度情况。针对检查发现学习宣贯不到位、执行制度不规范等问题，提出工作建议，督促整改落实，把"第一议题"制度落实落地，指导工作实践。

（白松涛 温 泽）

【文秘与督办】 2021年，中油测井办公室围绕中心工作、重大决策等，开展文秘、督查督办和跟踪问效，主动改进方法，注重工作实效，在"大""要""急""难"四字上下功夫。2021年，办公室（党委办公室）重点对企业"三重一大"决策事项、年度或阶段性重点任务、企业领导关注事项进行立项督办，集中督办4次，涉及重点工作743项，推动重点工作开展和任务落实。文秘工作全年起草各类工作报告、汇报、总结、提纲，领导讲话、发言、致辞和会议纪要、调研报告、党课件等10个类别、179份文稿、73万余字；规范事项提报流程，加强议题前置性审核，负责35次党委会、5次执行董事办公会、15次总经理办公会、7次党群工作例会的会议会务工作，起草纪要62份；集中开展督办4次，涉及重点工作743项，推动重点工作开展和任务落实；策划调研交流活动，协调公司层面走访油田钻探21家、调研基层单位25次、形成调研报告8份、整理问题及需求清单16份224条。编发《公司信息》24期，向集团公司、中油技服报送重要信息67条，展示公司发展成果。结合集团公司有关规定及公司实际，修订加强督促检查工作、会议管理办法、会议制度（试行）等3项制度。

（陈 凡 白松涛）

【文书与机要】 2021年，中油测井严格执行中央、陕西省委和集团公司对公文和印章管理规定，遵循"统一归口、分类办理、规范高效、安全保密"的原则，规范公文的登记、流转、保存、归档等工作，做到公文制度化、审文精细化、用章流程化。做好集团公司专网系统和内网电子公文系统的使用、运行、管理和维护等工作，提供稳定有效的信息化办公服务。全年文书与机要工作以零差错完成陕西省、集团公司和中油测井收、发文工作，收文2885份，发文2460份。按照标准印信管理，刻制印章30枚，废止印章24枚。开展文书与机要工作标准化建设，梳理12项文书机要工作流程，制作20个文书机要工作表单，规范文书工作。根据用户需求，随时对办公自动化（OA）系统进行功能更新与完善。根据深化改革要求，调整组织机构，完成14个本部部门、19个所属单位OA系统机构调整和人员迁移，在系统中制作、修改和调整公文类型、文头与代字，在OA系统制作使用文头74个，编制代字440个。机要设备实行每周一安检、每月一上报，机要设备运行状况按时上报集团公司保密办。在用网络密码机、终端密码机和密码传真设备等，通过保密工作自查自评，自检合格，运行正常。12月，密码传真设备完成第9次秘钥更换。机要文件管理以严格标准、确保安全原则，统一管理、分级负责，设专柜保存机要文件，定期清查核对，全年收机要文件160份，清退机密级文件18份，发涉密文件10份。

（王笑菲）

【业务接待管理】 2021年，因受新冠肺炎疫情影响，中油测井业务接待活动大幅缩减。6月，为落实中央八项规定精神，规范各级人员履职待遇、业务支出管理工作，根据《中国石油天然气集团有限公司所属企事业单位负责人履职待遇、业务支出管理规定》，结合实际制定《中国石油集团测井有限公司各级人员履职待遇、业务支出管理规定》，规范业务招待、公务用车、办公用房、国内差旅与因公临时出国、培训、通信等履职待遇、业务支出管理，要求各级人员履职活动业务支出依法依规、廉洁节俭、规范透明做好业务接待管理工作。

（宋政龙）

【综合事务】 2021年，中油测井为员工创造良好的办公环境，及时为新进本部人员调配办公场所，采购办公设备和用品。协调改造公司领导、首席技术专家、本部职能部门和辅助保障单元工作人员办公用房，改善办公环境。协调解决中国石油测井院士工作站在公司驻中国石油昌平科技园12区块C座办公场所。建立资产实物管理层级框架，职责划分到各职能部门、落实到个人，对本部职能部门和辅助保障单元使用的办公设备进行清查、登记、建账，完成资产划转88台。制订办公用房设备用品配置预案，投资计划完成率100%，设备入账率100%，保障本部部门和保障单元工作正常运行。变更公务用车配备方案，统一配备公务用车；规范本部用车申请审批程序，严格执行公务用车使用事前申请流程，优化车辆管理。

（王红卫）

保密工作

【概述】 2021年，中油测井党委、公司高度重视保密工作，在公司"三会"、第四次党代会等重要会议上，对保密工作做出具体安排部署。党委多次召开专题保密工作会议，调整领导班子成员分工，明确保密工作主管领导，落实工作责任。根据集团公司部署和中油测井工作变化，及时调整完善保密密码组织机构，6个新组建单位成立保密工作机构，公司办公室增设1名保密管理兼职工作人员，保障保密工作经费，为保密密码工作开展提供人力、物力支持。初步健全以保密部门、保密工作机构、保密成员单位为主的横向保密协调管理网络和公司本部、二级单位、基层党支部为主的纵向保密组织网络。

【保密技术】 2021年，中油测井完成终端安全管理、身份认证、入网检测等系统部署实施，实现100%终端节点安全可控。中国石油终端敏感审计系统实现99.04%终端计算机覆盖。WPS办公软件安装率90%以上。整改密码"弱口令"问题，提升网络安全防护能力。

【保密教育】 2021年，中油测井加强干部员工保密意识教育，开展"光辉历程，保密有我"庆祝中国共产党成立100周年保密知识竞赛活动。以"学习百年党的保密历史，传承对党绝对忠诚红色基因"为主题，开展第33个保密宣传月活动。组织开展全民国家安全教育日活动，近8000人次接受保密密码法律法规教育。党委委员集体学习保密宣传片，研究保密工作。利用党史学习教育、本部新招聘人员培训班、档案史志培训班等机会和基层单位要求，到基层一线开展保密法规和保密知识培训讲座。配合集团公司保密第六协作组工作，组织部分领导干部、保密干部到西北工业大学保密实训基地开展保密培训和现场体验。加强出国人员保密教育，确保海外信息安全。利用铁人先锋平台宣传国家保密法律法规和集团公司保密管理制度，5600多人次参与保密知识答题。本部各部门、基层各单位采取灵活多样的方式开展保密教育。选派专人参加集团公司保密专题培训。加强与陕西省保密局汇报沟通，订购《涉密人员管理手册》《机关、单位保密自查自评工作指南》《科技人员保密必读》《保密技术检查教程》等专业读物，供保密干部员工学习。加强与陕西省保密局业务沟通。协作组2人、中油测井1人获聘集团公司保密专家，牵头编写《集团公司涉密会议与涉密活动保密管理办法》学习与实践培训课件及讲义，提升保密工作规范化、标准化管理水平。

【监督检查】 2021年，中油测井进一步规范涉密人员管理，完成5名新任职领导人员保密资格审查确认，7个涉密岗位、12名涉密人员及40名涉商密人员审查确认。主要领导与班子成员签订保密责任书，保密委主任与本部部门及基层单位二级正职领导签订《保密责任书》，本部部门及基层单位二级正职与副职签订《保密责任书》180份，向70多名新任职中层领导干部下发保密责任提醒书，《全员保密承诺书》签订率100%。不定期向集团公司保密办公室汇报工作，通过集团公司年度保密密码检查测评。履行保密第六协作组副组长单位职责，抽调专人配合组长单位开展保密工作互查互评，学习典型经验和做法。建立公司内部保密自查自评标准，组织19个基层单位对保密密码涉及的16个方面64项工作内容完成自查自评。

【商业秘密保护管理体系】 2021年，中油测井组织学习宣贯集团公司商业秘密保护管理体系，推动中油测井商密体系的实施。推进与集团公司保密部门汇报沟通，加强与保密协作组沟通交流，强化业务培训，优化工作机制，推动保密管理体系有效运转。

【制度建设】 2021年，中油测井制定《中国石油集团测井有限公司领导干部保密工作责任制实施细则》，进一步明确各级领导干部保密工作职责。修订《保密管理办法》，对定密管理、涉密人员管理、网络保密管理等"三大管理"以及涉密载体管理设立专门章节，提出明确要求。针对公司地域分布广及疫情影响，制定《中国石油集团测井有限公司内部保密自查目录及自评标准》，从保密工作领导责任制落实、保密制度建设以及保密宣传教育培训工作等16个方面，64项具体内容对所属单位保密工作进行全面考核评价。全面梳理岗位职责、管理制度、工作流程、重点工作等内容，编写保密工作手册，指导各单位保密工作规范开展。督促本部职能部门在起草制定的相关管理制度中加入保密密码条款内容，进一步规范业务领域内的保密管理工作。

（宋政龙）

档案史志

【概述】 2021年，中油测井贯彻落实习近平总书记关于做好新时代档案工作重要指示精神，保管好、利用好蕴含党的初心使命的红色档案，记录好、留存好新时代党领导人民推进实现中华民族伟大复兴的奋斗历史，更好服务党和国家工作大局、服务人民群众。档案工作始终围绕生产经营中心，持续推进档案管理体系、档案资源体系、档案利用体系和档案安全体系建设。档案基础设施设备配备到位，档案办公室、档案库房、档案查阅室达到"三分开"，档案库房防高温、防潮湿、防盗、防火、防霉菌、防光、防尘、防虫"八防"措施达标，安全保障能力持续提高，档案体系建设稳步推进。

【档案资源】 2021年，中油测井按照档案资源归档管理要求，整理归档纸质档案22177卷，电子档案186.8742吉字节；销毁纸质档案8061卷33016件；档案利用24089人次286796卷（件）次。截至2021年12月31日，有专职档案工作人员94人，兼职档案工作人员61人；馆藏档案资料674848卷、1616196件，实物3956件，排架长度5万余米；档案库房面积9974.57平方米。

【管理制度】 2021年，中油测井贯彻落实国家新修订的《档案法》，落实集团公司档案工作规章制度、档案管理手册，编制完成《档案管理工作手册》《史志编纂工作手册》，对档案管理和史志编纂工作流程、工作标准进行规范。

【档案安全】 2021年，中油测井按照集团公司《关于进一步加强当前档案安全工作的通知》要求，印发《进一步加强档案安全管理工作实施方案》，所属单位围绕"档案安全管理职责、档案实体安全管理、电子档案安全管理和档案库房安全管理"进行风险识别和自查自改，实现和保持"零事故、零差错"档案安全态势。

【档案验收】 2021年，中油测井按照新修订的建设项目档案验收流程标准，对长庆分公司陇东源库改扩建、陇东生产辅助工房建设项目和西南分公司射孔重点实验室建设项目现场审核验收，均通过专家组验收。

【档案会议】 2021年9月30日，中油测井召开档案史志和保密密码工作视频会议，传达学习贯彻习近平总书记7月6日对档案工作作出的重要批示、集团公司档案工作和保密密码工作会议精神，总结回顾"十三五"中油测井档案史志工作成果，安排部署"十四五"档案史志主要任务和下一步重点工作。

会议要求深入学习习近平总书记重要批示精神，提高思想认识，切实增强做好档案工作的责任感和使命感。要认真贯彻落实集团公司保密密码工作会议精神，提升管理水平，确保国家秘密和公司商业秘密安全。要围绕建设世界一流测井公司目标，加强顶层设计，健全档案史志工作管理体系。要贯彻落实公司数字转型战略部署，深入调查研究，推动中油测井数字化档案馆建设。要坚持守正创新，积极担当作为，努力开创档案工作新局面。中油测井和所属单位要根据集团公司档案管理规划，制定档案工作"十四五"规划。

【档案信息系统】 2021年，中油测井完成制造公司、质量安全监督中心、国际公司、物资装备公司、地质研究院、测井技术研究院等7家重组单位的档案管理系统全宗号增设、组织树建立等系统配置。配合集团公司档案管理系统技术支持项目组完成国际公司FMIS系统与档案管理系统的挂接。根据各基层单位需求，调整档案管理系统用户权限200余个，清理规范所属单位档案管理员、归档员账户信息300余个，申请注册系统用户80余个。

【档案培训】 2021年6月7日，中油测井在西南分公司举办档案（史志）管理业务培训班，本部部门及所属单位专兼职档案工作人员、史志编写人员参加培训。培训班邀请中国石油档案馆、石油工业出版社、重庆市档案局的档案（史志）管理专家、公司档案业务骨干授课，主要学习新修订《档案法》《中国石油档案管理手册（2020版）》、档案与保密、国家重大专项科技档案管理、建设项目档案收集与管理、OA系统公文归档、公司大事记编写与出版等7个专题。

【公司志编纂】 2021年4月，中油测井党委决定编纂出版《中国石油集团测井有限公司志2002—2021》（简称《公司志》），庆祝中油测井成立20周年。6月，调整史志编纂委员会，同时调整《公司志》断限为2002—2021年。7月，抽调29名基层单位人员集中编写技术服务篇、综合应用篇、党群工作篇等初稿。9月初，基本完成《公司志》各篇初稿编写。10月15日起，先后抽调7名专家集中办公编写修改各篇初稿内容，设计和统计图表、数据等内容。建立和运用公司志编纂和审核流程，确保编纂质量。12月底，完成166.21万字《公司志》初稿。

（蔡成定）

品牌管理

【概述】 2021年，中油测井品牌在有形化、价值化、商业化模式取得阶段进展。参加第九届全国品牌故事大赛总决赛，选送的演讲作品《打开地下宝藏的钥匙》获全国总决赛二等奖。参加首届"中国能源科技影视大会"，选送的《测井智能化作业系统》《桥射联作保压裂》两项作品分别获科普短片类三等奖和微视频类优秀入围奖。

【CNLC品牌】 2021年，中油测井围绕"推动CPLog海外应用，赓续CNLC品牌血脉"的主题，推进加强CNLC国际品牌建设；6月，梳理专业重组后CNLC海外品牌；以技术推介为抓手，成立推广团队，强力推动CPLog快测平台在尼日尔首先推广，探索形成CPLog成套装备海外推广新模式；10月，承办中国石油海外业务测井技术与应用研讨会，扩大宣传CNLC品牌，提升品牌影响力。

【CPLog品牌】 2021年，中油测井实现技术品牌融合统一，明确CPLog作为公司唯一的装备二级品牌，下设智能测井采集系统、快测平台、成像测井、小井眼测井、高温高压测井、过钻杆测井、取心测试、智能地质测导系统、套管井地层评价、生产测井、井筒完整性评价、射孔等12个子品牌系列。

【CIFLog品牌】 2021年，中油测井确立CIFLog软件品牌内涵，梳理形成12个子品牌，初步建立软件品牌体系。根据公司现有软件产品，按照大数据平台、模拟分析、采集控制、处理解释、油藏评价、地质工程6个方面12个子品牌，梳理子品牌的中英文、品牌标识、内涵等。

【制度建设】 2021年，中油测井成立品牌管理委员会和品牌管理办公室，发布品牌管理办法。该制度明确和规范中油测井品牌培育过程中技术品牌和服务品牌的建设、推广与维护，企业文化、雇主形象等内核建设，品牌形象在多载体、多场景中的展示，企业品牌对外的宣传和法律保障等工作。

【品牌建设工作推进会】 2021年6月24日，中油测井在西安总部召开首届品牌建设工作推进会。

2021年6月24日，中油测井在西安召开首次品牌建设工作推进会

中油测井党委书记、执行董事金明权出席会议并讲话，总经理胡启月主持会议。副总经理石玉江出席会议。总经理助理、本部部门和单位负责人，以及相关人员211人，分别在主、分会场参加会议。

会议明确，"2025年，建成品牌战略明晰、品牌管理体系健全、品牌建设成果显著的中油测井，形成一批质量优良、服务上乘、具有广泛影响力的知名品牌，培育一批拥有自主知识产权和国际竞争力的自主品牌"的建设目标。部署今后一段时期的工作。会议提出统一思想、细化措施、压实责任3个方面具体实施要求。

（范宇翔）

维稳信访与安保综治

【概述】 2021年，中油测井根据国家、集团公司、属地政府政策，制修订制度和流程，完善工作体系，依法合规处置公司内部信访、安保和消防等突发性事件，依托预备役连队履行测井公司国防义务和应急责任。

【维护稳定工作】 2021年，中油测井随着国际业务划转，国外项目增多，确定"东部重维稳、西部重防恐、海外重安保"维稳安保工作指导思想，加强在员工两地分居、子女上学、子女就业、一线收入、老员工一线退出机制、生产生活条件改善、文体活动设施建设投入、困难员工家属帮扶等方面的工作力度，强化内部重组改革、"三供一业"移交和退休人员社会化等风险管理。开展平安企业建设和平安基础建设年活动，层层压实责任，发展环境和谐稳定。

【信访工作】 2021年，中油测井信访工作依照信访工作标准、流程，处理群众来信来访，听取职工意见，处理涉及职工群众切身利益的热点问题。完成集团公司交办的年度重复信访事项结案工作。

【治安防恐】 2021年，中油测井推动"反内盗"综合整治工作，坚持学习教育和查摆问题两手抓，瞄准目标，精准发力，确保实现"严惩治、树正气，强管理、固根基"的工作目标。针对海外测井业务和队伍增加，恐怖袭击风险加大，强化海外业务社会安全管理工作。7月，庆祝中国共产党成立100周年期间，中油测井维稳信访工作收到集团公司电报嘉勉。8月，中油测井开展保卫队伍状况调查，系统梳理保卫人员和保安人员数量、文化程度、年龄结构、职称等级和党员数量等情况，科学管理安保队伍。

【制度建设】 2021年，中油测井根据测井海外业务快速增加的实际，9月印发《关于发布实施〈国际业务社会安全管理体系〉的通知》，制定《国际业务社会安全管理体系管理手册》《国际业务社会安全突发事件应急预案》，海外测井业务安全风险防范有法可依。

（张　迁）

离退休人员管理

【概述】 截至2021年12月31日，中油测井在集团公司离退休职工管理办公平台管理离退休人员1227人，其中离休干部2人、退休职工1040人、其他群体退休185人。离退休人员的管理工作在集团公司离退休职工管理办公平台中油测井架构下，负责管理长庆分公司、西南分公司、国际公司、测井技术研究院、地质研究院、制造公司、物资装备公司、质量安全监督中心、培训中心（党校）、生产服务中心等单位的退休人员信息。其他分公司退休人员依托属地油田，人员信息在属地油田架构下管理，发生的费用由分公司与属地油田结算。

【退休人员社会化管理工作】 2021年，中油测井落实2月26日集团公司退休人员社会化管理工作领导小组会议精神，结合地方政府常态化移交工作的进展和要求，制定《西安地区退休人员常态化移交方案》，启动常态化移交工作。截至2021年底，完成26名自管退休人员的常态化移交工作。

【离退休职工待遇落实】 2021年，中油测井注重离退休职工的待遇落实工作。发放离退休人员集团公司"三节"慰问金3272人次269.73万元，其他群体544人次47.42万元。发放生活补贴、集团（公司）过渡年金11477人次289.05万元；发放企业过渡年金848人次50.74万元。完成526户退休人员采暖费报销92.89万元，232名家属子女医保保费报销7.45万元，545人补充医疗门诊费报销151.82万元，230人家属及子女门诊费报销40.62万元。组织446名退休职工体检。发放321人节日慰问金116万元，各类统筹外费用185万元，完成40名退休人员独生子女补助金的办理、组织292名退休职工体检、采暖费报销等工作。协助中意保险完成退休人员补充医疗报销等工作。

定期联系空巢、失独、孤寡、重病等人员58人次，困难帮扶45人，大病医疗帮扶11人，大病救助5人，慰问住院退休职工175人，走访慰问生活困难家庭81人次，发放慰问金13.4万元；发放困难党员慰问金8人1.6万元。

组织开展"颂百年风华，赞千秋伟业"主题征文活动，征集摄影作品9件，稿件42篇。中油测井长庆分公司组织"五一""十一"两次文体活动，参加人数350人次。

（梁　远）

党建、思想政治工作与企业文化建设

党建工作

【概述】 2021年,中油测井党委坚持以习近平新时代中国特色社会主义思想为指导,认真贯彻落实集团公司党组决策部署和中油技服党委工作要求,开展党史学习教育和纪念建党100周年活动,扎实推进基层党建"三基本"(基本组织、基本制度、基本队伍)建设和"三基"(基层建设、基础工作、基本功训练)工作有机融合,基层党组织凝聚力、创造力、战斗力持续增强。在集团公司2020年度党建工作责任制考评获A级。截至2021年底,有基层党委20个,基层党总支21个、党支部251个。党员总数5882人,其中在岗党员5762人,女党员1120人,35岁以下党员1206人,少数民族党员223人。

（宋德静）

【庆祝建党100周年活动】 2021年是中国共产党成立100周年,中油测井党委组织开展党史学习教育、"两优一先"评选表彰、专题党课、岗位实践、歌咏比赛等庆祝建党100周年系列活动。6月30日,组织召开庆祝中国共产党成立100周年暨"两优一先"、脱贫攻坚表彰大会,表彰优秀共产党员40名、优秀党务工作者30名、先进基层党组织30个,授予谢小丽等10人"'感动测井'优秀共产党员"称号,技术中心软件开发所党支部等5个党支部获评"公司标准化示范党支部",驻村工作队等获评脱贫攻坚工作先进集体。"七一"期间,公司走访慰问生活困难党员、老党员、老干部78人,发放慰问金16.12万元,39名老党员获"光荣在党50年"纪念章。编印《"两优一先"百例先进事迹汇编》等党建系列丛书。

（王晨）

【中油测井第四次党代会】 2021年11月29—30日,中共中国石油集团测井有限公司第四次代表大会在西安召开。会议审议并通过金明权作的《贯彻"两个一以贯之"、推进改革创新发展,以高质量党建引领保障世界一流测井公司建设》的党委报告,邵镇江作《忠诚履职担当、提升监督质效,为建设世界一流测井公司提供纪律保障》的纪委工作报告。大会选举产生中共中国石油集团测井有限公司第四届委员会。委员会由石玉江、邹荣、陈宝、陈锋、邵镇江、金明权、胡启月、赫志兵(以姓氏笔画为序)8人组成,金明权为党委书记,胡启月为党委副书记。选举产生中共中国石油集团测井有限公司纪律检查委员会,委员会由王峰、朱富平、张宪、邵镇江、范红卫、董银梦、韩成(以姓氏笔画为序)7人组成,邵镇江为纪委书记,韩成为纪委副书记。192名党员代表、21名列席代表参加会议。

（宋德静）

【"三基本"与"三基"有机融合】 2021年,中油测井党委制定《推进基层党建"三基本"建设与"三基"工作有机融合实施方案》,细化8方面28项具体任务,以"制度建立年、基础建设年、巩固深化年"3个阶段,压茬推进各项任务落细落地。各级党组织通过定标准、建机制、抓考核、树典型,加强以党支部建设为核心的基层建设,以岗位责任制为中心的基础工作,以岗位练兵为主要内容的基本功训练,形成"党建+"、区域党建联盟、"三双"工作法("双带"即支部委员带班组,党员带群众;"双培"即把业务骨干培养成党员,把党员培养成业务骨干;"双考"即党员考评既考党性意识、又考生产业绩)等一批亮点做法。

（张新宇）

【基层党组织建设】 2021年,中油测井党委严格落实"四同步、四对接"要求,结合资源整合组织机构调整,同步成立党总支3个、党支部34个,保持基层党组织健全率100%,党员班组覆盖率100%。持续开展党支部达标晋级,评选67个优秀党支部,选树5个标准化示范党支部。持续夯实基层党内组织生活,指导259个党支部召开党史学习教育专题组织生活会，党员参与率100%；8名领导班子成员、159名二级正、副党员领导干部全部以普通党员身份在所在党支部参加双重组织生活，党支部"三会一课"、主题党日、谈心谈话等党内组织生活落实率100%。坚持落实基层党组织换届选举制度，指导8个二级单位党委完成换届选举，制定党代表大会组织工作流程，明确4个阶段27项工作标准，建立15项工作模板。

（严 冬）

【发展党员】 2021年，中油测井各级党组织认真贯彻《中国共产党发展党员工作细则》《陕西省发展党员工作规程（试行）》，党委组织部主办、新疆分公司承办1期发展对象培训班（视频），140名发展对象通过培训并取得结业证书。全年发展党员139人，陕西省委组织部下达指标完成率99.3%。新发展党员中，科研、生产一线党员126人，占90.6%；工人党员16人，占11.5%；女党员38人，占27.3%；35岁及以下党员95人，占68.3%；本科及以上文化程度党员127人，占91.4%；少数民族党员3名，占2.1%。

（宋德静）

【党委书记抓基层党建述职评议】 2021年3月，中油测井党委召开2020年度所属单位党委书记抓基层党建述职评议会议，长庆分公司等13家单位的党委书记重点围绕提高基层党建质量、履行第一责任人责任等内容述职。通过采取述职汇报、现场提问、民主测评及公司领导点评等方式，交流经验、压实责任、提升能力。各单位党委坚持推动述职评议向基层延伸，实现基层党支部书记现场述职全覆盖，不断激发基层党支部书记抓党建强业务的内生动力。

（宋德静）

【支部书记任职资格管理】 2021年，中油测井党委加强党支部书记任职资格管理体系建设，建立履职能力分级标准，细化3个一级指标、9个二级指标、33个三级指标的任职资格标准，选用情境判断测试、360评估、笔试、业绩评估等测评工具，组织基层党支部书记分级测评，依据优秀、良好、达标等测评结果组织党支部书记开展岗位化、主题化、训练化精准培训，党支部书记持证上岗率90%。

（王岩峰）

【党建责任体系】 2021年初，中油测井党委把所属单位划分为"技术服务、研发、后勤培训、本部"四类，根据业务性质开展差异化考核，连续第三年运用平台开展线上党建工作责任制考核，完成2020年度19个二级单位党委党建工作责任制考核，9个单位评价为"A"类，10个单位评价为"B"类，考核评价结果纳入各单位年度业绩考核，与领导班子和领导人员年度综合考评、绩效挂钩。10月，党委修订《落实全面从严治党主体责任任务清单》及任务分解表，推动全面从严治党向测井业务各领域、公司治理各环节全覆盖。

（宋德静）

【党建研究】 2021年，中油测井党委组织部落实党建研究课题管理制度，开展申报立项、业务培训、中期推动及总结评审工作，全年完成党建研究课题20个、成果转化1个。开展基层党建"三基本"建设与"三基"工作有机融合案例征集，共征集案例68个，编印《中国石油集团测井有限公司优秀党建研究成果汇编》《中国石油集团测井有限公司基层党建创新案例汇编》。《关于创新党支部书记履职能力提升的方法路径研究》等3项课题成果获集团公司2021年度优秀党建研究成果一等奖和三等奖。3篇案例分别获第一届石油石化企业基层党建创新优秀案例二等奖、三等奖和优秀奖。

（宋德静）

【党建信息化建设】 2021年，中油测井党委进一步加强党建信息化平台业务应用管理，推动"铁人先锋"平台在党建、工会、共青团业务的全面应用，依托平台建设"绩效考核"特色应用模块，实现中油测井本部工作人员线上考核。全年在平台开展及录入支部党员大会2391次、支部委员会2897次、党小组会2590次、党课670次，党员党费线上缴纳率98.37%，办理党员组织关系转接646人次。

（李雪松）

【党建工作交流】 2021年，中油测井领导专访

"大党建引领测井高质量发展"、党建成果报道"党建+改革+创新,开启大测井之路"11月在《国企》杂志特别策划栏目刊发,5篇党建研究成果在《石油组织人事》刊发,《党建工作与科研生产深度融合的探索与实践》被评为国企党建工作优秀作品,《与"危"共舞的铁娘子》等4篇案例入选国企党建庆祝建党100周年——"双百"(百家标杆党支部案例征文和百名优秀党员案例征文)征文活动优秀案例。

(宋德静)

【中油测井本部党建】 2021年10月,中油测井本部党委组织召开本部党员大会,以履行"五项职能"、创建"五型"本部为主线,研究部署"12455"工作思路,完成本部党委换届工作;积极适应本部机构改革及职能优化调整,先后撤销及新建党支部4个、更名5个,配齐配强支部班子,党组织健全率100%。坚持开展红色教育和理论学习,每季度组织1期本部大讲堂,提升"三会一课"、主题党日质量。深化"铁人先锋"应用,开发本部工作人员线上考核平台,按照月度、年度、聘期3个时限推行绩效考核,月度优秀率31.5%、胜任率67.4%、基本胜任1.1%。根据年度综合评定结果,考核达到"优秀"标准且排名靠前的,占考核人员的33.3%,"胜任"档次占66.1%,"基本胜任"占0.6%。

(刘 伟)

【制度建设】 2021年3月,中油测井党委为提高党建研究工作水平与课题成果质量,制定《党建研究课题管理办法(试行)》。5月,印发《基层党支部工作考核评价办法(试行)》,健全完善"量化考评、分类定级、动态管理、晋位升级"党支部达标晋级管理机制,构建党支部工作"六位一体"考评体系。6月,印发《党内表彰实施办法》,进一步规范党内表彰工作,明确表彰项目、表彰条件、表彰程序等事项。10月,印发《落实全面从严治党主体责任清单》。11月,依据集团公司党建信息化平台管理办法及业务应用管理细则,研究制定《中国石油集团测井有限公司党建信息化平台业务应用管理细则(试行)》,规范党建、工会、团青业务应用管理。制定《党费收缴、使用和管理办法》,明确缴存基数计算公式、党费管理职责、党员处分期内交纳方式等内容,明确中油测井党委会研究决定党费支出额度及所属单位党委审批使用党费金额。12月,修订《所属单位党委书记抓基层党建工作述职评议考核实施细则》,主要就述职内容、人员范围、结果应用及党支部书记述职评议组织形式等方面进行完善。

(宋德静)

党风廉政建设

【概述】 2021年,中油测井两级纪委在集团公司纪检监察组和公司党委的坚强领导下,自觉增强"四个意识"、坚定"四个自信"、做到"两个维护",聚焦全面从严治党,围绕市场、技术、人才、管理重点工作,一体推进不敢腐、不能腐、不想腐有效机制落实,营造风清气正的良好政治生态。强化监督第一职责,发挥巡察利剑作用,严肃查处各类违规违纪问题,驰而不息纠治"四风",为改革发展提供坚强纪律保障。

(苏 昊)

【党风建设】 2021年2月1日,中油测井召开2021年党风廉政建设和反腐败工作会议。深入贯彻党的十九大和十九届历次全会精神,全面落实十九届中央纪委五次全会、集团公司党风廉政建设和反腐败工作会议精神,总结中油测井2020年党风廉政建设和反腐败工作,安排2021年重点任务。强化党风廉政建设主体责任、监督责任、监管责任,党委制定《党风廉政建设责任制考核实施细则》。依据《党风廉政建设责任制考核实施细则》从领导干部落实"一岗双责"、开展党纪条规案例警示教育等方面,对19家二级单位党风廉政建设责任制落实情况进行专项考核测评,推进责任落实。落实全面从严治党主体责任，组织督促公司和所属单位召开党风廉政建设工作会20场次，签订党风廉政建设责任书5489份，层层传递管党治党责任压力。

（苏　昊）

【纪律审查】 2021年，中油测井党委坚持有案必查、有责必究，深化以案促改、以案促治，全年受理信访举报和问题线索29件，其中，重复件2件，纪检外3件，处置问题线索20件，自立案4件。严肃查处违反中央八项规定精神问题，给予责任人党纪处分和组织处理，对相关领导干部追责问责。精准运用"四种形态"，全年给予党政纪处分8人次，其中党内警告2人次、行政警告2人次、开除党籍2人次、留党察看1人次、行政撤职1人次；运用"第一种形态"处理62人次，占比87.32%。针对线索核查和纪律审查中发现的突出问题，发出纪律检查建议书、监督建议书、建议执行函18份，督促相关单位、部门规范管理，堵塞漏洞，防范风险。

（苏　昊）

【监督检查】 2021年，中油测井党委建立学习贯彻习近平总书记重要指示批示精神落实机制，开展对本部二级正职及以上领导干部，落实党委理论中心组学习安排情况专项监督检查，发现问题46个，提出建议4条。派出3个检查组，监督检查19家二级单位落实"第一议题"制度情况，督促整改共性问题4个，始终做到政治规矩不忘、政治方向不偏。以督促落实重大决策部署精神为重点，梳理重点督办事项325项，向责任部门下发督办通知单14份，确保各项重点工作部署落实到位。坚守"监督再监督"职责定位，2次组织召开监督部门联席会议，开展联合监督检查，发现355个问题，提出50余条管理建议，完善5项制度，推动本部各部门强化制度落实，把好管理工作流程关。紧盯新冠肺炎疫情防控，开展2轮次疫情防控措施落实情况监督检查，发现防疫物资发放不及时等24项问题，及时督促相关单位整改。发挥保障执行作用，对深化改革35项具体任务落实情况全程跟踪监督，确保深化改革平稳有序推进。

（苏　昊）

【作风建设】 2021年，中油测井党委落实中央八项规定，坚持元旦、春节、"五一"、国庆等重大节日期间，通过发廉洁过节通知、公布举报方式，重申纪律要求，提醒党员干部知敬畏、守纪律；采取加强值班值守、开展监督检查等方式，对"四风"问题易发的单位、领域进行重点监督检查，有效防范违纪问题发生。2021年春节前，公司纪委对西安片区6家单位纠治"四风"等工作落实情况进行专项监督检查，发现10个问题，及时反馈被检查单位并提出整改建议。配合集团公司纪检监察组第五中心检查组完成中油测井纠治"四风"专项检查，针对反馈问题，跟踪督促相关单位（部门）整改。对一起司机"公油私加"问题进行严肃查处，巩固深化作风建设成果。坚持纠树并举，组织学习赵乐际在广西调研时关于纠"四风"树新风的讲话精神，对2018年以来纪律审查、巡视巡察、专项检查中发现的"四风"问题开展"回头看"，防止问题反弹回潮。

（苏　昊）

【巡察机构与人员】 2021年，中油测井党委根据巡察工作需要和人员变动情况，党委研究决定，调整党委巡察工作领导小组成员，金明权任组长，胡启月、邵镇江任副组长，成员由纪委办公室（党委巡察办公室）领导和党委组织部领导组成。领导小组办公室设在党委巡察办，韩成兼任办公室主任。

（苏　昊）

【巡察组织与管理】 2021年，中油测井党委充实调整涵盖纪检、组织人事、财务审计、计划企管、物资采购等专业人员组成的巡察人才库。举办2期巡察培训班，提升巡察干部业务素质。健全巡察人员考核评价和奖励机制，强化巡察组党支部建设和日常管理工作。开展2轮巡察和1轮对照检查整改工作，组建5个巡察组，对5家二级单位党委和本部党委开展巡察工作，发现135个问题，收到信访举报2件；组建3个"回头看"巡察组，对7个二级单位党委开展巡察"回头看"，新发现20个问题，压实整改责任，巩固巡察成果。持续深化集团公司2020年巡视通报共性问题对照检查和整改工作，对查摆出的59个问题，建立任务台账清单，逐一销项整改。按照集团公司深化政治巡视模块化清单，开展"四个落实"对照整改工作，发现31个问题，制定32条整改措施，以"清单化"推动巡察任务的"有形化"。

（苏　昊）

【队伍建设】 2021年，中油测井党委新成立纪检中心，选聘5名年轻干部充实本部党委纪检力量。举办纪检干部培训班，学习政务处分法、监督执纪工作规则等专业知识，组织执纪安全演练，提素质、强本领、鼓干劲。选派纪检干部参加集团公司培训调训5人次，参加集团公司巡视3人次，抽调基层纪检干部参加公司实践锻炼14人次，提升纪检队伍履职能力。组织基层纪委书记述职考核，促进责任主体履职尽责。

（苏　昊）

【制度建设】 2021年，中油测井党委对标集团公司纪检监察组工作规范，修订《领导干部操办婚丧喜庆事宜管理规定（试行）》，规范领导干部操办婚丧喜庆事宜报告制度，进一步明确报告时限、报告内容、报告程序；制定《关于规范公司管理人员、专业技术人员廉政档案管理工作的实施办法（试行）》《关于进一步强化内部监督合力的工作意见（试行）》《党风廉政建设责任制考核实施细则》，提升监督质效，强化业务监管，靠实"两个责任"；制定《纪委检举控告工作规定（试行）》《常用组织措施和党政纪处分使用指引》《党委巡察期间说情、打招呼等干扰巡察工作的报告及责任追究暂行规定》，推动纪检、巡察工作标准化规范化建设。

（苏　昊）

【集团公司党组巡视】 2021年，按照集团公司党组巡视工作部署，10月13日—12月15日，集团公司党组五年一次的巡视工作，由第三巡视组对中油测井党委全面落实政治巡视要求、坚决贯彻中央巡视工作方针、聚焦"四个落实"监督重点情况进行全面审视。查找和推动解决制约企业改革发展的共性问题、瓶颈问题和深层次问题，有针对性地提出整改意见和建议。

中油测井党委以高度的政治站位配合集团公司党组巡视工作，党委书记金明权在动员会上作表态发言，向集团公司党组第三巡视组汇报中油测井党委、纪委工作情况。成立配合巡视工作领导小组和工作联络小组，配强配齐专班人员，做好组织协调和服务保障工作。巡视期间，党委严格按照巡视工作规范和集团公司党组巡视组要求，设立畅通受理渠道，受理反映公司领导班子及其成员、下一级单位党政正职和重要岗位领导干部关于违反政治纪律、组织纪律、廉洁纪律、群众纪律、工作纪律、生活纪律等方面的问题。中油测井本部各部门、基层各单位及时准确地提供巡视资料，客观公正的反映问题，使集团公司党组第三巡视组能够全面了解和掌握中油测井的真实工作情况，保障巡视工作开展。

（苏　昊）

思想政治工作

【概述】 2021年，中油测井党委贯彻党中央全面从严治党要求，落实集团公司党组和中油技服党委工作部署，开展主题教育，强化新闻宣传工作，严格网络舆情管控制度，营造和谐有序的发展环境。发挥党政工团组织优势，加强组织建设，推进思想政治与生产经营工作有机融合，深化企业文化建设，丰富职工文化体育生活，选树先进典型，凝聚发展力量，推动新时代中国石油测井思想政治工作守正创新发展，为建设世界一流测井公司提供政治保障和精神动力。

（刘大龙）

【思想政治教育】 2021年，中油测井党委落实"第一议题"制度，学习贯彻习近平总书记重要讲话和指示批示精神。两级党委第一时间组织党委会、党委扩大会、党委理论中心组学习等会议，开展专题研讨、制定落实举措，把习近平总书记"七一"重要讲话精神和对中国石油的重要指示批示精神,转化为"服务油气、保障钻探"的具体行动和实际成效。采取个人自学、辅导讲座、专题调研、体验式学习等方式,推进两级党委理论中心组学习规范化、制度化、常态化,以"如何进一步转变观念""怎样推进高质量发展"为主题,组织开展思想大讨论,学习党的十九届六中全会精神,进一步增强"四个意识",坚定"四个自信",做到"两个维护"。按照中央和集团公司党组部署,扎实开展党史学习教育,持续推动党的创新理论进支部、进车间、进班组、进头脑。

（翟永健）

【党史学习教育】 2021年,中油测井党委落实党中央、集团公司党组工作部署,制定《党史学习教育推进方案》,推进党史学习教育。组织干部员工集中收看中国共产党成立100周年大会实况,举办为期3天的"四史+新中国石油工业发展史"专题读书班,班子成员围绕生产经营、改革发展、提质增效等主题开展专题研讨,把学习成效转化为集中精力抓发展的实际行动。领导带头宣讲形势任务、带头讲授专题党课、带头调研推动工作,党委书记金明权讲授《毛泽东思想传承与发展》专题党课,其他班子成员结合"三基建设""纪律建设""科技创新"等主题讲授专题党课7场次,中油测井本部及所属单位党员领导干部、党支部书记讲授党课644场次,党课受众超过1.2万人次。举办"学党史、唱红歌、勇担当、创一流"大合唱比赛,开展"石油工人心向党""弘扬大庆精神铁人精神"主题征文活动,举办"百图庆百年""百影忆党史""百人百日讲百年"等系列活动。开展"我为员工群众办实事"实践活动,投入9126万元改善员工工作生活条件,完成37个一线基地生产设施和31项用餐、住宿等生活配套设施的维修改造工程,关注员工健康,建成20个员工"健康小屋"。在党史学习教育中,中油测井所属20个党委、251个基层党支部、5880多名党员参加学习教育活动,学党史、悟思想、办实事、开新局,将党史学习教育转化为推进高质量发展的智慧力量。

2021年6月8日,中油测井本部党委到陕西省铜川市陕甘边革命根据地照金纪念馆开展"学党史,重走红军路"现场体验式学习教育

（翟永健）

【媒体和网站建设】 2021年,中油测井党委建好用好"一网一微一平台"。加强网站主题宣传和选题策划,聚焦基层一线,传递公司声音,讲好测井故事,充分发挥新闻宣传和舆论引导作用。先后组织策划"三会"宣贯、"党建主题"、精神文明创建、安全管理等重点工作,推出重塑形象、乡村振兴、绿色发展等社会责任,开展"七一""国庆"等节日三大主题宣传,发挥媒体舆论导向作用,助推平台建设。加强媒体管理,通过舆情大数据监测平台做好网络信息"全覆盖""全时段"监测,第一时间发现舆情,及时处置舆情。加强舆情管控力度,党委调整新闻媒体突发事件舆情应对处置领导小组成员,强化舆情管控,营造风清气正的舆论氛围。

（杨倩）

【企业宣传】 2021年,中油测井党委用新思维宣传新思想,用新方法传播新理论,用新媒体弘扬主旋律。明确宣传管理标准及各类报道编辑规范,推行新闻选题制,推进企业新闻宣传工作转型升级,成立中国石油报测井记者站,持续加强特约记者队伍、专业化宣传队伍建设,传播测井好声音,壮大主流舆论场。开展党史主题宣传,策划17个宣传系列,在《中国石油报》发布6个专版专刊献礼"建党100周年",视频新闻在央视频中独集展播,在陕西省委主办期刊"建党100周年"专栏、西安市高新区"高质量发展"特刊发布专题报道;开展科技创新大会、测井院士站揭牌、海外技术研讨会等全媒体宣传,在《科技日报》

《工人日报》、新华网等央媒,在环球网、光明网、人民网等国家级媒体,在北京电视台、新浪新闻、网易新闻、搜狐网、腾讯网等主流媒体发布;在《国企》杂志开展党建专题宣传;中油测井社会形象报道在中国石油海外脸书、推特发布,两日内点击率近10万次;集团外媒宣传在中国石油工程技术服务企业板块排名第一,为企业发展营造良好舆论氛围。

(王晓菲)

【"转观念、勇担当、高质量、创一流"主题教育】 2021年,中油测井党委将主题教育与推进测井业务"十大工程"、强化党建"十项任务"结合起来,研究制订工作推进方案,多次召开党委会、党群工作例会,研究部署主题教育推进工作。以"现场+视频"的形式开展主题教育宣讲活动,阐述公司"三步走"发展目标、"六大战略"的重要性,深刻回答"干什么""如何干"等一系列重大问题,凝聚干事创业力量。开展主题教育系列报道,宣传典型经验做法。两级党委充分利用宣讲会、专题党课、主题党日等形式,组织开展主题教育宣讲763次、受众21670人次,教育覆盖率100%。将"石油工人心向党、建功奋进新征程"岗位讲述活动融入主题教育,通过讲政治责任、讲岗位职责、讲岗位风险、讲思路做法,进一步让广大干部员工知责于心、担责于身、履责于行。从战略管理、组织管理、运营管理、财务管理、科技管理、风险管理、人力资源管理、信息化管理等8个方面对标查改挖掘提升空间,研究制定23项工作措施。把主题教育和弘扬苦干实干工作作风相结合,党员领导干部带头落实"干字当头、实在托底、事不避难、力戒浮华"要求,提高工作效率,主动作为完成工作任务。

(翟永健)

群团工作

【概述】 2021年,中油测井群团工作以习近平新时代中国特色社会主义思想为指导,全面贯彻集团公司党组、中油测井党委工作部署,围绕中心任务,工会履行"参与、维护、建设、教育"四项职能,以"服务发展、服务基层、服务职工,加强基层工会建设"为主线,深化职工之家建设,完善职工服务体系,引导职工建功立业。团委落实习近平总书记关于群团组织和青年工作的重要论述,贯彻陕西共青团省委和集团公司党组工作部署,立足新发展阶段,贯彻新发展理念,融入新发展格局,聚焦团组织职能,构筑新发展思路,组织动员广大团员青年担当新使命、奋战新征程,为建设世界一流测井公司贡献青春力量。

(郑福荣)

【工会工作】 2021年,中油测井工会持续健全联系广泛、服务职工的工作体系,提高工会工作能力和管理水平,克服新冠肺炎疫情影响,为员工办实事,解难题,充分发挥工会作用。修订《职工代表大会管理办法》,民主监督企业管理工作。答复落实四届三次职代会7项提案、30项工作建议,"开展40岁以上职工健康专项检查"获陕西省优秀职工代表提案。职代会代表团审议《深化三项制度改革优化调整薪酬结构工作方案》等4项制度,落实集团公司《厂务公开实施办法》,厂务公开民主管理自查和督查工作落到实处。

开展主题劳动竞赛、推进创新工作室建设,陕西省总工会和集团公司人力资源部主办,测井公司承办,西南分公司协办第十届陕西省"测井杯"(中国石油射孔取心)职业技能大赛,13家所属单位,115名选手参加射孔取心工、解释工程师两个工种竞赛。职工创新2项成果在陕西省科技节总结大会上交流,牛承东创新工作室获陕西省示范性创新工作室。

开展"工会办实事,当好娘家人"实践活动,落实 8 大类 83 项饮食住宿、职工健康、厂区环境改善等民生问题。组织帮扶在生活、医疗、助学等方面低收入家庭 776 户次，发放帮扶金 301.62 万元。完善职工参保互助保障服务体系，参保职工 12935 人次，理赔 918 人次。开展"春风送暖女工关爱"、母婴关爱室建设，命名表彰最美家庭。推动职工"健康小屋"建设、职工专项健康体检和"4+2"基层职工文体阵地建设，下拨专项经费补助 395.51 万元。

举办庆祝中国共产党建党 100 周年职工红歌大赛，组织参加第十四届全国运动会开幕式，展现中国石油测井职工精神风貌。选树表彰劳动模范、"双文明"先进单位和"十三五"巾帼建功等先进集体和个人，侯江涛获陕西省五一劳动奖章，谢小丽获集团公司"感动石油·巾帼风采"人物，3 名职工获集团公司"先进工作者"称号，1 个集体获"陕西省工人先锋号"称号。开展群众性职工文化活动，参加第九届全国品牌故事大赛，演讲作品《打开地下宝藏的钥匙》获总决赛二等奖，舞蹈剧获陕西省职工舞蹈比赛一等奖，职工乒乓球代表队获"陕西国能电力杯"比赛团体第三名、女子第一名、男子第三名。

（郑福荣）

【团青工作】 2021 年，中油测井各级组织团员青年重点学习党的十九届六中全会精神、习近平总书记重要讲话和指示批示精神百余场次。开展"青年大学习"行动，推进"学党史、强信念、跟党走"学习教育；开展"青年大讨论""团员青年讲党史团史"故事会等主题团日活动，组织团员青年前往红色教育基地学习 78 次 1872 人次。举办"青年大讲堂"，开展"转观念"系列主题教育宣讲，引导团员青年岗位建功。

组织青年创新创效比赛，参与青年 827 名，提升青年创新创效意识和能力。举办"青年学术交流会"，2 篇论文在第五届中国石油勘探开发青年学术交流会上分获一等奖、二等奖。深化青年文明号创建，创建省部级青年文明号 2 个，公司级青年文明号 75 个，分公司级青年文明号 95 个。

2021 年 4 月 29 日，中油测井在西安召开共青团工作表彰会

4 月 29 日，中油测井召开共青团工作表彰会，表彰青年岗位能手 219 名。分享青年典型事迹 39 场次，81 名优秀青年走上重要岗位。2 名青年参加第九届全国品牌故事大赛获二等奖。建立青年志愿服务队 20 支，注册全国青年志愿者 2949 名，常态化开展乡村振兴、疫情防控、健康咨询等志愿服务 78 次。开展"我为青年做件事"活动，解决外驻青年就餐、上下班通勤等问题 82 件。建立 431 名单身青年信息库，举办青年联谊 2 场次，为青年提供交友婚恋平台。

（陈月阳）

【助力乡村振兴】 2021 年，中油测井贯彻落实党中央摘帽不摘责任、摘帽不摘政策、摘帽不摘帮扶、摘帽不摘监管"四个不摘"的要求，坚决服从党中央的决策部署，保持高昂斗志，接续助力乡村振兴。及时调整中油测井乡村振兴帮扶工作领导小组，明确工作职责，制定工作目标任务，完成队员轮换，驻村人员由 3 人增加到 4 人，完成《燎原村乡村振兴调研报告》，摸清燎原村资源禀赋与发展现状，为制定"十四五"规划提供数据支撑和科学依据。中油测井领导定期到对口支援的紫阳县燎原村调研工作，协调推进工作向纵深发展。

西乡县"大数据+电商"精准扶贫体系项目投入运行，直接带动就业 7 人，受益贫困户 200 户；略阳县物流仓储分拣中心项目，建成物流仓储库 2090 平方米，配套完善，企业陆续入驻办公，促进县域经济发展。全年捐赠紫阳县燎原村帮扶资金 70 万元，消费帮扶 499.08 万元。援建的食用菌基地实现当年投产、当年见效。先后经受高温和汛情的双重考验，试验培育的灵芝、白参菌等高价值品种获得成功，全年完成24万棒生产任务产值150余万元，月平均带动集镇周边农户就业30人左右，月均增收1500元以上。6月，驻村工作队获"陕西省脱贫攻坚先进集体"称号；中油测井作为成员单位的汉中合力团获"全国脱贫攻坚先进集体"称号。

2021年2月，中油测井参与的汉中合力团获全国脱贫攻坚先进集体

（郑福荣）

企业文化

【概述】 2021年，中油测井党委以习近平新时代中国特色社会主义思想为指导，编制"十四五"企业文化规划，总结"十三五"企业文化建设成果，谋划文化建设思路，对标对表行业先进企业文化，建设新时期具有中国石油测井特色的核心文化理念，筑牢员工共同思想基础，增强文化"软实力"。贯彻落实新发展理念，召开专题会议研究部署文明创建工作23项。完善精神文明建设工作委员会，强化精神文明建设工作的指导，研究精神文明重大事项。编制《2021年文明创建活动运行计划》，将文明创建测评指标纳入年度工作目标，推进精神文明建设创建工作。

（刘大龙）

【企业文化建设】 2021年，中油测井党委按照"接纳吸收、兼容并蓄、交流互补、共存共赢"的原则，持续提炼、创新整合测井文化，开展新时期测井文化理念研讨，系统梳理基层子文化，探索建立新时代具有中国石油测井专业化特色的文化体系，丰富石油精神外延和内涵。筹备推进数字化展厅建设，制作企业形象宣传片，编印《中国石油集团测井有限公司形象宣传画册》和《测井文化》内刊，深化企业文化建设。

（邢　帅）

【文明单位创建】 2021年，中油测井党委以文明单位创建活动为载体，深化企业文化建设。制订"道德讲堂"建设实施方案，通过培育示范点、召开现场会等方式，抓示范带动，稳步推进道德讲堂建设。举办道德讲堂3期（总48期），开展"10元关爱行动"，组织义务献血，参与向029公益"牛年春暖、与爱同行"关爱老人和儿童活动捐赠4760元。西安片区志愿者连续9年帮助海星之家整理家具、衣物、餐具等生活用品，为孩子们建立新的温馨家园。推选"员工身边好人"44名，每月组织为"中国好人"候选人点赞活动，收集点赞截图734幅，引领干部员工崇德向善、见贤思齐。开展"中国好人"素材线索征集活动，形成中油测井"中国好人"推荐线索374条的素材库。

（王　斐）

荣誉录

总　述
市场开发
技术服务
综合应用
技术研发
装备制造
生产保障
信息化建设
质量健康安全环保与节能
企业管理与监督
党建、思想政治工作与企业文化建设
荣誉录
机构与人物
所属二级单位概览
大事记
统计数据
附　录

国家级荣誉

表1　2021年中油测井获国家级荣誉

序号	荣誉名称	获奖单位	授予单位
1	第二届职业健康传播作品征集活动图文类优秀作品三等奖	中油测井	中华人民共和国国家卫生健康委员会、中华全国总工会

省级荣誉

表2　2021年中油测井获省级集体荣誉

序号	荣誉名称	获奖单位	授予单位
1	陕西省脱贫攻坚先进集体	中油测井	中共陕西省委、陕西省人民政府
2	陕西省先进基层党组织	长庆分公司靖边项目部	中共陕西省委
3	陕西省示范性职工创新工作室	牛承东职工创新工作室	陕西省总工会
4	陕西省工人先锋号	技术中心技术装备研究所	陕西省总工会
5	陕西省2020—2021年度五四红旗团支部	长庆分公司榆林项目部团支部	共青团陕西省委

表3　2021年中油测井获省级个人荣誉

序号	荣誉名称	获奖人员	授予单位
1	陕西省优秀共产党员	李　挺	中共陕西省委
2	陕西省优秀党务工作者	张　宪	中共陕西省委
3	陕西省五一劳动奖章	侯江涛	陕西省总工会
4	陕西省劳动竞赛先进个人	秦明景	陕西省劳动竞赛委员会
5	陕西省技术能手	沈　勇　王　斌　刘庆宇　荣　伟　万吉庆　庄学良	陕西省人力资源和社会保障厅、陕西省总工会、陕西省科学技术厅、共青团陕西省委
6	陕西省2020—2021年度优秀共青团员	范本儒　宋晓宇	共青团陕西省委

续表

序号	荣誉名称	获奖人员	授予单位
7	陕西省2020—2021年度优秀共青团干部	庄名言	共青团陕西省委
8	甘肃省质量管理小组活动优秀推进者	张全恒　田博宁	甘肃省质量协会、甘肃省总工会、甘肃省妇女联合会、甘肃省科学技术协会
9	甘肃省质量信得过班组建设先进个人	陈碧亭　史国发	甘肃省质量协会、甘肃省总工会、甘肃省妇女联合会、甘肃省科学技术协会

集团公司级荣誉

表4　2021年中油测井获集团公司级集体荣誉

序号	荣誉名称	获奖单位	授予单位
1	集团公司先进集体	测井公司	集团公司
2	集团公司科技工作先进单位	测井公司	集团公司
3	集团公司质量健康安全环保节能先进企业	测井公司	集团公司
4	集团公司保密密码工作先进单位	测井公司	集团公司
5	集团公司"十三五"技能人才培养开发工作先进单位	测井公司	集团公司
6	先进基层党组织	新疆分公司党委、长庆分公司靖边项目部党支部、天津分公司国际（海上）测井项目部党支部、辽河分公司危险品管理中心女子装炮队党支部、大庆分公司解释评价中心勘探测井解释室党支部、技术中心软件开发所党支部	集团公司党组
7	集团公司基层党建"百面红旗"	天津分公司国际（海上）测井项目部党支部	集团公司党组
8	集团公司2019—2021年工程技术金牌队	长庆分公司C4628测井队、长庆分公司C4601测井队、西南分公司C1361测井队、新疆分公司C3524测井队、新疆分公司C1453测井队、天津分公司C1268测井队、辽河分公司C1152测井队、大庆分公司C4052测井队、大庆分公司C4036测井队、吐哈分公司C3714测井队、华北分公司C4664测井队、塔里木分公司C4518测井队、青海分公司C1728测井队、吉林分公司C4104测井队、国际公司WL60397测井队、青海分公司L11104录井队	集团公司

续表

序号	荣誉名称	获奖单位	授予单位
9	集团公司2019—2021年工程技术银牌队	长庆分公司C4556测井队、长庆分公司C4774测井队、长庆分公司C4059测井队、长庆分公司C4590测井队、长庆分公司C4785测井队、长庆分公司C4609测井队、西南分公司C3405测井队、西南分公司C1369测井队、西南分公司C3408测井队、新疆分公司C1485测井队、新疆分公司C3504测井队、新疆分公司C3509测井队、天津分公司C3295测井队、天津分公司C2304测井队、天津分公司C1259测井队、辽河分公司C4171测井队、辽河分公司C4195测井队、吐哈分公司C1701测井队、吐哈分公司C1703测井队、华北分公司C4667测井队、塔里木分公司C3399测井队、青海分公司C3721测井队、青海分公司L11094录井队、国际公司WL60383测井队、国际公司WL57360测井队、国际公司WL57372测井队、国际公司WL60403测井队、国际公司WL57374测井队、国际公司WL57379测井队	集团公司
10	集团公司2019—2021年工程技术铜牌队	长庆分公司C1635测井队、长庆分公司C4772测井队、长庆分公司C4620测井队、长庆分公司C4614测井队、长庆分公司C4777测井队、长庆分公司C4555测井队、长庆分公司C4006测井队、长庆分公司C4181测井队、长庆分公司C4778测井队、长庆分公司C2568测井队、西南分公司C3419测井队、西南分公司C1415测井队、新疆分公司C1460测井队、新疆分公司C4490测井队、新疆分公司C2493测井队、天津分公司C3300测井队、辽河分公司C4162测井队、辽河分公司C1185测井队、辽河分公司C4152测井队、大庆分公司C1067测井队、大庆分公司C4017测井队、大庆分公司C4003测井队、大庆分公司C4037测井队、吐哈分公司C4705测井队、华北分公司C4677测井队、华北分公司C4666测井队、华北分公司C4752测井队、华北分公司C4665测井队、塔里木分公司C4746测井队、塔里木分公司C1486测井队、青海分公司L11102录井队、青海分公司L11101录井队、吉林分公司C4128测井队、吉林分公司C4122测井队、国际公司WL57369测井队、国际公司WL60412测井队、国际公司WL60386测井队、国际公司WL57365测井队、国际公司WL60411测井队	集团公司
11	集团公司保密密码工作先进集体	测井公司保密委员会办公室	集团公司
12	集团公司装备管理先进集体	长庆分公司	集团公司
13	集团公司射孔取心工职业技能竞赛	西南分公司	集团公司
14	集团公司科技创新团队	CPLog系统研制创新团队	集团公司
15	集团公司青年文明号	辽河分公司射孔项目部C3223作业队、大庆分公司测井第二项目部C4052作业队	集团公司
16	集团公司2020—2021年度五四红旗团委	长庆分公司团委、新疆分公司团委、华北分公司团委	集团公司
17	集团公司节能计量先进单位	质量安全监督中心	集团公司HSE（安全生产）委员会办公室

表5 2021年中油测井获集团公司级个人荣誉

序号	荣誉名称	获奖人员	授予单位
1	优秀共产党员	任 杰　张清彬　王先虎　卓 坤　谢小丽　鲍兴波 井冬月　霍东凯　严 磊　曾耀祖　陈江浩　李 震	集团公司党组
2	优秀党务工作者	罗 宇　王 晨　张 晗　刘丹丹　王联友　齐晓宏 洪海雷　柏爱川	集团公司党组
3	集团公司先进工作者	张亚洲　崔 雷　程道解	集团公司
4	集团公司优秀党建研究成果二等奖	金明权　张 宪　方抒睿　杨大军　王岩峰	中国石油党建思想政治工作研究会、中国石油大庆精神铁人精神研究会
5	集团公司法治工作先进个人	刘兰樱	集团公司
6	集团公司保密密码工作先进个人	王慧军　王志勇　韩维东　马忠军　叶 振	集团公司
7	集团公司优秀科技工作者	成志刚　骆庆锋　李奔驰　万 磊	集团公司
8	集团公司信息化工作先进个人	钮 顺	集团公司
9	集团公司杰出青年创新人才	侯学理	集团公司
10	集团公司"十三五"内控与风险管理工作特殊贡献奖	曹正林	集团公司
11	集团公司"十三五"内控与风险管理工作先进个人	周茂荣　刘文科	集团公司
12	集团公司一线创新成果三等奖	牛承东　李江博　史国发	集团公司
13	集团公司技术能手	沈 勇　王 斌　刘庆宇	集团公司
14	集团公司职业技能竞赛金牌	沈 勇　王 斌　刘庆宇	集团公司
15	集团公司职业技能竞赛银牌	秦 波　邹亚光　王羽卓　张 帅　瞿 毅　王 昊 张振中　杨力伟　毕晓亮	集团公司
16	集团公司职业技能竞赛铜牌	刘立召　赵高超　尹保峰　胡 悦　张 锦　董文丰 王珞文　佘晓华　魏海平　李 明　杜 伟　石焕强 王国伟	集团公司
17	集团公司职业技能竞赛优秀教练团队	王 琦　赵小川　李向华　杨世勇　李 军　王红松	集团公司
18	集团公司职业技能竞赛优秀组织个人	樊军强	集团公司
19	集团公司技能人才培养开发工作先进个人	高 超　樊军强　王 迪	集团公司

续表

序号	荣誉名称	获奖人员	授予单位
20	集团公司感动石油·巾帼风采	谢小丽	集团公司
21	第一届石油石化企业基层党建创新论坛案例三等奖	孙艳玲	集团公司党组
22	集团公司青年岗位能手	王鲁	集团公司
23	集团公司2020—2021年度优秀共青团员	宋宝　尹先锋	集团公司团委
24	集团公司2020—2021年度优秀共青团干部	赵超	集团公司团委

行业荣誉

表6　2021年中油测井获行业集体荣誉

序号	荣誉名称	获奖单位	授予单位
1	第九届全国品牌故事大赛演讲比赛总决赛二等奖	测井公司	中国质量协会
2	第九届全国品牌故事大赛（西安赛区）演讲比赛二等奖	测井公司	中国质量协会
3	第九届全国品牌故事大赛（西安赛区）短视频比赛二等奖	测井公司	中国质量协会
4	全国质量信得过班组	长庆分公司安塞项目部C4586队、陇东项目部C4590队	中国质量协会
5	设备规范化管理5A级单位	天津分公司	天津市设备管理协会
6	"十三五"石油天然气工业先进专标委	石油测井专业标准化委员会	全国石油天然气标准化技术委员会、石油工业标准化技术委员会
7	辽宁省质量科技成果一等奖	辽河分公司西部项目室QC小组	辽宁省质量协会、辽宁省总工会、共青团辽宁省委、辽宁省科学技术协会
8	辽宁省质量科技成果二等奖	辽河分公司LEAP仪修QC小组	辽宁省质量协会、辽宁省总工会、共青团辽宁省委、辽宁省科学技术协会
9	辽宁省质量科技成果三等奖	辽河分公司数解中心计算机室QC小组	辽宁省质量协会、辽宁省总工会、共青团辽宁省委、辽宁省科学技术协会
10	甘肃省质量管理小组活动优秀企业	长庆分公司	甘肃省质量协会、甘肃省总工会、甘肃省妇女联合会、甘肃省科学技术协会
11	甘肃省优秀质量管理小组特等奖	长庆分公司陇东项目部红盾QC小组	甘肃省质量协会、甘肃省总工会、甘肃省妇女联合会、甘肃省科学技术协会

续表

序号	荣誉名称	获奖单位	授予单位
12	甘肃省优秀质量管理小组一等奖	长庆分公司苏里格项目部降本增效QC小组、安塞项目部C4634队QC小组、陇东项目部桥射联作QC小组	甘肃省质量协会、甘肃省总工会、甘肃省妇女联合会、甘肃省科学技术协会
13	甘肃省优秀质量管理小组二等奖	长庆分公司靖边项目部宝石花QC小组、陇东项目部追梦QC小组、仪修装备中心靖边仪修QC小组、靖吴项目部迅雷QC小组、榆林项目部60131队QC小组、定边项目部标准化QC小组、随钻测控项目部45102队QC小组	甘肃省质量协会、甘肃省总工会、甘肃省妇女联合会、甘肃省科学技术协会
14	甘肃省优秀质量管理小组三等奖	长庆分公司环江项目部"石油红"QC小组	甘肃省质量协会、甘肃省总工会、甘肃省妇女联合会、甘肃省科学技术协会
15	甘肃省质量信得过班组	安塞项目部C4586队、陇东项目部C4590业队、仪修装备中心靖边仪修组、榆林项目部C4598队	甘肃省质量协会、甘肃省总工会、甘肃省妇女联合会、甘肃省科学技术协会

表7 2021年中油测井获行业个人荣誉

序号	荣誉名称	获奖人员	授予单位
1	石油石化企业管理现代化优秀论文一等奖	石玉江	中国石油企业协会
2	"十三五"石油天然气工业先进标准化工作者	胡秀妮、王江波	全国石油天然气标准化技术委员会、石油工业标准化技术委员会
3	石油天然气工业标准化突出贡献者	胡启月、曹宇欣	全国石油天然气标准化技术委员会、石油工业标准化技术委员会

中油测井荣誉

表8 2021年中油测井集体荣誉

序号	荣誉名称	获奖单位
1	先进集体	长庆分公司生产测井第三项目部、随钻测控项目部、解释评价中心；西南分公司四川石油射孔器材有限责任公司；新疆分公司测井研究所；天津分公司大港生产井测井项目部、解释评价中心；辽河分公司生产测井项目部、解释评价中心；大庆分公司测井第二项目部；吐哈分公司鄯善项目部；华北分公司测井四项目部；塔里木分公司测井项目部；青海分公司花土沟射孔项目部；吉林分公司解释评价中心；国际公司尼日尔作业区、南苏丹3/7测井项目、伊拉克作业区米桑项目、解释中心、乍得作业区；测井技术研究院电路设计研究所、软件开发所；地质研究院岩石物理实验中心、解释应用中心；制造公司装备成套部、重庆仪器厂；物资装备公司西南中心；质量安全监督中心中部监督分中心；培训中心测井井控培训部；生产服务中心餐饮部

续表

序号	荣誉名称	获奖单位
2	先进作业队（班组）	长庆分公司 C4561 作业队、C4601 作业队、C4585 作业队、C4592 作业队、C1583 作业队、C4591 作业队、C4577 作业队、C4602 作业队、70101 作业队、C4774 作业队、C4787 作业队、C4792 作业队、石油勘探室、成像解释室、靖边工艺组；西南分公司 C1415 作业队、C3408 作业队、射孔弹厂压装班、C3218 作业队、C3410 作业队、测井油气评价研究所、射孔技术中心工具研发室；新疆分公司 C1453 作业队、C1463 作业队、C4466 作业队、C3509 作业队、C1469 作业队、C4519 作业队、C1460 作业队、测井方法研究组；天津分公司 C1260 作业队、C3287 作业队、C2304 作业队、C4256 作业队、C3300 作业队；辽河分公司 C4179 作业队、C1197 作业队、射孔项目部计算组、东部项目区、女子装炮队；大庆分公司 C4003 作业队、C4052 作业队、C4036 作业队、C1067 作业队、勘探测井解释室；吐哈分公司 C3714 作业队、C4715 作业队；华北分公司 C4664 作业队、C4643 作业队、C4667 作业队、苏里格外围解释组；塔里木分公司 C4746 作业队、C2279 作业队；青海分公司 C4726 作业队、L11094 作业队、C3721 作业队；吉林分公司 C4104 作业队、C4128 作业队、C4122 作业队；国际公司 58358 作业队、60411 作业队、57372 作业队、60352 作业队、60408 作业队、泰国作业区仪器设备维修组；测井技术研究院高频电路设计室、地面与遥传室；地质研究院勘探测井评价室；制造公司装备成套部综合车间、西安制造厂智能化加工车间；物资装备公司中部中心靖边仪修保障组、西南中心仪修装备组、西部中心塔里木项目组物资组、东部中心大庆项目组成像测井室、旋转导向维保中心维修保障组；质量安全监督中心检验鉴定组；生产服务中心机关事务班
3	先进基层党组织	西南分公司党委、新疆分公司党委、随钻测井中心党委、长庆分公司靖边项目部党支部、天津分公司国际（海上）测井项目部党支部、辽河分公司危险品管理中心女子装炮队党支部、大庆分公司解释评价中心勘探测井解释室党支部、技术中心软件开发所党支部、长庆分公司榆林项目部党支部、西南分公司测井项目部第一党支部、西南分公司四川石油射孔器材有限责任公司第一党支部、新疆分公司测井准东项目部第二党支部、新疆分公司测井研究所党总支、国际公司伊拉克综合项目党支部、生产测井中心第二项目部支部、吐哈分公司仪修装备中心党支部、吐哈分公司解释评价中心党支部、华北分公司测井五项目部党支部、塔里木分公司测井项目部党支部、塔里木分公司射孔项目部党支部
4	青年文明号	长庆分公司生产技术科、长庆分公司随钻测控项目部、长庆分公司解释评价中心天然气勘探室、长庆分公司榆林项目部、西南分公司测井项目部 C1376 作业队、西南分公司射孔项目部 C3408 作业队、西南分公司解释评价中心油气评价研究所、西南分公司射孔技术中心工具研发室、新疆分公司测井第二项目部 C1452 作业队、新疆分公司测井准东项目部 C1460 作业队、新疆分公司测井第七项目部 C3524 作业队、新疆分公司测井第五项目部 C4468 作业队、新疆分公司测井研究所油藏动态研究组、天津分公司大港生产井测井项目部 C2304 作业队、天津分公司解释评价中心外部项目评价研究室、辽河分公司解释评价中心东部项目区、大庆分公司测井研究院页岩油评价室、吐哈分公司鄯善项目部 C1717 作业队、华北分公司测井七项目部 C4683 作业队、华北分公司解释评价中心冀中组、塔里木分公司射孔项目部 C3400 作业队、青海分公司解释评价中心油田开发室、吉林分公司解释评价中心综合解释室、国际公司尼日尔作业区、国际公司苏丹与南苏丹作业区 2/4 区测井项目、国际公司伊拉克作业区哈法亚测井项目、测井技术研究院测井芯片平台研究室、测井技术研究院软件开发所大数据平台研究室、地质研究院油藏动态研究所、制造公司成像仪器生产组、物资装备公司西部中心塔里木项目组综合仪修一班、培训中心测井井控培训部教务组、培训中心工程师管理中心采集技术支持组

序号	荣誉名称	获奖单位
5	继续认定的青年文明号	长庆分公司解释评价中心石油勘探室、西南分公司射孔项目部C3406作业队、新疆分公司测井第六项目部C1480作业队、新疆分公司测井第七项目部C4461作业队、新疆分公司测井第五项目部C4470作业队、新疆分公司油藏综合研究组、天津分公司大港测井项目部C4302作业队、天津分公司大港油区评价研究室、辽河分公司测井项目一部C4152作业队、辽河分公司生产测井项目部C2199作业队、辽河分公司射孔项目部C3223作业队、辽河分公司解释评价中心西部项目区、辽河分公司测井项目二部质量安全组、吐哈分公司射孔项目部C3709作业队、吐哈分公司玉门油田测井项目部C4697作业队、吐哈分公司浙江油田测井项目部C4705队、华北分公司测井三项目部C4665作业队、华北分公司测井五项目部C4671作业队、塔里木分公司测井项目部C1744作业队、塔里木分公司测井项目部C4747作业队、青海分公司花土沟录井（随钻）项目部70251作业队、吉林分公司解释评价中心探井解释室

表9　2021年中油测井个人荣誉

序号	年度	荣誉名称	获奖人员
1	2021年	劳动模范	孟庆夺　李奔驰　张永亮　翟国忠　谌　辰　黄　培　李家绪　马雪青　程道解　许　琦
2	2020—2021年	优秀共产党员	任　杰　张清彬　王先虎　卓　坤　谢小丽　鲍兴波　霍东凯　曾耀祖　陈江浩　李　震　李圣均　陆经化　唐铁生　刘　航　于华滨　席　斌　景　阳　王　英　李光明　井冬月　侯云鹏　范　林　王国磊　侯国强　严　磊　武兆林　易新民　刘　辉　潘　帅　姚　楠　严卫兵　江有宏　宋永杨　宋　森　贾占军　黄　科　王江波　王芙蓉　李新山　王国臣
3	2020—2021年	优秀党务工作者	张　帆　孙浩贤　胡小华　赵　超　王　艳　王晓娟　刘丹丹　张学成　乔德慧　方　海　王联友　范乐元　张瑞景　宣海滨　齐晓宏　洪海雷　班文博　吕　蕾　韩佳燃　程晓钰　强毓明　储妮晟　柏爱川　徐　磊　程道解　陶建华　张　丽　罗　宇　张　晗　王　晨
4	2021年	先进工作者	何秋凯　张　健　刘　铭　王崇军　夏天奎　胡荣维　赵鹏飞　刘　凯　洪文璞　龙　斌　刘旭辉　李国玮　谢海波　许永涛　王文泽　张丽莎　成战刚　杜　珊　苗　锋　贾振华　胥　召　吉　兆　夏光荣　沈　勇　欧跃强　王志云　杜　娟　冯南翔　李妍僖　黄仁果　苗　清　胡翎翎　赵志恒　冷亚育　苏　畅　夏　辉　李作阳　王　彬　王志嘉　魏孟周　周炬锋　唐建红　姜冰宣　龚　洁　娄长春　于之深　王继西　李亚松　马建坡　高　峰　陈　军　汪雄伟　张　阳　宫继刚　李　波　韩守志　赵　云　刘洪涞　荣　伟　毛宏新　衣贵涛　张春玲　侯云鹏　陈　朋　徐贺聪　樊玉秀　葛显宝　许淑梅　董丽新　杨春来　李鹏飞　王小飞　朱　华　孙万明　李　思　杜秀军　韩　龙　邢惠强　朱爱民　陈琪涅　周　强　窦金涛　夏光禄　罗　苤　巩文林　赵健博　康伟伟　余　哲　费志伟　张林通　高岗峰　李向宜　张　健　颜宏栋　韩东升　倪国辉　姚　兰　叶　飞　冯　伟　郭福军　吕红星　程　刚　方　璐　陈泉林　陶　钧　段朝伟　伍　阳　韩壮科　张　凯　范　林　李金博　吉　人　杨　凯　郭　松　游　畅　杨振团　刘　芸　孙桂清　梁　旭　解　辉　刘　哲　蒋浩泽　古春秋　霍瑜芬　刘思佳　王江波　王清理　杨　海　荀子昂　张毅华　星学智　韩　勃　肖小东　王晓菲

续表

序号	年度	荣誉名称	获奖人员
5	2021年	十大杰出青年	田博宁　李妍僖　周炬锋　郑占树　窦金涛　孔令松　李阿龙　李楠　罗成龙 陈彦竹
6	2021年	青年岗位能手	陈绪龙　刘　平　裴　阳　徐文远　张　健　刘　航　王浩全　余　沛　向　闪 姜冰宣　李兆春　王英杰　李向华　蔺　佳　葛文帅　李明学　陈　朋　张　磊 孙艳玲　王　娜　陈　辉　陈琪浬　宋　磊　刘禹宏　姚　楠　张林通　曲　鹏 赵志远　梁　耀　何羽飞　邵广辉　虞　兵　李金博　宫玉明　吴　强　刘　哲 谢　江　方嘉迪　王红涛　孙佳伟
7	2020—2021年	巾帼标兵	党媛媛　郑　华　范春怡　李海燕　麻　超　薛桂玉　侯秋元　雷晓阳　潘玲莉 孙桂清

机构与人物

总　述
市场开发
技术服务
综合应用
技术研发
装备制造
生产保障
信息化建设
质量健康安全环保与节能
企业管理与监督
党建、思想政治工作与企业文化建设
荣誉录
机构与人物
所属二级单位概览
大事记
统计数据
附　录

组织机构

【中油测井组织机构】 2021年，中油测井通过深化改革，调整优化本部机构职能，推进公司辅助保障系统建设，整合资源，调整二级单位组织结构。截至2021年底，本部部门14个、二级单位19个。本部部门分别是办公室（党委办公室、维稳信访办公室）、人事处（党委组织部）、规划计划处、市场生产处、科技处、物资装备处、评价信息处、质量安全环保处、财务资产处、企业法规处、国际合作处（外事办公室）、审计处、纪委办公室（党委巡察办公室）、党群工作处（党委宣传部、企业文化处、工会、团委）。设二级单位19个。其中：工程技术服务单位12个，分别是长庆分公司、西南分公司、新疆分公司、天津分公司、辽河分公司、大庆分公司、吐哈分公司、华北分公司、塔里木分公司、青海分公司、吉林分公司、国际公司；技术创新单位3个，分别是测井技术研究院、地质研究院、制造公司；支持保障单位4个，分别是物资装备公司、质量安全监督中心、培训中心（党校）和生产服务中心。

（李廷园）

【中油测井本部部门】 2021年，中油测井设置14个本部部门，具体设置见表1。

表1 2021年中油测井本部部门设置情况

序号	本部部门（2021年3月11日前）	本部部门（2021年3月11日后）
1	办公室（党委办公室、维稳信访办公室）	办公室（党委办公室、维稳信访办公室）
2	财务资产处	人事处（党委组织部）
3	人事处（党委组织部）	规划计划处
4	规划计划处	市场生产处
5	市场处	科技处
6	质量安全环保处	物资装备处
7	科技处	评价信息处
8	生产技术处	质量安全环保处
9	纪委办公室（党委巡察办公室）	财务资产处
10	审计处	企管法规处
11	党群工作处（党委宣传部、企业文化处、工会、团委）	国际合作处（外事办公室）
12	物资装备处	审计处
13	企管法规处	纪委办公室（党委巡察办公室）
14	信息管理处	党群工作处（党委宣传部、企业文化处、工会、团委）

【中油测井所属二级单位】 2021年12月，中油测井下设19个所属单位，具体设置见表2。

【中油测井组织机构图】 2021年12月，中油测井公司组织机构情况见图1，中油测井所属二级单位组织机构情况见图2—图20。

表2　2021年12月中油测井所属二级单位情况

序号	单 位	地　址
1	长庆分公司	陕西省西安市高陵区泾渭街道长庆西路1号
2	西南分公司	重庆市渝北区红石路152号
3	新疆分公司	新疆维吾尔自治区克拉玛依市克拉玛依区油建南路217号
4	天津分公司	天津市经济技术开发区第二大街83号403室
5	辽河分公司	辽宁省盘锦市兴隆台区渤海地区新华小区0C01栋
6	大庆分公司	黑龙江省大庆市让胡路区银浪大街20号
7	吐哈分公司	新疆维吾尔自治区吐鲁番市鄯善县火车站镇解放南路069号
8	华北分公司	河北省任丘市燕山道09号
9	塔里木分公司	新疆维吾尔自治区库尔勒经济技术开发区纪元路32号
10	青海分公司	甘肃省敦煌市七里镇柴达木中路7号
11	吉林分公司	吉林省松原市宁江区工农路598号
12	国际公司	北京市朝阳区亚运村安立路101号名人大厦
13	测井技术研究院	北京市昌平区中国石油创新基地A12地块C座
14	地质研究院	陕西省西安市高新技术开发区锦业二路丈八五路50号
15	制造公司	陕西省西安市高新技术开发区锦业二路丈八五路50号
16	物资装备公司	陕西省西安市高陵区泾渭街道长庆西路1号
17	质量安全监督中心	陕西省西安市雁塔区西延路72号
18	培训中心（党校）	陕西省西安市雁塔区西延路72号
19	生产服务中心	陕西省西安市高新技术开发区锦业二路丈八五路50号

中国石油集团测井有限公司组织机构图：

中国石油集团测井有限公司下设处室：
- 办公室（党委办公室、维稳信访办公室）
- 人事处（党委组织部）
- 规划计划处
- 市场生产处
- 科技处
- 物资装备处
- 评价信息处
- 质量安全环保处
- 财务资产处
- 企管法规处
- 国际合作处（外事办公室）
- 审计处
- 纪委办公室（党委巡察办公室）
- 党群工作处（党委宣传部、企业文化处、工会、团委）

下属单位：
- 长庆分公司
- 西南分公司
- 新疆分公司
- 天津分公司
- 辽河分公司
- 大庆分公司
- 吐哈分公司
- 华北分公司
- 塔里木分公司
- 青海分公司
- 吉林分公司
- 国际公司
- 测井技术研究院
- 地质研究院
- 制造公司
- 物资装备公司
- 质量安全监督中心
- 培训中心（党校）
- 生产服务中心

图1　2021年12月中油测井组织机构图

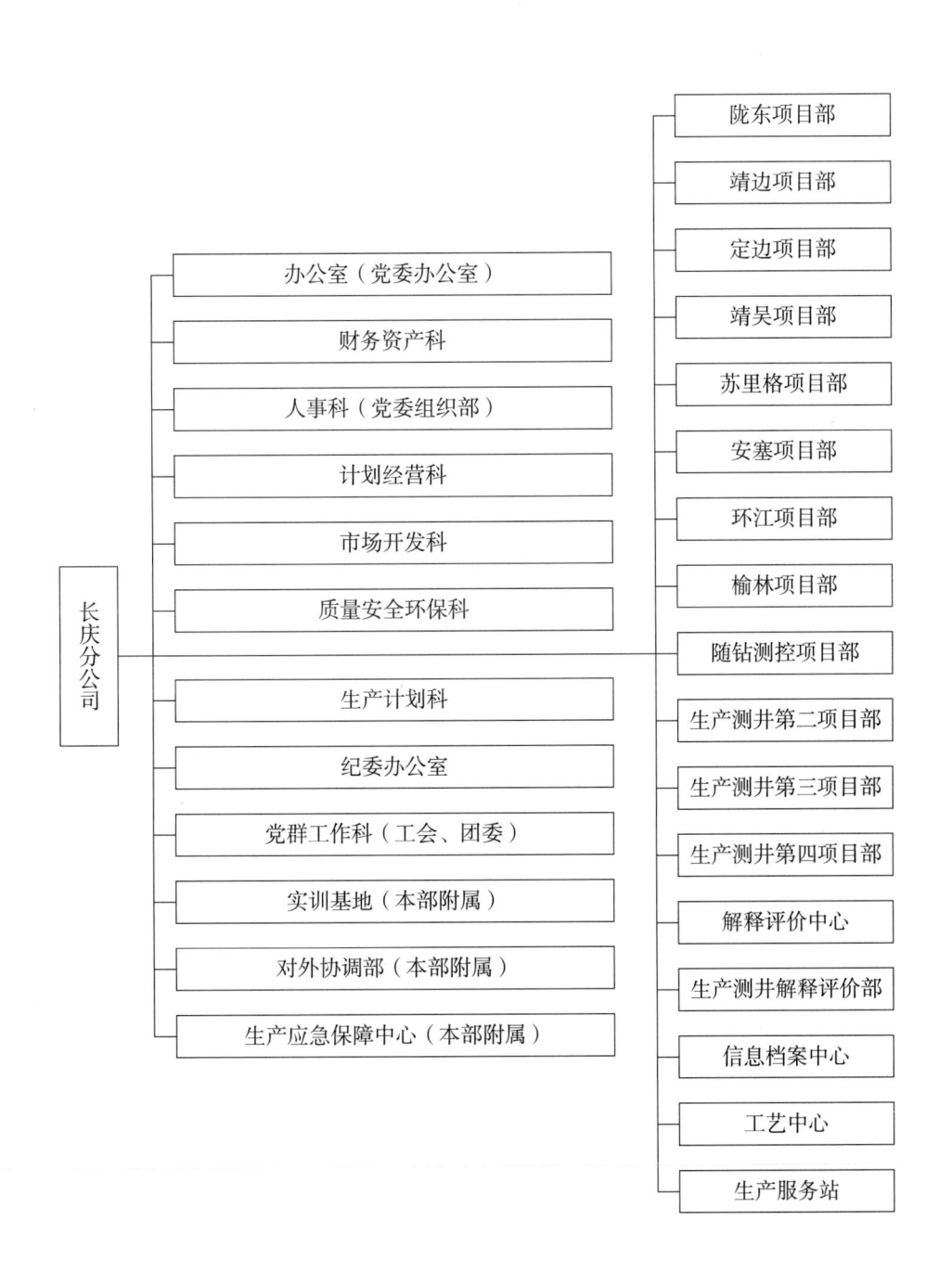

图 2 2021 年长庆分公司组织机构图

西南分公司组织机构

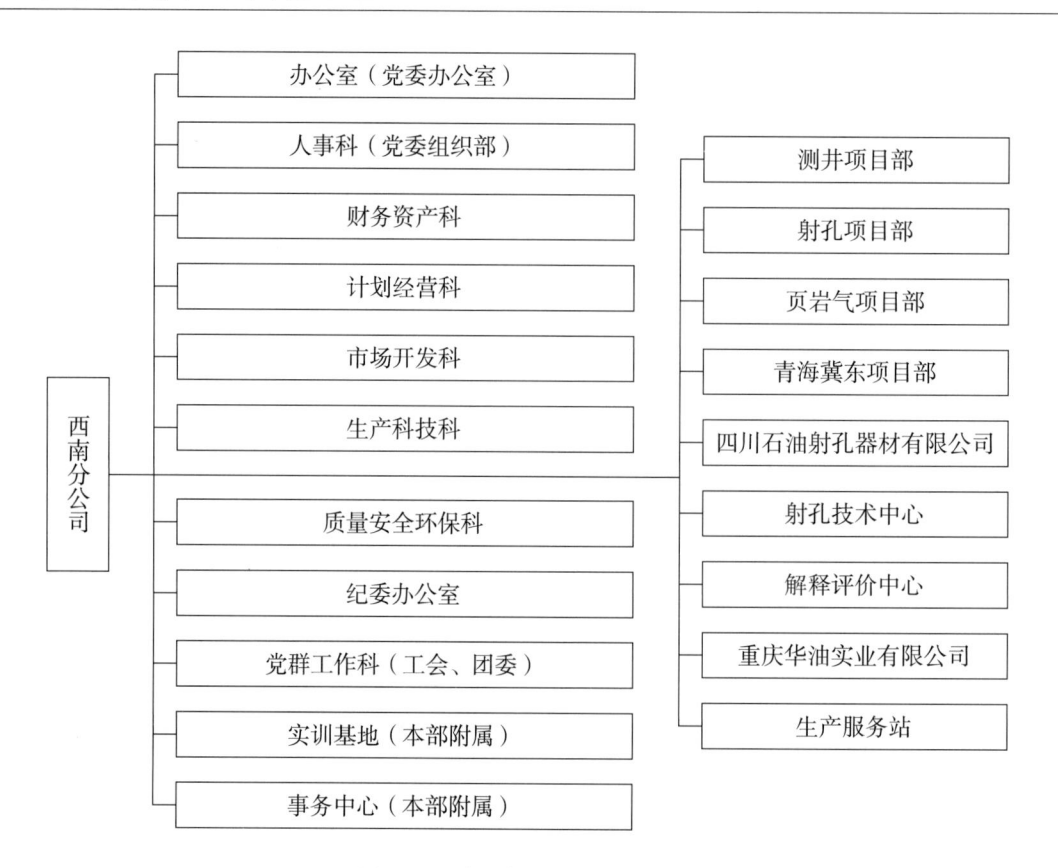

- 西南分公司
  - 办公室（党委办公室）
  - 人事科（党委组织部）
  - 财务资产科
  - 计划经营科
  - 市场开发科
  - 生产科技科
    - 测井项目部
    - 射孔项目部
    - 页岩气项目部
    - 青海冀东项目部
    - 四川石油射孔器材有限公司
    - 射孔技术中心
    - 解释评价中心
    - 重庆华油实业有限公司
    - 生产服务站
  - 质量安全环保科
  - 纪委办公室
  - 党群工作科（工会、团委）
  - 实训基地（本部附属）
  - 事务中心（本部附属）

图3　2021年西南分公司组织机构图

新疆分公司组织机构

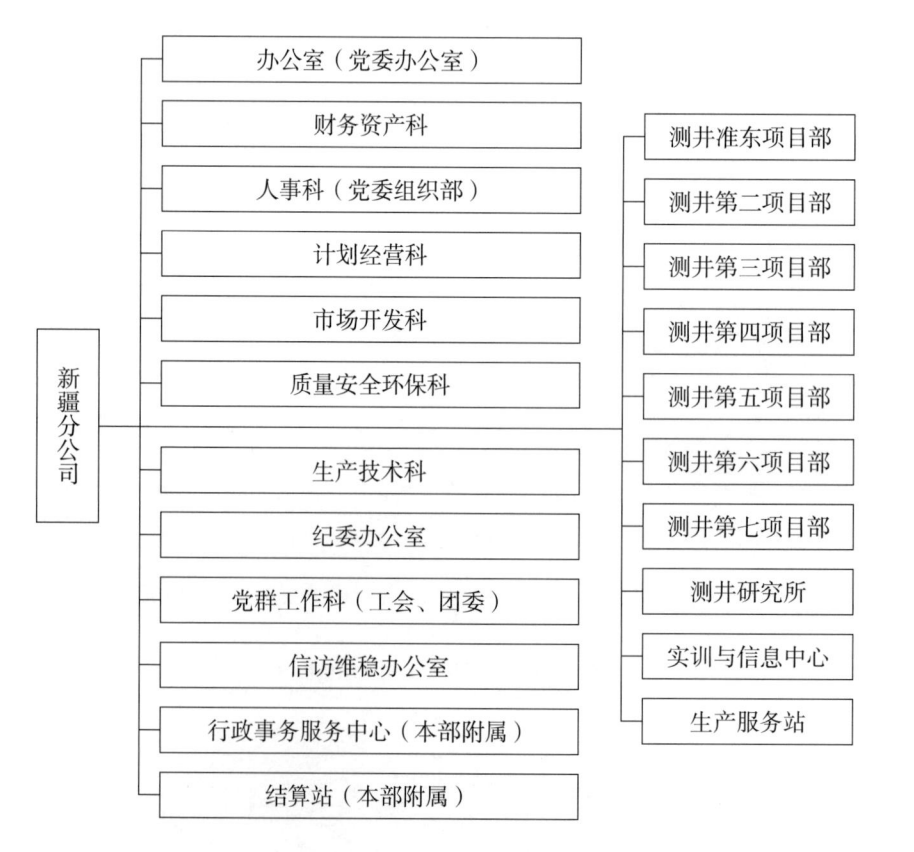

- 新疆分公司
  - 办公室（党委办公室）
  - 财务资产科
  - 人事科（党委组织部）
  - 计划经营科
  - 市场开发科
  - 质量安全环保科
  - 生产技术科
    - 测井准东项目部
    - 测井第二项目部
    - 测井第三项目部
    - 测井第四项目部
    - 测井第五项目部
    - 测井第六项目部
    - 测井第七项目部
    - 测井研究所
    - 实训与信息中心
    - 生产服务站
  - 纪委办公室
  - 党群工作科（工会、团委）
  - 信访维稳办公室
  - 行政事务服务中心（本部附属）
  - 结算站（本部附属）

图4　2021年新疆分公司组织机构图

机构与人物

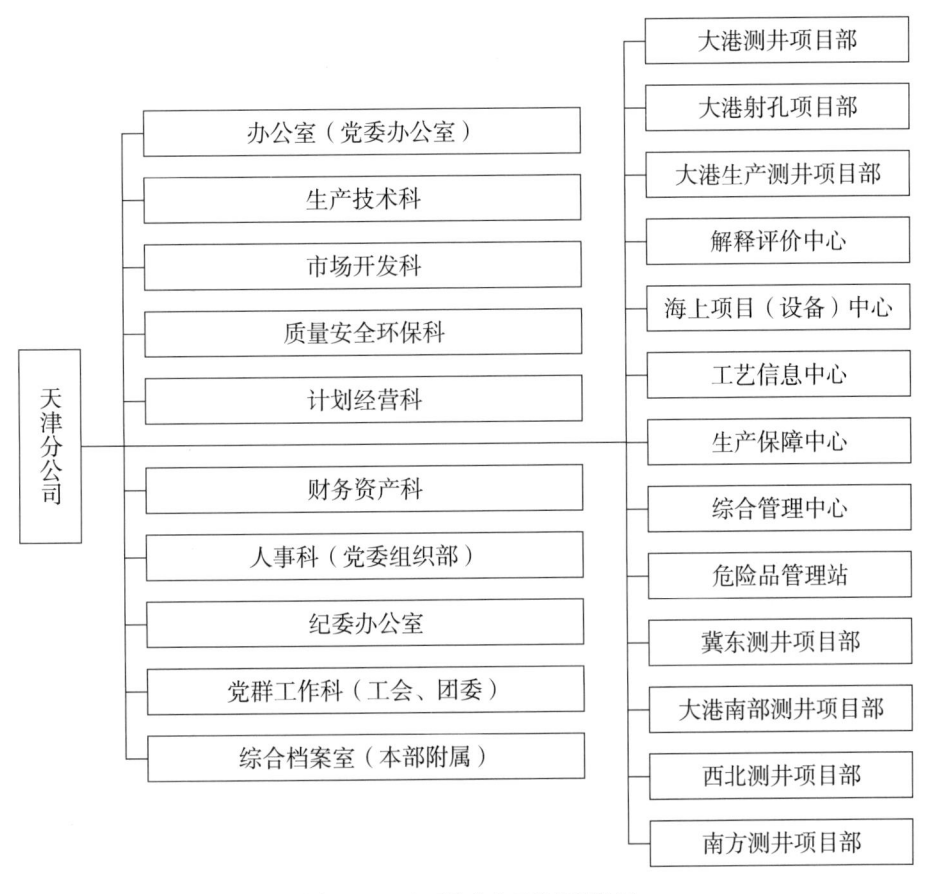

天津分公司
- 办公室（党委办公室）
- 生产技术科
- 市场开发科
- 质量安全环保科
- 计划经营科
- 财务资产科
- 人事科（党委组织部）
- 纪委办公室
- 党群工作科（工会、团委）
- 综合档案室（本部附属）
- 大港测井项目部
- 大港射孔项目部
- 大港生产测井项目部
- 解释评价中心
- 海上项目（设备）中心
- 工艺信息中心
- 生产保障中心
- 综合管理中心
- 危险品管理站
- 冀东测井项目部
- 大港南部测井项目部
- 西北测井项目部
- 南方测井项目部

图5　2021年天津分公司组织机构图

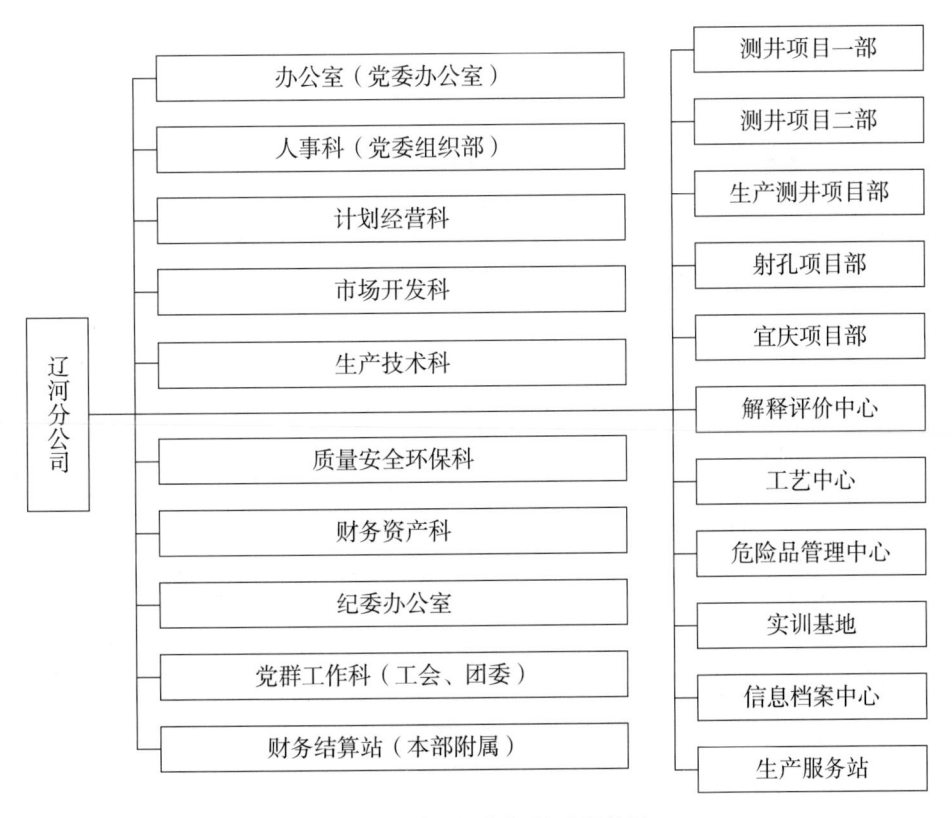

辽河分公司
- 办公室（党委办公室）
- 人事科（党委组织部）
- 计划经营科
- 市场开发科
- 生产技术科
- 质量安全环保科
- 财务资产科
- 纪委办公室
- 党群工作科（工会、团委）
- 财务结算站（本部附属）
- 测井项目一部
- 测井项目二部
- 生产测井项目部
- 射孔项目部
- 宜庆项目部
- 解释评价中心
- 工艺中心
- 危险品管理中心
- 实训基地
- 信息档案中心
- 生产服务站

图6　2021年辽河分公司组织机构图

· 161 ·

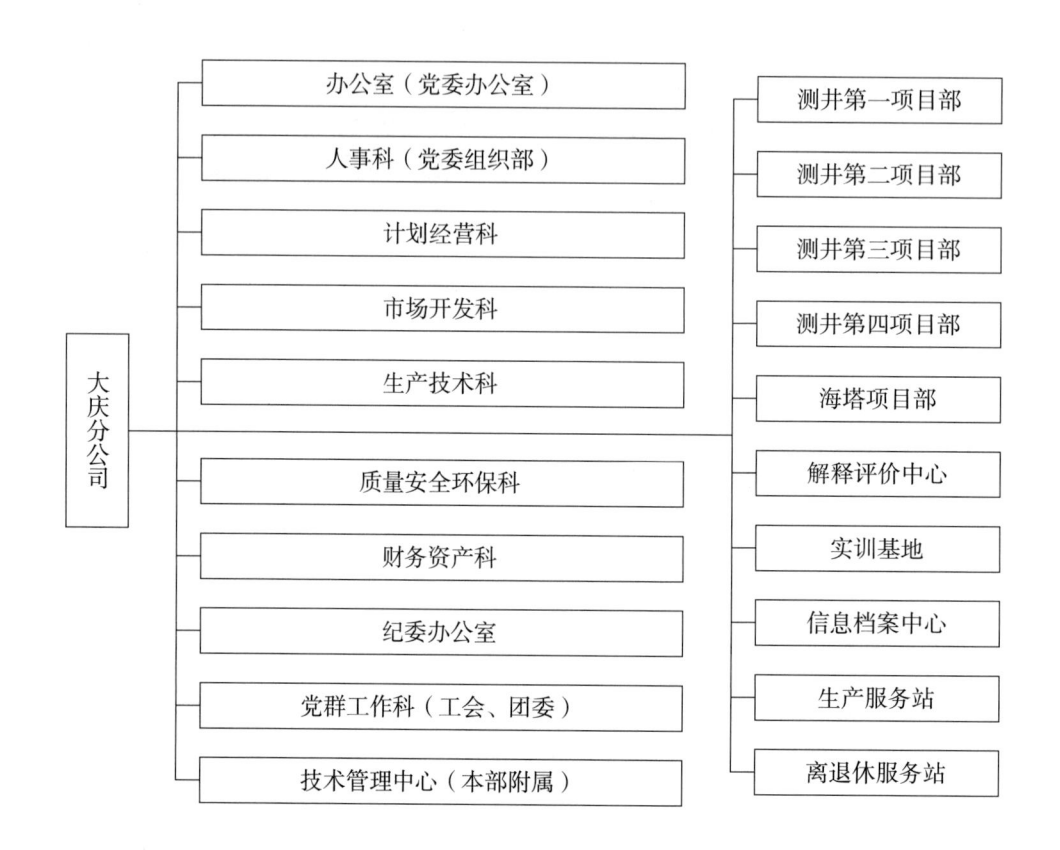

图 7　2021年大庆分公司组织机构图

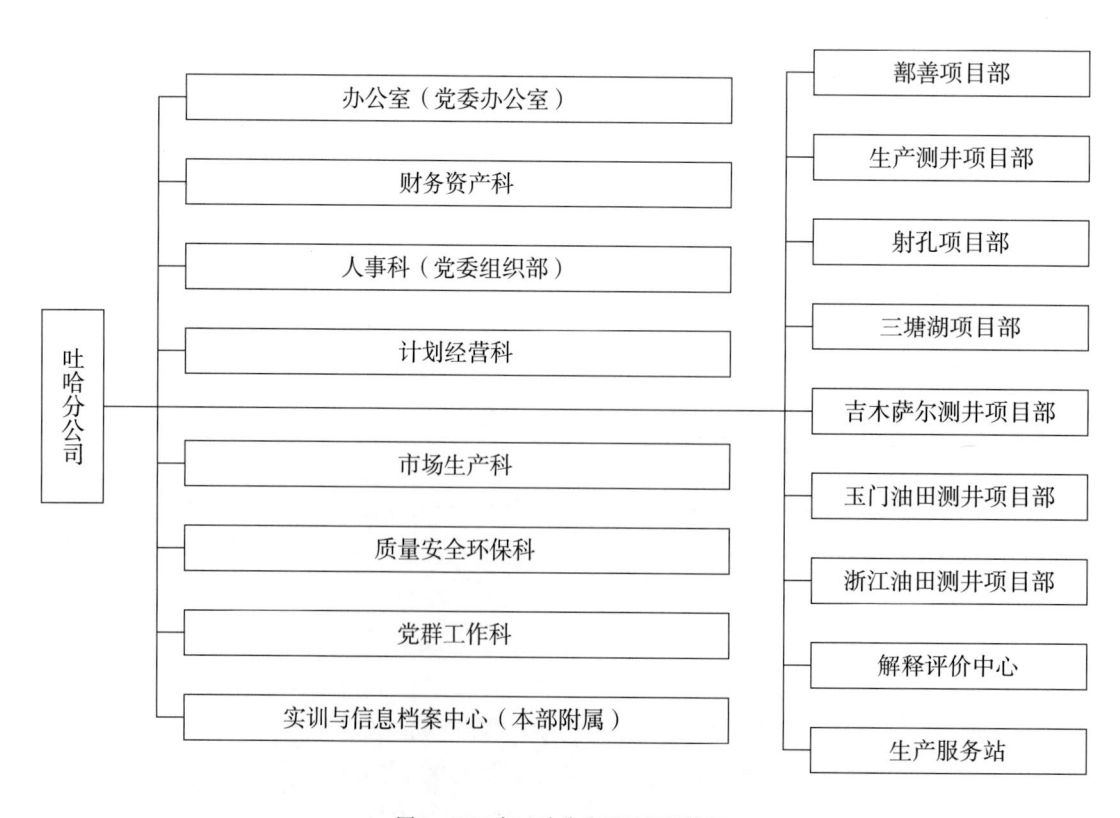

大庆分公司：
- 办公室（党委办公室）
- 人事科（党委组织部）
- 计划经营科
- 市场开发科
- 生产技术科
- 质量安全环保科
- 财务资产科
- 纪委办公室
- 党群工作科（工会、团委）
- 技术管理中心（本部附属）
- 测井第一项目部
- 测井第二项目部
- 测井第三项目部
- 测井第四项目部
- 海塔项目部
- 解释评价中心
- 实训基地
- 信息档案中心
- 生产服务站
- 离退休服务站

图 8　2021年吐哈分公司组织机构图

吐哈分公司：
- 办公室（党委办公室）
- 财务资产科
- 人事科（党委组织部）
- 计划经营科
- 市场生产科
- 质量安全环保科
- 党群工作科
- 实训与信息档案中心（本部附属）
- 鄯善项目部
- 生产测井项目部
- 射孔项目部
- 三塘湖项目部
- 吉木萨尔测井项目部
- 玉门油田测井项目部
- 浙江油田测井项目部
- 解释评价中心
- 生产服务站

华北分公司

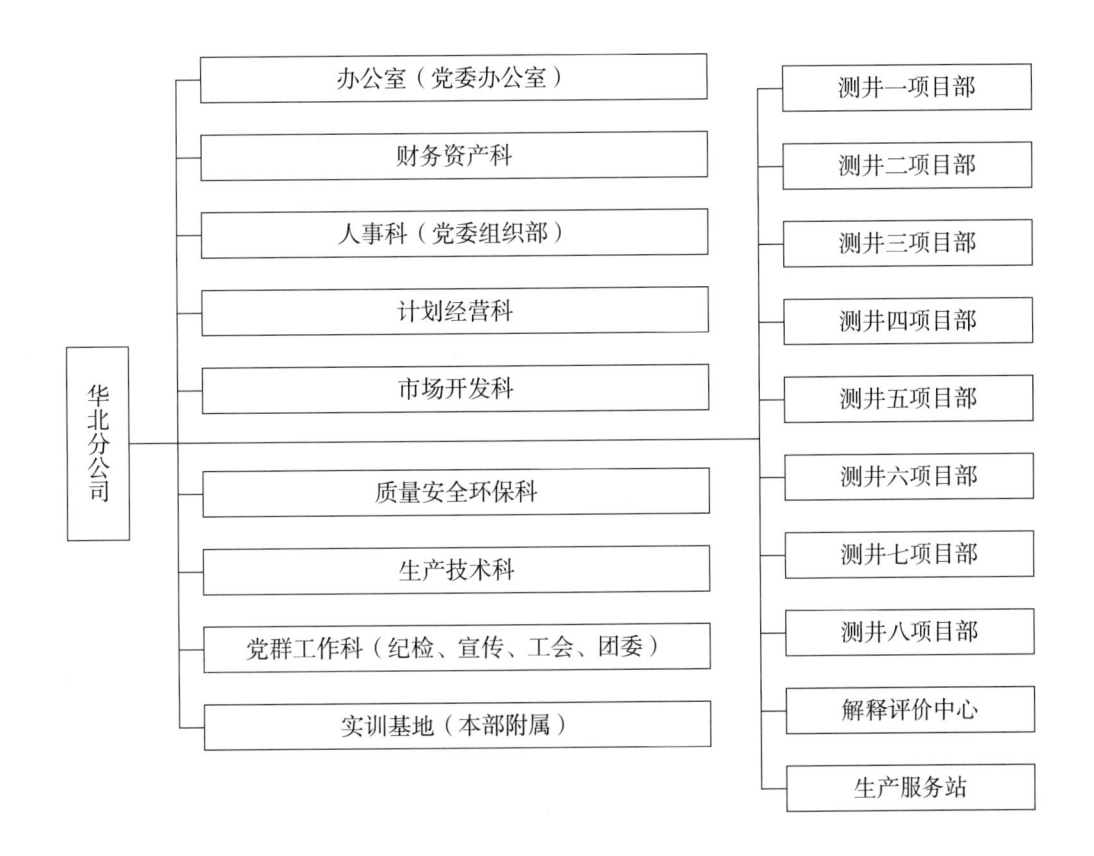

- 办公室（党委办公室）
- 财务资产科
- 人事科（党委组织部）
- 计划经营科
- 市场开发科
- 质量安全环保科
- 生产技术科
- 党群工作科（纪检、宣传、工会、团委）
- 实训基地（本部附属）
- 测井一项目部
- 测井二项目部
- 测井三项目部
- 测井四项目部
- 测井五项目部
- 测井六项目部
- 测井七项目部
- 测井八项目部
- 解释评价中心
- 生产服务站

图 9　2021 年华北分公司组织机构图

塔里木分公司

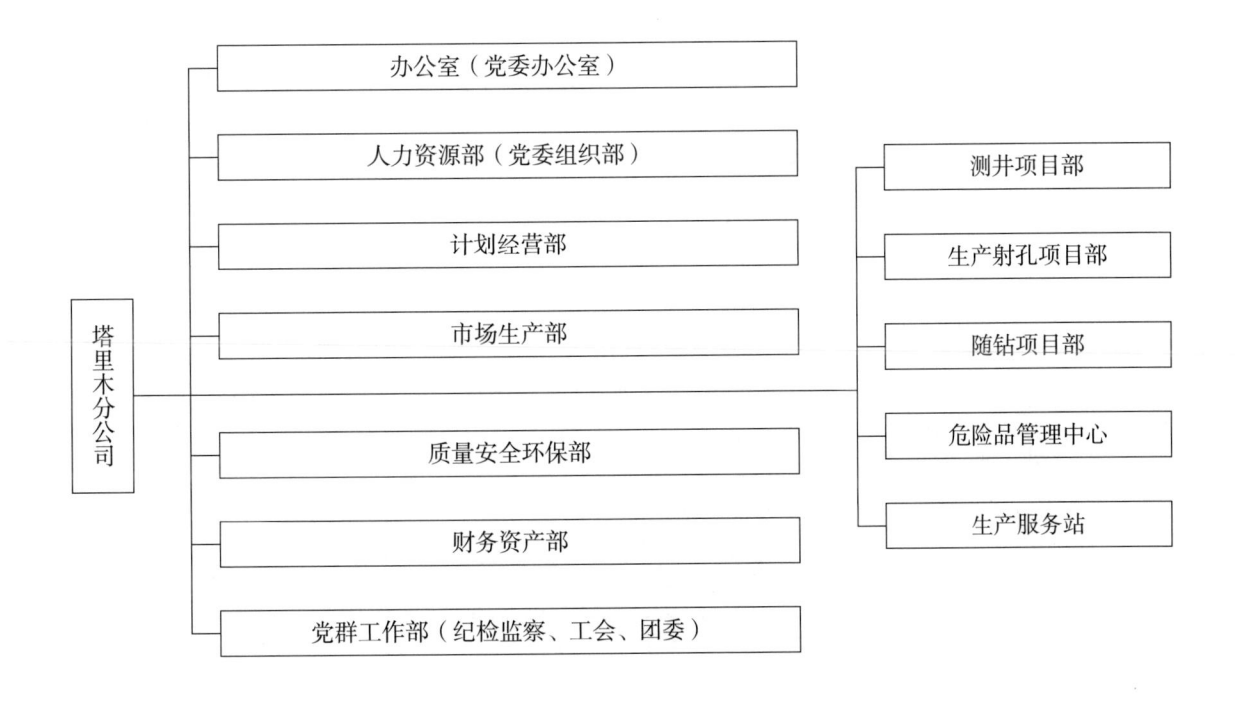

- 办公室（党委办公室）
- 人力资源部（党委组织部）
- 计划经营部
- 市场生产部
- 质量安全环保部
- 财务资产部
- 党群工作部（纪检监察、工会、团委）
- 测井项目部
- 生产射孔项目部
- 随钻项目部
- 危险品管理中心
- 生产服务站

图 10　2021 年塔里木分公司组织机构图

图11 2021年青海分公司组织机构图

青海分公司
- 办公室（党委办公室）
- 财务资产科
- 人事科（党委组织部）
- 计划经营科
- 市场生产科
- 质量安全环保科
- 党群工作科（纪检监察、工会、团委）
- 实训基地（本部附属）
- 花土沟测井项目部
- 花土沟录井（随钻）项目部
- 花土沟射孔项目部
- 冷湖项目部
- 解释评价中心
- 信息档案中心
- 生产服务站

图11　2021年青海分公司组织机构图

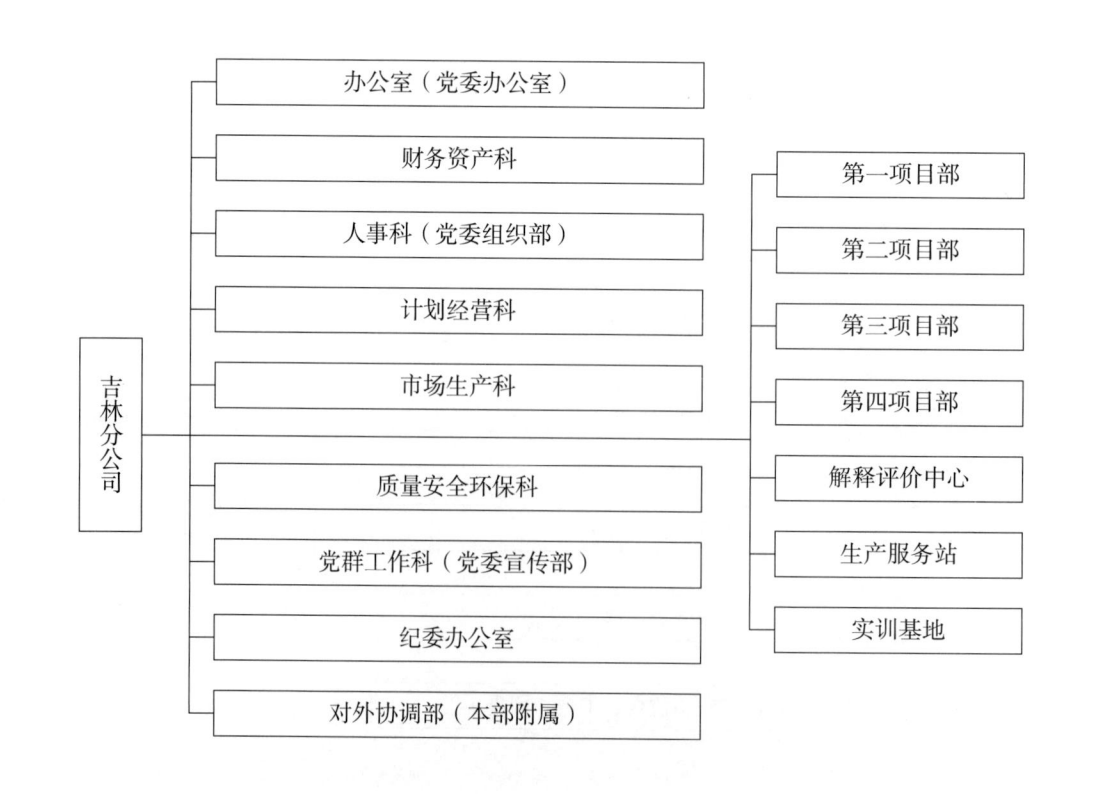

图12 2021年吉林分公司组织机构图

吉林分公司
- 办公室（党委办公室）
- 财务资产科
- 人事科（党委组织部）
- 计划经营科
- 市场生产科
- 质量安全环保科
- 党群工作科（党委宣传部）
- 纪委办公室
- 对外协调部（本部附属）
- 第一项目部
- 第二项目部
- 第三项目部
- 第四项目部
- 解释评价中心
- 生产服务站
- 实训基地

图12　2021年吉林分公司组织机构图

机构与人物

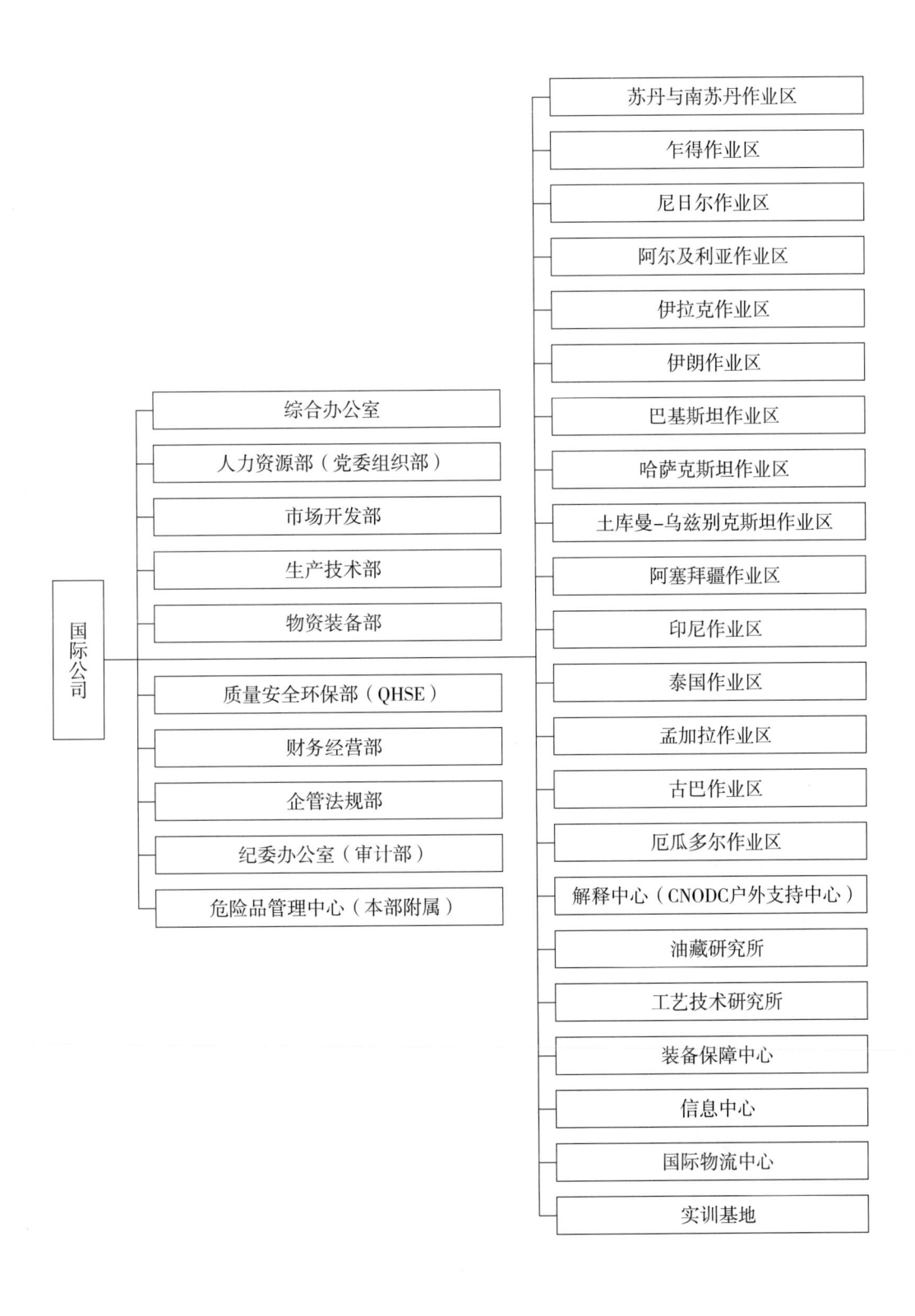

```
国际公司
├── 综合办公室
├── 人力资源部（党委组织部）
├── 市场开发部
├── 生产技术部
├── 物资装备部
├── 质量安全环保部（QHSE）
├── 财务经营部
├── 企管法规部
├── 纪委办公室（审计部）
├── 危险品管理中心（本部附属）
├── 苏丹与南苏丹作业区
├── 乍得作业区
├── 尼日尔作业区
├── 阿尔及利亚作业区
├── 伊拉克作业区
├── 伊朗作业区
├── 巴基斯坦作业区
├── 哈萨克斯坦作业区
├── 土库曼-乌兹别克斯坦作业区
├── 阿塞拜疆作业区
├── 印尼作业区
├── 泰国作业区
├── 孟加拉作业区
├── 古巴作业区
├── 厄瓜多尔作业区
├── 解释中心（CNODC户外支持中心）
├── 油藏研究所
├── 工艺技术研究所
├── 装备保障中心
├── 信息中心
├── 国际物流中心
└── 实训基地
```

图13　2021年国际公司组织机构图

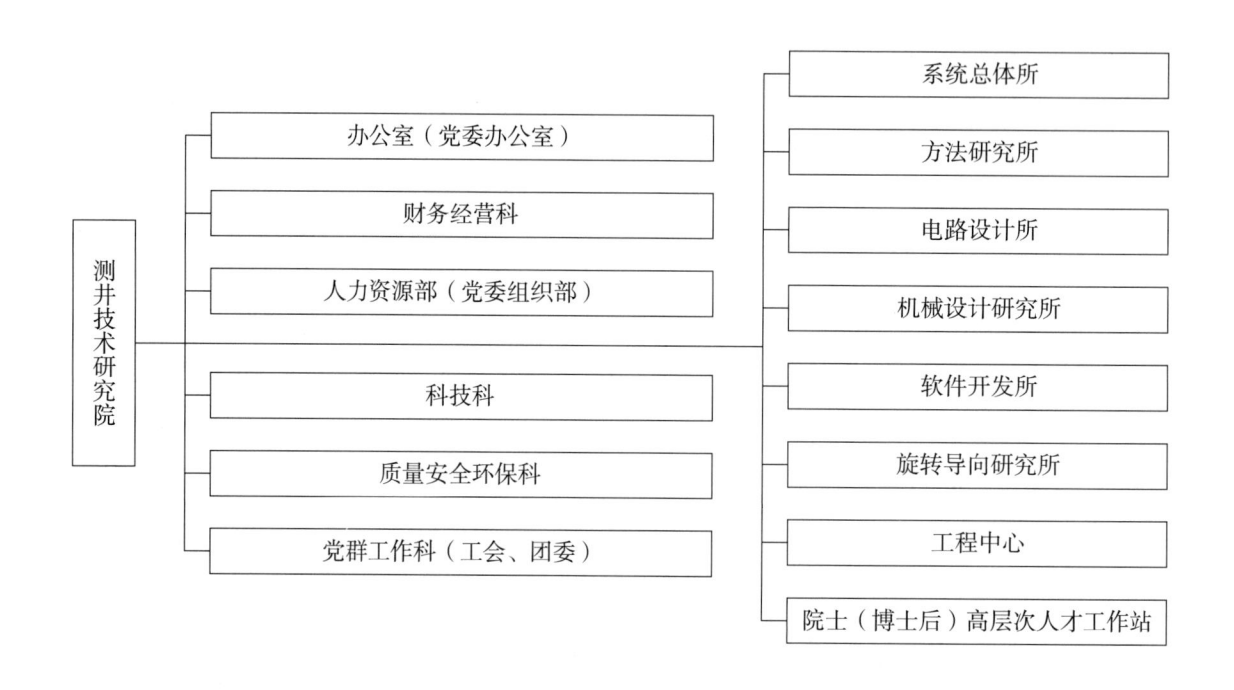

图 14　2021 年测井技术研究院组织机构图

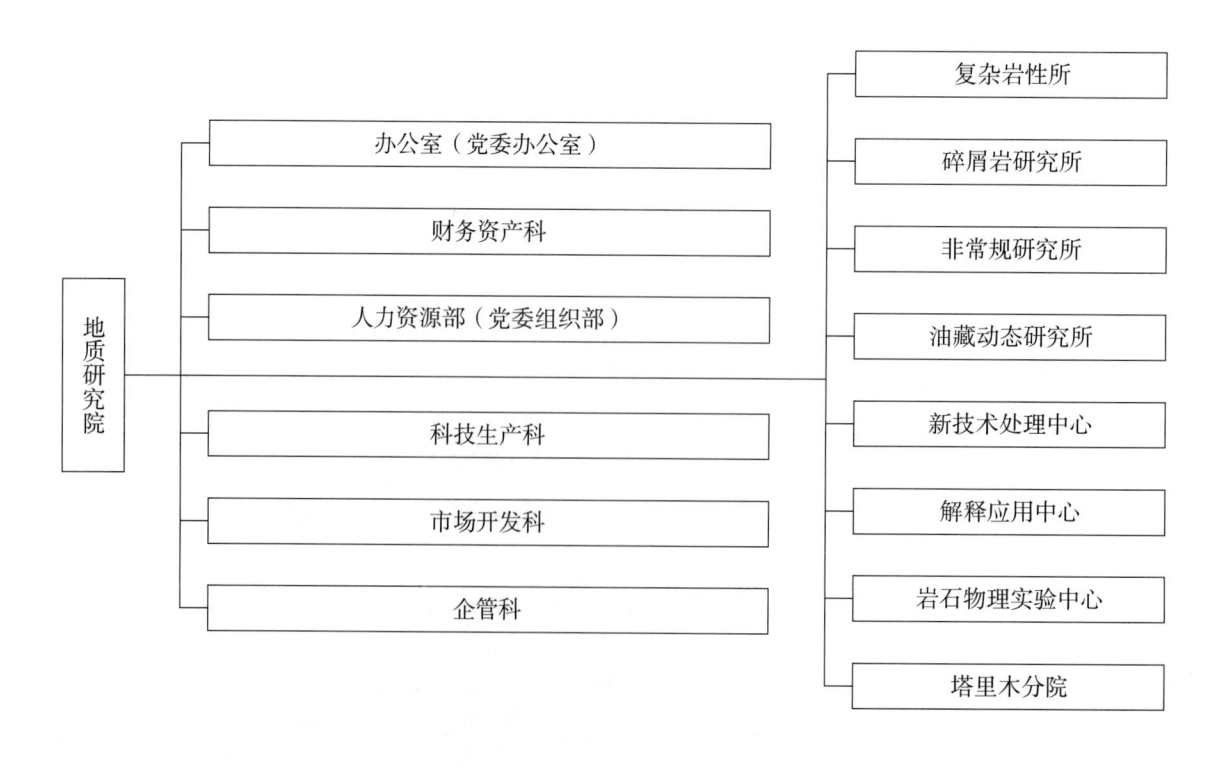

测井技术研究院
- 办公室（党委办公室）
- 财务经营科
- 人力资源部（党委组织部）
- 科技科
- 质量安全环保科
- 党群工作科（工会、团委）
- 系统总体所
- 方法研究所
- 电路设计所
- 机械设计研究所
- 软件开发所
- 旋转导向研究所
- 工程中心
- 院士（博士后）高层次人才工作站

图 15　2021 年地质研究院组织机构图

地质研究院
- 办公室（党委办公室）
- 财务资产科
- 人力资源部（党委组织部）
- 科技生产科
- 市场开发科
- 企管科
- 复杂岩性所
- 碎屑岩研究所
- 非常规研究所
- 油藏动态研究所
- 新技术处理中心
- 解释应用中心
- 岩石物理实验中心
- 塔里木分院

制造公司

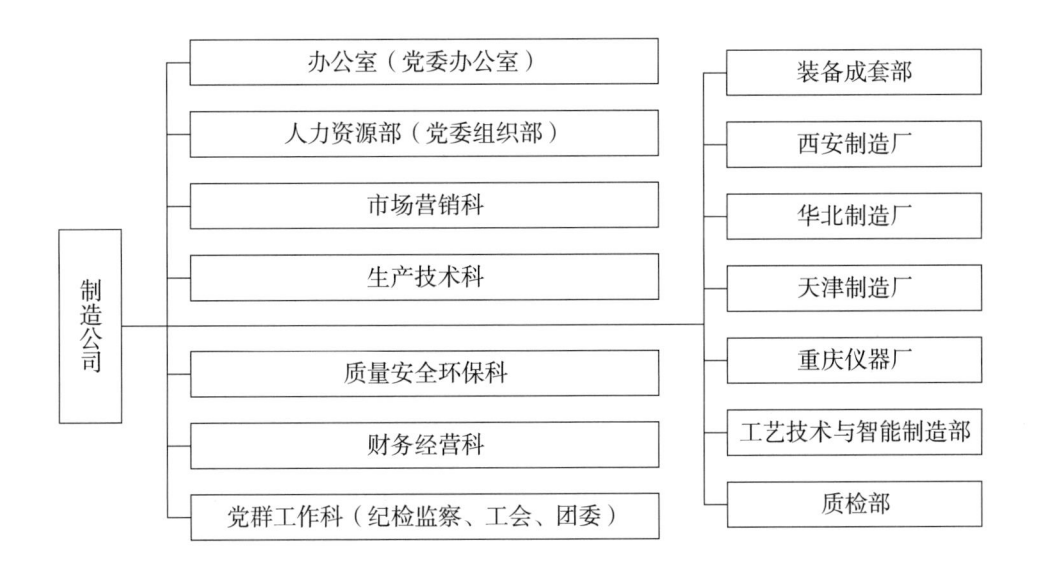

- 办公室（党委办公室）
- 人力资源部（党委组织部）
- 市场营销科
- 生产技术科
- 质量安全环保科
- 财务经营科
- 党群工作科（纪检监察、工会、团委）

- 装备成套部
- 西安制造厂
- 华北制造厂
- 天津制造厂
- 重庆仪器厂
- 工艺技术与智能制造部
- 质检部

图 16　2021 年制造公司组织机构图

物资装备公司

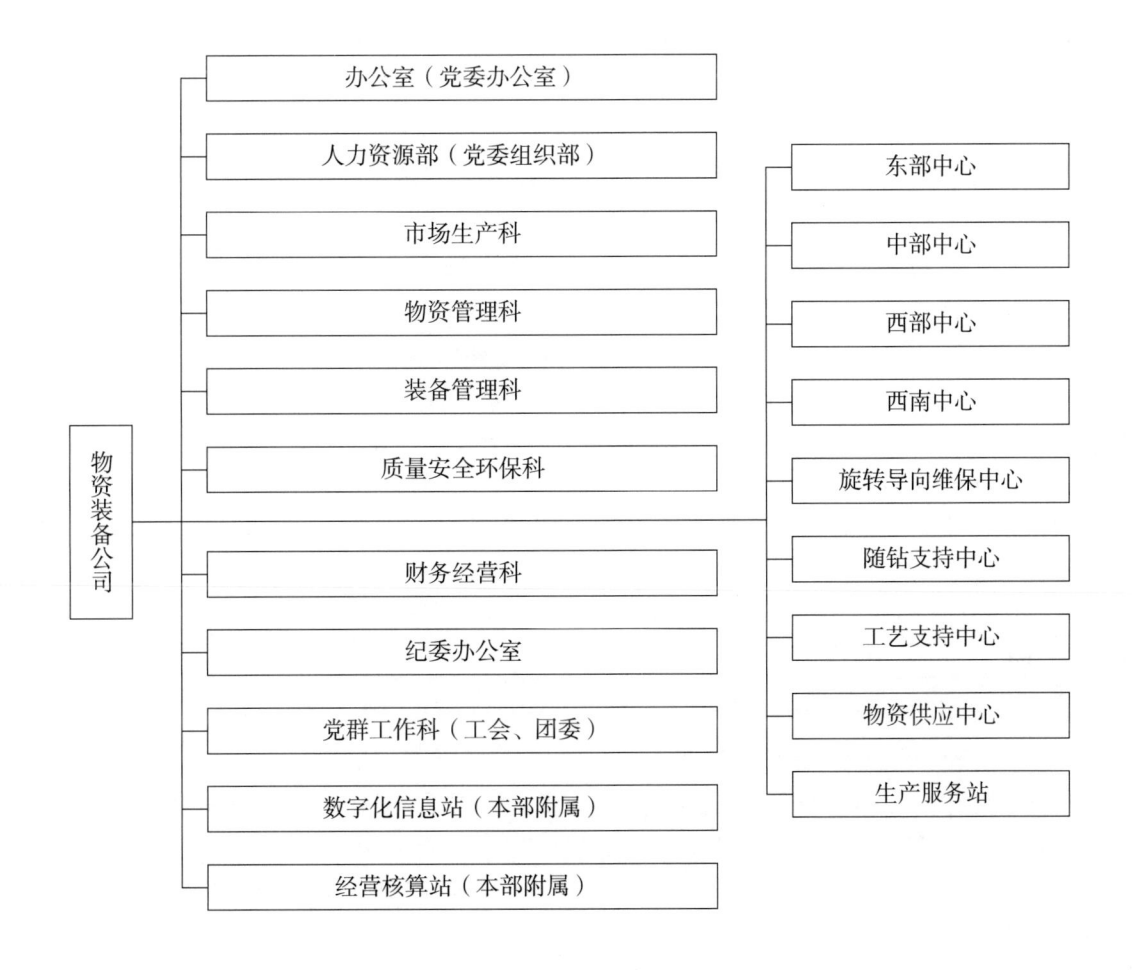

- 办公室（党委办公室）
- 人力资源部（党委组织部）
- 市场生产科
- 物资管理科
- 装备管理科
- 质量安全环保科
- 财务经营科
- 纪委办公室
- 党群工作科（工会、团委）
- 数字化信息站（本部附属）
- 经营核算站（本部附属）

- 东部中心
- 中部中心
- 西部中心
- 西南中心
- 旋转导向维保中心
- 随钻支持中心
- 工艺支持中心
- 物资供应中心
- 生产服务站

图 17　2021 年物资装备公司组织机构图

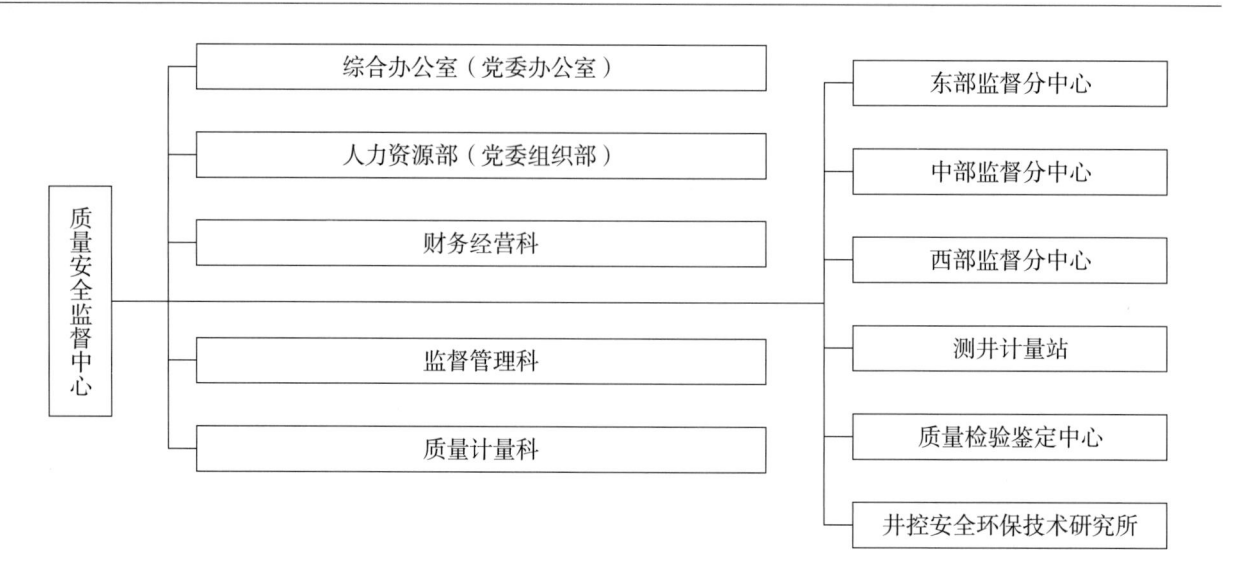

图 18　2021 年质量安全监督中心组织机构图

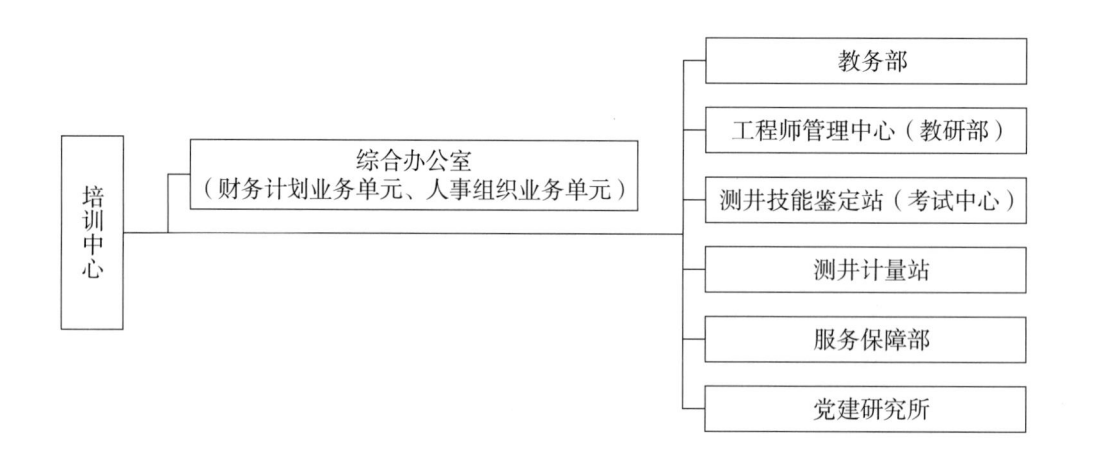

图 19　2021 年培训中心组织机构图

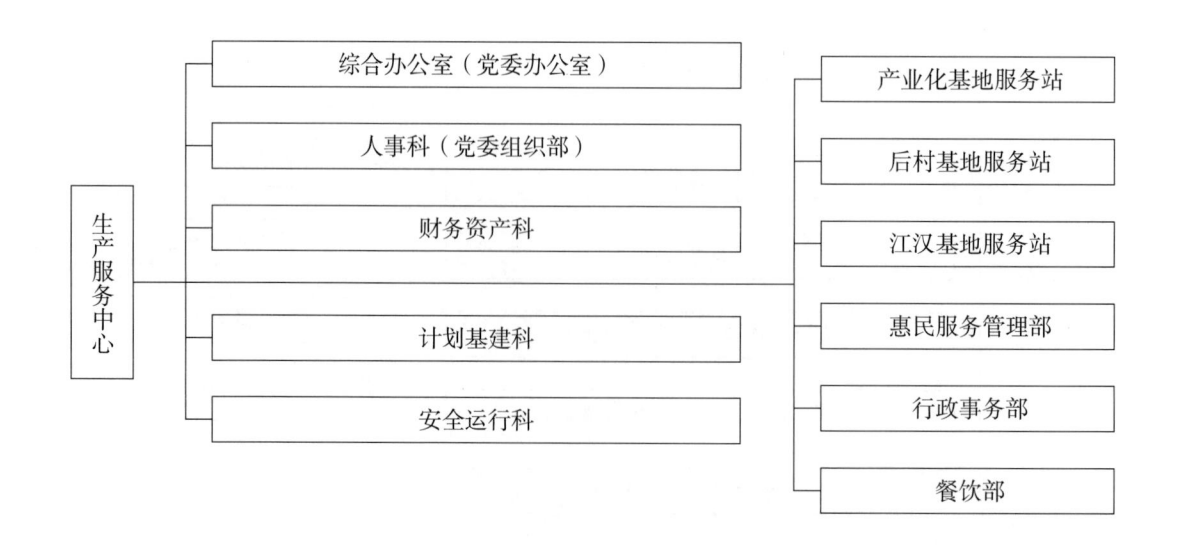

图 20　2021 年生产服务中心组织机构图

领导名录

表3　2021年中油测井领导名录

序　号	姓　名	职　务
1	金明权	党委书记、执行董事
2	胡启月	总经理、党委副书记
3	王春利	党委委员、副总经理（2021年4月前）
4	汤天知	党委委员、总工程师（2021年6月前）
5	邵镇江	党委委员、纪委书记
6	邹　荣	党委委员、总会计师
7	陈　宝	党委委员、副总经理、安全总监（2021年6月前） 党委委员、副总经理、总工程师、安全总监（2021年6月后）
8	石玉江	党委委员、副总经理（2021年6月前） 党委委员、副总经理、工会主席（2021年6月后）
9	赫志兵	党委委员、副总经理（2021年6月后）
10	陈　锋	党委委员、副总经理（2021年6月后）

表4　2021年中油测井本部中层领导名录

处室名称	职　务	姓　名
安全副总监		施培华
总经理助理		蔡增泽
总经理助理		李安宗（2021年7月前）
总经理助理		周　扬（2021年10月后）
总经理助理		沙　峰（2021年10月后）
办公室 （党委办公室、维稳信访办公室）	主任	王宏备（2021年6月前）
办公室 （党委办公室、维稳信访办公室）	主任	董银梦（2021年6月后）
办公室 （党委办公室、维稳信访办公室）	副主任	叶　振
办公室 （党委办公室、维稳信访办公室）	副主任	郭杨锋（2021年1月后）
办公室 （党委办公室、维稳信访办公室）	副主任	马东明（2021年9月后）
人事处 （党委组织部）	处长（部长）	张　宪
人事处 （党委组织部）	副处长（副部长）	黄晓冬（2021年1月前）
人事处 （党委组织部）	副处长（副部长）	方抒睿（2021年1月后）
人事处 （党委组织部）	副处长（副部长）	王佳凡（2021年1月后）
人事处 （党委组织部）	副处长（副部长）	高　超（2021年1月后）
规划计划处	处长	李安宗（2021年1月前）
规划计划处	处长	武延锋（2021年1月后）
规划计划处	副处长	金　伟（2021年1月后）

续表

处室名称	职务	姓名
市场生产处	处长	陈晓明（2021年3月后）
	副处长	尹国平（2021年9月后）
		田家辉（2021年3月后）
		李国强（2021年3月后）
科技处	处长	陈文辉
	副处长	张辛耘
		李庆合（2021年1月后）
物资装备处	处长	侯景川（2021年7月前）
		贾向东（2021年7月后）
	副处长	王德隆（2021年1月前）
		王 鹏
		张志江（2021年3月后）
		孙建伟（2021年1月后）
评价信息处	处长	余春昊（2021年3月后）
	副处长	王 勇（2021年3—7月）
		令狐松（2021年3月后）
		李雄伟（2021年9月后）
质量安全环保处	处长	雷绿银（2021年1月后）
	副处长	雷绿银（2021年1月前）
		刘甲辰（2021年1月后）
		冯相君（2021年1月后）
		全晓斌（2021年9月后）
财务资产处	处长	朱富平（2021年1月前）
		王 峰（2021年1月后）
	副处长	高 原（2021年1月前）
		杨书礼（2021年1月后）
		吕 伟（2021年1月后）
		田卫国（2021年1月后）
企管法规处	处长	庞林举（2021年7月前）
		张荣新（2021年7月后）
	副处长	曹正林（2021年1—4月）
		马潜为
国际合作处（外事办公室）	筹备工作组组长	董银梦（2021年3—7月）
		李汉忠（2021年7月后）
	筹备工作组副组长	黄炳江（2021年5—7月）
		程维营（2021年5—7月）
		刘运备（2021年7月后）
审计处	处长	王 峰（2021年1月前）
		朱富平（2021年1月后）
	副处长	曹正林（2021年1月前）
		叶 玲（2021年1月后）

续表

处室名称	职务	姓名
纪委办公室 （党委巡察办公室）	主任	韩 成
	副主任	杨卫忠（2021年3月前）
		周 广（2021年1月后）
		罗 宇（2021年9月后）
党群工作处 （党委宣传部、企业文化处、工会、团委）	处长（部长、公司团委书记）	范红卫（2021年1月后）
	工会副主席	马顺元（2021年6月前）
	副处长（副部长、企业文化处副处长、公司团委副书记）	牟连明（2021年1月前）
		雷小娟（2021年1月前）
		牛 洁（2021年9月后）
2021年3月11日前		
市场处	处长	董银梦
	副处长	李国强（2021年1—3月）
生产技术处	处长	陈晓明
	副处长	张志江
		田家辉（2021年1—3月）
信息管理处	处长	余春昊
	副处长	王 勇（2021年3月前）
		令狐松（2021年1—3月）

（张 晗）

表5　2021年中油测井所属单位中层领导名录

序号	姓名	职务
一、长庆分公司		
1	周 扬	党委书记、副经理（2021年9月前） 经理、党委副书记（2021年9月后）
2	杨永发	经理、党委委员（2021年2月前）
3	郭 锋	党委委员、副经理（2021年7—9月） 党委书记、副经理（2021年9月后）
4	张 龙	党委委员、副经理
5	张荣飞	党委委员、副经理（2021年7月前）
6	高 原	党委委员、总会计师（2021年1—6月）
7	刘慕生	党委委员、副经理（2021年7月后）
8	杨新宏	党委委员、副经理、安全总监
9	陈浩军	党委委员、副经理
10	文晓峰	党委委员、总工程师
11	王慧军	党委副书记、纪委书记、工会主席（2021年9月后）

续表

序号	姓名	职务
二、西南分公司		
1	陈锋	经理、党委副书记、总工程师（2021年7月前）
2	董国敏	党委委员、副经理、安全总监（2021年9月前） 经理、党委副书记（2021年9月后）
3	蒋钢	党委书记、副经理
4	宗辉鹏	党委副书记、纪委书记、工会主席
5	罗先东	党委委员、副经理
6	罗利	党委委员、副经理（2021年1月后）
7	谭志力	副经理（2021年1月后）
8	李江锋	党委委员、副经理、安全总监（2021年9月后）
9	李崇祯	党委委员、总会计师（2021年9月后）
10	吕利建	党委委员、总会计师（2021年9月前）
三、新疆分公司		
1	陈斌	党委书记、副经理（2021年1月前） 经理、党委副书记（2021年1月后）
2	黄晓冬	党委书记、副经理（2021年1月后）
3	王林	党委委员、副经理、安全总监（2021年1月前）
4	帕尔哈提·买买提依明	党委委员、副经理
5	吕伟	党委委员、总会计师（2021年1月前）
6	王延茂	党委委员、副经理、安全总监
7	李新岐	党委副书记、纪委书记、工会主席（2021年1月后）
8	宋杰	党委委员、副经理（2021年1月后）
9	苏海群	党委委员、副经理（2021年1月后）
四、天津分公司		
1	王伟	经理、党委副书记（2021年4月前）
2	刘晖	党委书记、副经理（2021年6月前） 经理、党委副书记（2021年6月后）
3	龚雅明	党委委员、副经理（2021年6月前） 党委书记、副经理（2021年6月后）
4	魏兵	党委委员、副经理、安全总监（2021年7月前）
5	柴细元	党委委员、副经理、总工程师（2021年7月前）
6	杨书礼	党委委员、总会计师（2021年1月前）
7	陈立雄	党委委员、副经理、安全总监（2021年7月后）
8	王正久	党委副书记、纪委书记、工会主席（2021年1月前）
9	陈江	党委副书记、纪委书记、工会主席（2021年1月后）
10	鄢涛	党委委员、副经理（2021年1月后）

续表

序号	姓　名	职　　务
11	刘俊东	党委委员、副经理、总地质师（2021年9月后）
12	王　成	党委委员、副经理（2021年9月后）

五、辽河分公司

1	徐开杰	经理、党委副书记
2	王　焯	党委委员、副经理 党委书记（2021年1月后）、副经理
3	庄洪贵	党委委员、副经理、总会计师（2021年6月前）
4	桑九波	党委委员、副经理、安全总监（2021年2月前） 党委委员、副经理（2021年2月后）
5	周　武	党委委员、副经理（2021年9月前）
6	裴敏杰	党委委员、副经理（2021年1—2月） 党委委员、副经理、安全总监（2021年2月后）
7	韩维东	党委副书记、纪委书记、工会主席（2021年1月后）
8	韦法君	党委委员、副经理、总地质师（2021年9月后）
9	陈建波	党委委员、副经理（2021年9月后）

六、大庆分公司

1	曹宇欣	经理、党委副书记
2	王宏建	党委书记、副经理（2021年4月前）
3	杨大军	党委委员、副经理（2021年6月前） 党委书记、副经理（2021年6月后）
4	张瑞景	党委副书记、纪委书记、工会主席
5	马庆诚	党委委员、副经理
6	李庆峰	党委委员、副经理
7	刘甲辰	党委委员、副经理、安全总监（2021年1月前）
8	孙化学	党委委员、副经理（2021年6月前） 党委委员、副经理、总会计师（2021年6月后）
9	冯尚坤	党委委员、副经理、安全总监（2021年1月后）
10	于继崇	党委委员、副经理（2021年9月后）

七、吐哈分公司

1	王　林	经理、党委副书记（2021年1月后）
2	刘向汉	经理、党委副书记（2021年1月前）
3	张文青	副经理、安全总监、党委委员（2021年9月前） 党委书记、纪委书记、工会主席（2021年9月后）
4	王熙荣	党委书记、纪委书记、工会主席（2021年9月前）
5	刘海涛	党委委员、副经理（2021年1月前）
6	孟学军	党委委员、副经理
7	谢　璞	党委委员、副经理（2021年1月后）

续表

序号	姓名	职务
8	林茂山	党委委员、副经理（2021年1月后）
9	段银鹿	党委委员、副经理、安全总监（2021年9月后）

八、华北分公司

序号	姓名	职务
1	贾向东	经理、党委副书记（2021年7月前）
2	张天军	经理、党委副书记（2021年7月后）
3	王 勇	党委书记、副经理（2021年7月前）
4	曾树峰	党委书记、副经理（2021年9月后）
5	张积庆	党委委员、副经理
6	王正久	党委副书记、纪委书记、工会主席（2021年1月后）
7	蔡文渊	党委委员、总工程师
8	严 磊	党委委员、副经理、安全总监（2021年9月后）

九、塔里木分公司

序号	姓名	职务
1	刘洪亮	经理、党委副书记
2	安维东	党委委员、副经理（2021年1月前） 党委书记、纪委书记、工会主席（2021年1月后）
3	武延锋	党委书记、纪委书记、工会主席、副经理（2021年1月前）
4	谌业和	党委委员、副经理、安全总监（2021年1月前）
5	尹国平	党委委员、副经理（2021年9月前）
6	苏 波	党委委员、总工程师
7	李国红	党委委员、副经理
8	吴 寒	党委委员、副经理、安全总监（2021年1月后）
9	韩能润	党委委员、副经理（2021年9月后）

十、青海分公司

序号	姓名	职务
1	陈 宝	经理、党委副书记（2021年1月前）
2	谌业和	党委委员、副经理（2021年1—6月） 经理、党委副书记（2021年6月后）
3	刘 鸿	党委书记、纪委书记、工会主席、副经理（2021年1月前）
4	杨成刚	党委书记、纪委书记、工会主席、副经理（2021年1月后）
5	朱 斌	党委委员、副经理（2021年7月前）
6	金兴明	党委委员、副经理、总地质师（2021年6月前）
7	裴敏杰	党委委员、副经理（2021年1月前）
8	郑 锋	党委委员、副经理、安全总监
9	李 挺	党委委员、副经理（2021年1月后）
10	段宏臻	党委委员、副经理（2021年6月后）
11	张 斌	党委委员、副经理（2021年9月后）

续表

序号	姓名	职务
十一、吉林分公司		
1	李文彬	经理、党委副书记（2021年7月前）
2	魏兵	党委委员、副经理（2021年7—9月） 经理、党委副书记（2021年9月后）
3	苗庆成	党委书记、纪委书记、工会主席、副经理
4	李学增	党委委员、副经理（2021年2月前）
5	姜万里	党委委员、副经理
6	宋建华	党委委员、副经理
7	田家辉	党委委员、副经理、安全总监（2021年1月前）
8	金振汉	党委委员、副经理、安全总监（2021年1月后）
9	梁晓东	党委委员、副经理（2021年9月后）
十二、国际公司		
1	沙峰	经理、党委副书记（2021年1月后）
2	张开金	党委书记、纪委书记、工会主席、副经理（2021年1月后）
3	刘运备	党委委员、副经理（2021年1—7月）
4	程维营	党委委员、副经理（2021年7月后）
5	黄炳江	党委委员、副经理（2021年7月后）
6	石健雄	党委委员、总会计师（2021年1月后）
7	李天诗	党委委员、副经理（2021年7月后）
8	张强	党委委员、副经理、安全总监（2021年1月后）
9	陈龙	党委委员、副经理（2021年1—7月）
十三、测井技术研究院		
1	白庆杰	院长、党委副书记（2021年7月前）
2	于新海	党委书记、纪委书记、副院长、工会主席（2021年7月前）
3	陈涛	院长、党委副书记（2021年7月后）
4	李传伟	党委书记、副院长（2021年7月后）
5	刘越	党委委员、副院长、安全总监（7月前） 党委委员、副院长（2021年7—9月） 党委副书记、纪委书记、副院长、工会主席（2021年9月后）
6	李晓军	党委委员、副院长（2021年4月后）
7	朱军	党委委员、副院长（2021年7月后）
8	王炜	党委委员、副院长、安全总监（2021年7月后）
9	陈文	党委委员、副院长（2021年1月后）

续表

序号	姓 名	职 务
十四、地质研究院		
1	张荣新	院长、党委副书记（2021年1—7月）
2	章海宁	副院长、党委委员（2021年7—9月） 院长、党委副书记（2021年9月后）
3	万金彬	党委书记、纪委书记、工会主席、副院长
4	金兴明	党委委员、副院长
5	赖学军	党委委员、副院长（2021年1月后）
6	成志刚	党委委员、副院长、安全总监
7	令狐松	党委委员、副院长（2021年1月前）
十五、制造公司		
1	马 骁	副经理、党委委员（2021年7—9月） 经理、党委副书记（2021年9月后）
2	王德隆	党委书记、纪委书记、工会主席、副经理（2021年7月后）
3	马正江	党委委员、副经理（2021年7—9月） 党委委员、副经理、安全总监（2021年9月后）
4	王 勇	党委委员、副经理（2021年7月后）
5	谢常原	党委委员、副经理（2021年7月后）
6	郑 良	党委委员、副经理（2021年9月后）
十六、物资装备公司		
1	李文彬	经理、党委副书记（2021年7月后）
2	牟连明	党委书记、副经理（2021年6—7月） 党委书记、副经理、工会主席（2021年7月后）
3	张柏元	党委委员、副经理（2021年7—9月） 党委委员、副经理、安全总监（2021年9月后）
4	胡 忠	党委委员、副经理（2021年7月后）
5	陈 艾	党委委员、副经理（2021年7月后）
6	左兴龙	党委委员、副经理（2021年9月后）
7	金仁高	纪委书记、党委委员（2021年9月后）
十七、质量安全监督中心		
1	李 鹏	党委委员、副主任（2021年7—9月） 主任、党委副书记（2021年9月后）
2	张荣飞	党委委员、副主任（2021年7—9月） 党委书记、纪委书记、工会主席、副主任（2021年9月后）
3	刘海涛	党委委员、副主任（2021年7月后）
4	王 飞	党委委员、副主任（2021年9月后）
5	刘旭春	党委委员、副主任、安全总监（2021年9月后）

续表

序号	姓名	职务
十八、培训中心（党校）		
1	刘鸿	主任、党委副书记（2021年1月后）
2	李长文	党委书记、纪委书记、工会主席（2021年1月前） 党委书记、纪委书记、工会主席、副主任（2021年1月后）
3	吴墨瀚	党委委员、副主任
4	郑海波	党委委员、副主任（2021年9月后）
5	郑大洲	党委委员、副主任、安全总监（2021年9月后）
十九、生产服务中心		
1	黄大庆	主任、党委副书记（2021年2月前）
2	刘向汉	党委书记、纪委书记、工会主席、副主任（2021年1月后）
3	郭瑛	党委委员、副主任
4	李金刚	党委委员、副主任、安全总监
5	杨继波	党委委员、副主任（2021年6月后）
6	魏二团	党委委员、副主任（2021年7—9月）
二十、生产测井中心（2021年7月前）		
1	刘建成	主任、党委委员（2021年3月前）
2	牟连明	党委书记、纪委书记、副主任、工会主席（2021年1—7月）
3	郭锋	党委委员、副主任、安全总监（2021年7月前）
4	赖学军	党委委员、副主任（2021年1月前）
5	杨成刚	党委委员、副主任（2021年1月前）
6	章海宁	党委委员、副主任（2021年7月前）
7	刘慕生	党委委员、副主任（2021年7月前）
二十一、技术中心（2021年7月前）		
1	陈涛	主任、党委副书记（2021年7月前）
2	范红卫	党委书记、纪委书记、工会主席（2021年1月前）
3	王德隆	党委书记、纪委书记、副主任、工会主席（2021年1—7月）
4	马骁	党委委员、副主任、安全总监（2021年7月前）
5	胡忠	党委委员、副主任（2021年1—7月）
6	王炜	党委委员、副主任（2021年1—7月）
7	谢常原	党委委员、副主任（2021年1—7月）
二十二、随钻测井中心（2021年7月前）		
1	李传伟	主任、党委副书记（2021年7月前）
2	党兰	党委书记、纪委书记、副主任、工会主席（2021年7月前）
3	张柏元	党委委员、副主任、安全总监（2021年7月前）
4	胡忠	党委委员、副主任（2021年1月前）
5	朱军	党委委员、副主任（2021年7月前）
6	刘海涛	党委委员、副主任（2021年1—7月）
7	陈艾	党委委员、副主任（2021年1—7月）

专家名录

表6　中国石油天然气集团有限公司技能专家

序号	姓　名	岗　位	工作单位
1	石庆平	集团技能专家	长庆分公司
2	刘春斌	集团技能专家	长庆分公司
3	王　琦	集团技能专家	西南分公司
4	吴依东	集团技能专家	辽河分公司
5	马　营	集团技能专家	辽河分公司
6	刘秀庆	集团技能专家	制造公司
7	牛承东	集团技能专家	物资装备公司
8	张光洲	集团技能专家	物资装备公司

表7　中国石油集团测井有限公司首席技术专家

序号	姓　名	岗　位	工作单位
1	王国平	成像测井	测井技术研究院
2	张炳军	快速测井	测井技术研究院
3	陈　鹏	随钻测导	测井技术研究院
4	周　军	软件设计与开发	测井技术研究院
5	杨　林	注采同测	地质研究院
6	岳爱忠	岩石物理	测井技术研究院
7	李安宗	机械电子	测井技术研究院

表8　中国石油集团测井有限公司技术专家

序号	姓　名	岗　位	工作单位
1	贺　飞	侧向成像	测井技术研究院
2	鲁保平	元素测井	测井技术研究院
3	何绪新	电路设计与工艺	测井技术研究院
4	李　新	岩石物理	地质研究院
5	李玉霞	随钻装备	测井技术研究院
6	唐　凯	射孔技术	西南分公司
7	朱涵斌	油藏评价	地质研究院
8	齐宝权	油藏评价	西南分公司
9	张树东	油藏评价	西南分公司
10	肖占山	油藏评价	地质研究院
11	罗安银	油藏评价	华北分公司
12	祗淑华	油藏评价	地质研究院

续表

序号	姓 名	岗 位	工作单位
13	秦民君	油藏评价	长庆分公司
14	杜旭东	油藏评价	国际公司
15	杨超登	信息采集	测井技术研究院
16	程晓东	油藏评价	国际公司
17	白庆杰	快速测井	测井技术研究院

表9　中国石油集团测井有限公司一级工程师

序号	姓 名	岗 位	工作单位
1	罗菊兰	油藏评价	长庆分公司
2	郭廷亮	射孔技术	西南分公司
3	张雄辉	仪器维修	物资装备公司
4	贺洪举	油藏评价	西南分公司
5	余 刚	仪器维修	新疆分公司
6	高 峰	信息采集	新疆分公司
7	姬嘉琦	油藏评价	新疆分公司
8	嵇成高	仪器维修	物资装备公司
9	王志勇	信息采集	天津分公司
10	陆敬武	仪器维修	物资装备公司
11	付晨东	油藏评价	大庆分公司
12	陈小安	仪器维修	测井技术研究院
13	江松元	信息采集	辽河分公司
14	傅永强	油藏评价	辽河分公司
15	刘国权	测井方法研究	测井技术研究院
16	包德洲	电路设计与工艺	测井技术研究院
17	郑小敏	油藏评价	地质研究院
18	陈永昌	仪器维修	华北分公司
19	安纪星	油藏评价	吉林分公司
20	范生刚	信息采集	吐哈分公司
21	王成荣	油藏评价	吐哈分公司
22	张莉莉	油藏评价	国际公司
23	贺秋利	测井方法研究	测井技术研究院
24	孙钦涛	电路设计与工艺	测井技术研究院
25	肖 宏	电路设计与工艺	测井技术研究院
26	李文博	机械设计与工艺	测井技术研究院
27	刘付火	传感器设计	测井技术研究院
28	宋青山	传感器设计	测井技术研究院
29	程 刚	传感器设计	测井技术研究院
30	牒 勇	测井方法研究	测井技术研究院

续表

序号	姓 名	岗 位	工作单位
31	王 珺	传感器设计	测井技术研究院
32	林伟川	油藏评价	地质研究院
33	李国利	油藏评价	地质研究院
34	孙利国	油藏评价	国际公司
35	孙志忠	射孔技术	长庆分公司
36	董拥军	射孔技术	天津分公司
37	范乐元	油藏评价	国际公司
38	陈金宏	信息采集	华北分公司
39	徐永发	油藏评价	青海分公司
40	周正志	软件设计与开发	测井技术研究院
41	郭玉庆	软件设计与开发	测井技术研究院
42	谢昱北	机械设计与工艺	测井技术研究院
43	陈绪涛	传感器设计	制造公司

（张 蕾）

表10 中国石油集团测井有限公司技能专家

序号	姓 名	岗 位	工作单位
1	陈瑞梁	公司技能专家	西南分公司
2	张 渝	公司技能专家	西南分公司
3	赵小川	公司技能专家	西南分公司
4	李 宏	公司技能专家	西南分公司
5	宁智源	公司技能专家	新疆分公司
6	杨世勇	公司技能专家	新疆分公司
7	宋学新	公司技能专家	辽河分公司
8	张咏梅	公司技能专家	辽河分公司
9	刘长久	公司技能专家	辽河分公司
10	柴军胜	公司技能专家	辽河分公司
11	王立新	公司技能专家	大庆分公司
12	曾 崙	公司技能专家	吐哈分公司
13	刘百舟	公司技能专家	华北分公司
14	徐跃洲	公司技能专家	华北分公司
15	朱建良	公司技能专家	青海分公司
16	王维民	公司技能专家	吉林分公司
17	张 连	公司技能专家	制造公司
18	王相彬	公司技能专家	物资装备公司
19	梁立华	公司技能专家	物资装备公司
20	安佰福	公司技能专家	物资装备公司

（樊军强）

所属二级单位概览

- 总述
- 市场开发
- 技术服务
- 综合应用
- 技术研发
- 装备制造
- 生产保障
- 信息化建设
- 质量健康安全环保与节能
- 企业管理与监督
- 党建、思想政治工作与企业文化建设
- 荣誉录
- 机构与人物
- **所属二级单位概览**
- 大事记
- 统计数据
- 附录

中国石油集团测井有限公司长庆分公司

【概况】 中国石油集团测井有限公司长庆分公司（简称长庆分公司）是2002年12月6日集团公司测井专业化重组，由长庆石油勘探局测井工程处整建制划入中国石油集团测井有限公司，成立中国石油集团测井有限公司长庆事业部。2017年12月，更名中国石油集团测井有限公司长庆分公司。

长庆分公司主要为长庆油田勘探开发提供裸眼测井、射孔、随钻测井、生产测井、试井及调配、油田化学、注产剖面、油套管检测、剩余油检测与评价、分注井调配、压力监测、井间监测、油气藏解释评价等综合技术服务。作业区域主要分布在鄂尔多斯盆地，横跨陕西、甘肃、宁夏、内蒙古、山西五省（自治区）。

2021年，长庆分公司设有9个机关科室、3个机关附属单位，下设15个生产单位（含12个项目部）、2个后勤服务单位。在册员工1050人，其中合同化员工670人、市场化合同273人、市场化劳务107人；管理人员231人、专业技术400人、技能操作419人；本科及以上学历607人，中级及以上职称537人。集团公司技能专家2人；中油测井公司技术专家1人，一级工程师2人。长庆分公司党委下设4个党总支、24个党支部，党员696名。

2021年，长庆分公司围绕中油测井全面建设世界一流测井公司目标，抓住"改革深化年"主线，着力推进测井业务"十大工程"，以改革促进业务发展，以业务发展助推改革深入。全年完成各类作业31391井次，完成产值238973.31万元，实现收入23.74亿元、利润3.73亿元，经营业绩创历史最好水平，完成中油测井下达的业绩考核指标任务。长庆分公司获"2020—2021年度集团公司装备管理先进集体"称号，实现"十四五"良好开局。

（樊庆毅）

长庆分公司主要生产经营指标

指 标	2021年	2020年
裸眼井测井（井次）	7448	7024
随钻测井（井次）	47	30
工程测井（井次）	8670	5545
生产测井（井次）	7719	5
射孔（井次） 其中，桥射联作（口/段）	9719 879/5879	6126 780/5527
录井（口）	21	22
产值（亿元）	23.90	20.62
收入（亿元）	23.74	19.26
利润（亿元）	3.73	2.72

（贾振华）

【队伍与装备】 2021年，长庆分公司有CPLog、ECLIPS-5700、LOGIQ、Sondex、ThruBit等先进适用成套装备221套。其中成套装备110套、射孔装备61套、过钻杆3套6串、存储式固井质量13套。合作租赁存储式装备10串。随钻测控装备Auto track旋转导向5串、APS 12串。共配套EILog各类井下仪器3479支（节），成像队伍配属仪器304支，解释设备142台。部署各类施工队伍212支，其中引进成像测井队6支，EILog测井队75支，射孔队伍54支、生产测井63支、随钻测井8支、测录队伍6支。可实现年作业能力35000井次，其中裸眼测井7000井次、固井质量7000井次、射孔11000井次、动态监测6000井次、试井及调配4000井次。

（徐 宁）

【市场开发】 2021年，长庆分公司以市场升级带动创效能力提升，挖潜力，实现供给升级。从效益源头上精准发力，融入顶层设计，推动油田"2022年市场标准化价格体系"中增补10项价格指标，提高8项价格，分别上浮10%—40%，实现价格逆势增长。从挖掘潜力上精准施策，深化专家靠前服务，开展技术交流320次，中高端测井、测试项目产值18537万元，工具费用产值8065万元，深穿透、同轴随进等工艺应用增收1500万元。增规模，实现需求升级。紧抓油气藏特征、地质工程主要矛盾，紧盯非常规油气区、资源重叠区、环境敏感区水平井部署，与国际知名油服公司合作，完成随钻测井47口，实现产值6354万元，工作量、产值分别同比增长56.7%、60.15%，均创历史新高。针对复杂、非常规油气藏测井需求，开展科研合作27项，实现产值2253万元。实现扩容量总量升级。通过有效沟通，得到长庆油田政策支持，明确"长庆油田工程技术总承包中不包括测井工程业务"，确保钻探总包47口井不包含测井业务，实现产值1.27亿元。一体推进顶层设计、市场开发、技术升级、服务保障，桥射联作市场占有率提高5个百分点，达到85%，实现产值5.26亿元。精准分析市场容量，寻找效益"甜点"，突破气井水平井测井壁垒，完成气水平井水平段测井107口，实现产值7700万元，打开新的市场增收点。落实深化改革决策，将生产测井业务定位为市场重要增长源，实现产值3.31亿元，同比增长25.1%，调配、产出剖面、工程测井产值分别同比增长15.6%、103.3%、68.8%。在苏南、壳牌长北二期、山西煤层气等外部市场，完成作业235井次，实现产值4276万元。

【服务保障】 2021年，长庆分公司以高效组织促进保障能力提升，片区组织提升保障效率。持续优化网格化"大生产"区域保障机制，高效协调应用215支队伍，片区间协调支援479井次、片区内协同互补381井次，打赢陇东页岩油、榆林桥射、苏里格气田生产高峰期保卫战，队伍利用率、到井及时率分别为107.92%、99.7%，单井作业时间缩短3.6%。灵活组队促进单队创效。制定《单队安全提速创效实施方案》，创新一队N班、一专多能、大队拉链灵活组队模式，单队作业、多队协同能力得到提升，128支队伍实行灵活组队，单队创效能力同比提高34%。重点保障助力油田生产。规模应用FITS、ThruBit等存储式仪器，全面应用组合电缆、爬行器等工艺技术，高效保障水平井完井测井1120井次、固井质量测井1047井次，分别同比增长22.4%和12.9%。融入大平台工厂化施工，推行"一台一案"、台长负责制，创新"一支队伍使用两个厂家的三串仪器保障四口完井施工"的"1234"工作思路、"两支队伍形成三个作业面，同时保障3口井施工"的"两队三面"队伍运行模式，有力保障页岩油项目开发。

2021年3月5日，长庆分公司苏里格项目部迎接甲方开工资质设备检查（何葳　摄）

【解释评价】 2021年，长庆分公司解释评价技术攻关紧跟油田勘探开发重点领域，开展解释评价科研攻关25项，形成页岩油气、铝土岩、灰岩储层等新区新领域关键核心技术20余项，助力陇47井、米探1井、虎66井、德5井等新区新领域勘探发现，虎66井、德5井实现高产，有效支撑环西甩开勘探突破，落实含油面积100平方千米、储量规模5000万吨。持续完善解释图版，新建油气探井图版16个区域78个、开发井图版24个区域58个，实现快速定量解释技术持续提升。服务油田技术纽带作用充分发挥。与油田各单位开展解释技术交流88次，提出测井系列建议29条，采纳11条，深度参与试油气方案讨论225次1759口井，提出合理化建议98条，采纳42条。姬122井、古20井、古36井在无取心、无录井气测含油显示情况下建议试油，均获工业油流。从钻前方案设计、钻时入窗选层、钻后压裂优化全程介入，确保重点井岭页1H井达到预期效果，测井话语权在服务油田过程中得以体现。"四制"提升服务油田效果。采取个人积分制调动解释人员工作积极性，业务能力和工作质量有效提升，保障大规模工作量作业。区域负责制推动审核员作用发挥，解释符合率持续提升，探井符合率85.98%、开发井符合率96.72%、产能预测准确率82.72%。专家会诊制避免油层漏失，在冯136井延7层，更改含油水层为油水同层，试油获日产油4.51吨。案例分析制发挥总结经验提升能力作用，总结古24井、郭52井、靳21井、米143井等高产发现井解释经验，复查郝滩南中生界12口井，发现有利目标4口井7个层，建议部署探评井28口，其中茂12井在长73获得重要发现。

2021年5月10日，长庆分公司解释评价专家现场观察岩心（唐文江 摄）

【科技创新】 2021年，长庆分公司配套应用模块化联作器材、免维护智能短节、远程快速插拔连接器、爬行器射孔、EST电动液压坐封工具，打造桥射联作2.0技术。在页岩油超长水平井华H50-7井，创单井段数最多、泵送水平井段距离最长、簇数最多等多项纪录。在风险勘探鄂102X井，创长庆油田区域最高泵送压力、最高温度等作业新纪录。研发配套73型同轴随进射孔工艺，在致密气试验应用5口井46层，破裂压力平均降低5%，3口井获百万立方米高产。

发挥随钻旋转导向、综合录井、实钻实时分析一体化作业优势，在靖51-29H1井实现随钻测井水平段长度5000米的突破，精准导向水平段钻井5256米。发挥远程视频及可视化决策支持平台优势，助力天然气探新领域榆探1H井灰岩含气储层钻遇率93.67%、气测峰值90.93%，试气获日产无阻流量54.85万立方米，实现鄂尔多斯灰岩气藏勘探开发领域重大突破。

光纤测井应用实现零突破，完成长庆油田首口分布式光纤同心双管吸水剖面测井和水平井套管外永置光纤监测。井筒完整性评价技术应用将油田平均单井找水测试周期从20天缩短至6天，助力长庆油田第五采油厂、第七采油厂治理套损井187口，累计增油2.4万吨，产能恢复率达50%以上。

【质量安全环保】 2021年，长庆分公司加强安全生产教育，组织学习宣贯新《安全生产法》28场次，提升员工安全意识。完善职能部门QHSE归口要素管理职责，落实主要负责人安全生产述职制，修订全员QHSE履职标准及重点任务考核清单，推行安全生产承诺、全员记分管理，各层级签订安全环保责任书、承诺书1492份，筑牢安全生产责任体系。

贯彻落实安全生产专项整治三年行动要求，积极推进"双重预防"机制落实落地，开展风险辨识和管理评估，评估重要危害因素63条、重要环境因素15条，制定较大以上风险分级管控措施84条，形成风险分级防控管理清单。运行隐患排查与治理管理平台，推行全员问题隐患、整治措施"两个清单"动态更新上报制，岗位员工整改隐患问题1169项。强化三级体系审核问题整改，整改问题863项，切实把"识别大风险、消除大隐患、杜绝大事故"要求落到实处。

持续加强安全红线管理，处理红线违章7起19人，反违章专项整治查处违章行为136次，开展专项和"四不两直"（不发通知、不打招呼、不听汇报、不用陪同接待、直奔基层、直插现场）监督检查6次，发现整改问题376项，保持严格监管高压态势，平均违章率控制在0.11%。

坚持召开新冠肺炎疫情防控例会，随时调整疫情防控方案和防控工作指导手册，制定疫情防控物资管理办法，开展疫情突发应急演练，推动全员接种疫苗，开发疫情防控管理平台，严格一人一档员工动态管理和健康监测，筑牢疫情防控防线，坚守零输入、零感染"双零"底线。

（贾振华）

【党建工作】 2021年，长庆分公司党委建设具有测井特色的党建与生产经营有机融合的党建生态系统，不断提升党建工作质量和党建引领力。落实"第一议题"制度，制定党委理论学习中心组集体学习计划，第一时间学习研讨习近平新时代中国特色社会主义新思想、重要讲话和重要指示批示精神，用科学理论指导工作实践。修订《"三重一大"决策制度实施细则》，严格落实"三重一大"决策制度，有效促进党的领导和企业治理有机融合。坚持党管干部，制定《中层领导人员任期制实施细则》《进一步发挥退出领导岗位人员作用实施方案》，激发退出领导岗位人员的工作积极性和创造性。持续压实党建责任，从党委和基层党支部两个层面完善党建责任清单，举办党支部支委培训班，培养善管理、懂党务的基层党务干部。探索"大生产"与"大党建"同频共振、相融互促机制，构建共享共建、相通相融、互促互提的大党建格局。12月15日，长庆分公司党委与长庆油田第六采油厂党委签订党建联盟框架协议，建立常态化沟通协调机制，双方在平台共建、资源共享、产业共兴、品牌共塑方面协同发力、优势互补，将双方的智慧和力量凝聚到长庆油气田勘探开发建设上来，推进双方高质量发展。

2021年7月1日，长庆分公司定边基地开展庆祝建党100周年"七一"主题活动（杨舵　摄）

（刘静华）

【群团工作】　2021年，长庆分公司群团组织健全联系广泛、服务职工的工会工作体系，履行民主管理工作职责，落实职工代表提案5项，答复率100%；强化厂务公开，公开涉及职工利益的事宜178项1321条。全年开展"比安全、比质量、比工作量、比效益、比优质服务"的"建功'十四五'五比劳动竞赛"活动，组织1479人参加岗位练兵、技术比武活动，先后评选表彰118队次优胜作业队（班组）和114人次优胜个人。全年扶贫帮困133人次，发放帮扶金40.3万元。为306名职工办理职工互助保障，4项险种赔付75人次。举办"青春心向党、奋进新时代"青工短视频大赛，评选出20个优秀作品；开展青年安全生产微课大赛，提升青年团员的安全防护意识；组织开展青年"创新创效"活动，收集青年"创新创效"作品29件；组织49名青年参加"青春耀百年、奉献新时代"青年志愿服务队，开展看望特困职工遗属、新冠肺炎疫情防控送餐等系列活动，彰显新时代石油测井青年责任与担当。

（雷蕊西）

【桥射联作创纪录】　长庆油田鄂尔多斯盆地西缘冲断带奥陶系乌拉力克组鄂102X井，该井深5286米，水平段长1376米，最大泵送压力80兆帕，桥射联作施工17层63簇。2021年6月2日，长庆分公司历时11天，完成桥射联作施工作业任务，创造鄂尔多斯盆地最高施工压力和分公司桥射联作施工最大泵送压力纪录。

（何葳）

【连破亚洲陆上最长水平段施工纪录】　2021年6月6日，长庆分公司历时241小时，连续作业完成桃2-33-8H2气井完钻井深8008米，水平段长4466米，总计40段152簇射孔的桥射联作施工任务，创造亚洲陆上最长水平段和鄂尔多斯盆地最深井施工纪录。6月8日，长庆分公司完成华H90-3井平段5060米旋转导向系统随钻测井任务，再次刷新亚洲陆上最长水平段施工纪录。8月2日，长庆分公司完成靖51-29H1水平井（井深8528米、水平段长5256米，是长庆油田气区完钻最深气井）测录导一体化作业，再破亚洲陆地最长水平段施工纪录。

（邢帅）

【参与国家级页岩油示范平台建设】　华H100平台是国家级页岩油示范平台，共部署31口水平井，设计水平段长度均在1500—3000米。2021年，长庆分公司陇东项目部优选作业队伍，运用"一队多机"（一支队伍在装配常规测井或射孔地面设备基础上，加装存储式、小井眼三样、爬行器、八扇区等多套不同地面设备）和"两队三面"（两支队伍形成三个作业面，同时保障3口井施工）模式，实施"工厂化"测井作业。应用推广过钻杆设备，在该平台优质高效完成25口裸眼完井测井施工作业任务，受到甲方单位好评。

（王延峰）

【新冠肺炎疫情防控】 2021年12月22日，长庆分公司新冠肺炎疫情防控工作领导小组及时响应西安市政府严防严控封闭管理疫情防控措施，组织干部员工进驻单位进行封闭办公，齐心协力、共克时艰，坚守岗位一个多月，确保企业各项工作有序开展。12月29日，长庆分公司党委响应陕西省委组织部、中油测井党委"下沉一线抗击疫情"号召，39名党员投身抗疫志愿服务，全面参与到所在社区核酸检测、人员流调、信息统计、物资配送、值守执勤等疫情防控支援保障工作中。12月31日，长庆分公司党政组织发出《致坚守抗疫一线测井先锋的慰问信》，让奋战在抗击疫情一线的测井志愿者们倍感温暖，凝聚起夺取疫情防控与生产经营"双战双赢"精神动力。

（邢 帅）

中国石油集团测井有限公司西南分公司

【概况】 中国石油集团测井有限公司西南分公司（简称西南分公司）是2017年12月集团公司实施工程技术专业化重组，由川庆钻探工程有限公司测井公司整建制划入中国石油集团测井有限公司。

西南分公司集测井、射孔施工作业、测井资料处理解释、射孔弹及配套器材研制生产、射孔工艺技术研究，以及进出口贸易为一体、产业链完整的专业化工程技术服务企业，具备为油气田产能建设提供测井、射孔一体化解决方案的突出优势。西南分公司主要服务于西南地区油气田生产建设，支撑青海、冀东、陕北等油气区域。射孔器材畅销川渝、胜利、海洋等十几个国内油田，远销美国、伊朗、澳大利亚、墨西哥、俄罗斯等20多个国家。

2021年底有机关科室9个、附属单位2个，三级单位9个。在册员工937名，具有大专以上文化程度561人（其中硕士52人、博士4人）。具有中级技术职称人员262人，高级技术职称人员136人（其中正高级职称5人、副高级职称131人），高级技师19人。有集团公司青年科技英才2人，集团公司技能专家1人，中油测井技术专家2人，中油测井技能专家5人。

2021年，西南分公司履行"服务油气、保障钻探"责任担当，围绕"1651"（落实一个体系，主攻六项业务，打赢五大战役，迈向一流企业）发展规划，系统推进"六大战略"、测井业务"十大工程"和党建工作"十项任务"，生产经营、市场开发、服务保障、解释评价、科技创新、安全环保、企业管理、党的建设等各项工作取得新成效，实现"十四五"良好开局，为分公司在新时期的高质量发展奠定坚实基础。

（王 磊 张小彦）

西南分公司主要生产经营指标

指标	2021年	2020年
裸眼井测井（井次）	666	603
随钻测井（井次）	30	17
工程测井（井次）	1081	804
生产测井（井次）	32	27
射孔（井次）	1012	790
其中，桥射联作（口/段）	879/3984	780/3837
射孔弹（万发）	180	152.3
射孔枪（千米）	384.3	236.5
产值（亿元）	14.37	11.3
收入（亿元）	14.2	15.9
利润（亿元）	1.62	1.1

（王 磊）

【队伍与装备】 2021年，西南分公司有测井射孔作业小队63支。裸眼测井小队19支，其中成像测井小队12支、随钻测井小队6支、生产测井小队1支，数控射孔小队44个。有CPLog、EILog、5700、LOGIQ、MAXIS、存储式测井仪等测井装备56套（串），Sondex等生产测井装备3套，FELWD等随钻测井设备8套，KSKS等射孔装备28套。

西南分公司落实中油测井改革工作部署，完成陕北市场移交和队伍回撤。推进仪器装备制造、维修和物资采购业务整合。加快页岩气队伍融合，增强区域保障能力，完成页岩气测井793井次，桥射联作287口井、33781簇，作业时效分别同比上升6.89%和6.84%。推广直推存储式测井、桥射联作2.0等工艺技术，配套完善CPLog系列、FMI电成像、快测短节等特殊项目仪器和先进工具。测井生产智能支持系统（EISS）全面覆盖生产作业、资料解释、设备管理等业务，实现以井为中心贯穿生产经营全过程。民爆品管理系统确保对民爆品存储、领退、配送和现场使用等关键环节的全流程线上精细化管控。

（王　磊　肖荣华）

【市场开发】 2021年，西南分公司树立"市场导向、油田至上、一体协同、竞合共赢"理念，巩固基础市场、突破成长业务、带动整体发展。与西南油气田签订2022—2024年关联交易协议，与川庆钻探签订战略合作协议。打破常规气钻探工程总包的固有格局，与西南油气田勘探事业部和开发事业部签订2022年常规气探井及开发井测井总包合同。增补史努比存储式测井等特殊工艺定额缺项，全年实现产值3.76亿元。贯彻"六统一、三共享"，推进川渝页岩气市场整合。完成长城钻探威远自营区块合同转签，在西部钻探和长城钻探自营区块以外总包市场实现零的突破。川渝页岩气市场占有率从59%提升至73%，其中渤海及川庆钻探页岩气市场占有率保持100%，中油技服钻探总包市场占有率达88%，页岩气区块创造产值5.93亿元，同比增长11.03%。立足"有限市场、无限开发"，推广CPLog、存储式测井、等孔径射孔等新工艺技术，实现新（高）端业务收入7.29亿元，营收占比66%。销售各型射孔弹180.91万发，射孔枪38.18万米，分别同比增长20.7%和58.6%。其中，国际市场出口射孔弹12万发、射孔枪21.19万米，分别同比增长500%和116%，出口产值创造1.04亿元的历史新高。

【服务保障】 2021年，西南分公司践行中油技服"一体两面"定位，以生产运行质量和现场作业能力为抓手，提升服务保障效率，支撑川渝地区油气勘探开发。以井为中心，持续开展生产管理流程优化，及时到井率、作业一次成功率等主要生产运行指标达标。在持续深化"测射一体化""一队双机"等运行模式基础上，推动桥射联作"10+N"灵活组队、测井队伍区域值班和井型专测，科学安排调峰队伍生产计划，测井射孔队伍利用率分别达143%和171.4%，大幅提高生产保障效率。分级管理重点井施工和工程事故复杂，事故复杂率控制在0.55%的较低水平，确保生产运行平稳。推广系列特殊项目仪器和先进工具，水平井电成像测井成功率提高50%，高温高压水平井、存储式测井分别提速30%和44.4%，完成6000米以上测井作业155井次，同比增长29.17%，仪器一次下井成功率99.53%。在泸203H6平台施工中以日均施工3.24段，平均单段时效2.7小时的桥射联作新速度，成为川渝深层页岩气标杆工程。全年刷新各类测井射孔施工作业纪录21项，服务保障能力居西南油区首位。

【解释评价】 2021年，西南分公司逐步拓宽测井解释服务领域，与地质、钻井与试油相结合，实现从单井解释向多井综合研究转变，向地质工程一体化转变。创新开展"四制"（个人积分制、区域负责制、专家会诊制、案例分享制）管理模式，提升解释服务水平。坚持靠前服务，与西南油气田共同组建"四川盆地测井评价研究中心"，20余名解释人员常驻西南油气田勘探事业部等甲方单位，提供高效解释服务。持续优化海相深层碳酸盐岩缝洞型储层分级评价、陆相碎屑岩致密气含气性评价、海相页岩气"三品质"评价解释技术，探井、开发井解释符合率分别达到85.6%和

96.1%，产能预测符合率81.9%，成功解释双探108井、中浅3H井等一批百万立方米级高产气井，助力太和含气区蓬探101井，创造220.88万立方米的四川盆地震旦系测试产量新纪录。古岩溶储层分级评价技术在四川盆地规模应用，支撑西南油气田提交三级储量1.8万亿立方米，创收1313.38万元。

【科技创新】 2021年，西南分公司发挥生产、科研、制造一体化优势，巩固射孔技术核心优势，完善区域特色测井技术。投入科研经费9636.06万元，组织承担科研项目48项，获国家授权专利5项（发明专利4项、实用新型专利1项），申报软件著作权3项，取得国家《计算机软件著作权登记证书》4项。建成射孔技术研究实验室，射孔技术优势持续巩固。桥射联作技术2.0推广应用265井次/3698段，提升装配时效和质量50%以上，作业时效提升至2.41小时/段。245兆帕/230℃"三超"井射孔器材和175兆帕水平井射孔器材成功定型，在昆101井创柴达木盆地射孔作业井深7288米，井温208.62℃两项新纪录。"等孔径多簇射孔技术及工业化应用"获集团公司科学技术进步奖二等奖，"超深穿透射孔器及射孔工艺配套技术"获集团公司成果转化创效奖。科技成果转化成效明显，模块化分簇射孔器在川南页岩气推广使用覆盖率达70%，实现收入7999万元。射孔弹药型罩不烧结技术3年来实现降本增效6133万元，销售"先锋"射孔弹和等孔径深穿透射孔弹63.9万发，实现收入4184万元。采用CPLog成套设备施工26井次，创产值2132万元。

【质量安全环保】 2021年，西南分公司新冠肺炎疫情防控有力、安全受控、质量达标，获中油测井质量安全环保节能先进单位。以"双重预防"机制为核心，建立风险防控责任清单和隐患排查治理清单，完成安全隐患治理项目9项。以能力提升为抓手，组织新安法宣贯等专项培训，开展应急演练48次，获2021年度重庆市安全生产劳动竞赛团体三等奖。以"源、弹、车和现场"为关键，推进安全生产三年专项整治行动，监控作业现场2465井次，查患纠违12428个。危险品全面受控，完成爆破作业单位许可证审核换证，开展危货运输156趟次、32.5万千米，运送民爆品348.7吨，单井配送时效提升42.6%。实施放射源库智能化升级，依法办理放射源备案、转让、收贮116枚，获川渝两地涉源办企业杆单位。围绕"质量提升年"活动，产品出厂合格率、测井蓝图及解释成果准确率等质量指标全面达标；加快质量成果产出，完成标准、规范申报5项，"电缆测井与射孔带压作业技术规范"获集团公司优秀标准二等奖。严格按照国家环保清单要求统一收贮危险废弃物，职业危害场所监测率和排放物达标率均100%。建成中油测井第一个标准化"健康小屋"，保持职业健康体检和员工常规体检全覆盖。

【企业管理】 2021年，西南分公司强化成本核算和效能监察，管理性支出和非生产性支出分别压减8.2%和10.6%；在射孔工作量增长21.7%的情况下，运输费用、材料成本分别下降217万元和497万元；页岩气存储式测井、ECS等项目外包费用减少519万元，全年节支降耗9083万元。严格"两金"（应收账款和存货）控压，回收陈年欠款7144万元、本年欠款11.46亿元，清欠指标综合完成率159%，存货指标综合完成率122%；加强税收筹划，全年增加利润2933万元，节约资金1097万元，连续13年获评重庆市A级纳税企业。推广测井协同办公平台，用印申请等46项事务实现网上办理，日常工作更加高效绿色。

【党建工作】 2021年，西南分公司党委推进党建工作"十项任务"，提供坚强政治保障。落实"第一议题"制度，不断增强"四个意识"、坚定"四个自信"、践行"两个维护"。开展庆祝建党100周年系列活动，融合推进党史学习教育，解决职工群众急难愁盼问题53件。持续完善党建责任体系，基层党组织健全率和党支部达标率均100%；创建"测井深井尖兵""射孔种子队"等党建品牌9个；西南分公司党委获中油测井先进基层党组织，2个党支部获公司先进党支部，3人获中油测井优秀共产党员。加强干部交流选配，提拔调整科级干部57名。抓好三支人才队伍建设，有2人分别获集团公司"石油名匠"技能领军人才和集团公司"优秀科技工作者"，10人获聘中油测井

2021年5月26日，西南分公司党委领导班子成员到重庆红岩魂陈列馆开展实地党史学习教育（刘建 摄）

首席技师。开展"转观念、勇担当、高质量、创一流"主题活动，凝聚发展力量；推动企业文化成果有形化，完成射孔技术展厅建设，印制《中油测井特色射孔技术宣传手册》，推进企业文化建设。连续8年获评中国石油报先进报道组，保持重庆市"文明单位标兵"称号。推进"三不腐"体制机制建设，召开党风廉政建设和反腐败工作会议，督促"一岗双责"落实到位。配合中油测井党委巡察工作，开展联合监督项目9个，维护廉洁从业的良好局面。

【群团工作】 2021年，西南分公司坚持以党建带群建的工作思路，依靠职工办企业，收集办理职工提案5件。组织开展劳动竞赛，在第十届陕西省"测井杯"职业技能大赛上获射孔取心工团体一等奖，1人获"集团公司技术能手"称号，表彰提质增效项目77项，"五新五小"（新技术、新工艺、新材料、新装备、新方法和小革新、小发明、小改造、小设计、小建议）群众性经济技术创新优秀成果16项。选树先进个人67人次，涌现出中油测井先进集体2个、红旗作业队6个、"十三五"巾帼建功标兵示范岗1个。开展职工疗养、扶贫帮困、送清凉等关爱职工工作，发放慰问帮扶费用46万余元。深化"青"字号系列活动，西南分公司团委获陕西省"五四红旗团委"。推进维稳综治工作，企业发展环境和谐稳定。

（王 磊）

中国石油集团测井有限公司新疆分公司

【概况】 中国石油集团测井有限公司新疆分公司（简称新疆分公司）前身是1956年成立的新疆石油管理局克拉玛依矿务局克拉玛依电测站，1986年成为专业化测井公司，曾隶属于新疆石油管理局（1986—2007年）、西部钻探工程有限公司（2007—2017年），企业驻地新疆克拉玛依市。2017年12月，中国石油天然气集团有限公司再次测井专业化重组，将西部钻探工程有限公司测井公司整建制划入中国石油集团测井有限公司，更名中国石油集团测井有限公司新疆分公司。

新疆分公司主要从事油气田裸眼测井、射孔、生产测井、测井资料解释评价、地质综合研究、井壁取心、岩石物理实验等专业化技术服务。有测井、射孔作业队伍70支，主要装备有MAXIS、LOGIQ、ThruBit等成像测井装备、高精度数控测井装备、水平井存储式测井装备、核磁共振测井装备、数控射孔装备、生产测试装备。业务范围覆盖油田勘探开发直井、大斜度井、丛式井、水平井等各种井型的裸眼测井、射孔和生产测井服务，具备年13000井次以上的测井、射孔技术服务能力。

2021年底，新疆分公司设有机关科室10个，附属机构2个，一线作业项目部7个，测井资料解释评价与技术研究单位1个，生产辅助单位2个。下设三级单位10个，其中工程技术服务单位7个，技术研究单位1个，支持保障单位2个。在册员工894人，其中合同化员工697人、市场化用工197人。高级职称以上122人，中级职称245人；硕士博士9人，本科414人。中级及以上职称占员工总数的41%，大专及以上学历员工占员工总数的65%。管理人员196人、专业技术人员292人、技能操作人员406人；中级以上技术职称人员367人，技能专家3人。新疆分公司党委下设2个党总支、14个党支部，有中共党员355名。

2021年，新疆分公司紧扣"十四五"规划目标，围绕全员劳动生产率、资产创效能力、安全环保履职能力提升，以市场升级、创新驱动、质量升级、管理升级和深化改革5个方面，应对油田市场化运营不利影响，推进提质增效"升级"，做到"提质"与"增效"并重，经营业绩创历史最好水平，实现"十四五"良好开局。全面完成中油测井下达的业绩考核指标。

新疆分公司主要生产经营指标

指　　标	2021年	2020年
裸眼井测井（井次）	1639	1815
随钻测井（井次）	17	1
工程测井（井次）	1893	1953
生产测井（井次）	634	701
射孔（井次）其中，桥射联作（口/段）	3185 431/6868	2810 296/2875
产值（亿元）	12.47	10.48
收入（亿元）	12.78	10.00
利润（亿元）	2.05	1.59

【队伍与装备】 2021年，新疆分公司有各类作业队伍70支，其中裸眼测井队36支、射孔队28支（含桥射队19支）、生产测井队5支、随钻测井队1支。成套测井装备78套，其中完井测井装备43套、生产测井装备6套、射孔装备28套、随钻装备1套。有井下仪器2963支，工程技术服务车辆267台，包含一体化测井车91辆、工程车106辆、连续油管作业车2辆、其他车辆68台，装备新度系数0.46。主要承担中国石油集团新疆油田测井技术服务，并服务中国石油新疆煤层气、新疆煤田地质局、克拉玛依红山油田等市场。

【市场开发】 2021年，新疆分公司贯彻"一切为了多打粮食"的市场理念，横向上创新"分区负责、融入用户"理念，推行市场开发、服务保障与技术交流"三位一体"模式，纵向上主要领导挂帅、主管领导负责、部门单位一体协同，构建立体市场开发网络，激发全员市场开发主观能动性。面对新疆油田自主经营市场化运作的冲击，制订吉木萨尔页岩油开放市场应对方案，详细测算工作量和预计产值，对比投资计划，守住价格底线。与吉庆油田作业区签订涵盖核磁共振、电成像等高端测井项目的测井、射孔总包技术服务合同。制定随钻测井、连续油管、光纤测井、油藏综合治理、井筒质量监测与治理等13个重点专项，按照项目管理方式明确项目负责人，定期督导推进，全年增量市场创造产值3300万元。针对传统业务短板，以优质高效技术服务为基础拓宽技术服务业务链，随钻业务通过"测、定、导"一体化服务突破勘探市场，完成前哨203-H井等18口井随钻作业；连续油管业务实现"零"突破，全年完成连油钻塞作业服务8口井、通洗井、首段射孔6口井；自主品牌利器RCB/RCD得到油田用户高度认可，工作量同比提升110%。推广CPLog自主装备，测井资料获得甲方认可，进一步扩大CPLog产品市场。

【服务保障】 2021年，新疆分公司围绕新疆油田提质增效要求，持续推进工程提速、测井提效。统筹以井为中心的工作部署，优化生产组织流程，根据开发模式变化进行队伍转型，形成与勘探、开发及采油采气等不同领域相适应的保障格局。加强生产流程管理，紧密衔接生产环节，持续发挥存储式测井技术优势，完善不同区域提速模板，推进汽修业务市场化改革提高保障效率，加强防卡解卡工具配套以及技术研究，提升复杂管控能力。全年测井一次成功率99.78%，单井测井平均时效11.09小时，同比提速3.2%；工程复杂率同比下降5%。落实"一井一策"，针对高温高压重点井、规模化水平井开发，建立重点井专项保障机制，高效完成天安1井、天湾1井、乐探1井等重点井作业。天安1井井深8140米，井底温度165℃，井底压力183.9兆帕，刷新准噶尔盆地井深、压力、温度三项测井纪录。创新"单队双面"（一个作业队，保障两个作业面）工作模式，以19支24小时工厂化桥射作业队为基点，推进井下工具串优化和电缆提速先导实验，配套集成综合橇装等多项创新装备，优化提速提效现场作业程序，实现现场施工无缝衔接，全年完成桥射联作430口井、6868段，分别同比增长45%、138.89%，9个桥射联作业面整体实现"泵送射孔段均作业2.4小时"。

【解释评价】 2021年，新疆分公司抓测井采集原始质量与解释评价成果质量，持续开展测井处理技术提升与油藏描述深化研究，助力油田获工业油气流143井169层，百方井15口，呼探1等井勘探获重大突破，全年评价井解释符合率89.05%，开发井解释符合率97.68%。完成裸眼井测井资料解释评价1402井次，其中探井资料解释评价122井次、评价井资料解释评价173井次、开发井资料解释评价1107井次。完成特殊项目解释评价134项次，其中核磁共振资料解释评价25项次、微电阻率成像资料解释评价56项次、多极阵列声波资料解释评价52项次、ECS资料解释评价1项次。完成套管井资料解释评价2254井次，其中特殊项目232井次（RCB/RCD固井质量成像179井次、多臂井径成像7井次、电磁探伤2井次、SBT测井1井次、井下电视成像4井次、CAST-F成像15井次、MOT测井2井次、双频微波持水率产液剖面22井次）。完成解释符合率考核指标，其中，预探井解释符合率87.07%，超额2.07%；评价井解释符合率89.05%，超额1.05%；开发井解释符合率97.68%，超额2.68%；水淹层解释符合率95.5%，超额5.5%。

【科技创新】 2021年，新疆分公司承担股份公司、中油技服、中油测井及与油田联合科研课题29项，获集团公司科技创新成果奖2项，发明专利9项，核心期刊发布论文15篇。"准噶尔盆地页岩油与腹部砂砾岩测井评价技术""准噶尔盆地深层风险勘探测井采集与评价技术"2项课题，创造性地开展油基钻井液环境油气藏测井响应机理实验分析，建立超深层高压气藏评价技术，针对东道海子凹陷裂缝型砾岩油藏全面分析储层产能主控因素，建立孔隙结构指数—裂缝指数产能评价技术，取得多项特色技术体系。低渗透砾岩储层评价关键技术体系助力康探1井、阜49井、玛湖28井等勘探发现，支撑盆地砾岩储层储量准确计算，助力油田规模增储约3亿吨；水平井综合评价技术研究成果开启工业化应用，进一步提高砾岩油藏测井市场份额，助力储层改造和稳产增产。持续推进测井处理技术提升与油藏描述深化研究，助力油田获工业油气流143井169层，百方井15口，呼探1井等勘探获重大突破。完善复杂储层评价技术系列，在国内率先开展油基泥浆侵入机理、页岩油孔隙度准确测量、核磁三孔隙度与电性联测等重点岩石物理实验。基于不同油藏产能主控因素，建立多因素储层分类方法，助力康探2井、沙排3井、石西101井等19口井勘探发现与高产。

【深化改革】 2021年，新疆分公司落实公司专业化整合和改革任务，将原物资供应站业务及33名员工，仪修业务及61名员工划转至物资装备公司，监督业务及25名员工划转至质量安全监督中心，研发业务及6名员工划转至测井技术研究院。分公司持续推动解释评价高质量发展，通过将测井研究所相同业务整合，将解释评价与岩石物理实验相融合，成立油藏研究、处理解释、数据信息3个中心，针对油田需求设立8个研究项目组，实行项目制管理、专家分区负责制度，持续完善解释评价体系，深化数据集成应用，拓展面向井筒、油气藏全生命周期的测井应用服务。持续推进人事劳动分配"三项制度"改革，深入优化机关部门职责。全年交流选拔干部63名，其中"80后"干部26名、"90后"干部3名，干部队伍年龄结构进一步优化；深化"双序列"改革，全年选聘二级工程师7人、三级工程师107人、四级工程师80人、五级工程师6人。

【质量安全环保】 2021年，新疆分公司持续强化QHSEE管理体系管理，推进安全生产专项整治三年行动工作，制定QHSE管理职责及履职清单，全员签订QHSE责任书和责任清单，逐级压实安全环保责任，建立全员覆盖、全员履职的安全生产责任体系。持续强化现场作业风险管控，开展全员危害因素辨识，突出连续油管、随钻等业务管理。强化作业前危害识别，严格风险分级控制措施落实，突出重点领域、关键环节、要害部位的风险管控，持续开展隐患排查治理，开展危险品管理、重复性问题、道路交通、吊装作业和"反违章"专项整治活动，加强QHSE积分考核及结果应用，提升全员安全意识和履职能力。推进油气水井质量三年集中整治，以"测井仪器刻度"为基础，全面加强仪器刻度校验管理，完善RCB/RCD等3项测井原始资料验收标准，建立固井质量解释成果报表上报流程和三级审核制度。

【党建工作】 2021年，新疆分公司党委落实学党史、悟思想、办实事、开新局的党史学习教育活动要求，激励党员干部牢记初心使命、赓续红色血脉、凝聚奋进力量、推动高质量发展。严格执行"第一议题"制度，第一时间跟进学习习近平总书记重要讲话和指示批示精神，促进党员干部准确理解并系统掌握党的最新理论。党委理论学习中心组集体学习12次，专题研讨7次，领导班子撰写研讨材料41份，及时把理论成果转化为工作举措。围绕党建"十项任务"，以增强党组织政治建设和组织能力为抓手，推动基层党建工作与生产经营融合。与新疆油田、西部钻探和地方政府全方位开展基层党组织"组织联建、思想联抓、活动联办、关怀联心、资源联用、效益联创"的互联共建活动，签订互联共建协议12个，联合开展主题党日、技术交流、专题讲座19场次，提升双方党建工作水平。制定基层党建"三基本"建设与"三基"工作融合任务清单，按月督导推进84项任务落实。开展"我为员工群众办实事"实践活动，为员工办实事93件。开展党建课题研究，完成8项党建研究课题，与中油测井党委组织部、制造公司党委联合完成"关于创新党支部书记履职能力提升的方法路径"年度重点党建课题。组织机关全员下基层锻炼22批178人次，提升机关工作人员综合素质。规范设置基层党组织，实现党建与行政机构同步对接，配齐配强专职党务干部。完成3个党支部换届，增补8名支部委员。9人按期转为中共党员，10人接收为中共预备党员，生产一线队伍党员全覆盖。开展党务干部专项培训，组织党员定期轮训，实施基层党支部建设标准化、规范化工程，建立7个党员活动室。参加中油测井建党100周年系列活动，在"测井职工心向党"红歌比赛中荣获一等奖。建立健全"1226"（围绕新疆"社会稳定和长治久安"一个总目标；突出"企业内部管控与外部防范"两条工作主线，做好"常态化与重点时段"两套规定动作；确保"维稳责任体系、领导干部接访约访、重点人员建档、员工谈心谈话、督导追责问责、地企警企联动"六项重点措施落实到位。）维稳信访安保防恐工作机制，压实责任落实。落实"建党100周年"、全国"两会"等重点时段维稳工作任务，确保一级风险目标的绝对安全。做好一人一事思想政治工作，开展全员谈心谈话活动，全年开展领导干部与员工谈心谈话两轮次，及时了解掌握员工思想动态，确保改革期间队伍稳定。持续开展"反内盗"综合整治，建立与市、区两级公安机关"联席会议常态化、治安检查常态化、法律宣传常态化、训练演练常态化"工作机制，营造良好的内部治安环境。新疆分公司党委获集团公司"先进基层党组织"称号。

2021年6月25日，新疆分公司一线员工在新疆油田桥射联作作业现场喜迎建党100周年（李勇江　提供）

【群团工作】 2021年，新疆分公司落实职代会职责，发挥工会参与职能，严格履行厂务公开工作程序，将重要改革方案、重大生产经营决策及涉及职工切身利益的重要事项及时公开公示，保障员工权利。完善帮扶机制，加强员工健康管理，与北京、上海两家医疗单位签订医疗支持协议。精准实施大病救助、扶贫帮困、金秋助学等温暖工程，累计帮扶困难户15人，金秋助学8人，大病救助2人，慰问一线作业队伍700多人次。围绕集团公司"建功准噶尔、助力高质量"主题劳动竞赛，结合新疆油田"五大核心工程"、西部钻探"单井安全提速创效工程"，开展"铸精品工程、提员工素质、服务高质发展"主题劳动竞赛，调动员工积极性和创造性，形成勇争上游、保障生产的工作格局。持续开展提质增效活动，75个项目创效4000余万元。加强"4+2"文体阵地建设，配备阵地用品200余项，开展丰富多彩的文体活动，凝聚团队力量，新疆分公司工会获中油测井"三星级职工之家"称号。把民生工程打造成民心工程，推进野外基地搬迁、厂区卫生间改造、员工食堂扩建等重点基建项目，立项43个项目，投入资金2980万元，改善员工生产生活条件。践行"社会主义核心价值观"，以全国文明单位为抓手，推进道德讲堂进一线、文明交通志愿服务、民族团结融情等活动，构建企业和谐发展环境。4户职工家庭获中油测井"最美家庭"。1人获中油测井劳动模范，2个基层单位、14个班组、22人获表彰。

推进"青"字号工程，以"专业提升""以老带新""暖心工程"为抓手，构建青年工作机制，搭建青年学习交流平台，举办"技术沙龙"8场次，54名青年员工走向专业技术岗位。针对青年"交友难、婚恋难"现状，建立单身青年员工"脱单"档案，策划"青年建家"交友活动4场次，服务青年成长成才。

（李勇江）

中国石油集团测井有限公司天津分公司

【概况】 中国石油集团测井有限公司天津分公司（简称天津分公司）前身是1980年5月成立的大港油田指挥部测井总站。1983年3月，更名大港油田指挥部测井公司；2008年2月，整体划归到渤海钻探工程有限公司，更名渤海钻探工程有限公司测井分公司；2017年12月，集团公司实施工程技术专业化重组，渤海钻探工程有限公司测井分公司整建制划入中国石油集团测井有限公司，成立中国石油集团测井有限公司大港分公司。2018年1月，更名中国石油集团测井有限公司天津分公司。

天津分公司是集裸眼井测井（含井壁取心）、射孔、套管井测井、测井资料综合解释评价四大业务为一体的专业化技术服务公司，具备在陆地、海洋、滩涂、沙漠等环境下提供技术服务的能力。是中国石油天然气集团公司测井重点实验室成像试验推广基地。

2021年底，天津分公司有机关科室9个，机关附属1个，生产及技术支持单位9个，服务保障单位4个。有职工896人，其中合同化用工765人、市场化用工131人。有硕士及以上学历13人，本科405人，专科242人；有管理和专业技术人员558人，其中高级技术职称人员145人、中级技术职称人员372人。有一级工程师2人，二级工程师30人，三级工程师124人。天津分公司党委下设4个党总支、18个党支部，有中共党员414名。

天津分公司主要生产经营指标

指　　标	2021年	2020年
裸眼井测井（井次）	906	1211
工程测井（井次）	1032	1384
生产测井（井次）	856	886
射孔（井次） 其中，桥射联作（口/段）	1804 137/941	3012 92/1071
录井（口）	21	22
产值（亿元）	6.63	7.82
收入（亿元）	6.18	7.82
利润（亿元）	0.88	0.67

2021年，天津分公司面对甲方投资下降、工作量骤减、价格下行、新冠肺炎疫情常态化等多重压力，坚持贯彻中油测井"三会"精神及"改革深化年"工作部署，在"六大战略"中谋求发展定位、在"十大工程"中寻找发展机遇、在"十项任务、五项保障机制"中寻求突破思路，支持配合中油测井深化改革、市场整合，保持强烈的市场意识和良好的精神状态，全年生产经营取

得好于预期，超额完成公司下达的年度考核指标任务。

【队伍与装备】 2021年，天津分公司有作业队伍62支，其中海上队11支。裸眼测井队23支，其中海上队4支；射孔队17支，其中海上队3支；生产测井队10支，其中海上队4支；综合队10支，随钻队2支。有裸眼井测井系统42套，其中CPLog成像系统4套，ECLIPS-5700成像系统18套，LogIQ系统2套，数控系统12套，存储式系统6套；有生产测井系统12套，其中Sondex便携式系统2套，威盛WS3000系统10套，新乡SK系统3套；射孔系统23套，其中威盛WS3000系统10套，新乡SK系统13套。

【市场开发】 2021年，天津分公司市场开发主要分主体市场、海上市场和国际市场3个板块。主体市场以大港、冀东油田和煤层气等为主体，持续深化"一对一"服务，介入设计源头，实现全产业链发展。在冀东油田打造实体化项目部，提升市场保障能力，全年实现产值6200万元。把握冀东油田流转区块建设机遇，成立专项领导小组，全面保障流转区块建产，全年实现产值1100万元。在煤层气市场，领导带队拜访进行多层级技术交流、商务洽谈、技术推介，实现产值5430万元。江浙市场紧跟国家管网集团动态，提高储气库作业质量，实现产值500万元。

海上市场以中国海油湛江、南海等油田为主要区域，坚持射孔"零缺陷"服务，强化重点井保障，实现产值2550万元；首次实现"零突破"中标中国海油南海市场测井服务。在中国海油渤海市场推广特色技术，价格逆势增长，结算价格提高超过10%，实现产值2010万元。在赵东市场扩大合作范围，解释评价、射孔服务首次进入市场，全年实现产值2100万元。获南黄海"一带一路"海上地震监测服务项目；中标智慧石油海上项目。

在国际市场，与国际公司形成合力。在伊拉克项目，发挥专业技术人员优势，推广特色技术，产值再创新高；在印度尼西亚项目多措并举、积极投标，形成多点布局，为下一步市场开发打下基础。

【服务保障】 2021年，天津分公司推进"以井为中心"生产组织模式，灵活调配队伍，强化后勤保障，与钻井无缝衔接，保持及时到井率100%。抓生产准备，测井一次成功率92.3%，提高2.9个百分点；射孔一次成功率99.6%，提高0.03个百分点。强化复杂管控，配套过钻杆、存储式、电缆震击器、加强型电缆等设备，改进新型钻具输送旁通等复杂井施工工艺15项，完善应急预案，分析工艺技术，分享施工经验，全面提升工程复杂及应急处置能力。保障重点井施工，完成歧页1H井、秦探1井、林探1井等集团公司风险探井施工作业，创南堡2-90井冀东油田最高井温210℃、歧页1H井单次钻输核磁最长井段1300米等16项指标纪录。在中国海油南海涠洲11-2-C4H井使用自主研发的178枪和自清洁射孔技术，创作业跨度877米水平井射孔，单井装弹20827发、单次入井最多11326发，发射率100%，创国内海上单趟射孔单发射数量最多纪录。

2021年5月25日，天津分公司C3300队在中国海油南海西部油田涠洲11-2-C4H井射孔施工（王帅 摄）

【解释评价】 2021年，天津分公司推进解释评价工程。完成裸眼测井解释446井次，固井质量评价662井次，油区老井复查370口井，生产及其他工程类测井资料解释655井次，探井解释符合率87.1%，开发井解释符合率96.6%，助力大港油田取得集团公司风险探井歧页1H井重大突破、唐东深层区块新发现、12口百吨井和3个高效区块建产，页岩油年产突破10万吨，获集团公司总经理嘉奖令8封。积极开展老井复查，助力挖潜板桥等老区块，年增产5.3万吨，为油田增储上产作出重要贡献。从测井设计源头入手推广核磁、阵列侧向、超二代射孔等特色技术，拉动增收创效10%以上。细化后评估，参加大港油田、冀东油田、煤层气市场等井位论证39次、单井讨论145次、技术交流57次，提升测井话语权。积极参与甲方专项研究，围绕页岩油、致密气等新对象，储气库、煤层气等新领域，开展联合攻关18个项目，包括集团公司项目1项、股份公司项目1项，拓宽思路视野，提升可燃冰、地下煤炭气化、储气库评价等新能源、新领域认识水平。

【科技创新】 2021年，天津分公司坚持"双引领"策略，开展"百题攻关"，加快推进相控雷达测井、井下落物可视化探测等公司科研项目。承担科研及推广项目41项。其中，集团公司级项目2项，中油技服项目1项，中油测井级项目6项，天津分公司立项32项。与渤海钻探公司、测井技术研究院开展科技合作2项。申报专利9件，获授权专利7件，登记软件著作权1件。

【质量安全环保】 2021年，天津分公司抓质量安全环保工作，从提高思想认识入手。多种形式宣贯习近平总书记关于安全生产的重要论述和生态文明思想130余次，领导带头宣讲安全，组织986人次学习《安全生产法》。制定《安全生产全员记分管理实施细则》《安全环保履职考评实施细则》，构建"全员参与、全员负责"的安全管理局面。及时治理隐患，全年排查整改隐患150余项，治理冀东北10放射源库、马棚口火工品库等较大隐患12项，查找新增风险点350余项，整改问题1356个。坚持质量问题月分析、周通报制度，强化刻度管理、狠抓井筒检测，全年曲线优质率98.91%，提高0.47个百分点，获评中油测井QC管理先进单位。

【党建工作】 2021年，天津分公司党委推动全面从严治党和改革创新同向发力，召开天津分公司第一次党代会。深入开展党史学习教育，制定"五个一"（周一学一项党史政策、周二学一个党史故事、周三学一个人物事迹、周四谈一次学习体会、周五总结一次学习心得）行动方案，领导干部带队宣讲89场次，制作专题网页38期，发表征文57篇，编印《宣传手册》400册。落实"第一议题"制度，全年党委理论中心组集体学习17次，专题研讨8次。修订完善"三重一大"决策制度，召开党委会43次，研究重大决策事项109项。发展预备党员12人，10名预备党员按期转为正式党员，实现班班有党员。承担中油测井"互联网+党建责任体系考核的研究和应用"课题，深化党建信息化平台应用，开展"三会一课"592次、记录党建"三联"活动1500余条。开展创建活动，打造责任区102个、先锋岗94个、"党员工程"17个。深化"一支部一品牌"活动，打造支部品牌19个，获集团公司基层党建"百面红旗""先进基层党组织"，以及中油测井"标准化示范党支部"等荣誉。

2021年10月12日，天津分公司召开第一次党代会（郭海涛 摄）

【群团工作】 2021年，天津分公司群团组织围绕中心工作，发挥组织优势，参加第十届陕西省"测井杯"职业技能大赛，获个人单项金牌、银牌、铜牌和团体铜牌各1项。开展主题劳动竞赛，选树劳动竞赛优胜小队（班组）65个，表彰奖励先进个人86人，发放奖金68万元。推进山西临县、大宁项目基地建设，优化办公环境，改善住宿条件，规范食堂管理，改善一线员工生产生活环境。开展帮扶活动，帮扶2名困难职工家庭子女上学，慰问生病住院员工120余人，发放困难帮扶慰问金8万余元。履行社会责任，订购扶贫产品40余万元。组织青年志愿者服务队参与新冠肺炎疫情防控，确保防疫"双零"目标。推进健康企业创建，配套设备和人员，加快推进"健康小屋"、医务室、健身室等建设，组织全员"心理CT"检查，优化体检项目，组织专项筛查，完成筛查718人。强化食堂管理，倡导健康生活理念。丰富职工文体活动，参加中油测井庆"七一"建党红歌合唱比赛并获一等奖。

（王　韬）

中国石油集团测井有限公司辽河分公司

【概况】中国石油集团测井有限公司辽河分公司（简称辽河分公司），是2017年12月集团公司实施工程技术专业化重组，由长城钻探工程有限公司测井公司（不含国际业务项目部）划入中国石油集团测井有限公司。

辽河分公司主营业务为裸眼井测井、套管井测井、随钻测井、工程测井、射孔取心等全井筒服务，以及数据解释和地质研究服务。主要服务于辽河油田市场，以及长庆、川渝、苏里格等国内外部市场。

2021年底，辽河分公司设9个机关职能科室，附属机构1个，三级单位11个。用工总量1371人，其中在册职工1225人、测井辅助业务外包146人。在册职工中合同化员工1102人、市场化用工123人，管理人员187人、专业技术人员495人、技能操作人员543人。本科及以上学历技术人员532人，大专及以上学历占66.6%；中级以上技术职称人员608人，占49.4%。一级工程师2人，二级和三级工程师65人，四级、五级工程师317人；集团公司技能专家1人，中油测井技能专家5人。

2021年，辽河分公司贯彻落实集团公司、中油技服和中油测井工作部署，以制定的工作思路为主线，推进"六大战略""十大工程""十项任务""五项机制"落实。履行"服务油气、保障钻探"职责使命，在市场开发、生产组织提速提效、科技驱动生产、装备应用保障、解释评价增效、信息建设、安全环保健康管理、企业管理、提升服务品牌影响力、支持保障能力、党建发挥引领作用11个方面取得显著成效，推进经营绩效全面对标提升，实现"十四五"良好开局。

（陈立新）

辽河分公司主要生产经营指标

指　标	2021年	2020年
裸眼井测井（井次）	1958	2143
工程测井（井次）	2176	1944
生产测井（井次）	674	635
射孔（井次） 其中，桥射联作（口/段）	4616 27/264	4140 56/562
产值（亿元）	5.56	6.08
收入（亿元）	5.67	6.06
利润（亿元）	-0.38	0.27

（鄢　宁　康　培）

【队伍与装备】2021年，辽河分公司有测井（射孔）作业队伍67支（辽河油区51支，支援长庆、四川16支）。其中，引进成像测井队13支，EILog测井队11支，射孔队17支，随钻测井队2支，SDZ5000测井队5支，PLIS4100生产测井队10支，SKD3000测井队9支。有CPLog、ECLIPS-5700等先进适用成套装备95套，其中测井装备72套、射孔装备22套、过钻杆存储式1套2串。工程技术生产车辆及拖橇149台，含一体化测井车77辆、工程车69辆、拖橇3台。装备新度系数0.21。

（王　猛）

【市场开发】2021年，辽河分公司推进市场开发工程，深耕辽河市场，围绕"千万吨油田""百亿方气库""流转区效益上产"三篇文章，强化服务保障，与解释评价中心联合攻关，制定"一对一"服务制定保障措施，恢复剩余油评价和产液剖面业务；推行老井再评价风险合作，实现从新井部署到老井挖潜全业务链服务；积极筹建宜庆项目，辽河油田矿权流转区块市场，全年创收2700万元。在油井全生命周期内加快成果转化和推广应用，裸眼测井成功推介并采集成像类测井88井次，实现产值2112万元，同比增长30.2%；在储气库推介高端测井技术，其中超声波成像和过套管成像应用106井次，实现产值3146万元，同比增长159.3%。推广多臂井径和电磁探伤（MIT&MTT）及光电成像等套损检测项目，实现产值1425万元，同比增加1193万元。配合辽河油田射孔业务整合，通过协商剥离钻探总包，辽河油田石油化工技术服务分公司57名员工和分簇射孔业务划入辽河分公司；签订《侧钻井技术示范与推广生产测井工程》合同，争取油田测井投入807万元；跟踪地热资源技术和施工需求，地热井射孔作业创收335万元；调整结算价格，基本还原至2019年水平，稳定辽河油田产建井市场，避免市场化竞争，促进效益最大化。

（鄢宁　陈立新）

【服务保障】 2021年，辽河分公司全年动用队伍67支，主要服务辽河油田区域。随着市场情况变化及时调整队伍布局，升级CPLog综合队3支、成立"套后+射孔"综合队5支，队伍利用率提高11%，单队创效提升8.7%。推广使用一串测仪器，电缆传输裸眼测井提速4%；应用不倒防喷管等工艺，桥射单段作业时间平均提速10.7%；牵引器输送工艺逐渐取代传统套后水平井工艺，平均作业时效提升74%。落实精益测井，实行领导包井、专家盯井制度，成功保障71口探评井及重点井242井次施工作业，施工作业集团公司重点预探井马探1井，打破辽河油区陆地勘探测井井深最深、井温最高、井底压力最大3项施工纪录。在河页-H231井，使用ϕ60存储式测井系统挂接ϕ70阵列声波仪器，全长66.07米，精准控制泵出压力，完成1860米水平段测量，创造辽河分公司存储仪器水平井施工纪录，存储仪器在辽河油田和长城钻探得到认可。河19-H202井井深3910米，水平段2017米，创辽河油区桥射联作水平井最长水平段施工纪录。推行同区域带井、同方向连井、外围地区值班等生产运行模式，

队伍到井及时率100%，测井一次成功率98.22%。协调ECLIPS-5700系统陀螺测斜仪、RAS饱和度分析系统等仪器装备，满足辽河市场生产需求，确保工作量不流失。协调吉林分公司队伍在河19-H201井进行存储施工，保障长城钻探钻井队施工进度。

2021年8月15日，辽河分公司C1190作业队在辽河油田二类风险探井雷125井测井作业场景（葛文帅　摄）

（鄢宁　王猛）

【解释评价】 2021年，辽河分公司推行"三率四制一会"（解释符合率、试油成功率、油层漏判率，个人积分制、区域负责制、专家会诊制、案例分享制，月度质量分析会）制度，实施分区负责的融入式市场服务模式，根据甲方需求、地质和钻井条件实施"一井一策"，制订单井特色测井方案。全年裸眼井测井解释1114口井，固井质量评价1656口井，生产测井解释808口井。探井解释符合率87.1%，开发井解释符合率95.95%，产能预测1057口井，投产828层，符合率87.44%。保障重点探井36口。其中，核磁测井助力外围盆地奈30-1井非常规新层系重大发现，电成像+阵列声波保障雷121井深层角砾岩重大突破。在宜庆流转区块实行靠前服务和快速解释，领导现场驻井指挥、科学组织施工、合理调配队伍，开拓一支小队同时进行存储式变密度固井质量测井和常规完井测井"一队双机"的先河，优质完成宁古7井、宁古11等9口预探井测井，赢得甲方肯定，全年高效保障202井次裸眼井施工和129井次（段次）射孔施工，创收2700万元。针对油田技术难题开展技术攻关11项，助力辽河油田

外围盆地前河和交力格地区新增探明石油地质储量3154.41万吨,新增预测石油地质储量7200万吨。完成老井复查1937口井,发现潜力层554个,见效井6口,落实有利区21个,新增地质储量263.2万吨,累计增油300吨以上,增气38万立方米以上。

（赵俊堂）

【科技创新】 2021年,辽河分公司推行科研项目长招聘制、负责制,培养专家和技术能手,提升服务油田能力及话语权。开展自主研发科研项目及课题17项,授权专利9项,横向项目创造产值248.87万元。加强与油田地质、开发专业融合。核磁共振技术深化应用研究、高精度储量参数模型和低饱和度油气识别方法、致密气层流体识别技术、应用分布式光纤振动技术取得新突破。根据老油田地层岩性、物性复杂等特点,引进SleeveGun复合射孔、增能射孔等新工艺,非常规射孔占比总射孔工作量54.5%。推广应用过钻杆测井技术等9项新技术新工艺2146井次,创产值8499万元。研究"改进取心器外观结构,防止在下放过程中岩心筒被井壁刮落"等项目,测井工程复杂情况降低41.9%。

【质量安全环保】 2021年,辽河分公司围绕源、弹、车管理关键环节的管控,常态化开展隐患排查,投入1328万元排查治理隐患138项,完成273枚放射源普查工作,"异体化"监督查改问题694项,获辽宁省"安全文化示范企业"、盘锦市"落实企业安全生产主体责任市级示范企业",以及中油测井"质量健康安全环保节能先进单位"等荣誉。持续开展安全生产和油气水井质量三年专项整治,修订《岗位安全环保责任清单》351个。强化井径测井、连斜测井、固井质量测井及解释评价质量检验,资料（曲线）优质率99.0%。与辽河宝石花医院形成"共建共创共享"长效合作机制,开通绿色就医通道,组织健康大讲堂活动,员工健康体检标准提高25%,保障员工身体健康。建立重点人员、重点岗位"两个重点"健康干预机制,重点跟踪32名健康高风险员工,组织992名40岁以上员工参与心脑血管疾病专项体检。组织疫情防控应急演练14次,新冠肺炎疫苗应接尽接率100%。

（鄢 宁 陈立新）

【党建工作】 2021年,辽河分公司召开党委会45次,经理办公会14次,决策"三重一大"事项及其他重要经营管理事项147项。严格落实"第一议题"制度,以"党史中的石油印记"为主题讲党课、开展读书班、观摩红色教育基地、宣讲党史故事等多种方式,扎实推进党史学习教育。开展"转观念、勇担当、高质量、创一流"主题教育,宣讲23场次,专题研讨16场次,统一员工思想,凝聚发展力量。推进基层党建"三基本"建设与"三基"工作有机融合,开展以提升安全和质量为主题的党日活动,党建"双检验"（用党员岗位的QHSE工作表现检验党员先锋模范作用,用党支部所在单位的生产经营业绩检验党支部的战斗堡垒作用）标准,推动党员先锋模范作用和党支部战斗堡垒作用发挥。开展党委联系服务专家、靶向组建科研团队、"突出贡献奖"评选活动等;建立技术人才库和海外人才库,向外输出各类服务人员110人。配合中油测井党委巡察"回头看"工作,高标准检视整改问题,持续推进党风廉政建设。强化综治维稳工作,压实各级维稳责任,解答和处理员工群众关心的问题,召开维稳联席会议3次,开展部门联合接访36次。开展防范电信诈骗宣教,推进"反内盗"综合整治"百日攻坚"专项行动,实现重点人员、重点群体稳定受控,维稳形势持续向好。开展以提质增效为主题的"三创建"（创建共产党员示范岗、共产党员责任区、共产党员工程）活动,2篇党建案例分别收录到《中国石油集团测井有限公司年度优秀基层建设工作案例集》和《建党百年基层建设案例集》。谢小丽获2021年集团公司优秀共产党员,辽河分公司危险品管理中心女子装炮队党支部获2021年集团公司先进基层党组织。

【群团工作】 2021年,辽河分公司组织召开一届四次职工代表大会,落实职工代表提案30项工作建议,换届召开工会第一次会员代表大会,选举"三委",引导职工深入参与企业管理。开展职工艺术文化节、职工竞技体育节,组织员工参加陕西省"测井杯"职业技能大赛、集团公司射孔取心工职业技能竞赛。深化外部市场员工安心工程，逐项制定措施，给作业队工程车配备定制被褥、给各基层单位配备净水直饮机等28项实事和难事。加强文体阵地建设，全年投入23.97万元，改善员工生产生活条件。切实开展困难帮扶和送温暖活动，累计发放慰问金和慰问品150.51万元。优化员工健康体检和疗养方案，开展疾病防治和心理健康系列讲座，投入14.2万元为每位员工办理住院+意外互助险和女员工特殊疾病险。履行社会责任，投入27万元购买陕西省扶贫产品用于食堂食材和节日慰问。策划组织群团特色活动，依托员工周末学校等载体，举办员工艺术文化节、员工强技竞技节，开展以建党100周年为主题的歌唱、朗诵、知识竞赛、短视频大赛、拔河比赛等文体活动，承办中油测井2021年第3期道德讲堂。评选革新创造成果、先进操作法，开展经济技术创新活动，实施创新课题19项。在省部级报刊发稿25篇，采编新闻320篇。跟进集团公司特等劳动模范谢小丽、女子装炮队等先进典型的宣传，编印《歌声嘹亮——唱响高质量发展新篇章》文化图书，收录基层典型事迹103篇。

（陈立新）

中国石油集团测井有限公司大庆分公司

【概况】 中国石油集团测井有限公司大庆分公司（简称大庆分公司），是2017年12月集团公司实施工程技术专业化重组，由大庆钻探工程公司测井公司整建制划入中国石油集团测井有限公司。

大庆分公司具备满足全井生命周期的工程服务、应用评价等服务能力，主营业务有油气田测井、常规射孔、地层测试、测井解释、油藏评价、测井相关软件开发及销售等。

2021年底，大庆分公司有9个机关部门、1个附属、10个基层单位。有在册员工1066人，其中合同化员工949人、市场化用工117人。高级技术职称人员150人、中级技术职称人员391人、博士1人、硕士64人。管理人员220人、专业技术人员401人、技能操作人员422人。一级工程师1人、二级工程师14人、三级工程师37人。大庆分公司党委下设2个党总支、16个党支部，中共党员422人，其中在岗（党员）385人。

2021年，大庆分公司新增极寒版"桥射联作+暂堵转向+连续油管作业"一体化服务，随钻测井、光纤测井、气井试井、套损检测、微地震、岩心测试等新业务，辐射带动旋转导向仪器维保、仪器仪表销售等业务。形成成像测井、超薄层0.2米、套后测井、存储式测井、桥射联作、地层测试、井口计量、CIFLog-LEAD4.0处理解释等技术系列。大庆分公司建成中油技服旋转导向维保中心东北站及远程技术支持中心，与西安（核心）、广汉（西南）、新疆（西北）形成中国石油内部跨区域维保网络体系。全年实现产值6.76亿元，利润6562万元。

大庆分公司主要生产经营指标

指　标	2021年	2020年
裸眼井测井（井次）	4212	4631
随钻测井（井次）	34	0
工程测井（井次）	3841	3846
生产测井（井次）	120	31
射孔（井次） 其中，桥射联作（口/段）	507 37/722	351 15/172
产值（亿元）	6.76	6.36
收入（亿元）	5.92	5.46
利润（亿元）	0.66	0.60

【队伍与装备】 2021年，大庆分公司有作业队伍68支，其中桥射联作专测队5支、随钻专测队2支、生产测井队2支、存储式测井队4支、

远程测井队 5 支，综合测井队伍 50 支。具备以 CPLog、ECLIPS5700、LOGIQ、HH2530 为代表的成套测井装备。

【市场开发】 2021 年，大庆分公司落实中油测井市场开发着力多打粮食的要求，成功开辟古龙页岩油、川渝海坝、中国海油、煤田地质局等新市场，依托新版框架合作协议，签订新业务合同 2.12 亿元。

2021 年 12 月 4 日，大庆分公司作业队在古龙页岩油会战区进行测井作业（历程军 摄）

随钻测井业务从大庆油田内部拓展到川渝、海拉尔、内蒙古区块，签订合同 8700 万元，完成 36 口井，创产值 658 万元。桥射联作裂变式增长，新增页岩油、致密气领域，川渝及蒙古市场，完成产值 5658 万元，同比增长 275%。新增升平区块储气库老井评价市场，生产井测试从川渝光纤、气井测试拓展到注二氧化碳井，签订合同 2572 万元，完成产值 1357 万元，同比增长 187%。中油测井颁发增量奖励 300 万元，大庆分公司获中油测井市场开发先进单位，1 人获集团公司工程技术业务市场开发先进个人。

2021 年 10 月 2 日，大庆分公司举行蒙古国项目出征仪式（历程军 摄）

【服务保障】 2021 年，大庆分公司积极应对新冠肺炎疫情、洪涝、限电、暴雪等不利因素的挑战，实施"一井一策"保障古龙页岩油、川渝、海拉尔等重点领域，成功打造极寒版桥射 2.0 样板工程、"通测一体化"新模式。测井射孔综合提速 3.04%，桥射段均占井时间缩短至 2.09 小时，穿心打捞次数同比下降 64%。解释评价 24 小时在线服务，打赢"南一千井"会战，服务保障油气生产测井技术支持得到甲方肯定，2 人获大庆油田杰出员工荣誉奖，1 个项目部保障 1205 钻井队页岩油会战获赠锦旗表彰。CPLog 成套装备在大庆、海拉尔成功试验 7 口井，三维感应、宽动态电成像等高端仪器累计推广 36 井次。首次实现阵列侧向和交叉偶极子声波一串测，测井时效提高近 1 倍。采购 FITS 和 ThruBit 存储式仪器 4 串（91 支），配备 1 支 FMI，安全高效保证页岩油、川渝复杂井施工。远程测井、智能绞车、EISS 系统推广应用超额完成计划任务，在芳扶 118-斜 129 井现场接受集团公司主要领导远程连线检阅获好评。大庆分公司被评为中油技服装备管理先进单位，2 人分获集团公司、中油技服"先进个人"称号。

【解释评价】 2021 年，大庆分公司落实"四出"（出成果、出效益、出品牌、出人才）要求，优质高效建设运行大庆油田测井研究院，打造油田、测井融合共赢典范，合力保障油气增储上产。围绕勘探开发新领域，攻关打造解释评价核心技术，有力支撑古龙页岩油（古页油平 1 井）、川渝（平安 1 井）、海拉尔（苏 34-46 井）、"金边工程"（葡斜 4347 井）等勘探领域重大发现，助力油田获集团公司油气勘探重大发现成果特等奖、古龙页岩油战略突破。大庆油田及勘探事业部、西南油气田勘探开发研究院等单位先后 11 次赠送感谢信。2021 年获评陕西省能源化学地质系统工人先锋号。解释评价有力带动市场开发，驻厂服务靶向解决甲方需求问题，井周声波成像等新技术在储气库推广应用、成效显著，业务链条向测试、光纤测井持续延伸，初步打造具有比较优势的特色技术系列。

【科技创新】 2021 年，大庆分公司以系统思维和前瞻思维实施特色化技术创新，助力企业生存发展。在研科研项目40项，横向课题研究8项，黑龙江省"揭榜挂帅"项目1项，"古龙页岩油藏测井解释评价研究""高精度生产井井口自动计量系统研制与应用""三维感应成像测井技术在大庆油田应用研究""套管带压钻井测井评价配套技术研究"4个公司级项目通过验收。"在大庆及国外测井服务中三项声电成像处理解释关键技术研究"和"直驱式旋转井壁取心装备研发及规模应用"2项科研成果，通过中国石油和化工联合会成果鉴定，科研项目、推广项目计划完成率100%。多渠道争取项目经费和科研收入，争取集团公司级项目拨款51万元、公司级项目拨款239.55万元（不包含改革划出项目），大庆测井研究院签订8项横向课题、合同总额2689.59万元，科研技术服务收入453.76万元。在专业期刊发表论文11篇。

【质量安全环保】 2021年，大庆分公司以习近平总书记生态文明思想和安全生产重要论述为指引，秉持"以人为本、质量至上、安全第一、环保优先"理念，全面落实中油测井质量健康安全环保节能工作要求。有力应对周边地区多次新冠肺炎疫情防控形势升级，牢固疫情防控"双零"底线，疫苗接种率100%。QHSE管理体系审核查改问题666项，全员查改风险隐患297项，完善双重预防体系，抓"源、弹、车、井""四新"风险管控，安全生产记分46人、红线处罚1人，无责任事故事件。开展安全月和世界环境日活动。完成集团公司质量、安全两项三年集中整治专项行动阶段任务，3项QC成果分获中油测井一二三等奖，放射源卫星监控和离罐报警技术得到大庆市生态环境局高度评价。累计节约44吨成品油、105万度千瓦·时、1.9万吨水。连续3年被评为中油测井质量安全环保节能先进单位、优秀QC管理单位，1个班组被评为集团公司环保先进单位。

【党建工作】 2021年，大庆分公司落实"第一议题"制度，第一时间学习研讨习近平总书记重要讲话和对中国石油指示批示精神。完善从严治党主体责任清单，细化配套进一步加强党的政治建设措施的任务清单，召开党委会、党群工作例会研究部署党建工作、"三重一大"议事决策20次27项，全面提升领导班子科学决策水平。召开第一次党代会，科学谋划未来5年党委工作，抓实领导班子建设，以坚强政治意识和执行力，推动测井业务"十大工程"、党建"十项任务"全面落地。多次在中油测井重要会议上交流党建和强企经验，借鉴岗位责任制经验，精心推进基层党建"三基本"建设与"三基"工作有机融合，打造10个品牌，努力在各个领域创造党建融入互促成果。《基于"互联网+智慧党建"的党建工作责任考核》获集团公司优秀党建研究成果二等奖、石油石化企业协会创新论坛案例三等奖。集团公司优秀共产党员井冬月，带领海拉尔项目产值再攀新高、创近10年最好水平。举办纪念建党100周年活动、庆祝建党100周年大型主题文艺汇演，开展"百人百日讲百年"特色微视频137期，"百舸争流"充分展示16名个人和7个班组先进事迹，"百尺竿头"将年度工作与党史学习教育相结合，"百花齐放"展示3名身边好人的凡人善举，扎实推进"我为群众办实事"明确7个方面30项具体事项清单，使党史学习教育不断走深走实。全面落实党风廉政建设和反腐败工作部署，重划党风廉政建设责任区，签订责任书441份、承诺书168份，两级班子开展谈话提醒396次、廉洁教育144次，切实拧紧反腐倡廉责任链条。立项监督9个合规管理项目，强化政治监督、专项监督、联合纠治"四风"、改进行风作风，积极配合中油测井党委第三巡察组完成"回头看"，确保各项工作依法依纪依规。坚持严管和厚爱结合、激励和约束并重，干部队伍保持清正廉洁，作风持续向好，清清爽爽做事、甩开膀子创业的氛围越来越浓厚。

【群团工作】 2021年，大庆分公司党委引领工团组织服务中心要务，与改革同步，深化民主管理、厂务公开，保障钻探劳务输入人员会员权益，实施精准帮扶慰问，扩大职工互助保险，最大化体现组织温暖。运用"枫桥经验"、构建"四前机制"，保障春节、全国"两会"及深化改革等重点时段，员工队伍稳定。开展反诈宣传、民兵武装集训等活动，工作屡获地方政府好评。严抓网络保密工作，全年无失泄密事件发生。持续开展"八个一"（在全机关开展一次办公环境标准化建设活动，召开一次机关建设座谈会；各科室开展一次专题调研并形成高质量调研报告，开展一次制度流程培训或业务知识讲座，针对难点领域形成一项管理创新成果、论文或在公司交流经验、典型发言；各党小组开展一次特色主题党日活动，在公司网页发表一篇宣传稿件、信息简报、文化作品，对铁人先锋应用情况进行一次考核）活动，有效调动部门人员增进素质、塑造形象、发挥作用。大庆分公司获陕西省互助保障优秀组织单位、中油测井五星级模范职工之家，获中油测井脱贫攻坚工作奖励。1人获"陕西国能电力杯"职工乒乓球比赛女子中年组个人金牌。开展"青字号"创建工程，C4052队获集团公司"青年文明号"。《石油档案背后的故事》微视频获集团公司庆祝中国共产党成立100周年档案工作微视频档案故事类三等奖。

（崔启慧）

中国石油集团测井有限公司吐哈分公司

【概况】 中国石油集团测井有限公司吐哈分公司（简称吐哈分公司），是2002年12月集团公司测井专业化重组，由吐哈石油勘探开发指挥部吐哈录井测井公司测井业务划入中国石油集团测井有限公司，成立中国石油集团测井有限公司吐哈事业部。2017年更名为中国石油集团测井有限公司吐哈分公司。

吐哈分公司主营业务有油气田测井、射孔、测试等完井技术服务，钻井测控、压裂测控、注采测控等工程技术服务，测井数据、测井解释、油藏评价等技术服务。主要作业区域分布在吐哈油田吐鲁番、鄯善、三塘湖，吉木萨尔区块，玉门油田老区、环庆、宁庆区块，浙江油田页岩气市场等。

2021年，吐哈分公司按照中油测井改革部署，将仪修装备中心、物资供应站和监督中心划转后，机关设7个职能科室，1个附属单位；基层单位设7个项目部，1个生产辅助单位和1个后勤服务单位。有在册员工340人，其他用工183人。有副高级以上技术职称人员52人，中级技术职称人员134人，初级技术职称人员22人；一级工程师2人，技能专家1人，首席技师1人。吐哈分公司党委下设10个基层党支部，党员183名。

2021年，吐哈分公司锚定全面建设世界一流测井公司目标，综合落实"深化改革年"各项任务，推进测井业务"十大工程"，坚决落实"十项任务"，锐意进取、攻坚克难，完成各项任务，生产运行平稳有序，安全形势持续向好。

（莎力·吐尔孙）

吐哈分公司主要生产经营指标

指　　标	2021年	2020年
裸眼井测井（井次）	661	815
随钻测井（井次）	11	34
工程测井（井次）	771	984
生产测井（井次）	1814	2263
射孔（井次） 其中，桥射联作（口/段）	933 71/852	637 81/765
产值（亿元）	3.72	3.37
收入（亿元）	3.55	3.27
利润（亿元）	0.08	0.03

【队伍与装备】 2021年，吐哈分公司发挥市场在资源配置中的决定性作用，根据区域工作量配置队伍，转型或压减过剩队伍，提高队伍利用率和单队创效能力。有测井（射孔）作业队伍43支，其中裸眼井测井队20支、生产测井队6支、射孔作业队11支、随钻测井队2支、开发测试队4支。内部市场作业队伍38支，支援和合作队伍5支（1支射孔队伍支援长庆分公司桥射连作、2支

射孔队伍支援西南分公司桥射连作、2支随钻测井队支援大庆分公司随钻作业）。推进"以井为中心"灵活组队，成立CPLog+FITS、CPLog+ThruBit专测队2支，升级裸眼+射孔+生产综合队伍资质3支，实现传输射孔+生产校深联合组队，整合测试队和生产测井项目部，提高队伍、设备及人员的利用率。

吐哈分公司有成套测井装备43套。其中，完井测井装备20套，生产测井装备11套（7套生产测井装备、4套测试测井装备），射孔装备10套，随钻测井装备2套，井下仪器1600余支，工程技术服务服务车辆135台。吐哈分公司所有资产原值3.36亿，净值0.71亿元，新度系数0.211。

【市场开发】 2021年，吐哈分公司贯彻中油测井市场开发工程多打粮食的工作部署，加大市场开发力度，在吐哈油田测井、射孔综合市场占有率98%，玉门油田测井市场占有率100%，2个油田合计顾客满意度99%。落实公司"六统一、三共享"的要求，完成川渝区域市场整合，将10支作业队和74名员工纳入西南分公司统一管理，在浙江油田与西部钻探市场，加强运维管理，协调随钻作业相关业务，获得工作量。推广新技术应用，增加市场创收，完成CPLog系列核磁、声电成像、阵列远探测等测井133井次，同比增加15井次，创收1662万元；FITS过钻具测井仪应用39井次，创收1377万元；压裂前后偶极子声波、远探测阵列声波对比测井10井次，创收100万元；超声波井周成像测井25井次，同比增加16井次，增收720万元。采取分公司领导班子分区域包市场的方式，与油田相关单位交流33次，推进市场合作。整合测试业务，整体承揽吐哈油田生产测井测试业务，收入创历史新高，吉木萨尔、宁庆两个区块年创收6568万元。西部钻探总包市场测井和泵送射孔业务，创收3087万元；深化与延长油田合作，创收644万元；与贵州自然资源厅开展煤层气测井合作，创收65万元。进军中国石化威远区块套损检测服务，签订合同金额500万元。在吐哈油田，强化市场营销和运维，同位素吸水剖面、连续油管水平井产液剖面、爬行器工艺服务项目价格上浮，增收220万元；长水平段射孔、二次射孔等费用增收200万元。

【服务保障】 2021年，吐哈分公司推进生产组织工程，服务保障能力显著增强。以井为中心统筹资源，组织生产。成立吉木萨尔项目组，安排专人负责该区块的市场生产管理。落实重点井保障机制，实时跟踪生产组织保障落实到位，实施分公司领导包井包项目、技术专家现场支持、机关部门靠前服务的保障措施，完成萨探1井、沁探1井、吉新1井等15口重点井施工作业，创收1241万元；完成重点探井吉7H井、萨探1井全套测井、旋转导向及桥射联作施工，获高产油气流，助力吐哈油田勘探取得重大突破。发挥中油测井内部资源共享优势，从兄弟单位协调大井眼固井质量、小井眼偶极子声波等队伍设备，完成吉2807H-1井、湖深18-21井、温储12井等的施工，形成共建共享，互利双赢工作格局。协调C3711作业队赴川渝区域，满足西南分公司生产急需。实施灵活组队，成立过钻具专测队2支，升级综合队伍资质3支，射孔+生产联合组队，实现拉链式工厂化桥射联作，保障油田勘探开发技术服务需求。抓CPLog成套装备配套提升技术服务实力，强化仪器设备维保管理，定期检查车辆、地面系统及辅助设备；及时补充设备，保障油田生产需要。鄯善项目部获吐哈油田井控管理工作先进基层队站。射孔项目部在胜北1101H井桥射联作施工现场，获吐哈油田勘探事业部赠送"勘探射孔当先锋、规模增储立新功"锦旗。

（王俊杰）

【解释评价】 2021年，吐哈分公司落实中油测井领导走访吐哈油田交流成果和与油田达成的共识，推进吐哈油田测井技术研究中心挂牌成立。承办中油测井非常规测井评价技术培训班，提升业务人员服务能力，满足吐哈油田勘探开发技术要求。针对区域油藏特征，完善工程地质一体化解释评价技术，精细解释助力油田"甜点"发现。解释油（气）层3807层，预探井解释符合率87.5%，评价井解释符合率90.21%，开发井解释符合率

97.73%，产能预测符合率 85.2%。精准解释萨探 1 井、吉 7H 井、环庆 96 井等重点井，助力吐哈油田在新区域、新层系获得勘探新突破。开展技术交流 41 次，使核磁共振成为吐哈页岩油储层必测项目，争取加测远探测声波、SBT 等特殊项目 32 井次，增收 1000 余万元。在浙江油田，发挥定、导、测、解释一体化服务优势，助力超浅层页岩气重大发现。

（张永军）

【科技创新】 2021 年，吐哈分公司按照年度科研攻关计划安排，完成国家及股份公司、中油测井公司（含油田公司）、分公司三级科研攻关 26 项，科技成果完成率 124%。完成科技创收 1285.6 万元，超过 1000 万的计划目标。其中集团公司专项收入 209.5 万元，油田横向科研收入 224.6 万元；中油测井项目及内部交易科研收入 851.5 万元。积极向油田推介 FITS 过钻具测井仪、水平井产液剖面、ThruBit 过钻头存储式测井等新技术，拓展技术服务领域。

（莎力·吐尔孙）

【信息化建设】 2021 年，吐哈分公司推进信息建设工程，提升工作效率。推进 EISS 生产智能支持系统应用，专人负责信息录入，系统各模块在分公司全面上线运行，为生产组织提供有力保障。更换智能源罐 39 套，与新疆维吾尔自治区在线平台实现联网，实现信息化管理。新增鄯善哈密千兆专线，整体优化吐哈分公司网络链路环境。完成哈密、吉木萨尔等 6 个视频会议室改造升级，提高会议通讯质量。安装两套远程测井设备，支持施工作业 14 井次。推进测井大数据平台建设，实现解释评价专家远程会诊，提高资料质量。加快档案数字迁移，累计归档 5504 件 83781 页，档案数字化率 100%。对网络安全动态管控，做好重要时段、关键场所、重点环节网络安全隐患排查整治，构筑网络安全屏障。全年未发生网络安全事故，桌面安全 2.0 系统安装率 100%，DLP 网络准入安装率 100%。

（付 鹏）

【企业管理】 2021 年，吐哈分公司大力推进企业管理工程，提高管理水平。按照"统一管理、归口负责"的原则，梳理在用制度，完善制度数据库台账 587 项。完成 36 项规章制度的"废、改、立"工作，其中修订 21 项、新建 15 项，推动分公司企业管理治理体系和治理能力提升。不断改进机关工作作风，机关人员靠前指挥，深入基层调查研究，解决生产难题。依法合规，规范管理，签订支出类合同 193 份，合同受控金额 2.91 亿元，未发生事后合同。限额以上项目全部委外招标，节约资金 413 万元。内控测试 13 个单位，组织 357 人开展重大风险评估，确定 10 项重大风险，制订方案，强化管控。实行财务预算动态管理，将财务预算和生产经营紧密衔接，及时掌握生产经营状况，以预算约束成本控制、资金管理，严控非必要支出。成立关联交易结算领导小组，强力推进结算工作，全年资金回款率超过 95%，创历史新高。压实清欠职责，应收账款同比压降 2000 万元，完成压降指标。以问题为导向，挖掘成本管控薄弱环节，确定 24 个方面 76 项措施，开展提质增效，开源增收 6620 万元，降本节支 1223 万元。

（孟鹏飞）

【质量安全环保】 2021 年，吐哈分公司建设"双重预防"为核心的治理体系，明确四级风险防控责任。制订安全环保责任清单 59 份，岗位安全操作考核清单 461 份，开展中层干部履职能力测评，约谈 1 个基层单位，批评教育 2 人，对 5 名责任人进行绩效考核。深刻反思"3·14"交通事故教训，开展交通安全专项整治。组织防御性驾驶培训与测评 18 场 138 人次，邀请吐哈交警支队授课开展"道路交通安全"专项培训，制作道路风险识别图，完善行车监控系统 16 套，实时监控，确保安全。组织质量教育 32 次 430 人次。开展质量风险辨识，形成控制措施 99 条。成立 QC 课题小组，形成成果 12 项。以安全生产专项整治三年行动计划为抓手，强化对放射源、民爆物品、交通安全、现场施工、消防设施等重点风险的防控。开展隐患排查 14 次，整改问题 144 项，完成隐患治理项目 16 个。承办吐鲁番市 2021 年放射源综合应急演习，提高应急处置能力，积累企地联动实战经验，受到地方政府表扬，全年组织应急演练37次。开展反"三违"专项活动，加大"四不两直"监督检查力度。接受中油技服审核1次、中油测井专项审核3次，开展内审2次，实现作业队审核全覆盖。现场检查和视频监控发现问题805个，查处内部违章行为132起，处罚159人次。建设危废存储间，安装污水回注装置，淘汰23辆高耗低效测井车辆，节能降耗成效显著。全年节能22.25吨标准煤、节水1.1万立方米。

2021年12月3日，吐哈分公司承办2021年吐鲁番市辐射事故综合应急演习（吐哈分公司 提供）

（贾祥金）

【党建工作】 2021年，吐哈分公司党委严格落实"第一议题"制度，专题学习习近平新时代中国特色社会主义思想、党的十九届六中全会精神、习近平总书记"七一"重要讲话精神和对中国石油重要指示批示精神。组织党委理论中心组学习13次，集中研讨8次。修订完善"三重一大"制度，严格民主决策程序，推进企业高质量发展。开展党史学习教育，专题学习10个方面43项具体内容，推进"我为员工群众办实事"实践活动，把民生工程办成民心工程。落实全国国有企业党的建设工作会议精神，对照国企党建30项重点任务，对7个方面开展"回头看"，补齐短板弱项，推进党建融入生产经营，促进"四个优化提升"。完善党建责任清单，落实"党建三联"制度，党委委员到挂点单位调研指导18次，帮助基层解决实际问题；与油田相关单位交流座谈33次，形成"共享共建共赢"工作格局。开展无党员班组排查整改工作，确保党员班组全覆盖。围绕中油测井党委重大决策落实情况，开展联合监督6次，发现问题44个并督促业务单位整改问题。对照集团公司党组2020年巡视通报共性问题，检查出4个问题，制定12条整改措施全部如期落实到位。组织党员干部签订党风廉政建设责任书200份，重点岗位人员签订廉洁承诺书145份。编发党风廉政建设宣传教育月报10期，两级领导开展廉洁谈话283人次，基层各党支部开展反腐倡廉形势任务教育116次，开展党纪条规教育33次。对1名违规人员给予行政警告处分，对2名违规人员进行批评教育。全年未发生党员干部作风建设方面的信访举报件。

（王广斓）

【群团工作】 2021年，吐哈分公司群团组织坚持以员工为中心，推进民生工程，持续改善员工工作、生活条件，让员工"上班有舒适环境，下班有活动场地"。分公司改善重点民生项目12项，办实事64项，硬化生活基地道路，美化生活环境；维修公寓楼，提高一线员工生活质量，消除食堂和公寓外墙不安全风险。铺设停车位24个，解决夏季高温环境下员工停车难的问题。开垦职工菜园，种植无公害蔬菜瓜果上万公斤，丰富职工餐厅和餐桌蔬菜品种，美化厂区环境。铺设室外篮球场，补充健身器材，组织唱红歌、排球、羽毛球、拔河等丰富多彩的文体活动，用眼前的变化增强员工的安全感、获得感、幸福感。深化"青"字号系列活动，组织青年创新创效成果征集，开展青年安全生产示范岗创建、岗位练兵、技术比武和导师带徒等活动，发挥员青年生力军作用。加强思想教育，开展"请党放心，强国有我"主题团日活动，学习习近平总书记"七一"重要讲话精神，征集心得体会文章16篇，微言论80条。开展岗位讲述实践活动，73名青年员工以"青春之我、奋斗之我，为测井事业燃烧青春"主题讲述岗位故事，激励青年岗位成才。

（李 文）

中国石油集团测井有限公司华北分公司

【概况】 中国石油集团测井有限公司华北分公司（简称华北分公司），是2002年12月集团公司测井专业化重组，由华北石油管理局测井公司整建制划入中国石油集团测井有限公司，成立中国石油集团测井有限公司华北事业部。2017年12月更名中国石油集团测井有限公司华北分公司。

华北分公司主营业务为裸眼井测井、射孔、随钻测井、生产测井、工程测井、油气藏解释评价等。华北分公司位于河北省沧州市任丘市，主要作业区域分布在华北油田的冀中、二连、巴彦河套区块以及储气库和煤层气项目，苏里格合作开发区块和南方勘探公司的福山油田及周边区块。

2021年底，华北分公司设8个机关科室、1个附属机构及10个基层单位。在册员工705人，其中合同化员工602人、市场化合同101人、市场化劳务工2人。辅助业务外包人员245人，非全日制用工52人。管理人员174人、专业技术253人、技能操作278人；本科及以上学历311人，中级及以上职称382人。公司级技术专家1人，一级工程师1人。华北分公司党委下设11个党支部，党员总数315人。

（王枭煌）

华北分公司主要生产经营指标

指　标	2021年	2020年
裸眼井测井（井次）	1422	1223
随钻测井（井次）	57	69
工程测井（井次）	1717	1332
生产测井（井次）	1056	805
射孔（井次）	582	456
其中，桥射联作（口/段）	155/519	22/115
产值（亿元）	4.49	4.74
收入（亿元）	3.79	3.01
利润（亿元）	0.24	0.006

（王　磊　郑敏娣）

2021年，华北分公司围绕"六大战略""十大工程""十项任务""五项机制"，统筹推进市场营销、技术创新、安全生产、提质增效和党的建设等各项工作，市场空间持续拓展，施工能力不断提升，发展基础越发坚实。

【队伍与装备】 2021年，华北分公司有测井（射孔）作业队伍76支，其中裸眼井测井队45支、生产测井队21支、随钻测井队10支。内部市场队伍70支，支援和合作队伍6支（2支队伍支援长庆、3支随钻队伍支援大庆、1支队伍支援西南）。测井装备主要有EILog、5700、生产测井（射孔）、存储式、LOGIQ、随钻测井、海上拖橇七大系列。成套测井装备70套，其中，完井测井装备45套，生产测井装备21套，随钻装备4套。有井下仪器3500支，工程技术服务车辆及拖橇188台，其中一体化测井车87辆、工程车67辆、井架车18辆，源车3辆，爆破器材运输车10辆，拖橇3台。

（罗　涛）

【市场开发】 2021年，华北分公司实施领导市场区域包片管理，明确划分副总师以上人员"责任田"，全年市场走访、技术交流116次。测井解释人员驻厂办公带动市场创效，实施"一井一策"、技术推介等做法，为甲方单位解决工程和地质难题，市场服务满意度持续提升。在苏里格市场，完成各类有效测井1390井次，创收1.46亿元，针对该区块气层出水难点问题，优化测井系列，推介阵列声波、微电阻率扫描成像等新技术65井次。在华北海南市场，针对巴彦河套深井、超深井，推介新技术测井，应用泵出式测井7井次，完成核磁共振等高端成像测井70井次，新增岩屑扫描16井次，创收1434万元。增加分层采油、井下电视、桥射联作等特色业务，增加海南市场评价费用；桥射联作新增二连、巴彦河套区域，承揽冀中、二连煤层气100%的市场，巴彦河套争取到50%市场份额；随钻测井业务在冀中、二连、煤层气市场全覆盖。拓展新区域，进入民和、雅布赖、叶县储气库等市场，承揽合同2600万元，新增美中能源、亚美大陆、平遥煤化等市场，中标中国石化绿源两个标段地热测井项目，与渤海钻探工程公司合作中标中国地质调查院皖与页2井钻探总包，承担测井及资料解释任务，集团公司外市场创收525.48万元，同比增长33%。与华北油田公司签订《监测业务合作框架协议》，完成各采油厂监测业务及仪器装备划转，创收800万元。

（王　磊）

【服务保障】 2021年，华北分公司优化生产组织，跟踪钻井动态，编制生产预报，制定重点井服务保障措施，落实桥射联作和重点井日报制度，两级领导现场组织施工358井次，协调队伍支援生产高峰区块及重点项目19队次/93井次。完成集团公司风险探井河探1X井、泗探1X井及华北强104X井、南方公司玉4X井等32口重点井施工作业。实施预防性维修和特殊仪器清单化管理措施，实现井下仪器三级保养全覆盖，全年完成2170支仪器维保，仪器下井一次成功率99.85%。以井为中心，推广一队双机、区域联保、项目专测等生产组织方式，提升综合作业时效，56支作业队均具备两种以上作业能力，全年灵活组队423井次。桥射联作每段作业时间降至2.3小时，"一串测"单井时效缩短至7小时，单队创效同比增长33%，综合提效3.3%。推进数字化转型，信息化建设与业务融合，开发完成油料管理及生产日报表系统，EISS系统全面应用，3支队伍具备远程测井作业能力，示范应用52井次。建设网络基础设施，各项目部专线网络全覆盖，实现解释数据资源共享，搭建基于LEAD4.0的苏里格版解释平台，建设华北分库示范区，实现多地同步快速解释和成果高效共享。

（李印罗涛）

【解释评价】 2021年，华北分公司应用基于核磁全谱分析的流体定量评价技术，助力兴隆构造带11口井12层获百吨以上高产工业油流。"电成像岩性特征谱+数字岩心"技术应用于二连探区非均质复杂砂砾岩，在乌里雅斯太中深层及阿尔57断块见到显著成效。应用水泥胶结振荡技术提升固井质量，精细解释评价16口井。含水率分级评价和二维核磁岩心测量分析技术，助力冀中发现老区新凹陷高产油流层。全年完成老井再评价483井次，发现潜力层128层，提出试油方案建议52条，预测含油潜力区2块，为油田勘探开发、挖潜增储上产贡献测井力量。

（李　思）

【科技创新】 2021年，华北分公司开展油气评价综合研究，完成华北油田、福山油田等横向科研课题10项，创收788万元。在国内开展井场全直径岩心二维核磁测量与解释评价服务，得到油气田公司关注和肯定。研究形成独立知识产权处理软件1套，企业标准1项，发表学术论文2篇。完成页岩油、致密油气等16口井全岩核磁扫描，岩心长度618.69米，2D定点测量529个，实现创收782.12万元。开展光纤测井技术联合攻关，形成配套工艺、数据采集与快速解释全业务流程，在煤层气水平井、储气库、巴彦应用5口井，光纤测试业务实现从无到有跨越式发展。分层采油技术在海南市场推广，控水增油效果明显，赢得甲方单位高度认可。随钻测井实现服务区域、作业能力双突破，首次进入川渝页岩气市场，应用公司自主研发"随钻测导平台+方位伽马成像"测井技术，优质完成太611X井施工作业任务。

（李印罗涛）

【质量安全环保】 2021年，华北分公司修订完善《HSE奖励和处罚管理规定》等10项制度，开展全要素体系审核与专项检查8次，发现整改问题756项。开展风险辨识，制定4个重点风险防控方案，完成9个隐患治理项目，防控能力有效提升。更新智能源罐49个，开展放射源泄漏检测67枚次，配置应急设备工具24套，建立"一车一档"技术档案206册，开展驾驶员安全培训，专项应急演练11次。制修订《盐穴储气库岩盐评价规范》等5项标准，配备固井质量胶结指数刻度装置，开展"基于井下振荡器的水泥振动固井技术研究"等3项课题，提升测井固井质量评价技术水平。抓住关键环节，增强安全管控力度，落实重点敏感时段升级管理1115井次，重点井升级审批 95 井次。开展"反违章"专项整治、岗位员工安全讲述活动，采用一周一训、安全例会等形式，组织培训 24 期 1170 人次，增强全员安全意识。制定"1+X+N"个性化体检套餐，针对 40 岁以上员工开展心脑血管专项检查，规范接触有害作业员工职业健康体检。落实新冠肺炎疫情防控常态化实施方案，发布防疫简报 4 期，建立企地疫情防控联动机制，实现疫苗应接尽接。

2021 年 10 月，华北分公司集团公司"百面红旗"C4665 作业队开展重点井安全讲话（华北分公司　提供）

（李亚辉）

【党建工作】 2021 年，华北分公司党委聚焦党建"四个优化提升"，全面推进"十项任务"，提高党建质量，增强"五种能力"。落实"第一议题"制度，学习党的十九大和十九届历次全会精神，贯彻上级党组织决策部署。召开华北分公司第一次党代会，完成"十四五"规划编制，开展党史学习教育，推广"三总六重九成效"（三个方面总体部署、重点推进六项工作、提升九个方面实际效果）工作法，两级党组织讲授专题党课 19 场、主题教育宣讲 28 场，班子成员深入一线走访 336 人次。提拔调整三级正副管理人员 49 人，新提拔三级副干部"80 后"占比 85%，选拔 29 名优秀年轻技术骨干充实后备干部库，打破人才岗位序列转换壁垒，制定第三层级岗位专业技术人员管理办法，聚焦油田新业务、测井新技术、解释新方法、管理新要求，组织各类培训 56 期，印发《中层领导人员任期制实施细则》，实行契约化管理，健全考核激励机制。完成"两委"委员和 11 个党支部换届选举及支委增补，10 名党支部书记持证上岗，制定基层党支部落实全面从严治党主体责任重点工作销项表，按月考核、公开公示，深化党员积分管理，推动党员民主测评与星级评定同步工作，开展"六步一结合"保障苏里格、"党史故事我来讲"微视频大赛等活动，提升基层党建组织能力。制订巡察反馈问题整改方案，3 次召开巡察整改中期推进会，确保问题彻底整改，统筹纪委监督、联合监督、日常监督、群众监督构建"大监督"格局，制发华北分公司纪委关于做实日常监督工作的推进措施，完善监督模板 11 个，利用网页、《反腐倡廉简报》发布廉洁提醒，强化全员自律意识和防腐聚变免疫力。推进文化体系建设"八个融合"，全年网站发稿 518 篇，测井版《我和我的父辈》视频作品在油地"朋友圈"引起广泛共鸣，华北分公司 IP 形象及文化周边设计完善，以"测井职工心向党"红歌合唱为代表的建党 100 周年系列活动异彩纷呈。

（王枭煌）

【群团工作】 2021 年，华北分公司工会完成基层工会委员会换届，征集职代会提案 21 项，答复上届提案 30 项，两级厂务公开 324 次。组织职业技能大赛"进阶式"集训，解释单项获中油测井第二名。深化精准帮扶，建立电子档案，走访慰问员工 121 人，发放慰问金 19.3 万元，为 37 名员工办理互助保险理赔，落实"我为员工群众办实事"20 项。大幅调整提高全员普惠性福利，发放节日慰问品 7 次 126 万元，人均福利标准实现较大提升，华北分公司工会获中油测井四星模范职工之家荣誉。团青组织落实集团公司团代会精神，组织青年参观红色教育基地，以"奋进新征程，青春勇担当"为主题，开展厂区绿化、烈士陵园

2021 年 12 月，华北分公司青年文明号 C4643 作业队队员在山西迎着漫天飞雪步行去井场执行测井任务（华北分公司　提供）

扫墓等志愿者活动，坚持将青年创新创效与提质增效有机结合起来，举办创新论坛、学术交流会，1篇青年论文获第五届中国石油勘探开发青年学术交流论文二等奖。

（雷　卓）

【提质增效】 2021年，华北分公司落实公司提质增效工作要求，开展投资项目后评价，结合行业发展现状及市场需求，编制完成《"十四五"发展规划》《新能源新业务规划》。以单井单队创效为重点，深化"四单"（单队增加产出、单井增加产出、单个项目增加产出、单项技术增收）管理，打造提质增效升级版，形成"6+4+N"规划编制办法等3项管理创新经验。推进财务数字管理向业财融合转变，开展项目、区域核算，通过人均利润、全员劳动生产率、收入利润率等指标进行效益评价。加强月度分析，严格预算约束，精细成本管控，加大"两金"（应收账款和存货）压降督办力度，利用客户信用评价系统、三方抵账、法律诉讼等清欠措施，限时清欠，定期通报，回款4.09亿元，回款率96.59%。修订《投资与支出项目管理办法（试行）》及招标流程，完善常用合同模板35个，建全招标资料归档清单，合规管理企业。成立招议标小组，实现管办分离。开展任期制与契约化管理改革，39名三级副以上领导干部签订责任书。推进人力资源对标管理，制订人员显性化和年度分流安置计划，量化中高级技术人才培养等管理类指标，强化岗位定编定员，明确关键岗位人员职责及考核奖惩办法，激励员工履职尽责。协调7支整建制队伍、28名零散人员支援长庆，完成公司改革期间人员划转101人次。

（何正义）

中国石油集团测井有限公司塔里木分公司

【概况】 中国石油测井有限公司塔里木分公司（简称塔里木分公司），源于2003年7月组建的中国石油集团测井有限公司塔里木事业部，2017年12月更名中国石油集团测井有限公司塔里木分公司。塔里木分公司机关和生活基地驻新疆维吾尔自治区库尔勒市经济技术开发区，生产指挥、服务基地位于新疆维吾尔自治区库尔勒市轮台县虹桥工业园区。

塔里木分公司主要服务于塔里木油田中国石油5家钻探工程有限公司。作业区域主要分布在天山昆仑山之间南疆塔里木盆地。

主营业务为裸眼井常规测井、成像测井、随钻测录井、生产测井与测试、射孔、井壁取心与数字岩心、统一软件与测井网、数字信息化、远程测井、新技术推广、油田设备测井技术配套等专业化技术服务。

2021年，中油测井内部组织机构整合，将塔里木分公司的仪器设备、物资装备、安全监督业务的管理职能、资产和人员划转至物资装备公司和质量安全监督中心统一管理。塔里木分公司设7个机关职能科室；2个后勤服务保障部门；4个生产单位。在册员工189人，其他用工208人。副高级技术职称人员20人，中级技术职称人员77人，初级技术职称人员14人；管理人员59人，专业技术人员66人，操作服务人员272人。硕士研究生学历5人，大学本科学历135人，大学专科学历93人，高中及以下学历164人。塔里木分公司党委下设10个党支部，党员107名。

2021年，塔里木分公司落实公司党委、公司及油田党工委工作部署和要求，着力推进测井业务"十大工程"，坚持技术引领，突出效益导向，细化推进措施，狠抓责任落实，实施"强基固本、素质提升、先锋模范"三大工程，统筹推进市场开发、生产经营、安全管理、深化改革和党的建设工作，超额完成中油测井下达的年度考核指标。在塔里木油田党建工作考核中获历史最好成绩，在塔里木油田18家油田服务单位位列第一。

塔里木分公司主要生产经营指标

指　标	2021年	2020年
裸眼井测井（井次）	366	355
随钻测井（井次）	31	34
工程测井（井次）	359	246
生产测井（井次）	151	283
射孔（井次）	196	145
其中，桥射联作（口/段）	1/5	—
产值（亿元）	3.35	3.01
收入（亿元）	3.32	3.00
利润（亿元）	0.08	0.07

【队伍与装备】 2021年，塔里木分公司有具备中国石油集团有限公司资质、塔里木油田准入的专业化测井队伍36支，其中裸眼井成像测井作业队伍16支、随钻测井作业队伍5支、生产测井作业队伍5支、射孔作业队伍10支。为油田提供完备的特殊测井工艺，提供超深井、复杂井、大斜度井、水平井、小井眼井、开窗井等特殊环境测井技术支持，能在极端复杂的高温、高压地层条件下提供测井技术服务。具备年测井、射孔2000口以上的作业服务能力。裸眼测井设备22套，其中EILog成像测井地面系统及井下仪2套、ECLIPS-5700成像测井系统16套、LOGIQ高温高压小井眼测井地面系统及井下仪2套、存储式测井地面系统及井下仪2套。生产测井设备6套，其中4套WELLSUN3000生产测井地面系统及井下仪、1套Sondex、1套RAS。射孔作业设备8套。随钻MWD和TOLTEQ测井装备3套。

【市场开发】 2021年，塔里木分公司坚持目标导向，面对塔里木油田勘探开发新目标、新任务、新要求，牢固树立"一切为了多打粮食"理念，突出市场开拓，完善营销机制，运用"市场+"模式，突出"增量"激励，深挖市场潜力，开展各类专项技术交流38次，参加投标35次，中标28次，中标率80%。签订各类测井服务合同77份，综合市场占有率75%，各项业务均有提升，其中生产测井较2020年产值提升近一倍，裸眼测井市场占有率83%，同比提高6.95%，射孔市场占有率77%，同比下降9.51%，随钻测井市场占有率64%，生产测井市场占有率40%，顾客满意度98.87%。运用"市场+领导"，主动对接油田及各钻探工程公司技术需求，推广垂直钻井技术，完成作业5井次，创产值750余万元，刷新油田大北区块单日进尺和单趟钻进尺两项纪录，实现中油测井垂直钻井业务"零"的突破。运用"市场+技术"，调研引进高温高压直推存储式测井技术，打造超深复杂井测井利器，有效解决油田富满区块超深、高温高压、大斜度水平井复杂井况下的测井难题，完成作业44井次，创产值2874万元，增加产值1000余万元，形成新的效益增长点。精益投标管理，提前与行业管理部门沟通，争取到招标控制价不再下浮的优惠政策，结算价格同比提升10%。结合集团公司油气水井三年治理项目，推介AMK-2000扇区成像固井质量技术，固井质量测井价格提升23.7%。利用油田公司钻井总包形势，争取钻探公司结算价格，爆炸松扣、切割服务价格提升32%。针对油田井旁构造精细评价需求，推介方位远探测声波（ARI-Ⅱ），阵列声波测井价格提升80%，形成"补偿声波+阵列声波+远探测声波+方位远探测声波"的特色测井系列。利用《油气田测井技术服务框架协议》，与油田二级生产单位直接议标签订合同13份，合同金额1070万元。主动介入源头设计，优化补充测井项目，增加远探测声波、电成像等高端测井项目8项次，增加产值350余万元。瞄准试油、修井总包项目，开拓钻探工程公司市场，生产测井和射孔作业市场占有率分别提升3%和7%。开拓油田单井解释市场，单井解释费用提升10%。运用"市场+合作"，联合竞争对手，积极向油田公司反映射孔业务的经营难处，争取定额增补，实现射孔定额整体上调10%，增产680余万元。

【服务保障】 2021年，塔里木分公司以井为中心配置资源，以调度为中心组织生产，统筹部署资源，生产重心前移，以博孜—大北区块、富满油田为中心，构建以轮台基地为中心的生产组织模式，成立前线生产指挥办公室，领导轮流驻守轮台靠前指挥，机关部门靠前统筹协调，队伍靠前部署，裸眼测井80%以上队伍驻扎轮台，装备维保和物资供应靠前保障，打造以轮台基地为中心的4小时作业圈，有效降低生产运行成本和交通行车风险，大幅提高队伍运转效率和到井及时率，单井作业时效同比提高3.6%。改善前线后勤保障体系，新建轮台基地多功能工房，等配套生活设施，提升一线支持保障能力。提高一线员工待遇，及时回应和解决员工诉求，激发员工工作热情。统筹做好新冠肺炎疫情期间的民生保障工作，最大限度降低疫情对生产的影响。

（赵建福）

【解释评价】 2021年，中油测井地质研究院塔里木分院探井解释独立定价、单独收费；扩展工程院和油气开发部等新市场，工作量不断攀升。全年完成探井跟踪解释37井次，动态监测各类资料解释153井次，原始资料质量控制632井次，测井资料归档及信息入库573井次，推广核磁共振、感应侧向联测、套后测井等新技术6井次，承担项目25项，新签项目13项，落实年度新签合同额2040万元，落实年度收入1610万元。

在探井解释方面，在大北4井、博孜10井、大北7井等含油气解释并获试油证实，避免油气层漏失。中寒2井、吐东202井、康村1井等从专业角度提出储层不利，获试油证实，全年探井解释符合率85.9%，及时率100%，有力支撑油田勘探新发现。在轮南、塔中、哈德逊、大宛齐等老油田及塔西南地区老井开展精细解释评价工作，助力老油气田综合治理取得显著效果，其中昆仑山前侏罗系首次获得重大突破，塔北—塔中老油区产能恢复成效明显。

（鲁明宇）

【科技创新】 2021年，塔里木分公司持续推广CPLog仪器在塔里木的应用，全年在塔里木作业41井次，作业一次成功率98.95%，资料优质率98.86%，完成新和1加深井8113米电成像测井、轮探3井8300米、8699米双侧向、电成像和中寒2井8791米电成像等4口8000米以上井深测井作业。分别在大北30井、轮探3井、轮深2井进行3井次现场实时数据远程传输应用，应用效果得到甲方认可。ECLIPS-5700（7.0）系统通过塔里木油田验收，完成34井次测井任务，创造产值970万元。万米绞车系统、超长电缆等测井辅助装备经过现场测井检验，认定符合8000米级以上测井要求，完成13井次8000米以上电缆测井和1井次钻具传输测井。直推式测井仪器经过标准井试验及现场应用44井次，其中完成8000米以上12井次，证明仪器可靠性较高，基本满足超深、超温、易喷易漏复杂井况测井。全年完成8000米以上电缆和钻具传输测井，创产值1365.4万元。ATK-V垂直钻井技术现场施工表现较好，应用工具后钻井速度基本可以提高10%以上。大北7井和博孜29井，完成17趟钻的垂直钻井技术服务作业，一次下井成功率94.12%，井斜控制合格率100%。满足塔里木油田山前施工条件下防斜打直作业要求，垂直钻井井斜控制效果和井筒质量符合塔里木油田井筒质量要求。

【质量安全环保】 2021年，塔里木分公司群策群力，共谋安全生产发展，践行"谋新篇、开新局、转观念、勇担当"主题教育理念，全面学习贯彻落实新《安全生产法》要求，持续提升安全生产整体管理水平，年度未发生突破指标的工业生产安全事故事件。全年识别生产作业活动危害因素1056项，设备设施操作危害因素919项，全部进行评价分级并制定防控措施。全员安全生产承诺活动100%覆盖，签订年度QHSE责任书16份，制订领导个人安全行动计划42份，对27个重点场所、关键设备设施风险等级进行评估，确定承包人，挂牌落实管理职责。定期召开两级井控会议，部署井控重点工作，排查井控工艺风险3项、井控安全隐患33项，开展井控应急实战演练36次，确保现场井控安全。定期开展健康知识讲座、急救技能培训及演练、现场问诊及知识答题等活动，安全总监带头讲述安全故事，基层项目部136人参加安全讲述活动，报送安全讲述作品36个，形成人人讲安全、人人听安全的良好局面。秉承"一切事故都是可以预防和避免"的理念，夯实安全环保基础，严守安全环保底线，完成公司下达安全考核指标，安全生产整体水平明显提升，被中油测井评为QHSE先进单位。

【党建工作】 2021年，塔里木分公司党委围绕推进党建"十项任务"，实施"强基固本、素质提升、先锋模范"三大工程，党建质量不断提升，党建成效显著，首次建立党委理论学习中心组"五个一"模式，首次与勘探开发研究院开展联合党建，首次获塔里木油田党工委思想文化工作表彰，首次成功召开第一次党代会。塔里木油田公司党建工作考核，分公司在18家油服单位中名列第一。

落实"第一议题"制度。党委理论中心组集中学习，专题研讨，落实"三重一大"决策制度，召开党委会21次，做出决策93项。开展党史学习教育，创新运用"十学法"，办实事解难事46项。思想建设落实意识形态工作部署。制定运行表和"四个清单"；开展主题教育宣讲18次，敏感信息清查3次。强化宣传引导，在《中国石油报》发稿4篇、省部级报纸13篇、油田网页9篇。加强队伍建设，举办党群业务培训班，开展党群工作十法和业务培训；制定《中层领导人员管理办法》，加大年轻干部选用。落实任期制和契约化改革，聘任协议签订率100%。廉政建设方面，逐级签订责任书、承诺书160份，构建"三位一体"责任体系。开展警示教育10次，提醒谈话35人，召开联席会2次，联合监督2次，整治问题14项。全力配合中油测井巡察，从严抓实问题整改。编制基层党建"三基本"建设与"三基"工作有机融合实施方案，推进工作落实。制定《责任制实施办法》《标准化指导手册》，打造油田"三星级"标准化党支部，开展建党100周年系列活动。深化"联合党建"，与油田公司业务单位开展经验交流、技术攻关。承担"党建工作与科研生产深度融合的探索实践"课题获集团公司一等奖。

2021年10月8日，塔里木分公司党委召开第一次党代会（塔里木分公司　提供）

【群团工作】　2021年，塔里木分公司群团组织推进文化建设深度融合，大力弘扬石油精神铁人精神，践行"只有荒凉的沙漠，没有荒凉的人生"的信条，提炼核心理念，打造以"厚德兴业长又安，慧眼识藏苦而乐"为核心理念的"沙漠之舟"文化体系。构筑整体形象识别系统，形成以企业精神为核心的《文化手册》，以企业标识为核心的《视觉形象手册》，以员工形象为核心的《员工行为手册》，创建"十德"和"新风正气"两条文化走廊。突出工会建设，推进民主管理，加大厂务公开，深化岗位建功。开展帮扶慰问慰问10次，惠及员工1320人次，采购扶贫物资25万元。注重员工健康，丰富业余生活，办好惠民实事，打造文化周末，组织"巾帼心向党，建功新时代"系列活动，建立文化阅览室1个，新增丛书1000册，配备文体用品200件。开展组织劳动竞赛、技能比武，参加第十届陕西省技能大赛获1枚银牌、3枚铜牌。突出青年建设，以"青年五项活动"为抓手，创造系列青年品牌，成立青年创客工作室2个。参加塔里木油田"学雷锋一条街"和"捐物·暖心"志愿服务，累计服务18小时，捐赠衣物48件。"青年志愿者+突击队"模式促进青年成长成才。突出综治维稳，制发《维稳信访工作管理办法》，构建维稳信访"六个一"工作机制；设立"党委书记接访日"，坚持领导干部24小时值班制，重点时段全面升级管理。加强保密工作管理，签订保密承诺书189份，讲授党课2次，检查电脑107台。落实新冠肺炎疫情防控部署，严格执行"两个坚决、四个严格"要求，核酸检测33000人次，疫苗接种402人，应急演练15次，构建员工队伍和谐稳定的新局面。

2021年，塔里木分公司首个职工文化室建成开放（塔里木分公司　提供）

（赵建福）

中国石油集团测井有限公司青海分公司

【概况】 中国石油集团测井有限公司青海分公司（简称青海分公司），是2002年12月集团公司实施测井专业化重组，由青海石油管理局地质测井公司整建制划入中国石油集团测井有限公司，成立中国石油集团测井有限公司青海事业部。2017年12月更名中国石油集团测井有限公司青海分公司。

青海分公司是集测井、录井、射孔、资料处理解释为一体的技术服务单位。青海分公司经整合资源，调整组织结构，设7个机关科室，1个机关附属单位。下设7个基层单位。在册员工409人。其中合同化员工263人、市场化用工63人、劳务用工83人。高级技术职称以上人员35人，中级技术职称人员121人。硕士博士10人，本科129人，一级工程师1人。青海分公司党委下设9个党支部，党员总数194名。

2021年，青海分公司全力打赢"市场进攻战、生产攻坚战、解释翻身战、信息升级战、安全持久战、保障支持战、效益保卫战、创新破袭战、人才阵地战""九大战役"，推行"五定管理"（即定员、定编、定岗、定责、定量），修订定责定编管理方案。以属地管理手册为依据，结合绩效合同，实行"一岗多责"。成立联合督查组，全年开展督查9次，推进重点工作落实400余项。深化业财融合，针对收支两条线，开展月度盈利预测和经营情况分析，实行全面预算管理。下发机关"三三制"方案（即三分之一时间"眼睛向下走下去"深入基层一线解决基层现实问题，指导基层工作；三分之一时间"眼睛向外走出去"加强与上级部门、地方政府及油田等单位的沟通协调；三分之一时间"眼睛向内走上去"提升自身业务和管理水平），提升统筹协调能力，确保生产经营运行流畅高效。全年超额完成中油测井下达的年度考核经营指标任务，实现产值、利润双完成的良好局面。

青海分公司主要生产经营指标

指　　标	2021年	2020年
裸眼井测井（井次）	1486	831
随钻测井（井次）	1	1
工程测井（井次）	846	769
生产测井（井次）	3	0
射孔（井次）	1641	1577
其中，桥射联作（口/段）	118/9	44/7
录井（口）	467	487
产值（亿元）	3.06	2.98
收入（亿元）	3.06	2.98
利润（亿元）	0.016	0.02

（王振华）

【队伍与装备】 2021年，青海分公司有施工队伍65支，EILog测井队15支，射孔队伍7支，录井队伍43支，具备年施工作业4000以上井次的能力。测井装备主要有EILog、生产测井（射孔）、存储式、LOGIQ、随钻测井五大系列。成套装备67套，其中测井装备17套、射孔装备7套、录井装备43套。井下仪器592支；工程技术服务车及拖橇45台，含一体化测井车23辆、工程车21辆、拖橇1台，装备新度系数0.28。

（赵建博）

【市场开发】 2021年，青海分公司贯彻落实中油测井市场营销工作要求，结合工作实际，全面推进市场开发工程，制定"市场进攻战"。本着对油田井身质量、地质资料负责的态度，加强与油田各建设单位沟通，对采油二厂乌南区块38口井进行测录射一体化总包；在采油三厂干柴沟和七个泉区块58口井，取消钻探总包模式，采用合同单价结算，产值比2020年钻井总包增加272万元，成功突破钻探总包困局。4月2日，重点突破生产测井市场，中标低产液剖面和水平井测井项目签订合同，生产测井业务有新突破。在集团公司外部市场主动抢占先机，与陕西森瑞石油技术开发有限公司、青海省柴达木综合地质矿产勘查院、胜利油田东胜精攻潍北石油开发有限公司分别签订测井、射孔技术服务合同，测井增加产值200万元、桥射联作增加产值25万元。

【服务保障】 2021年，青海油田勘探开发向深层进军和钻井提速提效，深井复杂井、高温、高压、高含硫、超高温、超高压、超深"三高三超"井及易阻易卡井增多。青海分公司生产组织关口前移，重心下移，按照"成本最低、效益最大和时效最高"原则，科学合理组织生产。推行标准化、综合化建设，全面提升员工整体素质和队伍作战能力。立足"防御型生产"理念，成立"市场生产一体化、财务业务一体化、前线后线一体化、采集评价一体化的四位一体"生产指挥中心，在生产预判、风险管控、过程监督、问题协调等关键环节，提供现场生产保障。严格落实"一井一策"，针对重点探井，制定领导重点井承包责任制，全年完成桥射联作、高温高压完井测井、水平井测井等40余井次，测井一次成功率96.17%。其中英雄岭攻高战—柴904井CPLog成像测井取得重大突破。风西ⅠH2-3井刷新青海油田最长水平段测井纪录。风西ⅠH1-5井桥射联作，创青海油田水平段2541米、单井26段、203簇和单日泵送3段4项新纪录。昆101井（7350米）、狮70井（149兆帕）创盆地深度、压力之最。C1728作业队用LOGIQ高温小井眼成像设备完成青海油田重探井昆101井测井作业，刷新青海分公司测井最深纪录。

（张德军）

【解释评价】 2021年，青海分公司落实解释评价"四制"（个人积分制、案例分享制、专家会诊制、区域负责制）工作要求，将原有5个班组调整为7个班组，调整主要业务及职能，开展联合攻关，湖相混积碳酸盐岩评价助力小梁山、南翼山、英中多点突破。碎屑岩技术融合助力切克里克凹陷深层勘探大发现；基岩评价技术助力冷北斜坡基岩气藏勘探发现；测录一体化评价助推油气勘探新场面；湖相混积碳酸岩储层分步流体判识等技术支持英西、英中地区重大发现及亿吨级储量规模。开展跃东区块页岩油储层研究和老井复查、三湖泥岩生物气研究和老井挖潜工作，助力油田增储上产。全年探井处理64井次，开发井处理615井次，套管井处理635井次，探井识别油气层513层，开发井识别油气层29874层。推动测井大数据库青海分库建设已初具雏形，不断完善。加快老井入库进度，全年完成12371井次的测录数据入库，实现测录业务数字化转型的同时，为青海油田重点探评井综合认识和勘探开发提供强有力的数据和技术支持。

【科技创新】 2021年，青海分公司投入测井新技术应用，全力保障水平井开发。引进存储式测井仪，成功应用18次，三维感应在青海油田实现垂向及水平电阻率测量，评价地层各向异性应用11井次。中油测井自主研发的盐水泥浆环境下宽动态电成像测井，成功应用19井次。提升录井作业保障能力，在风险探井柴探1井首次采用井下液面监测系统，全井监测井下液面55次，成功率100%，避免由漏转喷的井控风险，有效指导钻井队制定防漏堵漏措施，提高钻井施工效率。提速升级射孔桥射联作施工作业，针对复杂井况，引进隔板延时起爆技术，可实现连续油管一次性施工六簇，该技术在青海油田成功应用11井次。风西ⅠH1-5井创造青海油田水平段最长2541米、施工26段203簇的双纪录；页岩油实验井柴平1井，首次应用"密切割+等孔径定向射孔"的新工艺组合，创造青海油田新纪录。

（李 科）

2021年3月9日，青海分公司在花土沟油砂山露头进行地质剖面考察现场培训（青海分公司 提供）

【质量安全环保】 2021年，青海分公司推行"教育引安、管理强安、科技兴安、监督促安、文化固安"五位一体管理模式，全面完成中油测井下达的年度质量健康安全环保节能工作目标、指标任务。进一步完善"风险防控责任清单""隐患排查治理清单"等8个清单化管理模式，把风险防控责任层层压实到岗位，确保班组员工风险防控责任履职率100%。制定《隐患治理项目实施细则》，推行隐患排查上报常态化机制和推进隐患治理"项目长制"，完成隐患治理项目22项，下达批复资金1242.3万元。修订《作业风险报备管理实施细则》《"四不两直"安全监督检查管理实施细则》等23项规章制度，为安全环保工作提供制度保障。开展厂区排污口和排污源普查，建立排污管理台账，通过具备危废处置资质的专业公司，合法合规处置历史积压的60.37吨含油危险废物，消除生态环境隐患。持续推进全员安全生产记分管理，完成全年安全生产积分、记分及QHSE绩效考核，其中积分447分，发放绩效奖励22350元，记分443分，扣减绩效44300元。压实属地、部门、单位、个人"四方责任"，严格落实各项防控措施，完成新冠肺炎疫情防控零输入、零感染的"双零"底线目标。

（孟宗宝）

【党建工作】 2021年，青海分公司党委开展庆祝建党100周年系列活动，组织党史专题读书班12次。开展党史学习教育活动，举办4次以"学史明理听党话、学史增信跟党走、学史崇德感党恩、学史力行为家国"为主题党史学习会。组织30余名干部员工，到涩深15井和北参3井，向员工讲述老一辈柴达木石油人为油而战的英雄事迹。充分利用红色资源，打造红色课堂，组织党员、入党积极分子46人到瓜州县红色教育基地，开展"追寻红色记忆，传承红色基因"主题教育活动。严格按照流程发展党员，发展3名党员，看望慰问困难党员3人次，慰问离退休党员2人次，给离退休党员发放建党100周年纪念品。开展廉政专题讲座，邀请茫崖市海西州西部矿区人民法院法官作"警钟长鸣，预防职务犯罪"警示主题教育宣讲报告，提高党员法律意识。为提高执行力，督查组每月定期监督检查重点工作进度，并形成督查月报，发现46个问题，全部整改。青海分公司主要领导深入生产一线调研检查工作，征集意见建议及需要协调解决的问题100余条，制定责任清单，明确责任限时解决落实。开展"我为测井支一招"活动，收到机关各科室、基层各单位的意见和建议25条。开展"青海测井文化大讲堂"，举办6期400余人次参加。开展"扫除低老坏、当好主人翁"专项活动，14个单位部门自查整改"低老坏"问题100余项。《发挥党小组前沿作用推进党建与科研生产深度融合》《党员责任区建设与生产有机融合荣》获中油测井党建研究成果优秀奖。

（王振华）

【群团工作】 2021年，青海分公司强化工团组织纽带作用，组织5个生产单位64个班组，201名职工，开展"铸精品工程、提职工素质、服务高质量发展"主题劳动竞赛。创新活动载体，丰富活动内容，开展"金点子"合理化建议、"职工创新创效"等活动，收到各类合理化建议3条。关心职工健康，组织433名干部职工健康体检，建议职工健康管理档案。开展重大疾病互助保障续保工作，为589名职工及子女参加互助保障续保。组织女工参加青海油田"尕斯杯"排球比赛获女子队第五名。在中油测井开展的"说出我的故事"主题征文征集评选活动中，精选送的《荒漠里的思念》作品获一等奖。在中油测井首届"最美家庭"评选活动中，2个家庭被评为"和谐示范家庭"，1个家庭评为"励志示范家庭"。青海分公司工会获中油测井2019—2020年度四星级模范职工之家。开展青年创新创效活动，团员青年围绕生产科研工作中的重点、难点、热点问题提建议、晒问题、亮成果，挖掘创新创效潜力，收集创新成果8项，其中花土沟录井（随钻）项目部"拓展岩石热解气相色谱应用领域"获青海分公司一等奖。

（刘青涛）

【基地改造】 2021年，青海分公司基地建设体现人文关怀，突出测井特色，建设"花园式厂区"，投入300万元，对敦煌办公楼隐患治理等重点工

中国石油集团测井有限公司吉林分公司

【概况】 中国石油集团测井有限公司吉林分公司（简称吉林分公司），是2017年12月集团公司工程技术专业化重组，由大庆钻探工程公司测井公司整建制划入中国石油集团测井有限公司，成立中国石油集团测井有限公司大庆分公司。2019年3月，将大庆分公司吉林测井业务分立运行，成立吉林分公司。

吉林分公司主要服务保障区域在松辽盆地南部，集中于吉林省、黑龙江省等地区，具备裸眼井测井、成像测井、套管井测井、水平井测调试、射孔、取心桥射联作及测井资料处理与解释等工程技术服务能力。

2021年底，吉林分公司设8个机关科室、1个机关附属单位，下设5个生产单位、1个解释评价中心和2个后勤服务单位。在册员工782人，其中合同化员工675人、市场化用工107人。高级技术职称人员90人，中级技术职称人员281人，高级技师8人，技师71人，技能专家2人，一级工程师1人，二级工程师118人。吉林分公司党委下设9个党支部，党员308人。

2021年，吉林分公司做好生产经营和提质增效工作，推动"改革深化年"部署落实落地。全年安全、环保、生产、质量管控、新冠肺炎疫情防控工作扎实推进。对标中油测井制度体系，制修订各类规章制度70项，提升基础管理工作水平。在集团公司政策支持下，收回4.58亿元，实现自由现金流由负转正。推介增值项目、专项优化爬行器降损措施及测井成功率提升措施、严格材料管控和工器具重复利用等方式，提质增效6480万元。实现产值、收入和利润创历史最好水平，完成中油测井下达的各项指标。实现"十四五"良好开局。

吉林分公司主要生产经营指标

指　标	2021年	2020年
裸眼井测井（井次）	574	606
随钻测井（井次）	3	0
工程测井（井次）	1253	1380
生产测井（井次）	1001	845
射孔（井次）	2243	2393
其中，桥射联作（口/段）	137/1047	192/849
产值（亿元）	3.56	3.47
收入（亿元）	2.84	3.07
利润（亿元）	0.11	0.06

【队伍与装备】 2021年，吉林分公司有测井（射孔）作业队伍38支，其中裸眼井测井队15支、套管井测井队5支、射孔取心作业队16支、随钻测井队2支；有中国石油甲级综合资质作业队19支、乙级综合资质作业队17支。在用活动设备131台套，原值10061.2万元，净值5942.4万元，新度系数0.29。成套地面系统51套；资料处理解释设备包括服务器3台、计算机40台。在用解释软件有Lead4.0、Forward探井解释平台2.7、Watch生产测井解释平台2.7、GeoFrame4.0.4.3、Petrosite0.43、工作站解释软件1.0（自主研发）、Resform、井间示踪软件、Techlog等。

【市场开发】 2021年，吉林分公司围绕"一切为了多打粮食"理念，坚持技术引领、解释先行、全员开发，采取针对性措施弥补收入"缺口"，主体市场收入逆势上涨，同比增长10%。在探评气领域，积极推介成像新技术，工作量同比增加181井次，收入增长79.7%；在生产测井方面，工作量增长8%，收入增长28%；桥射联作完成136口1035段，收入7231万元，增长13.7%，市场份额进一步扩大。拓展随钻地质导向业务，完成3口井、落实6口井的工作量，实现市场新突破，延长业务链条。参与双坨子储气库建设，推介噪声、井周声波成像等技术87次，增收401万元。拓展中国石油外部市场，收入740万元，同比增长249%。成功进入古龙页岩油市场，收入563万元。科学探井、地热新能源等市场取得突破，其中松科3井创吉林分公司单井产值230万元最高纪录。成立工作专班，全方位对接流转业务，派出7名解释技术骨干常驻西南分公司攻关流转区块地质难题，创效70万元；达成独立签订测井、射孔合同的意向。派出2支队伍到西南分公司学习，为开拓市场做好人才和技术储备。

【服务保障】 2021年，吉林分公司实施构建市场引领、解释前置、技术支持、设备保障、质量管控、激励考核"六位一体"的工程地质一体化服务保障模式，优化生产组织。全面应用EISS系统，以井为中心组织生产，实现每口井与队伍、设备、辅助工具状态及风险隐患等信息可实时查询，为生产组织提供精准决策依据。通过设立前线驻地、井型专测等方式，满足甲方集中作业需求，到井及时率99.98%，服务满意度100%。以井为中心转型升级，队伍利用率89%，综合保障能力进一步增强。有7支成像队伍具备"多功能"模式，2支电缆测井队伍、7支射孔队伍具备桥射联作能力，生产测井队伍在冬休期间拓展油管传输射孔业务。7支作业队伍实施远程测井248井次，重点井解释决策6井次，有效缓解操作工程师紧张局面。优化"一井一策"，按井型抓好生产准备、标准化施工各环节，高质量完成松科3等5口重点井任务，资料优质率100%，测井一次成功率99.2%。全面应用CPLog测井技术，成像系列单井时效相比Eclips5700系列提速60%。优化工艺，桥射联作单段作业时效同比提升20%，在古页14H井创分公司单井、单队、单机、单日施工6段的"四单"新纪录，段均2.1小时，服务保障得到甲方高度认可，收到表扬信、感谢信27封。强化内外协同优质服务，驻长庆作业队伍工作量和产值分别同比增长12.2%和19.9%；赴西南队伍施工8口井，收入550万元，在中浅H3井应用连续油管开层作业，创吉林分公司单层起爆14簇的新纪录。协调PILS-X仪器，在德深11-16井完成直推式"首秀"，受到甲方单位勘探部的好评，完成1口勘探部深层气和2口非常规页岩油水平井施工。通过多方协调资源、精心组织生产、强化仪器修保，完成长深39井水泥密度施工任务（井底温度185℃）。完善远程测井作业支持中心配置，5支队伍规模应用远程测井技术，有效施工243井次，已成熟应用于生产测井领域。运行EISS系统，围绕"井号、作业、解释、结算"4个环节，实现生产信息录入、风险隐患填报等7项内容的全流程闭合管理，创建任务单5278井次、放射源领用返还单290个，各模块运行情况良好。

2021年8月11日，吉林分公司出征西南油气田开展技术服务保障服务（吉林分公司 提供）

【解释评价】 2021年，吉林分公司打造湖相页岩油特色解释评价技术，建立电成像纹层表征、核磁小孔加密精细评价孔隙结构、远探测阵列声波评价压裂效果等技术，在黑页平5井成功应用，获日产11.2吨工业油流，进一步落实大情字区块页岩油可动用储量规模。开展重点区块精细评价，建立基于测井参数的产能预测模型，产能预测符合率83.15%，助力油气田开发。推进老井复查，落实有利区3处，发现潜力层164个、见效10口井，带动射孔、监测工作量20井次、创效93万元。做好属地保障和技术支持，执行探评井三级审核、调开井和生产测井区块负责制度，提供专家靠前和驻厂办公融入式服务，使测井评价工作更好地融入油田勘探开发。交流推进合作共赢，构建分层级互通交流机制，围绕页岩油气、复杂砂砾岩、老区剩余油评价等领域，合作科研项目6项、创效548万元。选派4名技术骨干到研究院联合办公，攻关扶新斜坡带、大安—红岗区块科研项目及储量参数计算任务，签订70万元人才培养合同，给甲方培训12名技术骨干，促进解释评价工作与油田建设融合。发挥优势技术引领市场，通过横向课题研究、参与地质设计，提出加测成像技术8井次、套内饱和度9井次，优化水平井压裂设计方案55井次，指导新198区块部署新井40口。在大老爷府区块开展剩余油评价，提出42口78层挖潜建议，其中8口井措施增油1128吨，区块产能自然递减率降低0.5%，带动5口井加测套后饱和度项目。开展井间示踪、水平井产液剖面和光纤测试等新技术评价应用攻关，为老区稳产增产提供技术支持。

【科技创新】 2021年，吉林分公司应用CPLog新技术、新方法，解决复杂地质问题。立足提高储层含油气饱和度计算精度和油气识别能力，重点推广阵列侧向测井技术；利用远探测阵列声波测井技术在井旁构造探测方面的优势，在大45-10-26井、花29-3-1井等井中进行压前、压后效果精细解释评价，分析压裂缝高、射孔层段压裂效果，指导油田压裂施工参数选取及规模推介。三维阵列感应测井技术在乾安等地区施工13井次，较好反映地质沉积特征的微观变化，其各向异性反映了储层流体性质，有效解决砂泥岩薄互层等储层真电阻率准确测量的问题。全力配合中油测井新技术在吉林油田的现场试验，在情34-32井、探29-2井等井中加测元素扫描、远探测声波等新技术，取得较好的试验效果，地质认识和产能预测能力持续提高。配合测井技术研究院完成方位阵列侧向仪器现场试验，总结提炼出非均质复杂储层油气饱和度参数的计算方法，为完善在用成套装备作出贡献。升级PLIS4100系统远程功能，实时传输测井数据，推动远程测井技术发展。合作推进智能化绞车现场试验项目，完成14井次施工任务，智能化控制时间占比80%以上。应用新技术拉动市场，直推式、带压远探测声波、水平井产液剖面等一批新技术取得突破，完善解释评价及工程应用方法，成功拉动6项增值技术服务项目，拓展市场空间。全力协调内外部资源开展随钻地质导向业务，已部署2串设备。在吉林油田探评气井中全面应用CPLog测井成像系列，创新"三组合"（多组合形式快测系列串、地层元素+阵列声波+电成像仪器串、核磁共振测井仪器串）方案，较好满足吉林油田对测井时效的要求，有力支撑吉林油田页岩油、致密油等非常规油气藏的勘探开发，保障长深43井、伏45井等一批重点井施工。在乾安采油厂全面应用CPLog快测系列，并在评价井及其他采油厂推广应用，通过技术升级形成适合不同岩性、不同井型的"多组合"技术方案，满足油田高效开发需求。持续完善特色工艺技术，增强复杂井况保障能力。发挥存储式技术优势，复杂测井一次成功率97.6%；应用高速爬行器，在黑98-12井等3口水平井实施扇区胶结评价项目，2000米测量段占井时间缩短67%，速度提升300%。升级桥射联作2.0工艺，应用快速插拔井口、模块化射孔枪、触点式雷管等新技术，在降低枪串长度、减少保养时间和员工劳动强度的同时，进一步提升"一段多簇"施工能力、作业效率与安全系数，桥射联作单段时长控制在2.6小时以内。

【质量安全环保】 2021年，吉林分公司持续完善双重预防机制，作业现场辨识危害因素2271项，全部录入EISS系统，分析评价新增辨识风险，制定风险分级防控措施。排查整改各类安全隐患449项，其中中油测井隐患治理项目19项。持续加大管控力度，开展安全生产专项整治三年行动，落实重点时段升级管理要求，严格关键流程、关键节点审批及预约许可制度。采取视频监控、"四不两直"检查和监督通报结合方式，实现重点环节全过程管控，发现并整改问题1403项，确保风险点源全面受控，确保庆祝建党100周年、中油测井全面深化改革等重点时段安全稳定。加强质量管控，落实油气水井质量三年集中整治行动要求，辨识质量风险134条，制定并落实具体防范控制措施。严格执行质量生产准备、施工作业、资料验收、解释评价"四级"管控流程，配强验收人员，修订制度规范，强化监督考核，探井和开发井资料优质率分别为96.58%和99.14%，解释符合率90.63%和97.30%。推进健康管理，开展职业健康体检、心脑血管疾病专项筛查、全员健康体检和职业健康专题培训活动。参加"职业健康达人"评选，1人获吉林省首届"职业健康达人"。常态化抓好新冠肺炎疫情防控，加强人员动态管理，组织疫情防控应急演练2次，疫苗接种完成率100%，实现"零感染、零疑似"目标。

【党建工作】 2021年，吉林分公司党委落实"第一议题"制度，开展党委理论学习中心组集中学习12次，提升党委政治引领力。开展党史学习教育和"学党史、悟思想、办实事、开新局"主题教育，组织读书会暨专项研讨3次，基层党支部开展"学党史·忆长征"等特色活动30余次。深化三项制度改革，压缩编制86个，显现富余人员73人，落实"五定"工作要求。完善各级主体责任清单，党员领导干部及关键岗位人员"党风廉政建设责任书""廉洁承诺书"签订率100%。制定措施，落实整改公司党委政治巡察"回头看"发现的3个方面6项问题、专项审计重点问题和检查清单发现的3项问题。生产服务站为无疫厂区、绿化美化、无忧办公、健康饮食、公务出行做好支持保障。依靠职工办企业，推进厂务公开，结合党史学习教育，关怀生产科研一线员工，增强员工归属感、获得感。开展"枫桥经验落实年"活动和"反内盗"百日攻坚等专项工作，确保企业安全和谐稳定。

【群团工作】 2021年，吉林分公司工会组织履行民主管理职能，落实三级职代会，深化四级厂务公开，征集员工提案，并研究落实。指导基层召开职代会或员工大会，民主管理工作在基层"生根开花"。开展党政领导讲述安全风险点活动，在前线班组长、操作工程师中开展岗位讲述活动，深化基层建设。结合新冠肺炎疫情防控要求，与甲方单位开展排球、乒乓球和羽毛球等文体交流活动，增进友谊，凝聚力量。在国庆前夕为员工选购发放陕西省紫阳县燎原村农产品，巩固扶贫成果，履行社会责任。开展青年党史学习教育，组织团干部、青年开展"请党放心，强国有我"主题团日活动，学习贯彻集团公司第一次团代会精神、参观吉林油田展览馆。搭建青年创新成果交流平台、志愿服务实践平台、建言献策征集平台，引导青年成长成才。开展送健康知识下基层志愿者服务、学党史忆长征纪念"五四"团建活动，创新"模块化"方式，开展CPLog、操作系统、存储式、直推式工艺等培训，筹备测井杯、青工技能、井场救援等活动，培养适应油田发展需求的技术型人才。加强基层"4+2"文体阵地建设，组织文体活动30余场次，丰富员工业余生活，增进与油田兄弟单位合作。

2021年8月，吉林分公司在松原开展党史学习教育观影活动（高子涵 摄）

2021年5月，吉林分公司团委在吉林油田展览馆组织开展主题团日活动（吉林油田分公司 提供）

（翟 丽）

中国石油集团测井有限公司国际公司

【概况】 中国石油集团测井有限公司国际公司（简称国际公司），前身是1994年5月6日成立的中油测井有限责任公司（CNLC）。2021年1月21日，按照集团公司统一部署，将长城钻探工程有限公司国际测井公司划入中油测井，定名中国石油集团测井有限公司国际公司。7月20日，中油测井对国际业务整合，将原国际事业部、天津分公司印度尼西亚项目部和伊拉克项目部、大庆分公司印度尼西亚项目部和伊拉克项目部归并到国际公司，负责中油测井境外业务，市场分布在中东、中亚、亚太、非洲和美洲5个区域（简称五大区）18个国家，32个项目。

国际公司不断强化管理创新，构建符合国际标准的QHSE管理体系、完善的员工培训晋级体系，以及覆盖全球的资源保障体系。2021年底，有中方员工446人，其中管理人员219人、专业技术206人、技能操作21人；本科及以上学历人员416人；中级以上技术职称人员388人；中油测井级技术专家2人，一级工程师3人。境外员工总数927人，其中中方员工249人、外籍员工678人，当地化率73.1%。

2021年，国际公司实现收入同比增长25%；利润增长133%；新签合同额2.74亿美元，增长38%；完成中油测井下达的经营任务，全年安全生产无事故。

（马永忠 谭奇龙）

国际公司主要生产经营指标

指标	2021年
裸眼井测井（井次）	933
工程测井（井次）	1566
生产测井（井次）	184
射孔（井次）	1372
产值（亿元）	7.18
收入（亿元）	9.56
利润（亿元）	1.56

（马永忠 卢炳文 曹艳玲）

【队伍与装备】 2021年，国际公司有109支综合测井队伍和3支随钻测井队伍。配备各类测井设备143台套。其中，引进设备ECLIPS-5700成像测井系统35套，LOGIQ成像测井系统14套，Sondex公司生产井测井系统5套，随钻测井设备4套，SERCEL公司垂直地面地震测井系统10套，LEAP600和LEAP800成像测井系统67套，CPLog成像测井系统7套，HH2530测井系统1套。

（马永忠 刘国华）

【市场开发】 2021年，国际公司完善市场开发机制，实施国际市场投标管理办法，成立市场开发专班（工作组），建立海外市场开发专项奖和新技术推广奖机制。创新新冠肺炎疫情管控形势下的市场开发模式，与境外多个客户开展线上技术推介和交流80余次，全方位做好技术推介，拓展品牌营销传播渠道。制作宣传片和宣传手册，重点开展CNLC、CPLog、CIFLog品牌宣传；开设CNLC新英文主门户网站，扩大中国石油测井品牌宣传力度。7月8日，中标印度尼西亚国家石油公司Pertamina EP项目，进入印度尼西亚本地市场；9月16日，泰国PTTEP海上等高端项目通过资格预审并持续获得市场准入；10月14日，中油测井承办由中油国际联合中国石油勘探院主办的中国石油海外业务测井技术与应用研讨会，扩大市场知名度；10月18日，伊拉克西古尔纳高端项目通过资格审查并获得市场准入。全年海外各项目投标、议标及延期等164次，市场扩容增项成果显著；收到客户表扬信28份。获2021年度中油技服市场开发先进集体。

【服务保障】 2021年，国际公司围绕生产全面提升保障能力，做好资源调配，确保复工复产。通过与中国石油物资有限公司签订进口委托代理协议，与长城钻探签订委托采购和代理出口协议，全力保障海外物资装备供应。伊拉克鲁迈拉套后测井高端项目和印度尼西亚作业区3个新项目启动,伊拉克作业区米桑项目快速上产,哈法亚项目复工后拿到全部工作量,非洲和伊拉克各主力区域工作量同比增长30%以上。立足已有装备,提升作业水平。3月21日,流动成像(MAPS)测井作业首次成功应用于土库曼斯坦阿姆河项目。

2021年3月21日,国际公司在土库曼斯坦阿姆河完成油气井生产测井任务(国际公司 提供)

8月14日,苏丹6区项目完成首井气举PLT两层生产测井任务;9月16日,印度尼西亚项目完成古碑(Jambi)、兰巴(Ramba)、里瑞克(Lirik)3个油田3口井测井作业;10月26日,乍得作业区首次成功应用核磁测井作业。尼日尔作业区定向井电缆传输测井完成率由36%增至95%,保障中国石油海外重点项目。依托新技术推广,增加测井工作量。乍得作业区特殊方法测井实现扩容增项,电成像、核磁共振测井得到甲方认可,生产测井收入增长75%。苏丹与南苏丹作业区套后饱和度测井、水平井射孔助力甲方稳油上产。巴基斯坦作业区争取到联合能源85%裸眼测井工作量,双密度、CAST-I成功投产,实现100%外籍雇员组队作业。哈萨克斯坦作业区让纳若尔5口探井加测全套特殊方法,增收100万美元;土库曼斯坦作业区成功进行CTU-MAPS作业,创收75万美元;泰国作业区PTTEP高端市场首次应用多层选发射孔技术提高作业效率,切割、穿孔、套管补贴等技术全面展开,成功作业358井次。启动中油测井"十四五"数字化转型海外业务相关项目建设,完善技术总结及经验分享云端管理模式,探索海外放射源及民爆物品在线动态管理,建立重点井24小时在线技术支持机制。

2021年3月19日,国际公司乌兹别克斯坦项目部60351作业队在土乌作业区测井作业(李栋 摄)

(马永忠)

【解释评价】 2021年,国际公司重点围绕海外油田勘探开发项目中的地质难题,开展井位部署、测井采集和解释评价研究一体化服务。发挥地质油藏工程一体化优势。解释中心助力巴西海域面积最大的盐下风险勘探区,首口探井获得近10年来世界性重大发现;哈萨克斯坦AMG综合研究项目5口探井井位部署获得高产工业油流;海外科研项目纵深推进,承担国家重大专项、中油国际海外项目等科研项目31项,8个科研项目验收,新开17个项目,横向科研项目新签合同2700万元。解释评价研究与市场生产的联动,解释专家团队参与作业设计、资料质量把关、技术难题专家会诊,先后参与伊拉克、印度尼西亚、乍得等特殊方法及套后饱和度测井技术推介。持续完善远程解释生产模式,完成远程测井解释137井次,涵盖哈萨克斯坦、巴基斯坦、乍得和伊拉克等作业区,涉及电成像、阵列声波、核磁和PLT/PNN等9项测井解释评价。

(马永忠 陈皓)

【科技创新】 2021年,国际公司致力于新一代CPLog成套装备的推广应用。遵循"先易后难、先常规后成像"的原则,在尼日尔率先引进自主CPLog成套装备,全力推进测井设备提档升级。同步开展常规完井仪器图版优化、LEAP井下仪器集成、电阻率阵列化,为伊拉克规模应用奠定基础。在尼日尔、哈萨克斯坦等复杂井推广FITS系列。根据印度尼西亚海上市场开发进展,推广随钻测导技术；加快海外数字测井建设，实现远程技术支持中心、远程解释中心、远程 QHSE 监督中心及远程培训中心的"四合一"应用。持续完善 OMS 系统，打造作业管理信息化平台 EISS 海外版，为数据互联互通提效。

（马永忠）

【质量安全环保】 2021 年，国际公司完善质量健康安全环保管理体系，抽查重点井单井计划书审核、隐患跟踪治理、风险提示、季度基础工作。开展反违章整治专项活动，全面梳理中油测井 QHSE 管理制度，开展 DNV 体系换证审核、中油测井体系审核和两次体系内审工作。组织作业区完善社会安全管理体系，做好"四查四清"风险排查，组织巴基斯坦、南苏丹、乍得、哈萨克斯坦等做好突发事件处置，在集团公司 2021 年度境外社会安全管理五维绩效考核中受到好评。新冠肺炎疫情防控工作，建立领导分区包干和月度巡检制度，落实境外员工"一人一案"的疫情防控要求。针对测井作业流动性强的特点，采取减少人员、减少频次、做好防护、保持距离的措施，做好疫情管控工作。与宝石花医院签订协议做好应急医疗资源保障，各作业区利用当地医疗资源加快疫苗接种，当地上岗员工接种率 100%。设置 QHSE 健康管理岗，加强健康企业建设，做好员工健康评估和监测，升级员工健康管理。

（马永忠　张应金）

【党建工作】 2021 年，国际公司党委围绕高质量发展主题，提升党建工作质量。贯彻"第一议题"制度，组织专题学习研讨习近平新时代中国特色社会主义思想和重要指示批示精神等 33 场次，把党员干部的思想引领到拓展海外测井市场、探索海外开展党建工作的任务上来，制定工作措施，扩展海外测井技术服务业务。参观红色教育基地、举办爱国歌曲大合唱等庆祝建党 100 周年活动，选树"两优一先"，推动党史教育走深走实；召开国际公司第一次党员代表大会，落实中油测井党委工作部署，明确国际公司党建工作目标和重点工作任务，推进党建工作高质量发展；优化基层党组织机构，探索创新海外"五不公开"（不公开党组织机构、不公开党内职务、不公开党员身份、不公开党内文件、不公开党内活动）党建工作新思路；组织讲党课、召开党组织生活会、开展"一对一"谈心谈话等活动，统一员工思想、加快业务融合。抓实党风廉政建设，开展风险点排查，坚持做好监督执纪"后半篇"文章，持续巩固风清气正的政治生态。

（马永忠　韩志永）

【群团工作】 2021 年，国际公司群团组织成立兴趣小组，组织开展丰富多彩的职工羽毛球、乒乓球、健步走、书画等文体活动，丰富员工文化生活，凝聚发展力量。持续加强"安心工程"建设，建立海外员工家庭档案信息库，了解每位员工的子女、配偶、父母亲身体健康状况等信息，及时提供困帮扶和青年志愿服务。全年开展慰问帮扶 13 批次，帮助员工解决后顾之忧，安心海外工作。

（马永忠　李　森）

中国石油集团测井有限公司测井技术研究院

【概况】 2021 年 7 月，中国石油集团测井有限公司整合原技术中心、测井技术研究院、随钻测井中心、生产测井中心、辽河分公司、新疆分公司、大庆分公司、国际公司、国际事业部 9 家所属单位科研资源，成立新的中国石油集团测井有限公司测井技术研究院（简称测井技术研究院）。

测井技术研究院是中油测井技术研发主体单位，是集团公司测井技术中心、测井重点实验室和测井技术试验基地依托单位。有院士（博士后）高层次人才工作站，是重大项目研发、高层次人才培养、科技合作交流的重要平台；是 CPLog 成套测井装备、CIFLog 测井数据处理软件和旋转导向研发基地，为中国石油测井行业发展、学科建设、重大理论方法研究、关键核心技术突破发挥引领作用，进一步推动我国测井行业高质量发展。

2021年底，测井技术研究院设6个机关科室，8个基层单位；有员工413人，其中管理人员89人、专业技术人员314人、技能操作人员10人；有高级工程师194人，中油测井专家12人，一级工程师15人，研究生及大学本科学历389人。

2021年，测井技术研究院严格按照中油测井深化改革要求完成改革任务，实行"总院＋分院""项目＋平台"管理模式，初步形成协调、共享、高效的异地研发模式。承担国家、集团公司、中油技服和中油测井等各级课（专）题103项，其中国家级课题6个、集团公司级项目课题32个。"十三五"国家科技重大专项"高精度油气测井技术与装备研发及应用"项目4个课题14个专题全面验收，国家重点研发计划"地下及井中地球物理勘探技术与装备"等两个项目的6个课题完成自验收。集团公司"测井核心装备与软件研发"等7个项目、课题全面验收，集团公司"测井核心装备与软件平台研制"等4个项目18个课题完成开题。全年产值完成全年指标的166.50%，外部收入完成全年指标的106.67%；利润完成全年指标的276.67%，全面完成年度经营考核指标。

（赵志远）

测井技术研究院主要生产经营指标

指　　标	2021年
科研经费执行率（％）	98.57
科研计划落实率（％）	95
科研成果转化率（％）	100
存货压降率（％）	140
授权发明专利（项）	13
登记软件著作权（件）	21
授权发明专利（项）	13
制度企业标准（项）	5
产值（万元）	20966
外部收入（万元）	1280
利润（万元）	332

（李瑞敏）

【科技管理】 2021年，测井技术研究院按照中油测井改革部署要求，实现资源结构优化、完成研发平台布局、加快业务与财务融合、构建精准激励机制，组建由32名专家领衔、200名硕士以上学历、300余名专业技术人员的研发团队。以"平台"出技术和人才，"项目"出产品的总体原则，"专业团队适度稳定"确保技术迭代，"竞争牵头项目、所室相互支撑"深化考核激励，"产品驱动"加快科技成果转化，形成产品研发成果转化全流程配套的格局。完成研发平台布局，数模仿真与物模实验研究平台、机械标准化设计平台、高温高集成测井芯片平台、传感器设计加工测试一体化平台、地面采集与传输平台、测井大数据平台，六大研发平台由设计建设向落地应用转变，赋能产品研发迭代提速。

在技术创新、项目立项、成果推广、知识产权等方面专项激励，初步构建"多劳多得、能者多得"的收入分配体系。坚持人才强企工程，将基层室主任作为后备力量，培养年轻骨干技术和管理综合能力。创新体制机制，建立"揭榜挂帅"试点课题，激发科研人员的创新活力。加快推进业务与财务融合，实施项目全生命周期管理，保障项目高效运转，规范投资项目管理流程，年度投资项目实施率100%。

（范晓文）

【科技创新】 2021年，测井技术研究院坚持创新驱动，探索"平台＋项目"矩阵式研发管理模式，挂牌成立院士工作站，形成产品研发成果转化全流程配套的格局，突破多项关键核心技术，加速装备软件产品迭代，铸造自主品牌，为推动中油测井高质量发展和率先建成世界一流测井公司贡献科技力量。

在关键核心技术攻关方面，声波换能器突破耐高温高压压电陶瓷材料配方和耐高温粘接工艺等难题，205℃换能器完成试制，175℃换能器生产8套并实现仪器应用，在176℃高温井取得优质资料。高性能中子管创新设计潘宁离子源和氚靶结构，攻克长寿命技术难题；完成175℃/200小时/直径40毫米中子管离子源电离仿真模拟、材料优选和结构参数确定；完成新一代直径25毫米射频离子源中子管方案设计。

测井芯片突破基于MCM技术的200℃高温设计及加工工艺、高集成化数据处理控制和中速采集芯片3项关键技术；开发基础通用软件设计平台，实现主控和中速采集芯片200℃测试应用。随钻远探测电磁波完成远探边模型样机和前探探测器研制，初步通过30米探边和10米前探指标验证。

2021年7月，测井技术研究院技术人员在中子管设计验证试验平台上开展潘宁离子源电离模拟实验（李兵 摄）

在装备软件产品应用方面，175℃/140兆帕/20小时一串快测系列在华北油田完成195℃高温井试验；三维感应在大庆、西南等油气田应用百余口井，在复杂油气水层识别、水淹级别判别及页岩油含油气评价等方面效果显著。偏心核磁在吐哈、青海等油田实现规模应用，助力新层系发现。宽动态微电阻率成像助力分公司一举拿下被斯伦贝谢长期垄断的南翼山、冷湖、干柴沟等服务市场。地层元素构建长庆油田铝土岩矿物模型和辽河油田火成岩基性矿物模型，解决此类矿物元素解释评价难题。FITS55系列在吐哈、大庆、长庆等油田规模应用，打造水平井提速增效和精细评价的利器。旋转导向互联互通及测导平台在长庆、西南等油气田应用，助力油田提速提效。DTS/DAS在辽河油田储气库等地精准发现储气库漏气点。LEAD4.0新增页岩油、RIT、电磁测厚等处理模块，在华北、大庆、塔里木等油田单井处理时效提升显著。

在重大科技创新成果方面，"CPLog多维高精度成像测井系统"入选中国石油十大科技创新成果，CPLog系统研制创新团队获集团公司"科技创新团队"称号，CPLog成套测井装备亮相代表我国科技创新最高水平的"十三五"科技创新成就展。

2021年5月，FITS系统配套工具研发取得重要进展（赵志远 提供）
（范晓文）

【技术推广】 2021年，测井技术研究院坚持"科研就是为了应用"，立足内部市场服务保障，外部市场拓展支撑。高端装备国内市场备受青睐。成套装备持续创新和优化升级不断提升核心竞争力，CPLog测井系统应用成效显著。远程测井完成11家分公司37支队伍升级，现场作业服务400余井次。智能化作业系统应用117井次，智能化控制时间从60%提高到85%，遇阻遇卡预警率从50%提升到92%。三维感应在大庆、西南等油气田应用97口井，复杂储层解释符合率94.3%，在复杂油气水层识别、水淹级别判别及页岩油含油气评价等方面效果显著。偏心核磁在吐哈、青海等油田应用13口井，其中在重点风险探井萨探1井中，成功识别5套油层并获工业油流，日产油20.32立方米，助力新层系发现。宽动态微电阻率成像应用29口井，在青海高矿化度钻井液柴904井对比测井中，效果优于XRMI，图像质量达到FMI-HD水平，助力青海分公司一举拿下被斯伦贝谢长期垄断的南翼山、冷湖、干柴沟等服务市场。地层元素构建长庆油田铝土岩矿物模型和辽河油田火成岩基性矿物模型，解决此类矿物元素解释评价难题。FITS55系列在吐哈、大庆、长庆等油田规模应用200余井次，一次成功率97.82%，打造水平井提速增效和精细评价的利器。旋转导向互联互通及测导平台在长庆、西南等油气田应用10口井，钻速较常规作业提高30%，储层钻遇率达90%，助力油田提速提效。智能导向系统在苏里格、川渝页岩气和辽河区块应用11口井，累计进尺8979米、循环时间1974小时。DTS／DAS在辽河油田储气库、大斜度水平井、注入剖面应用7井次，精准发现储气库漏气点，优于电子仪器测量结果；分布式光纤长效监测系统完成17天持续监测，取得合格资料。

海外市场装备外销实现新突破。FITS过钻具系列反销哈里伯顿，实现整建制装备海外市场突破，签订合同89万美元，11月通过阿布扎比国家石油公司技术评审，成为中国石油推荐通过的两项技术之一；针对国际市场需求，CPLog测井装备完成10井次评价试验，实现iWAS地面系统硬件改进、图版补充、软件完善，优化完善30余项功能，现场试验解决问题21项，进军尼日尔国际市场。

（沈卫国）

【科技成果】 2021年，测井技术研究院"CPLog多维高精度成像测井系统"入选中国石油十大科技创新成果，CPLog系统研制创新团队荣获集团公司"科技创新团队"，侯学理和骆庆锋分别获"杰出青年创新人才"和"优秀科技工作者"，CPLog成套测井装备亮相代表我国科技创新最高水平的"十三五"科技创新成就展。"三维感应成像测井技术与装备研究应用""随钻伽马成像测井仪推广应用""非常规油气测井岩石物理实验及新方法研究"3项成果获首届陕西省石油学会科学技术进步奖一等奖，"地层评价随钻测井系统"获中国石油和化工联合会技术发明奖三等奖。

2021年，测井技术研究院授权发明专利13件，登记软件著作权21件，发表论文35篇，制定企业标准5项，出版《测井技术》6期，并成功入选《世界期刊影响力指数（WJCI）报告（2020科技版）》。获中油测井2021年度科学技术进步奖一等奖3项、二等奖1项。

（李凌云　伍莹）

【安全环保】 2021年，测井技术研究院持续提升产品固有质量，安全环保工作稳中向好，新冠肺炎疫情防控精准有力。建立健全计量刻度管理制度和技术规范，规范仪器刻度和量值传递工作流程。围绕质量控制开展群众性质量活动，LEAD4.0解决用户需求及问题100多项，及时解决各类仪器应用问题，做好保障支持工作；开展QC小组活动3项，征集建议15条为研究院持续开展质量管理体系建设提供决策依据。强化安全生产管理，修订安全生产制度17项，隐患治理项目8项。推进健康企业建设，收集分析员工身心健康问卷357份并形成报告，开展全员健康体检，专项筛查142人并提供解读报告。建立职业病危害目录、员工职业健康档案，组织放射性从业人员剂量片更换及考试，确保职工健康安全。筑牢"双零"防疫底线，召开疫情防控专题会议13次，下达疫情防控警示15次，开展疫情排查8次，发放口罩10万个，上报各类疫情报表140张，派出抗疫志愿者18名。

（牛旭东）

【基础工作】 2021年，测井技术研究院实行"总院+分院""平台+项目"的管理模式，明确业务定位、组织机构和人员结构，做到思想统一到位、履职尽责到位、人员统筹到位、技术梳理到位、建章立制到位、新闻宣传到位和保障稳定到位，基本实现异地无差异办公和技术无障碍交流，初步形成协同、共享、高效的异地研发模式。异地交流70余次，网络交流160余次，增进相互了解，促进管理、技术和文化融合。强化预算在经营中的作用，压减非生产性支出、两级机关费用及"五项费用"30%；统筹税收规划和管控，利用优惠政策实现增值税留底退税1680.13万元，减少涉税风险。

（王伟）

【党建工作】 2021年，测井技术研究院党委坚持政治引领，把党的建设放在首位。召开党委会40次，研究"三重一大"事项23项，执行"三重一大"决策程序，履行民主集中制，确保做到科学决策、民主决策、流程合理、运行合规。制定《研究院党委意识形态工作责任制实施方案》,建立《意识形态管理责任负面清单》《新媒体平台管理清单》和《机构社团活动管理清单》"三个清单",梳理工作平台92个。开展"转观念、勇担当、高质量、创一流"主题教育,举办专题宣讲6次,开展各层级谈话百余人次。落实党建"三基本"建设与基层"三基"工作要求,收集各类管理制度,梳理优化、修订完善81项。树立"管理+服务"的理念,党员带头立足岗位转变工作作风。党支部牵头抓总,实行大机关考核,多要素客观评价,形成鲜明导向。组建机关服务队,密切联系基层,协调解决基层问题10余项,提升机关工作的管理水平与服务效率。坚持监督执纪,构建清正廉洁的政治生态。召开党风和反腐倡廉建设工作会,逐级签订党风廉政建设责任书84份、廉洁承诺书49份,完善党风廉政建设责任清单94份。开展廉洁教育,传达学习中纪委、国家监察委员会和集团公司通报的15个典型"四风"问题,开展教育13次、廉洁提醒谈话75人次,编发廉政简报3期,219名党员参加"铁人先锋"党内法规体系答题活动。开展专项监督工作,完成办公用房、"四风"问题专项治理、受处分人员执行情况等6项工作。加强网络舆论阵地建设,发挥新闻舆论导向作用,制订新闻宣传管理办法,全年发布新闻信息稿件314条。西安新冠肺炎疫情期间,18名员工开展志愿服务,为抗击疫情贡献力量。

(徐　磊　严　涛)

【群团工作】 2021年,测井技术研究院工团组织发挥桥梁纽带作用。加强厂务公开民主管理工作,印发《厂务公开细则》,通过网页、公示栏、工作群公示职工关心的热点问题、重点工作等。开展帮扶送温暖慰问活动,发放慰问品16.5万元;采购发放中油测井扶贫农产品8.74万元;新冠肺炎疫情期间慰问员工200多人次,发放慰问品2.84万元。组织健步走、篮球赛、乒乓球赛等文体活动,丰富职工文化生活。开展征求合理化建议活动,制定12条落实措施。组织参加中油测井"测井职工心向党"红歌比赛,获最佳组织奖。开展普法教育,为女职工发放《民法典》普及法律知识。共青团组织开展青年创新创效活动。组织青年参加中油测井青年学术交流会,获一等奖1个、二等奖2个、三等奖2个。开展"请党放心,强国有我"主题团日、党史知识接力问答等活动,提升团员青年思想认识。开展"追寻红色足迹、感悟百年党史"活动,组织专题学习会,开展主题团日活动。青年志愿服务小组资助张家口贫困学生在2021年高考中考出660分的优异成绩。

(严　涛)

中国石油集团测井有限公司地质研究院

【概况】 中国石油集团测井有限公司地质研究院(简称地质研究院),前身是2010年成立的中国石油集团测井有限公司油气评价中心,2018年7月,更名为测井应用研究院,2021年7月,更名为地质研究院。

地质研究院以研究技术先进的解释评价体系为主,为油气田勘探开发等提供岩心测试与分析、裸眼井和套管井新技术处理解释、老井综合挖潜、油藏动态综合研究、测井地质工程一体化评价等综合技术服务。有岩样处理、物性、岩电、电化学、声学、岩矿、地球化学、聚焦离子束扫描电镜、多频核磁共振、CT扫描等实验设备40台(套),具备10大类60多项参数测试能力。有工作站34台,配备Lead、Techlog等国内外主流解释处理软件26套,具备自主知识产权软件模块24个。主要服务于中国石油天然气集团有限公司16家油气田和科研院所、中国地质科学院、中煤科工集团等单位。在9个油气田设有靠前研究驻点（含8个联合研究中心），在北京科技园设有非常规岩石物理中心。

2021年底，地质研究院设5个机关科室，下设8个基层单位。在册员工190人。中油测井首席技术专家1名、技术专家4名。大学以上学历183人，占员工总数96.3%，其中博士11人、硕士109人，占员工总数63.1%。地质研究院党委下设基层党支部9个，有中共党员134名，占员工总数70.5%。

2021年，地质研究院紧跟油气勘探开发需求，紧扣"改革深化年"主线，完成高质量发展业务布局，技术创新水平、服务保障能力系统逐步提升。全年承担集团公司、测井公司、各油田公司科研课题60余项，助力油田公司石油增储7.83亿吨、增产原油10.2万吨，带动测井采集637井次。油气评价方案采纳率93.6%，产值同比增长67.17%，收入增长13.57%，利润增长257.03%，较好完成年度经营考核指标。科技创新和技术攻关取得多项突破，获省部级科学技术进步奖1项，局级科学技术进步奖4项，发表专业论文20篇（其中SCI/EI 2篇），国际（行业）重要会议论文41篇，受理授权发明专利13项，取得软件著作权8项，发布行业标准1项、制定企业标准4项。实现"十四五"良好开局。

地质研究院主要生产经营指标

指标	2021年	2020年
油气评价方案采纳率（%）	93.6	92.0
解释评价符合率（%）	87.4	85.9
产能预测准确率（%）	82.1	82.4
评价项目完成率（%）	100	100
区域评价解释任务完成率（%）	100	98.3
产值（万元）	7035	4208.3
收入（万元）	3176.35	2796.81
利润（万元）	927	259.64

（张本庭　程　亮）

【市场开发】 2021年，地质研究院坚持以技术驱动市场，全年新签课题42项。通过对接油田需求，在油田传统市场，争取到23项现场攻关课题，续签17项生产支持服务合同。岩石物理实验营销获得新突破。推荐"方案设计＋工艺测试＋数据分析＋综合应用"一体化服务模式，争取到岩心测试分析任务2500块次。地质研究院在测井老井再评价工作技术讨论会上汇报特色技术与成效受到好评，会议明确老井复查工作以中油测井为主，各油田公司落实3—5个复查区块，老井复查评价市场展现新潜力。完成中国地质科学院"干热岩综合地球物理测井资料精细处理与高级解释"项目研究，探索出一套干热岩测井评价方法，创效10万元。

（高浩锋）

【技术创新】 2021年，地质研究院聚焦油田技术需求，推进技术研发工程。开展实验技术攻关，建立页岩油储层新"四性"实验测量工艺及流程，支持新疆、大庆、浙江、西南等油田页岩油储层的"甜点"预测和重点井勘探评价。攻关配套成像资料解释处理技术，建立基于成像测井的薄互储层流体判别与饱和度计算等技术，提升对复杂储层、复杂流体的识别评价能力。开展光纤测井处理方法研究，建立基于光纤单井长效监测的井组注采动态分析施工作业流程及评价方法，首次实现光纤测井自主处理，助推光纤测井应用。

（程　亮）

【解释评价】 2021年，地质研究院强化解释应用，推进解释评价工程。全年新井解释939口，其中风险探井12口，重点井135口，重点发现井36口。在集团公司及各合作油田作技术汇报54次，支持鄂尔多斯等盆地勘探，助力满深4井、米探1井等一批高产发现井。聚焦油田超深层、页岩油气等重点勘探领域，深化解释评价技术攻关，建立基于核磁驰豫特征差异法等多方法融合的超深层流体识别方法、二维核磁页岩油含油性评价及甜点综合评价等方法，建立陆相页岩气测井评价技术体系，为水平井勘探部署提供技术支持。优化智能算法的样本标签，提高机器学习算法的适应性和学习模型精度，在长庆油田姬塬地区智能解释精度达89.6%。

（程　亮）

【服务保障】 2021年，地质研究院重点抓好分院联合中心建设。塔里木分院探井解释服务获油田好评，首次建立中油测井单独向油田收取解释评价费的机制，形成与分公司的双向支持保障机制。5月14日，塔里木分院党支部参加塔里木油田测井研究中心举行支部联建协议签订仪式。

2021年5月14日，塔里木油田测井研究中心举行党支部联建协议签订仪式（李亚旭　摄）

联合组建四川盆地测井评价研究中心、大庆油田测井研究院，启动青海油田、新疆油田联合研究中心建设，发挥靠前服务与融合式工作模式优势，推进技术成果在油田现场应用。强化重点井跟踪解释，助力油田勘探新发现。完善风险探井重点井工作方案，采取领导包井、专家会诊、一级工程师负责的保障机制，跟踪解释重点井147口，有效支持鄂尔多斯、四川、塔里木、柴达木等盆地勘探，助力满深4井、满深7井、富源3井、大北4井、呼探1井、米探1井等一批高产发现井。在塔里木油田，助力碳酸盐岩储层多口重点探井获高产油气流，证实盆地腹部超深层油气资源潜力，为该断裂带探明亿吨级储量奠定基础。统筹岩石物理实验资源，提升测试服务能力。将中油测井5家岩石物理实验室资源整合建立岩石物理实验中心，提升团队力量、装备水平和实验能力，承担岩石物理实验任务47大项，完成岩心测试14061块次，为油田重大勘探发现及项目研究提供精准测试分析数据。深化老井挖潜技术应用，助力增储上产。坚持地质油藏工程一体化老井评价，在长庆、新疆、玉门等油田复查老井6848口井，提交可措施潜力井2164口/4979层/13045.4米，实施作业618井，措施成功率83%，助力油田公司增油10.2万吨，筛选出30个增储有利区，预测储量规模7.8亿吨。

（张本庭）

【信息化建设】 2021年，地质研究院强化信息化建设，推进数字化转型。参与风险（重点）探井测井专家支持系统研发，确立数据应用平台建设思路、框架和流程，建立数据入库标准规范。强化测井数据库的建设与维护，累计入库岩石物理与地层水分析数据19025个。对疑难井、重点井，专家远程把关支持11次，保障解释评价工作重点环节11次，助力油田勘探发现。

2021年3月5日，地质研究院专家团队远程集中会诊开展风险探井解释评价（陈月阳　摄）

更新网络交换机，提升网络速率与安全性，对办公电脑进行网络安全检查，桌面安全覆盖率和基线安全配置100%。利用管理信息化工具，推进能源一号网、协同平台、石油商旅等工具应用。

（银　谦）

【技术推广】 2021年，地质研究院树立品牌意识，推动技术成果应用。加大软件模块推广力度，将研发的24个软件模块在9个油田26个区块1172口井中应用，提升综合评价效率，在油田树立测井品牌。开展技术成果交流研讨92次，发表高质量学术会议论文22篇，展示解释评价创新方法与成果，宣传品牌特色。强化知识产权的管理与应用，登记纵横向科研项目成果，完善十大技术体系和32项专有技术，保障特色解释评价技术的推广应用。

（程　亮）

【人才队伍】 2021年，地质研究院加强人才队伍建设，研究制定《第三层级专业技术人员管理办法（试行）》《2021年风险探井重点井工作方案》等制度，采取"揭榜挂帅"聘选项目长，推动内部6个攻关课题立项，推行个人积分制，调动专业技术人员的积极性和创造性。强化队伍建设，引进高层次人才1名，社会化招聘专业人才12名，补充到关键岗位。校招14名应届毕业生，安排到各靠前驻点，采取"导师带徒"的培训方式，培养适应岗位需要的技术人才。开展党委委员联系服务专家活动，与专家建立"一对一"联系服务关系，发挥专家技术把关、决策咨询和人才培养的作用。选派138人参加中油测井培训40期，组织培训11期265人次，提升员工能干、会写、善讲的能力。成立成像新技术处理团队，提升新技术新方法处理能力。

（王中涛）

【党建工作】 2021年，地质研究院党委坚持以党建工作与科研生产深度融合为切入点，推进"党建四化"建设，促进"四个优化提升"，构建具有地质研究院特色的企业党建与科研生产经营有机融合的党建生态系统。加强党的政治建设，落实"第一议题"制度，第一时间跟进学习研讨习近平新时代中国特色社会主义思想和重要指示批示精神，运用新思想新理论指导工作实践。严肃党内政治生活，修订《地质研究院"三重一大"决策制度实施细则》。深化党史学习教育，组织参观红色教育基地、工业文化遗产、石油精神教育基地14次，达到"全覆盖、贯到底、走深走实"的效果。围绕"一流怎么创、高质量怎么干、担当怎么办、观念怎么转"专题讨论8场次，上报小视频2部、征文1篇，深入推进主题教育。加强党的基层组织建设，发展新党员5名，向中油测井报送党建研究成果1项。在塔里木油田、浙江油田、煤层气公司和万口井项目组开展联合党建，推进基层党建"三基本"建设与基层"三基"工作有机融合。加强党风廉政建设，修订《落实全面从严治党主体责任清单》，细化5大责任类别、20项工作要求、51项具体措施。1人获集团公司"劳动模范""优秀共产党员"称号，获中油测井科技创新奋斗团队、科技领军建功人才、青年科技立业英才等3项荣誉。

（王中涛）

【群团工作】 2021年，地质研究院开展关爱服务，多形式收集职工思想动态，找准职工所想所盼，制定改进提升措施。常态化开展困难帮扶和送温暖活动，组织慰问劳动模范、困难家庭，以及生育、生病职工，传递组织关怀和温暖。持续支持乡村经济振兴，通过陕西省工会消费帮扶平台采购慰问品2.2万元，在陕西省紫阳县东木镇燎原村采购扶贫农产品5.6万元。丰富员工文化生活，组织系列文体活动，组织庆祝建党100周年红歌合唱比赛，针对人员分散的特点，举办首届"云上运动会"。选树先进典型，1人获集团公司"先进工作者"称号，组建解释工程师队伍参加第十届陕西省"测井杯"职业技能大赛，获团体第二名、1人获"阵列声波解释"第二名。地质研究院工会获中油测井年度"模范职工之家"。强化青年人才培养，完善导师带徒活动实施办法，促进青年员工成长，地质研究院团支部获2019—2020年度公司"五四红旗团支部"称号。

（黄　宁）

【深化改革】 2021年，地质研究院根据中油测井"改革深化年"总体部署，加快构建"决策、执行、监督"管理体系和"本部部门管总、研发制造主建、服务公司主战"管理模式，地质研究院业务定位为公司测井解释评价核心技术"内脑"和油田勘探开发"外脑"，开展油藏综合研究，解决基础、共性、复杂、综合性解释评价关键技术问题，发挥解释技术研发主力军和核心人才资源池作用，带动公司新的价值增长。工作业务方面，加强实验室品牌建设和资质管理，整合测井技术研究院、地质研究院、新疆分公司、大庆分公司、天津分公司等5家单位的岩石物理业务，成立新的岩石物理实验中心,主要负责井场岩石物理快速测量技术研发,室内岩石物理测试分析,理论、方法及数字岩石技术研究,以建设国家级测井重点实验室为目标,打造国内一流的测井实验室。将原生产测井中心油藏动态研究所整体划入地质研究院,强化油藏综合评价,组织机构方面,从理论、方法、应用3个层次设立"四所三中心一分院"8个基层单位,优化5个机关科室。

（王中涛）

中国石油集团测井有限公司制造公司

【概况】 中国石油集团测井有限公司制造公司（简称制造公司），成立于2021年7月，是中油测井深化内部改革，依托技术中心组织架构，整合随钻测井中心、生产测井中心、西南分公司重庆仪表厂、天津分公司射孔器材加工厂、大庆分公司仪器制造业务等制造资源成立的测井装备制造单位。

制造公司主要从事测井装备、工具、射孔器材、仪表类产品制造、返厂大修及备附件制造以及产品外销，并承揽中油测井科研样机及小批量试制、外部产品制造等业务。产品市场覆盖中国石油、中国石化、中国海油、延长油矿等区域，海外市场销往俄罗斯、伊朗、印度尼西亚等国家，年制造产值约10亿元。

装备成套部和西安制造厂以测井成套装备产业化为主营业务，装备成套部厂房占地面积10000余平方米，有感应、微电阻率、核磁、声波、侧向、放射性、随钻、辅助工具和地面等9条仪器生产线和1条总装线，具备年产50套成套测井装备、20套随钻装备、50支成像装备的产业化能力。西安制造厂厂房占地面积8000余平方米，率先建成自动化加工线、自动化焊接线、测井芯片封测线和3D打印等新型生产线，具备年产20万工时、人均2197工时制造能力，承揽测井仪器加工、焊接、机电装配任务。华北制造厂以测井、射孔、桥塞工具制造为主营业务，厂房占地面积2000余平方米，承揽测井、射孔、桥塞工艺工具开发、制造与售后服务，形成旋转式井壁取心仪、DMS可溶球座等特色产品，具备年产3000余套各类工具制造能力。天津制造厂以射孔器材产供销为主营业务，厂房占地面积20000余平方米，承揽射孔枪及配套器材开发、制造与售后服务，形成桥射模块枪、多级脉冲系列射孔枪等产品，在建1条自动化加工生产线，建成后射孔枪制造能力提升到20万米/年。重庆仪器厂以钻井、测井、安全监控仪表产供销为主营业务，厂房占地面积2000余平方米，承揽信息化、数字化产品开发、制造与售后服务，形成钻井井场智能作业仪表、测井类信息化装置、数字化工业安全装置等三大产品系列，具备年产1000余套成套仪器仪表制造能力。基层单位设置车间（研究室）28个，构建统一的测井装备产品链、工具产品链、仪表产品链、射孔器材产品链，同时整合加工焊接生产线，将装备成套部和4个制造厂打造成产、供、销一体化市场化运营单位。

2021年底，制造公司设7个机关科室，下设7个基层单位，有员工437人，其中研究生及大学本科学历229人、管理人员98人、专业技术人员178人、技能操作人员131人。有高级工程师81人、高级技师4人、一级工程师1人；中油测井公司技能专家3人、技师4人。制造公司党委下设10个基层党支部，党员219人。

2021年，制造公司统筹推进企业改革、生产经营和疫情防控工作，按照专业化发展、市场化运营定位，统筹推进各项工作落地。全年产值完成考核指标的104.20%；实现外部收入完成考核指标的125.37%；利润完成考核指标的174.23%；

存货压降综合完成率150.43%，其中期末存货压降至4964万元，完成考核指标的144.43%。全面超额完成年度各项经营指标，实现"十四五"良好开局。

（张轶英）

制造公司主要生产经营指标

指　　标	2021年
装备制造类（套/台/支）	679
钻井仪表（件）	793
射孔枪（万米）	12.2
工具备件（件）	43501
维修服务（万元）	12155
产值（万元）	97277
收入（万元）	11798
利润（万元）	1021

（王养萌）

【制造管理】 2021年，制造公司发挥业务一体化优势，在制造、服务、技术支持上全面发力。加快产品制造交付，及时完成产品制造任务。装备成套部和西安制造厂精诚协作，克服重组带来的业务、人员、经营任务变化和部分岗位缺员的不利因素，边生产、边整合、边适应，做好焊接、装配、调试、交付工序有效组织与紧密衔接，协同推进电缆、随钻、存储、生产测井仪器的制造与及时交付，组建生产实物与订单清理团队，加班加点完成收入结算工作，为经营指标超额完成作出贡献。华北制造厂承担可溶球座自主制造任务，全面掌握全流程制造工艺，全年制造交付可溶球座3825个，成为制造公司收入最快增长点。重庆仪器厂统筹兼顾内供外销，完成60套营房和793套各类仪表生产任务。天津制造厂实行三班倒制度，保障订单及时交货，全年完成各型射孔枪制造12.2万米，创历史新高。

强化技术服务保障，2021年完成各类备件制造交付43501件，完成率99.84%；承揽返厂大修仪器1276支，完成维修1173支，完成率94.3%。强化现场技术支持，西南CPLog推广应用项目组历时5个多月，解决25个技术问题，完成28井次试验任务，保障CPLog在高温高压和特殊施工条件下测井作业；尼日尔CPLog推广应用项目组在长庆、华北和天津分公司奋战4个多月，解决33个不同区域地层环境和井筒条件下技术质量问题，完成22井次现场试验任务，提升CPLog稳定性和适应性。

（李晓亮）

【市场开发】 2021年，制造公司市场开发围绕"一切都是为了多打粮食"的理念，为全面打开产品销售局面，在各厂部分别建立市场营销团队，引导基层单位逐步向自主市场开拓与自我经营发展转变。梳理产品目录，利用重组带来的产业一体化优势，以各厂部市场营销团队为枢纽，延长产品销售链，以点带面实现制造公司全系列产品靠前服务。

强化全员市场理念，完善市场开发管理办法、设置市场开发专项奖，以绩效考核为抓手，突出市场增量，在重大市场开发项目、市场开发创新策略、市场开发组织、客户管理等方面压实责任，释放活力，激发潜力，开拓市场。利用联合制造模式，补充产能，打造核心技术，拓宽市场领域。钻机顶驱防碰撞装置已完成产品试制，进入市场推广阶段；爬行器技术转让项目完成厂家调研和产品选型，总体方案通过中油测井批准立项；RCD&RCB固井质量测井仪联合制造项目实施方案已通过中油测井论证。通过联合制造、科技创新等方式促进装备制造国产化，大幅降低产品售价，有效提升市场竞争力。创新制造组织方式降低设备购置费，与斯伦贝谢、贝壳休斯联合制造10串ThruBit、2套Curve旋转导向系统，分别节约资金3750万元、1716万元；自主开发插拔式井口快速连接装置，打破国外FHE、ELMAR公司产品市场垄断，售价仅为其价格1/5，赢得了市场空间。

（张冀萱）

【产品制造】 2021年，制造公司坚持攻克核心技术、发展智能制造的技术路线，立足自主创新，不断取得新成果。自制核磁探头4支，节约采购成本290万元，自主绕制62套三维感应等各型线圈，节约外协费124万元。3D打印制造技术形成从超精细结构到超大尺寸金属设计与打印能力，加工效率提高2.3倍，完成3件岩密探头外壳超大金属结构体、8种48件复杂曲面结构UPA涡轮和26块微扫极板的批量打印。高速采集测井芯片攻克微焊盘裸芯引线键合、高温环境下导电胶流动位移等工艺难题，全面掌握200℃超高温混合集成电路封装制造技术。

自动化加工生产线新增FITS57存储仪器、随钻UPA、小直径一串测等3类产品能力，完成29种仪器、345种/6140件零件加工，优品率99.6%，效率提升2.37倍；自动化焊接线深化SMT焊接工艺、波峰焊工艺应用，全年完成12种仪器、305块电路板焊接，自动化率占比约50%，质量合格率100%；西安二期智能化加工线和天津射孔枪自动化加工线建设进入全面调试阶段；自主研发的智慧检修系统取得重要进展，完成5类仪器、12种电路板的自动检测装置开发和小批量生产，为电路板焊接标准化检测和仪修快速诊断故障提供新手段，自动化建设形成新产能。完成PDM产品设计、MES生产执行、WMS智能仓储和MRO仪器运维4个系统开发与无缝集成，并与车载数据中心、AP/TP工艺数据软件、ACME采集软件实现互联互通，初步构建起产品设计、工艺、制造、仓储、运维一体化测井装备全生命周期管理平台，通过与自动化产线集成应用，实现全流程数字化自动化加工，为深化"两化"融合应用提供技术指引。

（李晓亮）

【技术创新】2021年，制造公司利用科研推动技术创新，围绕技术需求和基础能力建设，运行科研项目15项，完成1个中油测井公司级课题和10个处级课题验收。通过科研项目攻关，形成超大件到超微细件金属3D打印能力，实现岩性密度探头、极板体、UPA涡轮3D打印，加工效率提升近2倍，费用下降35%。加快智能化工厂建设，完成29种仪器、274种5882件零件的自动化加工，零件良品率由97%提高到100%，生产线从8人减少到2人。自动化焊接线完成311块电路板自动焊接，质量合格率100%，可替代15人手工焊接。完成CPLog常规仪器电路板自动检测装置开发，基本形成电路板故障自动检测定位能力，为现场仪修、批量焊接提供标准化检测设备。自主研制的插拔式井口快速连接装置获国家油气田井口设备质量监督检验中心产品认证，打破国外公司技术垄断，价格仅为国外同类产品的40%。1APS电磁波随钻仪钻铤与电路实现自主化，成本降低50%。通过感应线圈批量生产工艺稳定性研究，采用地线及三电平优化等手段，解决MIT1531感应仪器电子仪温度特性漂移大的问题；采用线圈系下端发射贯串线使用屏蔽麻花线及改进无用信号调试工艺，解决短阵列转动基值大的问题，并使线圈绕制、焊接更加方便，提高三维感应线圈系的一致性。

仪器及部件国产化，提高制造自主化率。完成105兆帕、140兆帕插拔式井口快速连接装置的委托试验，取得第三方检测证书。为西南分公司、新疆分公司、培训中心和广汉宝鸡石油设备有限公司等单位定制设计插拔式井口快速连接装置6套，其中为广汉宝鸡石油设备有限公司设计的液控单元10月16日在广汉完成基地验收，10月底在苏里格施工现场应用，用户反馈良好，标志着插拔式井口装置打破国外公司垄断，打开了中油测井外部市场。为解决进口He-3管采购周期长、价格昂贵的问题，多方调研，与国内He-3管厂家合作研究，实现小直径补中仪器He-3管国产化，稳定性和一致性大幅提高，在长庆油田应用9套，现场反应良好。

（姚韦萍）

【质量管理】2021年，制造公司将产品质量作为企业发展的战略和基石，以API体系运行为基础，将先进技术运用到质量管理，全面加强现场质量管控，提升产品质量。全年一次交检合格率99.52%，仪器出厂检验合格率100%，全面完成中油测井下达的质量指标。将API Q1质量管理体系作为做好质量管理的抓手，推动API体系认证和运行水平。天津制造厂在API体系认证的基础上，10月启动西安片区单位及重庆仪器厂、华北制造厂 API 体系认证工作。西安片区单位及重庆仪器厂编制完成产品手册和程序文件发布，开始试运行。

运用科技手段保证产品质量稳定。推行器件和工具设计标准化，修订设计、命名、标识、产品、工艺、检验、验收标准，基本统一在产常规仪器 AP/TP 文件、焊接装配工艺规范；开发 AP/TP 电子化运行系统，实现仪器调试、检验信息线上运行；开发智慧仪修系统、自动化焊接生产线、自动化加工生产线，实现检测、焊接、加工自动化。强化全面质量管控，提升现场质量管理水平。推行电路板等关重件打标，仪器质量追溯得到落实；成立质检部，强化四地检验融合，初步形成一支专业化的专职检验团队，抓品质和质量，采取控制、监管、治理等方法，严格落实"三关"制度，确保出厂仪器质量过关、品质过硬，切实为现场使用保驾护航。推进现场质量问题改进提升，与兄弟单位联合成立项目组，解决现场仪器出现的技术质量问题，提高仪器可靠性。强化质量问题反馈、分析、解决，成形闭环管理，收集处理质量问题信息反馈单 25 份，开展工艺纪律专项检查 4 次，召开质量分析会 4 次。因质量原因处罚 3 名岗位员工，扣减绩效工资 2000 元，约谈、通报供应商质量问题 3 家，扣减应付账款 72136 元。

（周太柱）

【安全生产】2021 年，制造公司贯彻落实集团公司和中油测井质量安全环保节能工作部署，在抓好风险管控工作的同时，聚焦常态化疫情防控，推进安全文化建设。以安全生产责任制为抓手，加强安全监管力度，强化科技兴安，推进"五型"班组创建和标准化建设，全年安全生产运行平稳、有序，实现"零伤害、零污染、零事故"目标。把学习习近平总书记关于质量安全环保健康重要论述纳入"第一议题"制度，用科学理论指导工作实践。组织党支部书记讲安全课 8 次，199 名党员参加安全教育；在"铁人先锋"平台开展安全生产禁令和"操作、工艺、劳动三大纪律"宣贯，组织全员参加反违章专项整治活动知识竞赛，普及安全知识，提升员工意识。

组织全员开展风险辨识，识别出 HSE 危害因素 1390 项，设备设施危害因素 789 项，建立制造公司 10 项 HSE 重大风险清单，排查、治理安全隐患 54 项。组织全员签订安全生产承诺书和安全环保责任清单，落实安全责任。制订 QHSE 管理制度 14 项、工作流程 7 项、操作规程 188 项，为安全管理提供制度保障。整改中油技服和中油测井年审发现的 88 项问题，安全整改工作落实到位。举办安全资格取证、新安全生产法、QHSEE 管理体系、应急和消防等培训 6 次，1300 多人次参加，提升员工安全能力。强化党建与安全生产协同推进，28 个基层班组的"五型"班组创建和标准化建设达标。落实反违章专项整治活动，安全检查 60 次，发现、整改问题 90 项。

强化安全生产专项整治三年行动，与常态化隐患治理相结合，建立隐患清单和制度措施"两个清单"，开展放射源专项整治，制造公司 18 枚放射源全部为密封放射源（V 类源 14 枚、豁免源 4 枚）严格按照工作程序和制度要求管理使用。开展车辆交通专项整治，对 4 名专职司机进行防御性驾驶培训，执行长途用车审批规定，落实节假日交车钥匙、交行驶证，交准驾证、对停驶车辆进行封存"三交一封"管理制度。承包商、检维修等非常规作业，设立区长负责制，严格执行作业审批，明确管理责任。做好改革调整期间人员思想波动的风险管控，关心员工身心健康，领导与基层员工交流谈心 138 人次，预防员工思想情绪不稳定导致事故发生。开展常态化"四不两直"和联合监督检查，发现问题 120 项，处罚 5 人，扣减绩效工资 6000 元。发布制造公司"1+13"应急预案体系，727 人参加应急演练 16 次。排查环境风险，采取安装净化处理设备，集中保管，委托有资质第三方处置危废的方式，回收化学品残液、废油、切削液等。全年产生一般固体废物 48 吨，处置 48 吨；产生危险废物 7.25 吨，外委处置 5.25 吨，内部贮存 2 吨；产生工业垃圾 144 立方米，处置 144 立方米。

建立全员健康档案，检测作业场所职业病危害因素，组织放射性、司机和机械加工等111名接害人员参加职业健康体检，完成全员职工健康体检，246人专项筛查。针对群众反映工房油加温气味大、振动噪音大、频繁搬运仪器劳动强度高等诉求，利用布局优化、自动化线等方式减轻员工不舒适体感。开展户外、工间操等文体活动，提升人文心理健康。组织新冠肺炎疫情防控监督检查88次，疫苗接种、核酸检测100%；实行出差、休假"一把手"审批制，守牢"双零"底线。

（魏阿勃）

【产品销售】 2021年，制造公司与同类型企业同台竞技，同质比优，同优比服务，个性化制定售后服务方案，通过单一来源谈判取得28套液位仪订单，创造产值近300万元，达成2022年第一批29套泥浆液位仪的销售意向。在川庆钻探工程公司苏里格市场，持续跟踪甲方需求信息，靠前技术推介，获2022年单井远程传输信息服务70%的工作量，不再参与招标，市场占有率大幅提升。采取联合制造、科技创新等方式，促进装备制造国产化，大幅降低产品售价，提升市场竞争力。在测井仪器销售方面，1支岩性密度推靠器销售到中国海油，创收78.9万元；与陕西省内热力公司推介热力井套后测井生产测井系列仪器，达成合作意向。在射孔器材销售方面，向中国海油推广178型射孔枪，实现收入290万元。与外部单位签订供应合同500余万元，射孔器材进入延长油田市场。在工具销售方面，DMS可溶球座实现外销，签订合同607万元。在机加工方面，签订28件大容量多PVT短节加工订单，创收180万元。

（张冀萱）

【基础工作】 2021年，制造公司持续落实"四化"治企准则要求，依法合规经营，强化精益管理，深入推进企业治理现代化建设。围绕"五大体系"建设，筑牢发展根基。在控制体系方面，抓好基础工作，推行器件和工具设计标准化，修订设计、命名、标识、产品、工艺、检验、验收标准，基本统一在产常规仪器AP/TP文件、焊接装配工艺规范；强化仪器质量全过程控制，推行电路板等关重件打标，仪器质量追溯得到落实。在产品体系方面，梳理4大类170种制造产品，整合统一测井装备产品链、工具产品链、仪表产品链，加工焊接生产线。在管理体系方面，完成ThruBit联合制造项目和钻机顶驱防碰撞装置联合研制推广项目，完成爬行器技术转让制造项目招标选商，推进RCD&RCB固井质量仪联合制造项目招标，通过联合制造、技术转让制造、捆绑开发推广等新模式，补齐技术制造短板，推进业务精益化、高端化。在人才体系方面，分类分级整合制造人力资源，形成不同专业方向的技术技能队伍，努力建设一批代表先进制造水平与能力的技术人才、核心团队。在保障体系方面，与物资装备公司签订物资互供、维修及技术支持框架协议，联合共建三级维保体系和靠前技术服务基地。建章立制推进合规管理。制修订规章制度57项、工作流程127项、操作规程190项，为各项业务合规开展提供制度遵循。围绕经营考核指标和应收账款和存货"两金"压控要求，强化经营分析与成本管控，通过生产经营分析会研究部署经营工作，推进提质增效升级版行动，确保各项指标任务完成。针对物料与ERP岗位缺员、成本归集不及时问题，组建物料协调和收入结算工作专班，定期召开工作联席会，强化顶层管控，及时完成收入结算。

（安慰东）

【党建工作】 2021年，制造公司党委把基层党建"三基本"建设与"三基"工作有机结合，推进基层党组织建设。落实"第一议题"制度，建立党委理论学习中心组领学研读和学议结合机制。制订"三重一大"决策制度，全年集体决策"三重一大"事项21次。党委书记带头讲、党委委员结合分管业务到基层单位讲专题党课29场次，凝聚高质量发展力量。举办理论学习中心组读书班17期、专题研讨6次，统一党员干部思想，谋划工作思路，制定工作举措。推进意识形态工作责任制落实，举办意识形态工作专题培训，推进责任制落实。做好员工思想工作，维护改革发展大局，主要领导与新划入单位干部员工座谈、访谈200余人次，解读政策、凝聚人心。

加强队伍建设，激发内生发展动力。完善绩效考核办法，持续调整激励分配力度。面向社会精准引进机关空岗补缺20人，引进优秀人员6名。为新入职大学生量身打造"双导师制"和"岗位轮换制"培养方案；干部调整基本实现老中青梯次配备。强化党组织建设，建立10个基层党支部，转接及内部调整225名党员的党组织关系；创新"内内外"联合共建模式，结对共建党支部16对；制定"双三基"融合清单，部署27个方面67条任务措施，全年压茬推进落实。

召开党风廉政建设会、反腐败工作会、纪委委员会、监督部门联席会等会议8场次，推进领导班子联动。完善党风廉政建设"一岗双责"考核细则等11项制度，创新监督方法，构建"大监督"格局。注重文化建设，开展"双文明"单位创建，制订企业文化展厅方案，凝练制造文化内涵。在门户网站开设"图说制造""员工作品""制造英模"等企业文化栏目，做好企业文化宣传。

2021年6月27日，制造公司开展庆祝中国共产党成立100周年活动（雷蕾　摄）

（安慰东）

加强维稳信访工作，落实集团公司党组信箱员工反映问题答复及沟通工作。推进"反内盗"综合整治工作和督导力度，分析研判排查问题销项管理。抓机关作风建设，落实机关"五项职能"，开展"我为员工办实事"活动，服务基层工作。

【群团工作】 2021年，制造公司群团组织开展"大干百天、冲刺全年"职工劳动竞赛活动，征集竞赛项目69项，员工参与率90%以上。在传统节日、职工生日等节点组织普惠性慰问和消费扶贫7次2100人次72.5万元。慰问职工遗属、退休、住院、职工亲属、一线班组员工和帮扶困难职工217人次197740元。关注员工身心健康，监督职工健康体检和专项筛查体检工作落实情况，建成职工"健康小屋"，组织员工收看集团公司健康讲座8期。

加强团员青年思想教育，组织集体收看纪念中国共产党成立100周年大会实况；组织五地联动"青春告白祖国"和"青春向党·奋斗强国"主题团日和红色团建拓展等活动。构建导学、讲学、研学、比学、践学、督学"六位一体"的学习体系，推进机关管理部门讲流程、技术专家团队讲科研、团员青年骨干讲实践3个层面的学习走深走实，组织讲座20余次，参加培训400余人次。开展"提质增效青年有话说"微言论征集活动，在门户网站开辟"高举团旗跟党走"专题栏目，在公众号建立"制造青年"模块，建设"筑梦测井，青春榜样"宣传栏，展示青年学习教育成果。以"安全生产、青年争先"为主题，开展安全理念宣传、隐患排查、风险识别教育、安全文化作品展示等活动，创作安全短视频作品，提升安全管理水平。组建志愿者服务团队，"志愿云"在线注册127人，2021年初，西安新冠肺炎疫情再次暴发，15名青年响应号召，主动报名参加抗疫一线服务。组织向燎原村图书屋捐献图书327册，为扶贫先扶智贡献力量。

（刘　歌）

中国石油集团测井有限公司物资装备公司

【概况】 中国石油集团测井有限公司物资装备公司（简称物资装备公司），是2021年7月依托生产测井中心组织架构，整合公司物资、装备资源成立的技术保障单位。

主营业务有工程技术服务装备保障、地面仪器维修，高端稀缺及随钻装备技术支持，中油技服旋转导向维保和作业支持，物资保障（不含车辆、火工品、危化品），物资采购结果执行、集中储备、集中物流配送等，工艺技术推广与应用、特殊工艺工器具管理、工艺技术管理与支持、工程事故复杂处置与预防，新技术推广，工艺标准化研究等业务。随钻业务服务区域涉及东北、华北、西北、西南等中国石油工程技术服务作业全域。物资、装备保障区域涵盖中油测井国内11家分公司及制造公司。

2021年底，物资装备公司设9个机关职能部门，下设9个基层单位，其中4个区域中心、4个专项业务机构、1个后勤保障单位。有职工1119人，平均年龄47.3岁。其中合同化员工987人、市场化员工132人；管理人员284人，专业技术人员573人，技能操作人员262人；硕士研究生45人，大学学历590人，大专学历295人，大学及以上学历人员占比56.7%。副高级技术职称人员221人，中级技术职称人员517人，助理级技术职称人员93人，其他16人。专业技术人员573人，其中一级工程师3人，二级工程师45人，三级工程师186人，四级工程师299人，五级工程师14人，未评聘26人。集团公司技能专家1人，公司技能专家4人，公司首席技师7人，高级技师19人，技师45人。现有物资采购、仓储业务人员269人、仪器维修人员706人。

2021年，物资装备公司完成设备实物划转交接工作，完成物装公司合同、财务、办公等各类信息系统配置，保障各项系统线上运行。完成工商注册、税务登记及账务建设相关方案，开立银行账户，对接业务流程，保证资金正常收付，全面完成中油测井考核的各项目标指标任务。

物资装备公司主要生产经营指标

指　标	2021年
旋转导向维保（串）	166
随钻测井（井次）	155
随钻产值（万元）	8361
利润（万元）	352.87
收入（万元）	13414

【队伍与装备】 2021年，物资装备公司有各类物资保障组19个，装备保障班组52个，随钻测井队伍12支，旋转导向远程支持组1个。有完井测井、生产测井、随钻测井、射孔取心设备总计28205支，在用仪器24281支。其中，完井测井设备21576支，在用仪器18078支（包含CPLog系列仪器8851支，在用8509支，可组串260串，在用220串；ECLIPSE-5700系列仪器4219支，在用4191支，可组串189串，全部在用；LOGIQ系列仪器842支，在用724支，可组串24串，在用16串；ThruBit系列仪器359支，全部在用，可组串17串；其他进口和国产系列测井仪共7305支，在用4295支），以及生产测井仪5038支，在用4749支，其中Sondex系列仪器833支；射孔取心设备1160支，在用1083支；随钻测控设备431支，在用371支。

（王灵洛）

【装备管理】 2021年，物资装备公司推进技术服务保障工程，设备建账38000余支（台/套），验收转资新购仪器设备124支，鉴定核查各类报废设备1567支。统筹2022年度仪器设备投资计划申报，上报仪器配件需求清单2万余项、年度租赁及维修合同立项申请105项。建立仪器配件共享机制，建账调剂数管配件16000多项，累计跨区域调拨配件148批次1562件，盘活长期无动态仪器配件资产500多万元。累计完成自主故障维修1800余次，委外维修占比下降至5%。强化装备实物管理与统计分析，制订设备统一标准化方案，形成国内测井装备现状分析报告，为中油测井装备整体更新提供投资决策依据。编制37类放射性仪器、重点仪器设备风险点和检查图册，规范井下仪器命名，原有仪器名称减少60%。加强预防性维修，提升维保质量，维保各类仪器242串，维保时间同比平均缩短1.5天，故障率同比下降15个百分点。实施装备共享，共计调度仪器1261支次，有力保障兴华5井、林探1井等重点井的测井任务。

2021年7月22日，物资装备公司在西安召开机关管理人员大会，研究部署工作（王灵洛 提供）

（黄　磊）

【物资管理】 2021年，物资装备公司强化物资管理能力，组建物资供应中心，发挥资源集中优势和物资管理枢纽作用，跨区域平库11次720项，节约采购资金170.14万元。完成代储代销框架47份4.5亿元，年度框架159份2.78亿元，梳理物资编码9600多项。调拨数管材料183批次1673件，节约成本433.87万元。推行"代储代销+框架+订单"方式提高采购效率，签订合同275份、金额6.4亿元；推进物资标准化、数字化，梳理物资编码9600多项。完成成本归结23.82亿元，整体归结率100%。筹划以"物资超市"为核心的智慧物资管理系统建设，以WMS智能仓储系统为基础，对标京东等行业领先企业，高标准设计，优化业务流程，为物资管理的赋能打下坚实基础。率先在中部中心推进仪器管理数字化建设试验，通过RFID射频识别技术，实现测井仪器身份识别功能，完成125℃、最深3800米环境下芯片稳定性试验6井次，为塔里木油田深井芯片耐温耐压试验奠定基础。

（许浪闯）

【随钻服务】 2021年，物资装备公司提升随钻测井技术服务保障，重点在旋转导向维保方面，工程作业智能支持在徐深12-平1井刷新该区块"三开平均碳钻进尺最高、平均机械钻速最快、钻井周期最短"3项纪录，支持大庆钻探1205队古龙页岩气井智能测井重点项目任务完成，专业服务受到集团内外部企业好评，为开拓市场打下基础。

2021年8月9日，物资装备公司维修车间开展精细维保旋转导向工具（李勇 摄）

在随钻支持方面，首次在蜀南气矿、新疆油田两地开展"测定导"（测井、定向和导向）一体化施工。在山西煤层气，应用近钻头技术完成随钻测井作业86口，工作量同比增长72%。开拓长庆页岩油市场，首次应用随钻CPLog互联互通开展作业3井次。随钻测井生产完成作业155井次，同比增长49.0%；创收入8375万元，同比增长45.88%；完钻服务进尺113047.74米，同比增长12.4%。在川渝地区，完成震旦系储层高温水平井地质导向施工5口井，平均施工周期同比缩短12.59天，施工效率提升21.79%。开展侧向电阻率成像、方位电磁波、近钻头、随钻声波等公司自有技术现场试验与应用23井次，随钻CPLog系统平台市场认可度不断提升。支持新疆分公司首次承揽旋转导向业务 3 口井，其中前哨 402-H 井日产气 61.156 万立方米，日产油 136.2 立方米，随钻"测定导"一体化服务效果获甲方认可。

（侯玉文　薛　峰）

【工艺管理】 2021 年，物资装备公司筹建工艺支持中心。制订筹备计划，规划前期工作计划和进度。到长庆分公司工艺中心、西南分公司和旋转导向维保中心调研学习，收集整理打捞事故案例、形成测井工艺标准、规范性文件，为测井工艺研发提供需求依据。以工程复杂处置为切入点，结合区域技术现状，规划设置 6 个应急区域，开展打捞工具标准化及配置工作，提高工程事故复杂防范处置能力。制定中心设置和工作规划，分析重要工程事故复杂处置，做好防卡、解卡打捞工艺和工器具标准化，提升工程事故复杂处置能力，拓展工艺研发工作思路。完成"射孔设计优化与作业监测软件"主要功能、模块设置、编程语言、研发过程和应用案例整理。梳理地质导向工程在用软件，规范打捞工器具配置，收集整理工程事故复杂预防和处置案例。

（徐　锐）

【党建工作】 2021 年，物资装备公司党委以党建工作"十项任务"为基础，党建工作与生产经营融合，初步形成具有测井物资装备特色的党建与生产经营相结合的企业党建生态体系。开展党史学习教育，组织专题学习 24 场次，1000 余人参加学习。落实"第一议题"制度，学习研讨党的重要会议、习近平总书记重要讲话和指示批示精神。执行"三重一大"决策制度，召开党委会 27 次，讨论"三重一大"议题 27 项，研究解决事项 86 项。贯彻落实"三会一课"主题党日、双重组织生活、党建"三联"制度，党委委员参加基层组织生活会、现场调研、开展问题座谈 20 余次，收集职工关心热点问题 105 项，逐项答复解决。强化意识形态管理工作，制定《物资装备公司党委落实意识形态工作责任制实施方案》，全面开展敏感信息再检查再清除再落实。根据区域中心组织机构设置，及时跟进基层党组织建设，成立东部中心、中部中心、西部中心 3 个党总支部、19 个党支部。统筹部署党委委员安全责任点、党建"三联"联系点、党委服务专家 3 项工作，实现质量安全、生产经营、人才培养等工作有机融合。22 名基层党（总）支部书记参加中油测井党支部书记线上集中培训，提高基层党员干部的政策水平、理论素养、业务水平和管理能力。

加强党风廉政建设，签订党风廉政建设责任书 581 份、员工承诺书 580 份；开展"党内法规体系"每日一学答题活动，545 名党员参与答题率 100%。对新提拔的 12 名领导干部进行廉洁从业审查，开展廉洁提醒谈话、签订廉洁承诺书、廉洁知识考试，致一封家书等"六个一"教育；开展领导干部党风廉政建设"一岗双责"和上级决策部署落实情况监督，组织基层领导干部谈心谈话 267 人次，廉洁从业检查 91 人次。

2021 年 10 月 13 日，物资装备公司党委到照金开展"重走红军路、奋进新征程"党史学习教育活动

【群团工作】 2021 年，物资装备公司加强工会组织建设，成立 10 个基层工会组织，会员入会率 100%。落实厂务公开民主管理，畅通监督渠道，向全体职工公开各层级厂务公开内容，保障员工民主监督权利。牛承东职工创新工作室获陕西省 2021 年度"示范性职工创新工作室"。做好帮扶送温暖工作，践行不让一名职工生活在贫困线以下，不让一名职工子女上不起学，不让一名职工看不起病的"三不让"承诺，帮扶 7 人次，总金额 55000 元。持续完善职工服务体系，做好节日慰问工作及夏日"送清凉"活动，传统节日发放慰问品和扶贫农产品。收集汇总各区域工会相关政策，落实新冠肺炎疫情期间工资待遇，及时购

置疫情防护用品和生活必需品。开展青年员工专项培训，主办 E 类培训班 5 期，提升青年综合能力。28 名青年志愿者到防疫一线，参与社区疫情防控志愿服务。在中油测井门户网站刊发 27 篇稿件，中油测井微信公众号发布 6 篇信息，在物资装备公司门户网站发布 160 篇信息。征集物资装备风采照片和职工园地中的文学、摄影、书法、绘画等作品，刊登职工文化作品 7 篇。报送舆情信息 21 次。

（王灵洛）

中国石油集团测井有限公司质量安全监督中心

【概况】中国石油集团测井有限公司质量安全监督中心（简称质量安全监督中心），成立于 2021 年 7 月 20 日，是中油测井所属的专业质量安全监督单位，同时是石油工业测井计量站、中国石油集团井筒质量检测中心。主要有以监督、计量、检验、检测等业务为主，以规范化监督助力公司建设一流测井队伍，以专业化计量助力公司树立行业技术权威，以标准化检验助力公司打造一流测井装备，以精准化检测助力油田提升井筒质量水平的"四化"工作举措，推进"四个助力"的业务定位。发挥计量标准、检测检验和现场监督的协同作用，对测井业务全产业链实施"异体监督"。

2021 年底，质量安全监督中心设机关科室 5 个，有在册员工 254 人，其中管理人员 103 人、专业技术 119 人、技能操作 32 人；本科及以上 154 人、中级以上技术职称人员 189 人。质量安全监督中心党委下设 7 个基层党支部，党员 142 人。

2021 年，质量安全监督中心深化改革，成立改革领导小组和 5 个业务推进工作组，制定深化改革推进方案，梳理 10 大类 51 项具体内容，高效完成改革任务。聚焦改革过程中职工关心的热点，领导班子成员与基层员工座谈 13 场次，及时解决问题，确保队伍和谐稳定。推进"人员机构调整、办公区域调整、设备划转、建章立制、新闻宣传、升级管控"六到位，13 家单位设备接收和 5 家单位设备划转的任务，实现"人随业务走"的改革工作获上级主管部门的高度认可。2021 年质量安全监督中心被评为集团公司优秀监督机构，石油工业测井计量站获集团公司"2021 年度节能计量先进基层单位"称号。

质量安全监督中心主要考核指标

指　标	2021 年
成本费用净额（万元）	6631
季度监督覆盖率（%）	100
问题整改督导完成率（%）	100
计量设备完好率（%）	100
计量设备检定率（%）	100
计量检测及时率（%）	98
产品出厂检验率（%）	100
过程质量抽检率（%）	100
检验及时率（%）	100

（张佑伟）

【监督管理】质量安全监督中心监督管理工作靠前服务，保障生产安全。

2021 年 11 月，质量安全监督中心在作业现场开展监督检查（周健楷　提供）

2021年，质量安全监督中心现场监督3548井次，检查作业队3779队次，检查科研制造、后勤班组946次，检查危险品库等重点要害部位1706次，比2020年业务整合前，要害部位检查提高58%、发现问题数提高50%、作业队监督覆盖率提高130%、问题整改督导完成率100%，有力保障公司生产安全。推行测井全产业链"异体监督"模式，划定11个监督责任区域，持续推进"四双"工作机制（区域、问题两负责，人员片区内、外双循环，监督模式、标准两统一，监督需求、信息通报双向流）。

2021年7月20日，质量安全监督中心在机关综合办公楼召开管理部门负责人会研究质量管理工作（张佑伟 摄）

【质量检验检测管理】 2021年，质量安全监督中心严格规范要求，开展质量检验检测管理工作。全年完成CPLog地面数据采集系统18套、仪器227支，245支（台/套）的仪器设备检验工作，高温高压试验仪器1217支，一次试验合格率98%、试验及时率97%，产品出厂检验率100%，过程质量抽检率100%，检验及时率100%。整理、收集电缆测井仪器、随钻测井仪器、生产测井仪器三大类135项产品标准和检验文件，对标公司《装备制造检验通用规范》《装备制造工艺管理规范》等规范标准，梳理检验质量风险控制点、业务流程及标准，整理机械、焊接、装配、整机四大类12项过程检验质量控制抽查节点及内容清单，明确过程检验抽查内容，明确各项检验应符合技术要求与工艺要求。梳理完成《固井质量评价》《井斜仪校准装置校准方法》等24项井筒质量检测行业、企业标准和工作制度，编写完成

《井筒质量检测中心适用标准汇编》《井筒质量检测中心适用制度汇编》等基础资料。上报集团公司井筒固井质量数据2562井次，井身数据6974井次，井筒质量数据统计上报及时率100%。配合集团公司调取测井解释成果图27井次，核实固井检测及井身质量数据20余次，并提出专业意见。落实集团公司安全环保处要求，上报典型曲线质量异常案例34条。

（王源涛）

【计量管理】 2021年，质量安全监督中心严格计量管理标准，开展计量工作。完成刻度仪器402支，测井846井次，检定通用计量器具1729台，工作量创历史新高；计量设备完好率100%，计量设备检定率100%，计量检测及时率100%。在集团公司科技大会上作计量刻度科技报告，负责全国石油专用计量测试技术委员会测井分会筹建工作。复审自然伽马、中子孔隙度装置行业最高标准，编制集团公司标准测井部分《石油专用计量器具量值溯源指南》，绘制31种石油专用计量器具量值溯源图，梳理石油专用计量器具量值溯源依据标准规范。研制成功国内首套可控源氘—氚量值传递仪器，新建2口声波标准井，完成"一体化测井基础条件平台优化升级与集成配套"科研项目子课题"刻度体系建设优化完善方案"计划任务，完成集团公司"绿色环保量值传递监测设备及方法研究"科研项目立项，经费执行96.2万元，执行率99.18%。

2021年11月4日，石油工业测井计量站自然伽马标准装置、中子孔隙度标准装置通过国家计量院计量标准考核，再次取得由国家市场监督管理总局颁发的资质证书（质量安全监督中心 提供）

【党建工作】 2021年，质量安全监督中心党委结合单位党建工作薄弱的实际，按照中油测井党委加强基层党建工作"四同步、四对接"要求，在改革工作中与组织机构建立同步谋划，建立基层党支部5个，配齐配强党支部书记，基层党组织坚强有力。把党建与生产经营工作相融合，探索基层党建工作新模式，形成"三抓三提升""聚力党建"创监督品牌、围绕"四零"（受理零推诿、服务零距离、质量零差错、结果零投诉）践行承诺、创建联合党支部等典型实践经验，提升党建质量。党委理论学习中心组坚持会前先学、会中领学、会后自学，集体学习研讨5次、学习党的十九届六中全会和习近平总书记系列重要讲话精神。开展党史学习教育，成立党史学习教育领导小组，研究部署14大类重点工作，组织全体党员学习习近平总书记"七一"重要讲话精神。配发党史学习教育资料，召开党史学习教育专题组织生活会6次，坚定党员理想信念，推动工作方法创新。加强党风廉政教育，组织党员干部签订《党风廉政建设责任书》29份，全员签订《廉洁承诺书》250余份，推进党风廉政建设重点工作落实落地。组织纪委委员和纪检委员开展纪律教育培训，交流学习心得。开展"四个专项"（形势任务教育、党纪党规教育、案例警示教育、考核提醒教育）教育，编发案例警示教育课件8套，推进廉洁文化创建。

（张佑伟）

【群团工作】 2021年，质量安全监督中心工会推进民主管理工作。制定厂务公开制度，畅通员工表达意见沟通渠道。在网站、厂务公开栏公示干部选拔、评先选优等重要事项11项。开展"工会办实事、当好娘家人"问卷调查，征集职工意见建议6条，报送中油测井工会2条、立行立改4条。践行"我为员工群众办实事"实践活动，为一线监督员配发保温壶、耳塞等用品，解决马家湾片区职工通勤班车问题。落实精准帮扶，开展困难职工摸底，在重大节假日发放职工普惠性慰问品12万元，职工慰问20余人次；基层党支部召开退休职工座谈会，暖心送别退休职工。加强"4+2"职工文化阵地建设，给基层工会补充文体用品138件；举办乒乓球、健步走等职工喜闻乐见的文体活动，丰富职工文体生活。

组织团员青年学习集团公司第一次团代会精神，举办团课、主题团日等活动，引领团员青年厚植爱党爱国情怀，团支部获公司"五星团支部"。编制35周岁以下青年成长工作规划方案，有11名青年参与科室管理工作，多名青年党员担任支部委员。在西安新冠肺炎疫情期间，青年主动参加社区核酸检测、接送医务人员、单位定期汇总员工健康状态、帮助集中隔离人员采购生活用品等志愿服务，展示中国石油测井青年的社会责任担当。

（王源涛）

中国石油集团测井有限公司培训中心（党校）

【概况】 中国石油集团测井有限公司培训中心（党校）简称培训中心（党校），2003年4月成立，是中油测井机关直属单位。2007年3月，中油测井党校与培训中心合署办公，2009年12月培训中心（党校）按二级单位管理，同时成立中国石油测井职业技能鉴定站，2016年11月计量刻度业务划入培训中心，2018年10月依托培训中心成立操作工程师管理中心，2019年12月成立培训中心（党校）党委。2021年5月成为集团公司测井井控培训部。

培训中心（党校）负责公司党校、职工培训、工程师集中管理、技能评价、测井计量和党建研究等业务职能。设有中国石油测井职业技能鉴定站、中油测井操作工程师管理中心。下设1个机关科室，5个基层单位。在册员工166人。

2021年，培训中心（党校）围绕中油测井"服务油气、保障钻探"使命及工作部署，开展培训管理体系建设、用人机制创新和培训基地建设，强化新冠肺炎疫情常态化防控，促进治理体系和治理能力现代化建设，各项工作取得新突破。

培训中心（党校）主要考核指标

指　标	2021年	2020年
利润总额（万元）	-558.10	-686
成本费用净额（万元）	700	3370
成本费用总额（万元）	2800	2479
项目培训及技能认定工作评价（分数）	95	95
工程师管理中心运行（分数）	95	95
项目培训与教材开发（分数）	95	95
计量刻度业务（分数）	—	95

【中油测井党校】 2021年，中油测井党校突出理论教育和党性教育测井特色，围绕实际工作中的难点，把深化国企改革的任务与党建工作有机结合，按照"一年打基础、两年强应用、三年促提升"的党群干部培训工作思路，系统谋划、整体推进、分步实施，稳步提升党群工作上水平。打造党群干部精品培训班，创新方式方法，抓好培训调研、培训设计、项目实施与评估、成果转化等环节，形成成熟模式，发挥培训优势，推动党群工作高质量发展。

【教育培训】 2021年，培训中心（党校）作为中国石油测井专业化特色培训机构，承担着中油测井党校和职工培训的职能。加强学员信息库、师资信息库、教材体系库、补充试题库、培训资源库"五库"建设，教师队伍不断壮大，培训资源开发逐步完善。积极寻求校企合作，打造测井解释、操作、仪修、大学生四类特色培训项目，构建线上线下协同发展的数字化培训生态体系，完成高性能云化服务器部署，配套存储器85.8TB。实现C类、D类培训班107期，培训9459人次，其中线下培训班69期4482人次，

线上与线下相结合培训班38期4977人次。HSE取证6985人次。2021年，培训中心（党校）加强师资力量建设，组建专兼职教师队伍。中油测井人事处和培训中心（党校）共同组织完成个人申报、单位（部门）推荐、资格审核和高级兼职培训师评选等工作，择优选聘高级兼职培训师105人。承办集团公司首届实操培训师大赛（测井工）预选赛、决赛，建立一支48人的专兼职实操培训师队伍。

2021年4月17日，中油测井协办集团公司首届实操培训师大赛比赛现场（贾红　提供）

【操作工程师管理】 2021年，培训中心（党校）中国石油操作工程师管理中心全面负责集中管理工程师的培训培养、管理使用、服务保障工作。按照"集中培养、跨区流动、共享共赢"的目标，采用培养、考核、薪酬、档案、评先选优考核评价激励措施，建立107名操作工程师轮岗调配快速反应机制，发挥集中管理优势，服务中油测井12家单位，发挥集中管理优势，全年实现收入1823.8万元。中心工程师管理经验受邀参加集团公司人事部研讨会，并作专题发言，中油技服将其作为内部经验分享收录。

【井控培训】 培训中心（党校）有国内首家测井专业井控培训基地，2021年，建成声光电一体化手段的模拟、实训操作区，有设备设施56台套，具备2000人/年教学规模。积极推动协调集团公司井控培训资质现场审核；按照"高水平起点、高水平组织、高水平效果"要求，持续完善测井专业井控培训基地建设工作，取得乙级

井控培训资质；围绕"服务油气、保障钻探"使命，优化井控培训设计方案和目标，制定井控培训管理相关制度，建立专兼职师资队伍，编写教材、课件、题库等培训资源，开展井控培训工作。

【职业技能鉴定】 2021年，培训中心（党校）技能鉴定站运用现代化手段，搭建企业练测管理平台系统，通过手机App可登陆系统进行练测和考试，实现技能等级认定移动端在线考试。升级数字化评分系统和无纸化考试系统，创新视频远程监考，具备60人同时开考能力。承办集团公司首届实操培训师大赛（测井工）预选赛、决赛；为第十届陕西省"测井杯"职业技能大赛，组建22名技术专家组成的裁判团队，举办2期裁判员培训班，制定一套竞赛规则和评分细则。

【党建工作】 2021年，培训中心（党校）党委落实"第一议题"制度，开展党史学习教育，组织集中学习13次，专题研讨5次，举办专题读书班3期，讲党课13次，现场体验式红色教育2场。围绕中油测井人才强企工程和队伍建设，提拔、调整干部5人，开展党员廉洁教育、谈心谈话33人次。注重党建研究，"打造党群干部精品培训班的探索与实践"课题获中油测井优秀党建研究成果三等奖，并在《石油组织人事》杂志刊发；"打造工程师孵化器，打通人才流动通道"获第一届石油石化企业基层党建创新案例优秀奖；"测井工程师培养管理实践"在中油技服企业管理经验分享上交流，并在集团公司人事部组织的新员工基础培训计划研究专题研讨会上做典型经验发言，精选党史学习教育心得体会文章在《测井文化》内刊发表。培训体系数字化转型成果获中油测井管理创新三等奖，组织测井工技能大赛得到上级主管部门肯定并形成典型经验推广。配合集团公司党组第三巡视组现场巡视检查和公司党委第二巡察组巡察工作，对反馈的5个方面24个问题，制定整改方案，按期完成整改。

【群团工作】 2021年，培训中心（党校）坚持党建带群建，组织开展群众性文体活动10余次，参加公司红歌合唱比赛获二等奖，践行"我为员工群众办实事"21项。开展困难帮扶、送温暖等慰问活动，发放慰问金共计21.47万元。

2021年5月培训中心（党校）团委成立，成为公司最大二级团组织，下设4个团支部，有团干部6人，团员91人。团委在培训中心（党校）党委的领导下，多次深入轮岗一线调研慰问，修订考核方案、实施精准激励，畅通培训、考核、晋级成长通道，57名操作工程师完成测井6170井次，撰写技术论文56篇，其中参加第五届中国石油勘探开发青年学术交流论文3篇，提交创新小改项目35个。践行"守望相助"购买助农产品4万元，向紫阳县东木镇捐赠电脑55台。

2021年5月14日，培训中心（党校）党委在照金革命根据地开展红色课堂现场学习教育活动（贾红 提供）

2021年5月16日，培训中心（党校）共青团培训中心第一次团员代表大会在西安召开（贾红 提供）

（何 葳）

中国石油集团测井有限公司生产服务中心

【概况】 中国石油集团测井有限公司生产服务中心（简称生产服务中心），前身是2006年6月成立的西安基地建设管理项目部，2019年8月更名生产服务中心。主要负责产业化基地、后村基地、江汉基地三个基地的运行及安全管理（物业服务、治安保卫、放射性源暂存库），后勤生活服务（通勤、就餐、公寓、房屋户籍），基地项目管理（基建项目维修改造），惠民工程（健康管理、樱花园遗留事宜、离退休社会化管理），以及公司机关事务（会务、票务、文印、收发、公务用车管理、本部基地核心机房运行维修）管理。

2021年底，生产服务中心设5个机关科室，6个基层单位，在册员工147人。生产服务中心党委下设8个党支部，有党员116人。

生产服务中心主要考核指标

指标	2021年	2020年
成本费用净额（万元）	6822	5680
成本费用总额（万元）	10540	8925
指导协调基地后勤业务评价（分数）	—	95
后勤保障业务工作评价（分数）	95	—
相关业务分离移交按计划完成率（%）	—	100
相关业务分离移交后过渡工作评价（%）	95	—
产业化基地、后村、江汉基地生产生活和基地管理评价（分数）	95	95
源库业务工作评价（分数）	98	98

2021年，生产服务中心着力"四化"（后勤管理体系化、业务工作制度化、基础工作标准化、基地服务特色化）建设，编制《中油测井"十四五"支持保障发展规划》，推进支持保障业务中长期战略规划，科学有序推进惠民工程，配合做好公司深化改革相关工作取得丰硕成果。全年安全运行无事故，综合服务满意度达96%。提质增效活动制定四项成本费用责任目标，明确指标162.39万元，以强化资金集中管理为抓手，坚持成本与资金预算紧密结合，做好资金统筹调配，资金执行率总体在96%以上。加强合同和承包商管理，签订合同123份，总金额3639.19万元，完成对15家物资类供应商的年度评价工作。

【后勤服务】 2021年，生产服务中心持续保证三个基地"水、电、气、暖、排"五大系统的安全平稳运行，"三保一动一维护"（保洁、保绿、保安、动力运行、基地维护）正常有序运行。园区绿化优选花草树木300余株，实现"四季见绿，三季见花"的花园式园区。通过技术攻关，彻底解决科研楼备用发电机尾气排放问题；开展"脏乱差"专项整治，整治园区环境卫生，清理垃圾死角23处，维护园区环境8万平方米，修缮塑胶地面400平方米，更新食堂后厨地砖700平方米，园区整体环境持续优化。完成基建及零星维修项目56项，平台及工作群报修1733项。全年消耗汽油15.81吨，消耗天然气77万立方米，用电579万千瓦时，用水8万立方米。全年就餐人数总计约42万人次，公寓提供5万人次的住宿服务，通勤服务约18万人次，安全行驶13万千米。

2021年11月，中油测井产业化基地职工食堂职工用餐（刘大龙 提供）

【安全环保】 2021年，生产服务中心落实重点特殊时段安全环保升级管理，编制安全环保升级管理清单7项41条措施，围绕"反违章"专项整治，组织反恐、放射源失控、食物中毒等应急演练4次。为特殊时段安保防恐、"十四运"开幕式保驾护航。持续强化安全生产风险分级防控和隐患排查双重预防，辨识评价危害因素119项，分级制定风险防控措施89条。落实疫情防控升级管理措施，5人参加志愿者服务，支援社区抗疫工作。

【基建维修】 2021年，生产服务中心制定基建维修计划和进度安排，成立专项工作组，推进本部基地公寓楼维修、消防系统改造和基建零星项目建设，后村基地室外管网改造和实验井场改造工程。编制完成"荔参一井"项目前期征地、土地勘测定界、投资项目备案、可行性研究报告等。

【惠民管理】 2021年，生产服务中心编制《中国石油集团测井有限公司员工健康管理办法》《自动除颤仪集中配置》等4项健康管理工作方案，体检数据应用课题研究项目完成立项。健康示范小屋、医务室和系统化健康管理平台建成并投入使用。依托优质资源就近设置医疗急救点，完成本部基地221人次的健康体检专项筛查，为106人次实施就医帮扶服务。制定离退休管理常态化移交工作流程，有效运行和维护离退休管理平台，离退休职工管理中心获"集团公司离退休职工办公平台应用管理工作优秀单位"称号。按照分类施策，一户一策的办法，樱花园小区项目清收工作达到进度目标，完成清收430户，剩余25户。

【"三供一业"分离移交】 2021年，生产服务中心重点关注"三供一业"分离移交滞后项目进展情况，及时与集团公司矿区改革协调处沟通，协调推动项目实施。推进维修改造项目的清算和审计工作，完成测井陇东小区、锦绣苑小区、隆昌小区、江汉基地小区等4个小区12个维修改造项目，基本完成相关审计工作。

【放射源管理】 2021年，生产服务中心强化放射性源暂存库日常存储，及借、还源管理工作。按照《石油石化系统治安反恐防范要求》，落实三级风险目标防控要求，定期开展应急演练，排查人防、技防、物防达标情况。开展应急演练1次，组织排查2次。完成源库5台辐射检测仪的送检，以及源库14颗放射源亲磁性检测及源罐辐射水平检测等数据统计，全年借、还放射性源194枚、388次。

【机关事务】 2021年，生产服务中心机关事务工作主要做好公司本部公务用车、各类会议、资料销毁、工位安装、户籍管理、资料复印和产业园通勤车辆管理等后勤服务保障工作。调整改革公务用车，聘用车辆实施集中管理，全年公务用车2.2万人次，出车7368次，安全行驶18万千米。全年解决各类综合事务约390项，承接公司各类会议1111场，印制文件资料1.33万份，集中销毁资料约9.69吨。安装新工位126套，办理144张新进员工"一卡通"、31人户籍卡、35人次新入职大学生和子女落户事项，三次协助驻地派出所开展人员排查。

【党建工作】 2021年，生产服务中心党委找准落实支持保障工程的着力点，通过周例会、信息月报、督办清单等措施，推进党建6个方面28项具体工作任务落实。开展党史学习教育，实践"我为群众办实事"活动，办理职工群众关心和期待的具体事项97件，召开专题组织生活会7场99人次，举办优秀主题党日案例交流、党建论文发布会等教育活动，征集优秀党建论文17篇。优化基层党支部建设，依托后勤服务基本管理单元新成立1个基层党支部，1个党支部完成换届选举，基层党组织健全率100%。在抗击新冠肺炎疫情中，充分彰显党支部战斗堡垒作用和党员先锋模范作用，获中油测井先进党支部1个，生产服务中心先进党支部2个、优秀共产党员11名、优秀党务工作者2名。推动干部队伍年轻化，培养青年骨干，按程序提拔三级干部1人，进一步使用3人，交流调整6人。修订《全面从严治党主体责任清单》，组织召开党风廉政建设和反腐败工作会议、监督部门联席会，开展联合监督检查4次。

贯彻落实中油测井纪委专项工作部署，开展疫情防控、提质增效、主题教育、深化改革、"四风"回头看等专项检查6次。组织党员在西安警示教育基地开展警示教育活动，用身边的案例警示党员筑牢思想防线，严守纪律底线。深入开展石油精神和大庆精神铁人精神再学习，开辟网上"我为群众办实事""抗疫线保后勤"等专栏，及时跟进报道工作亮点和先进典型事迹。

【群团工作】 2021年，生产服务中心群团组织坚持以"建坚强阵地和温暖之家，做员工的贴心娘家人"为目标，开展厂务公开专项检查，规范厂务公开工作。开展八段锦、健步走、节日趣味活动等丰富职工群众文化体育生活，与中油测井本部联队参加公司"测井职工心向党"大合唱比赛获第一名。加强"4+2"文体活动阵地建设，添置运动器械4套。开展"安康杯"劳动竞赛4次。依法保护妇女合法权益，按时发放女职工劳动保护用品，办理女职工特殊保障计划，举办女性保健知识健康讲座2次，关爱女性健康。开展困难帮扶及"送温暖"活动，发放慰问金30余万元。履行企业社会责任助力乡村扶贫工作，消费扶贫21.23万元，向紫阳县东木镇燎原村小学捐赠图书20册。

（贾　红）

大事记

| 总述 |
| 市场开发 |
| 技术服务 |
| 综合应用 |
| 技术研发 |
| 装备制造 |
| 生产保障 |
| 信息化建设 |
| 质量健康安全环保与节能 |
| 企业管理与监督 |
| 党建、思想政治工作与企业文化建设 |
| 荣誉录 |
| 机构与人物 |
| 所属二级单位概览 |
| 大事记 |
| 统计数据 |
| 附录 |

2021年中国石油集团测井有限公司大事记

1月

4日 中油测井召开生产智能支持系统上线启动会，贯彻落实国家和集团公司关于数字化转型相关会议及文件精神。总经理、党委副书记胡启月、副总经理兼安全总监陈宝、副总经理石玉江出席会议。胡启月强调要及时总结系统试运行过程中的成果及经验，相互交流学习，不断优化系统；要加强数据信息填报，及时督导考核，完善系统管理制度；要强化标准化工作，合理优化简化，提升生产管理效能；要重视深层次应用，加强技术与管理创新，实现生产组织智能管理；要加快数字化转型，充分发挥该系统在生产运行中的信息协同共享、实时准确记录、平台一体化、创新生产组织等作用。

同日 中油测井应用自主研发的处理解释软件LEAD4.0完成伊拉克共和国米桑油田FQCS-58D重点井处理解释评价，实现国产自主知识产权测井软件首次在国外应用。

6日 中油测井党委书记、执行董事金明权一行走访华北油田分公司，与华北油田分公司党委书记修景涛等领导座谈，双方希望加强合作，加大测井新技术研发与推广，共克时艰，实现双赢。

同日 中油测井召开QHSEE体系管理评审暨QHSE（质量安全生产）委员会会议。党委书记、执行董事金明权出席会议并讲话，总经理、党委副书记胡启月主持会议。会议评审通过2020年度QHSEE体系运行报告，听取HSE委员会办公室关于2021年质量安全环保节能工作要点和中油油服2020年下半年QHSE体系审核问题整改落实情况汇报；审议通过2020年度公司质量安全环保节能及疫情防控先进集体和先进个人建议名单；审议通过2021年第一批安全环保隐患治理计划。

8日 中油测井总经理、党委副书记胡启月一行走访大庆油田，同中国石油天然气股份有限公司副总裁、大庆油田党委书记孙龙德，总经理朱国文等座谈，交流油田勘探开发测井技术需求、双方深化合作发展。双方表示进一步加强交流合作，加大测井技术攻关、推广应用工作力度，提升测井服务质量，助力大庆油田高质量发展。

13日 在中油技服召开的国际测井业务整合划转工作专题会议上，中油测井总工程师汤天知和长城钻探副总经理韩敏代表双方公司签署《国际测井业务整合划转框架协议》。

同日 中油测井召开干部大会视频会议，宣布公司所属单位、机关部门及附属机构有关岗位干部调整的决定。金明权指出，此次干部调整的目的是公司党委根据中油测井改革发展和干部新老接替需要，充实加强领导力量，改善班子年龄结构，强化干部锻炼培养，推进干部岗位交流。

13—16日 中油测井到定点扶贫的三县一村开展脱贫攻坚成果巩固与乡村振兴衔接情况调研，督导扶贫项目审计工作，并向紫阳燎原村捐赠防疫物资。

15日 中油测井党委书记、执行董事金明权会见到访的中石化经纬公司执行董事、筹备组组长吴柏志，总经理、党委副书记胡启月与吴柏志一行座谈交流。双方希望今后加强交流、深化合作，共同努力把测井事业做大做强，为保障国家能源安全发挥更大作用。

17日 中油测井中亚子公司与乌兹别克斯坦塔地球物理公司签署测井、射孔等作业技术分包服务合同，总金额为100万美元。

18日 中油测井西南分公司仪修装备中心研发的微电阻率扫描成像测井仪前放板首次在四川盆地高石梯—磨溪区块测井作业现场应用，实现进口微电阻率扫描成像测井仪关键配件国产化。

19日　中油测井召开2021年质量健康安全环保工作视频会议，党委书记、执行董事金明权出席会议并讲话，总经理、党委副书记胡启月主持会议。会议学习贯彻习近平生态文明思想和习近平总书记关于安全生产的重要论述。贯彻落实集团公司2021年质量健康安全环保工作会议精神，强化"质量是企业生命，安全环保是最大效益"的理念，坚持识别大风险、消除大隐患、杜绝大事故，持续推进公司质量健康安全环保工作长效机制建立。

20日　中油测井党委书记、执行董事金明权一行到长城钻探走访交流，与长城钻探党委书记马永峰等座谈，双方交流国际测井业务划转工作，表示要认真贯彻落实集团公司党组、中油技服党委关于国际测井业务整合划转的决策部署，牢固树立"一家人、一条心、一股劲、一起干"思想，提高政治站位，深化合作交流，做大做强国际工程技术服务业务。

21日　中油测井决定将长城钻探国际测井公司变更为中油测井国际公司。对外名称为中油测井技术服务有限责任公司，英文名称为China National Logging Corporation，英文简称CNLC。

同日　中油测井党委书记、执行董事金明权出席国际公司干部大会并讲话。会议宣布公司党委关于组建成立国际公司和国际公司党委的决定。金明权强调国际公司全体干部员工要提高认识、统一思想，落实公司党委工作要求，组织好生产经营，搞好员工队伍建设。各级干部要认真履行职责，主动担责，扎实推进工作，确保划转平稳有序，做好具体划转工作。

22日　中油测井自主研发的三维感应成像测井仪入选中国石油2020年十大科技进展。三维感应成像测井仪与配套处理解释技术，能提供复杂储层油气准确识别和饱和度定量评价，实现感应测井从二维到三维、可测量目地层从均质到各向异性的技术跨越。

27日　中油测井辽河分公司C1151队在四川省泸州地区泸203H153-8井测井作业，创川渝地区页岩气井存储式测井井深最深纪录。203H153-8井井深6500米，井温143.48℃，最大井斜99.45度。

30—31日　中油测井2021年工作会暨党委（扩大）会、四届三次职代会以视频形式在西安召开。会议落实集团公司工作会议精神，总结"十三五"工作成果，分析面临的形势和任务，部署"十四五"和2021年重点工作。党委书记、执行董事金明权作《谋新篇、开新局、转观念、勇担当，高质量建设世界一流中油测井》主题报告。会议审议并通过总经理、党委副书记胡启月作的《增强忧患意识，加快改革创新，以高质量发展为"十四五"开好局》生产经营报告和总会计师邹荣作的公司2020年度财务预算执行情况报告。副总经理王春利作关于"十四五"规划编制的说明。352名职工代表在14个主、分会场参加会议，其中职工代表182名，列席代表170名。

31日　中油测井研发的CPLog高温高压微电阻率成像仪在川渝地区剑阁1井首次应用，所取全套资料获甲方好评。剑阁1井是集团公司重点探井，井深7728米、井眼149.2毫米、井温173.8℃、压力160兆帕，是一口超高温超高压大斜度小井眼井。

2月

1日　中油测井党委召开2021年党风廉政建设和反腐败工作会议。党委书记、执行董事金明权出席会议并讲话，总经理、党委副书记胡启月传达十九届中央纪委五次全会、集团公司2021年党风廉政建设和反腐败工作会议主要精神，党委委员、副总经理王春利主持会议，党委委员、纪委书记邵镇江作题为《坚守职责定位，提高监督质效，为全面建设世界一流中油测井提供坚强保障》工作报告，党委委员、总工程师汤天知同志宣读《关于表彰2019—2020年度纪检先进工作者、巡察工作先进个人及优秀项目组的决定》。会议总结中油测井2020年党风廉政建设和反腐败工作，部署2021年重点工作。

4日　中油测井副总经理、安全总监陈宝一行到生产服务中心进行春节前安全检查，并提出工作要求。

7日　中油测井随钻测井中心组装制造的首套旋转导向 G3 系统，在大庆油田 GY1-Q2-H2 井顺利通过大庆油田公司验收，并在该区块创旋转导向单趟进尺最长、机械钻速最快纪录。测井单趟作业进尺 2034 米，纯钻时间 111 小时，水平段平均机械钻速 18.34 米/时。

8日　中油测井总工程师汤天知一行到陕西省科技技术厅汇报交流工作，与陕西省科学技术厅副厅长王军等座谈交流。

同日　中油测井召开国际业务 2021 年新冠肺炎疫情防控专题视频会，落实集团公司党组决策部署和中油技服工作要求，总结 2020 年度国际业务疫情防控工作，对境外疫情防控和安全生产再动员、再部署。总经理、党委副书记胡启月出席会议讲话。

11日　陕西省总工会党组副书记兰新哲、陕西省能源化学地质工会主席张嗣华到中油测井调研慰问，与总经理、党委副书记胡启月等座谈交流，参观中油测井安全生产指挥大厅，并参加留守员工"守岗庆春"联欢活动。

18日　中油测井自主研发的三维感应成像测井仪在天津分公司承担的评价井首次应用获得成功。实现感应测井技术从二维到三维、从均质测量到各向异性地层测量的跨越，提高复杂储层油气准确识别和饱和度定量评价能力。

23日　中油测井党委书记、执行董事金明权，总经理、党委副书记胡启月一行到长庆油田分公司走访交流，与长庆油田分公司党委书记、中国石油驻陕西地区企业协调组组长付锁堂，长庆油田分公司总经理、党委副书记何江川等领导座谈，双方表示要深化交流，通力合作，实现共赢和共同发展。

同日　中油测井总经理、党委副书记胡启月与到访的斯伦贝谢公司亚洲区油藏评价及增产业务总监王禹一行 4 人座谈。双方表示要互利共赢、合作互补，进一步加大在合作制造、技术研发、服务保障、企业管理等方面的合作空间和力度。

25日　中油测井党委书记、执行董事金明权，总经理、党委副书记胡启月与到访的海峡能源有限公司总裁刘志强、副总裁李冰南一行座谈。双方表示要深化沟通交流，加强合作，推进共同发展。

2月　中油测井研发的矢量成果输出软件测试成功并正式投入使用。矢量成果输出软件由测井技术研究院与技术中心合作开发完成，具备稳定的矢量文件预览、编译、打印等功能。

3月

1日　中油测井制造公司首次采用激光选区融化 SLM 打印技术完成金属全尺寸岩性密度探头 3D 打印，实现超大尺寸机械部件整装加工，探头外形光滑，主要端面孔精度指标合格。

2日　中油测井党委书记、执行董事金明权，总经理、党委副书记胡启月等与到访的中国工程院院士李宁一行 5 人座谈。双方交流测井技术发展、院士工作站建设、测井软件生态圈、品牌建设、标准发布等方面工作，就进一步深化合作达成共识。

3日　中油测井召开 2021 年生产安全工作部署会。党委书记、执行董事金明权出席会议并讲话，总经理、党委副书记胡启月主持会议。副总经理、安全总监陈宝，副总经理石玉江参加会议。会议传达中油技服安全环保工作暨复产达产工作会精神，总结 2020 年生产安全工作取得的成绩，明确 2021 年公司总体生产任务，分析生产安全面临的困难和挑战，安排部署 2021 年重点工作。

同日　中油测井召开 2021 年装备制造工作视频会。党委书记、执行董事金明权出席会议并讲话，总经理、党委副书记胡启月主持会议。副总经理王春利作题为《深化改革创新，制造优良装备，为建设世界一流中油测井作出新贡献》工作报告。会议总结装备制造工作在"十三五"期间取得的成绩，分析面临形势和存在问题，对"十四五"期间装备制造工作作出总体部署，安排 2021 年重点工作，表彰中油测井装备制造先进集体（个人）和优秀实施项目。

4日　中油测井自主研发的 FITS-57 过钻具测井系统在吐哈分公司吉 1901-4 井一次下井投产

试验成功。仪器的重复性、稳定性、资料品质较好，达到预期试验目的。

5日　中油测井召开2021年解释评价工作视频会。党委书记、执行董事金明权出席会议并讲话，总经理、党委副书记胡启月主持会议，副总经理石玉江作题为《如何做好解释评价工作》专题报告。会议发布《关于加强解释评价工作管理提升服务质量的意见》，中油测井所属10家单位作解释评价工作汇报，会议表彰解释评价先进班组和先进个人。

7日　中油测井吐哈分公司在吐哈油田准东流转区块吉1901-4井完成首口FITS过钻具存储式测井，经与EILog常规电缆测井资料对比，曲线一致性较好，确认资料质量合格。FITS是中油测井自主研发的测井系统，可进行小井眼实时电缆测井和存储方式过钻具测井，仪器外径57毫米，直径小、钻头小，具有解决疑难井、长水平井等复杂井况下的测井资料采集优势。

8日　中油测井党委书记、执行董事金明权，总经理、党委副书记胡启月一行拜访陕西省副省长、政协副主席魏增军。魏增军肯定中油测井"十三五"以来取得的成绩，认可脱贫攻坚工作成果，对相关工作建议表示支持，表示陕西省委、省政府将为企业发展营造更好的环境，希望中油测井进一步发挥央企责任担当。

同日　中油测井党委召开党史学习教育启动会暨"转观念、勇担当、高质量、创一流"主题教育宣讲会。党委书记、执行董事金明权参加会议并安排部署党史学习教育，总经理、党委副书记胡启月参加会议并作主题教育宣讲。纪委书记邵镇江传达集团公司学习贯彻习近平总书记在党史学习教育动员大会上的重要讲话精神会议精神。领导班子成员出席会议。

9日　中油测井应用自主研发的CPLog成套装备在塔里木油田轮南地区LT3井完成电成像测井，资料质量合格，创CPLog成套装备在国内测井最高温度纪录。该井完钻井深8699米，井底温度192℃，是中国石油天然气股份有限公司的一口超深、超高温高压重点风险探井。

10日　中油测井与长城钻探交流国际测井业务划转交接工作，双方形成首批国际测井业务交接共识，签订《苏丹、南苏丹、哈萨克斯坦和伊朗四个国家国际测井业务交接协议》。

同日　中油测井西南分公司在西南油气田YS203H1-2井完成国内首次完全避光纤射孔，光纤避射率和定向成功率均100%。

10—19日　中油测井总经理、党委副书记胡启月一行拜访工程技术研究院、勘探开发研究院、煤层气公司、储气库公司、东方地球物理公司，与各兄弟单位主要领导围绕测井技术需求与合作进行座谈。

16日　中油测井召开2021年维稳信访安保防恐工作专题视频会，会议传达学习集团公司维稳信访社会治理领导小组2021年第一次会议精神，总结2020年工作，分析面临形势和挑战，安排部署2021年重点任务。

同日　中油测井召开2021年支持保障工作视频会。党委书记、执行董事金明权出席会议并讲话，总经理党委副书记胡启月主持会议，总会计师邹荣作题为《锚定"十四五"、构建"大后勤"，努力开创公司支持保障工作新局面》工作报告。会议总结"十三五"期间公司支持保障工作，分析当前面临形势及任务，安排部署"十四五"及2021年公司支持保障重点工作，4家所属单位作典型经验交流发言，表彰中油测井支持保障工作先进集体、先进班组和先进个人。副总经理王春利，副总经理、安全总监陈宝参加会议。

同日　中油测井自主研制的新型一次性桥塞坐封工具，在浙江油田昭通国家级页岩气示范区阳102H29平台完成2口井10段页岩气桥塞射孔联作施工作业。该工具突破结构设计、长深孔高精度加工等多项难题，实现高压气体反推直接坐封桥塞并丢手功能，适用于多种井筒工况，桥射联作施工成本更低，效率更高。

同日　天津分公司C2304队在赵东国际合作项目平台CP2N F-15H井测井作业中，爬行器RBT+MIT一串测爬行最大井斜93.11°，创爬行器一串测施工最大井斜纪录。

17日　集团公司总经理、党组副书记李凡荣一行到中油测井调研，听取测井仪器研发制造保障体系汇报，观看CPLog远程智能采集系统现场测井和测井EISC系统放射源监控画面，参观自主研发装备、测井芯片、3D打印产品和自动化机械加工生产线。李凡荣评价中油测井在测井仪器装备研发上基本实现了进口产品替代。强调面对国内外油气勘探开发逐步转向高温高压深层井和非常规储层评价的挑战，要进一步加快科技创新，在助力油田增储上产稳产中发挥重要作用。

同日　中油测井天津分公司综合运用存储式和钻具输送工艺，完成集团公司页岩油重点井歧页1H井测井任务，实现存储式阵列声波首次在大港油田页岩油井应用，创钻具输送方式单次核磁共振测井1300米最长井段纪录。

18日　中油测井国际公司出版的《复杂油气藏勘探评价技术及海外应用（英文版）》，获中国出版协会第十九届输出版优秀图书奖。

同日　中油测井天津分公司冀东测井项目部在冀东油田首次使用54毫米小爬行器完成套管完整性评价测井施工作业，填补爬行器套管检测技术在冀东油田应用的空白。

同日　中油测井承办长庆油田水平井测井技术应用成效研讨会在西安市召开，副总经理石玉江、长庆油田公司副总工程师郑明科到会讲话。会议交流水平井测井应用成效，提出了长庆油田2021年测井技术需求；会议在水平井全生命周期进一步发挥测井作用、建立沟通交流长效机制、加快测井新技术应用等方面形成多项共识。

19日　中油测井研制的新型遥传伽马仪器外壳样件在试压中心通过200℃/170兆帕极限指标测试，样件密封性、变形量、表面质量均达标。

20日　中油技服副总经理芦文生到中油测井技术研究院调研，检查中国石油测井院士工作站筹备情况及智能导向产业化工作进展。中油测井总经理、党委副书记胡启月，总会计师邹荣陪同调研。

22日　中油测井党委召开2021年巡察工作动员部署会，学习贯彻习近平总书记关于巡视巡察工作重要论述、党中央决策部署和集团公司党组工作安排，部署公司党委2021年巡察工作。党委书记、执行董事、巡察工作领导小组组长金明权在会上发表重要讲话，总经理、党委副书记、巡察工作领导小组副组长胡启月宣布2021年第一轮巡察组组长授权任职及任务分工决定，纪委书记、巡察工作领导小组副组长邵镇江主持会议，并就落实好会议精神提出要求。

25日　集团公司科技管理部主办、中油测井承办的中国石油测井科技创新大会在陕西省西安市召开。中油测井在会上发布自主研发的多维高精度成像测井系列新产品，与中国科学院、中国石油大学（北京）等13家高校院所签订长期战略合作框架协议。

同日　中油测井生产测井中心牵头与陕西延长石油（集团）有限责任公司研究院共同申报的陕西省重点研发计划项目"鄂尔多斯盆地低渗透油藏剩余油测井评价技术与应用"获陕西省科技厅批准立项。

同日　中油测井天津分公司研发的智能化射孔设计软件与器材链管理系统投入使用，该系统有智能化排炮设计、器材链管理和运营决策3个子模块，将排炮设计与器材库动态关联，实现自动排炮与手工调整相结合排炮设计新方式。

29日　中油测井辽河分公司C1197作业队完成集团公司重点预探井马探1井测井作业，创辽河油田井深最深、井温最高、井底压力最大三项测井施工纪录。马探1井井深5877米，井底温度185℃，井底压力98兆帕。

4月

1日　中油测井测井应用研究院"高原咸化湖盆混积岩油气藏测井评价关键技术及应用"项目在2020年度中国石油和化工自动化行业科学技术奖奖励暨行业智能发展大会上获科学技术进步奖二等奖，该项目制定企业标准2项，取得发明专利8项、软件著作权5项，发表论文43篇，为青海油田湖相混积岩油气藏发现与突破提供技术支持，创造良好经济和社会效益。

6—16日　中油测井副总经理石玉江一行拜访塔里木、新疆、吐哈、青海油田分公司和西部钻探工程有限公司，双方就开展技术交流与合作进行座谈。

6—17日　中油测井副总经理、安全总监陈宝一行到天津、华北、辽河、大庆、吉林分公司宣讲公司持续完成测井专业化重组后的发展形势、"十四五"及中长期发展规划，检查公司年度决策部署落实情况，各单位重点工作完成情况，并看望慰问一线干部员工。

8日　中油测井党委书记、执行董事金明权，总经理、党委副书记胡启月，与到访的冀东油田公司党委书记杨盛杰一行，双方就近年取得的工作成效及下一步发展打算，冀东油田多元化发展对测井技术的需求交流座谈。

9日　中油测井总经理、党委副书记胡启月与到访的中国石油大学（北京）人工智能学院院长肖立志一行8人，双方就进一步加强合作，促进"产学研用"深度结合进行交流。

10日　中油测井青海分公司在柴达木盆地重点井昆101井连续作业18小时完成测井施工作业，创柴达木盆地最深井深测井纪录。昆101井井深7350米，井底温度207℃。

11日　中油测井长庆分公司在长庆油田致密气苏东014平台应用爬行器完成国内首次水平井4.5英寸套管内射孔作业。

13日　中油测井牵头承担的集团公司测井重大技术现场试验项目"175℃/140兆帕成像测井装备现场试验"在北京通过集团公司科技管理部组织的专家组终期验收，该装备在塔里木、长庆、吐哈、华北、西南、新疆等油气田完成现场测井试验，推广应用效果显著。该装备通过提高测井仪器组合能力使作业效率平均提高30%，替代引进装备购置成本减少近三分之一。

16日　中油测井总经理、党委副书记胡启月一行拜访中国石油国际勘探开发有限公司，与中国石油国际勘探开发有限公司总经理贾勇座谈。双方就近年工作成效及下一步发展打算、测井技术需求与合作进行沟通交流。

20日　中油技服党委书记、执行董事张宝增一行到中油测井调研。中油测井党委书记、执行董事金明权，总经理、党委副书记胡启月陪同参观产业化工房，观看新一代智能采集系统CPLog远程测井过程，参观自动化加工生产线。张宝增对中油测井专业化重组以来所取得的业绩给予充分肯定，就下一步工作提出要提高政治站位，勇担责任使命，切实做好油田服务、解决地质难题；要坚持科技立企，持续打造技术利器，开展测井技术攻关，解决实际生产问题；要继续强化市场营销，全力满足客户需求，有针对性地开展市场营销、做好技术推介；要提高服务质量，提升发展质量，树立好测井形象，为油气田企业提供满意服务4点要求。

21日　中油测井牵头与中国石油集团科学技术研究院、大庆石油管理局、宝鸡石油机械有限责任公司、长城钻探工程有限公司共同研究的"测井重大技术现场试验与集成配套"项目在北京通过集团公司科技管理部组织的专家组终期验收，综合评价为优秀。

27日　新疆油田吉庆作业区58号平台8口井平均井深5600米。中油测井新疆分公司C3512、C4467、C3504和C3505作业队联合完成桥射联作施工作业，打破全国5000米以上平台井桥射联作施工作业新纪录。平台平均井间距35.7米，超常规间距25米以上，4支作业队历时48天，完成312段2389簇施工任务，射孔一次成功率100%。

28日　中油测井与长城钻探工程有限公司在北京签订《国际测井业务交接协议》《战略合作协议》，召开国际测井业务交接视频会。中油测井党委书记、执行董事金明权，长城钻探党委书记马永峰参加签订仪式。

5月

8日　中油测井总经理、党委副书记胡启月与到访的中国电子科技集团公司第二十二研究所党委书记刘小国一行座谈。双方就进一步深化合作进行交流，在加快标准化、规范化步伐，共同打造统一的中国石油测井生态圈方面达成共识。

9日　中油测井召开国际业务工作视频会。党委书记、执行董事金明权，总经理、党委副书记胡启月出席会议并讲话。金明权对CNLC前期取得成绩和中油测井"十三五"国际业务发展给予肯定,指出此次国际测井业务整合划转,为中油测井国际业务带来新的发展优势,具体表现在国际市场得到优化提升、仪器装备得到优化提升、科研技术得到优化提升、人力资源得到优化提升并讲话。

10日　集团公司石油工程首席专家秦永和一行到中油测井调研。中油测井党委书记、执行董事金明权,总经理、党委副书记胡启月等陪同调研并汇报工作。秦永对下一步工作提出要加强战略研究,持续做好对标,持续抓好科技创新,发展目标定位世界前茅;要加大资源整合,稳步推进改革;要重视导向项目,促进业务发展,建立集研发、制造、服务、销售一体的旋转导向产业链;要推进产业基地建设,打造"灯塔式"智慧车间4点要求。

11日　中油测井承担的集团公司超前基础研究项目"非均质复杂储层测井新技术新方法研究",在北京通过集团公司科技管理部组织的"十三五"重大科技项目终期验收。项目形成各向异性储层电阻率测井融合处理方法、储层基质—裂缝组合渗透率测井计算新方法、测井人工智能处理解释技术和页岩油关键参数实验评价技术在现场初步应用于非均质复杂储层参数计算和油气评价。

同日　中国石油档案馆副馆长韩剑锋一行6人到中油测井档案馆调研指导工作,检查指导中油测井档案管理和史志编研工作。

12日　中油测井总会计师邹荣与海峡能源有限公司副总裁李冰南代表双方在西安签订《战略合作协议》。双方以"平等互利、优势互补、合作共赢、共同发展"的原则,围绕对外合作、科技创新、现代生活服务、协同改革等领域开展深化合作,实现优势互补,促进共同发展。中油测井党委书记、执行董事金明权,总经理、党委副书记胡启月,海峡能源有限公司总裁刘自强参加签约仪式。

同日　中油测井承担的"测井核心装备与软件研发"课题在北京通过集团公司科技管理部组织的"十三五"重大科技项目验收,项目和所属5个课题综合评价全部为优秀。项目研制形成230℃/170兆帕高温高压小直径、存储式成像测井系列、偏心核磁共振、固井质量与套损检测声波扫描测井仪器,开发射孔设计优化与作业监测、高温高压小直径系列、过钻具存储式系列配套采集处理等软件。

13日　中油测井副总经理、安全总监陈宝到西南分公司召开川渝页岩气联合项目经理部工作推进座谈会。会议强调相关责任单位要持续在市场开拓、经营管理、安全生产、能力建设上下功夫,要将党史学习教育与生产经营深度融合,将学习教育成果转化为发展动能,打造提质增效"升级版"。

14日　中油测井总经理、党委副书记胡启月一行应邀到中船重工第七二二研究所与所长张新洪座谈。双方就测井技术需求和合作等内容进行交流。

18—21日　中油测井总经理、党委副书记胡启月,副总经理石玉江一行参加中油技服市场营销工作会。期间,胡启月、石玉江走访吐哈油田分公司,与吐哈油田分公司党委书记支东明座谈。

25日　中油测井党委书记、执行董事金明权给公司全体党员干部讲授《毛泽东思想传承与发展》专题党课。金明权指出,面对复杂多变的国际形势,特别是世界百年未有之大变局,要深入开展党史学习教育,学史明理、学史增信、学史崇德、学史力行,深入领悟毛泽东思想特别是活的灵魂,进而用习近平新时代中国特色社会主义思想武装头脑、指导工作、推动实践。

31日　中油测井与西南油气田公司在成都市举行四川盆地测井评价研究中心揭牌仪式并签订合作协议,双方以保障油田增储上产为目标,围绕四川盆地热点区块、重点井测井解释难点开展技术攻关,促进学科融合,强化人才培养,加强党建联建,"共谋、共建、共创、共享"发展。

31日—6月6日　中油测井党委书记、执行董事金明权,副总经理石玉江一行,走访辽河油田分公司、吉林油田分公司、大庆油田公司、大庆钻探工程公司,通报2020年以来油田、钻探需求落实情况，了解东部三家油田勘探开发对测井技术和服务的新需求，介绍中油测井主体技术、发展规划和服务保障工作进展。会谈方均表示将与中油测井深化交流合作、实现共赢发展。

6月

1日　中油测井总经理、党委副书记胡启月与到访的中油财务有限责任公司党委书记、董事长、工会主席刘德一行座谈。双方交流进出口贸易、筹融资和资金结算等方面意见，达成进一步深化合作共识。

2日　中油测井总经理、党委副书记胡启月一行到中国科学院西安光学精密机械研究所调研，与董事长周祚峰座谈，双方围绕科研人员管理、科技成果转化、测井技术需求进行交流。

4日　在陕西省脱贫攻坚表彰大会上，中油测井获"陕西省脱贫攻坚先进集体"称号。

6日　中油测井与大庆油田公司举行共建大庆油田测井研究院揭牌仪式。中国石油天然气股份有限公司副总裁、大庆油田党委书记孙龙德，中油测井党委书记、执行董事金明权为大庆油田测井研究院揭牌。大庆油田测井研究院创新融合式工作方式，发挥中油测井在装备、技术、人才等方面的优势，提升大庆油田油气藏多学科一体化综合评价能力和复杂地质目标测井联合攻关能力，采取油田公司和中油测井"一体化"运行模式，促进加快科研成果转化，提升测井技术在油田的应用效果。

9日　长庆分公司70101作业队在长庆油田华H90-3井随钻测井作业，创造亚洲陆上水平井最长水平段、长庆油田油井最深井等新纪录。华H90-3井水平段5000米，井眼轨迹穿越6个断层带。

15—16日　中油测井党委书记、执行董事金明权，总经理、党委副书记胡启月与来访的斯伦贝谢中国公司总经理赵刚、贝克休斯中国石油大客户总监庄业座谈。双方就联合制造、先进技术合作等交换意见。并就深入合作，实现互利共赢达成共识。

16日　中油测井牵头承担的"十三五"国家科技重大专项"高精度油气测井技术与装备研发及应用"项目通过国家能源局委托组织的专家组验收。该项目形成全系列多维高精度成像技术，开发1套测井交互精细融合处理平台，技术国际领先，显著提升复杂及非均质储层精准探测和恶劣井筒环境作业能力。

17日　集团公司党史学习教育第二巡回指导组副组长刘志明、指导组成员赵超到中油测井听取党史学习教育工作汇报，督促指导相关工作。

同日　中油测井举办庆祝中国共产党成立100周年红歌合唱比赛。15首红歌联唱，按照党史顺序在12个分会场视频连线参赛，共有1400多人参加演出，评选出一等奖3个、二等奖3个、三等奖4个、优秀奖4个。

同日　中油测井总会计师邹荣一行拜访长城钻探，双方交流国际测井财务管理及业务拓展，在确保按节点完成国际测井财务账务划转达成共识。

18日　中油测井召开2021年数字化转型推进会。副总经理石玉江作题为《加快数字化转型，助力高质量发展，为建成世界一流中油测井提供强力支撑》专题报告，总结"十三五"公司信息化工作，分析面临的形势和存在问题，部署"十四五"数字化转型工作和安排下一步重点工作。

22日　中油测井党委书记、执行董事金明权走访中国石油报社，与社长雷平、党委书记娄铁强座谈。双方表示要深化合作，增强中国石油测井高质量发展软实力，为实现集团公司党组关于"中油测井要率先建成世界一流示范性企业"目标营造良好发展环境。

23日　中油测井召开CPLog推广应用现场交流会。会议交流CPLog成套装备技术现状和推广应用情况，总结经验、探讨改进、提出需求，安排部署下一步推广应用自主装备工作。

24日　中油测井召开首次品牌建设工作推进会，全面落实品牌打造工程，助推公司高质量发展。

28日　中油测井与长城钻探签订《国际测井

业务整合划转财务资产交接协议》及资产负债表，双方正式完成财务资产划转。

30日　中油测井召开庆祝中国共产党成立100周年暨"两优一先"、脱贫攻坚表彰大会。党委书记、执行董事金明权发表讲话。会议宣布中油测井领导班子调整补充及分工，表彰优秀共产党员、优秀党务工作者、先进基层党组织和脱贫攻坚先进集体。

7月

2日　中油测井总会计师邹荣一行拜访陕西省税务局第二税务分局，与局长张大峰、副局长赵峰座谈。双方交流跨区域涉税业务管理、税收优惠政策享受、国际税收管理、出口退税等业务工作。

3日　中油测井承办的第十届陕西省"测井杯"职业技能大赛在重庆市举行。13家基层单位，115名选手参加射孔取心工、解释工程师2个工种竞赛。

8日　中油测井总经理、党委副书记胡启月、副总经理陈锋一行走访青海油田分公司，与总经理李国欣、总地质师张永庶座谈，双方就持续深化战略合作伙伴关系等事宜进行交流。

9日　中油测井总会计师邹荣与来访的共享运营公司西安中心党委书记、总经理马平原一行座谈，交流共享工作对接推进情况。

12日，中油测井与中国石油大学（北京）、长江大学共同组建创新实验联合体，构建校企合作新平台。遵循"资源共享、优势互补、协作创新、互利双赢"的原则，围绕非常规油气领域重要科学问题，开展岩石物理响应特性、烃类赋存与流动机理等基础理论研究，开展交流合作与人才培养，深化非常规储层实验测试分析技术、数字岩石技术、测井解释评价关键技术攻关，搭建"产、学、研、用"战略合作新模式。

14—16日　中油测井副总经理石玉江一行走访浙江油田公司，与浙江油田公司副总经理、总地质师梁兴座谈，并续签《"十四五"战略合作框架协议》。

16日　中油测井在陕西省能源化学地质工会举办的"陕西国能电力杯"职工乒乓球比赛中，获1金2铜。

20日　中油测井召开深化改革部署动员大会，启动实施深化改革专项工作。党委书记、执行董事金明权出席会议并讲话，总经理、党委副书记胡启月主持会议，总会计师邹荣作改革实施方案说明；副总经理、安全总监陈宝宣读关于资源整合组织机构调整，以及中油测井所属部分党组织机构成立、更名及撤销的通知；副总经理石玉江宣读公司干部任免、中层级专业技术岗位聘任、企业管理专题项目长聘任的决定，《关于成立公司改革推进领导小组及专项实施组的通知》；副总经理赫志兵作业绩调整说明；副总经理陈锋作特殊敏感时期升级管理要求；纪委书记邵镇江对改革实施过程中党风廉政建设工作提出具体要求。测井技术研究院、制造公司、物资装备公司、质量安全监督中心、长庆分公司、大庆分公司、天津分公司、国际公司等8家单位负责人作表态发言。中油测井首席技术专家、总经理助理、安全副总监，本部部门正副职、二级单位领导班子成员、海外大区负责人、海外项目党政正职，企业管理专题项目长，技术专家、一级工程师，三级正职883人在20个主、分会场参加会议。

21日　中油测井党委书记、执行董事金明权，总经理、党委副书记胡启月与到访的中国科学院地质与地球物理研究所党委书记张小雷座谈。双方围绕油气资源勘探开发技术瓶颈，推进随钻智能测导系统现场试验，为技术规模化推广应用签署战略框架合作协议。

23日　中油测井承办的中油技服川渝页岩气旋转导向生产运行保障会，在物资装备公司维保中心召开。中油技服副总经理喻著成到会并讲话，川庆钻探、长城钻探、渤海钻探和大庆钻探汇报2019年以来旋转导向在页岩气区块应用情况，维保中心汇报成立以来开展主要工作，会议研讨如何保障好旋转导向生产运行。喻著成就完善联管会组织机构、提高维保质量、加强仪器运行管理、与贝克休斯对接、加强维保中心和智能支持中心建设、成员企业合作六方面提出要求。

27—29日　中油测井党委书记、执行董事金明权一行到中国科学院上海硅酸盐研究所、中国船舶工业集团旗下海鹰企业集团有限责任公司工作交流，双方表示要携手打造优势互补、长期合作、目标同向、责任同担、成果共享的发展共同体和创新生态圈。

30日　中油测井党委书记、执行董事金明权，总经理、党委副书记胡启月与到访的中国石油物资采购中心副主任范士洪座谈，双方表示要同举中国石油一面旗，加强交流，深化合作，促进物资采管理合规高效。

8月

2日　长庆分公司70109作业队、L11131作业队在靖51-29H1水平井完成测录导一体化作业，创造亚洲陆上水平井最长水平段。该井井深8528米、水平段长度5256米，是长庆油田完钻的最深天然气井。

9日　中油测井首次应用自主研发制造的方位密度随钻测井仪在塔里木油田重点井吐木1井完成测井试验，与电缆测井曲线对比一致性良好，符合地层响应特征，塔里木油田地球物理研究所验收通过。

11日　中油测井自主研发的测井智能化作业系统完成现场试验定型。该系统基于人工智能，绞车自动运行时间占比80%以上，能够在各种井型环境下自动化输送仪器串。

12日　中油测井西南分公司在西南油气田威204H51-1井最后一段完成19簇桥射联作，创国内桥射联作一次入井簇数最多工艺纪录。

同日　中油测井西南分公司在西南油气田威204H37-1井首段连续油管射孔14簇，创川渝地区连续油管射孔一次入井簇数最多工艺纪录。

14日　中油测井国际公司在苏丹6区项目完成首井气举PLT生产测井作业，实现水平井流体成像测井系列RAT仪器在苏丹的首次应用，在苏丹油田拓展PLT服务业务链，成为苏丹油田唯一一家能够进行多样化PLT作业的测井服务商。

19日　中油测井副总经理赫志兵一行拜访中油技服，与中油技服国际事业部副总经理卢发掌、解光银座谈，交流中油测井基本情况、改革工作进展、国际业务生产经营情况、下步重点工作及需协调解决的问题。

24日　中油测井与宝石机械有限公司双方就深化合作、联合研发，共同促进国产新设备、新工艺在测井专业化技术服务领域推广应用签订战略合作协议。党委书记、执行董事金明权，总经理、党委副书记胡启月，宝石机械有限党委书记郭孟齐、总经理忽宝民参加签约仪式。

9月

3日　中油测井召开定额造价体系发布视频会，贯彻落实改革三年行动计划，推动"定额标准化、管理制度化、价格市场化"发展，构建完善的价格管理机制和定额造价体系。

5—10日　中油测井党委书记、执行董事金明权一行走访华北油田分公司、大港油田分公司、冀东油田分公司、渤海钻探，了解油田和钻探工程服务需求及2022年工作规划。中油测井与华北油田分公司签署监测业务合作框架协议，与大港油田分公司签订战略合作框架协议。

8日　中油测井总经理、党委副书记胡启月与到访的中国石油安全环保研究院总经理朱圣珍一行座谈，双方就进一步深化合作、提高安全环保管理工作水平进行交流。

10日　中油测井总经理、党委副书记胡启月与到访的中国科学院院士朱日祥及地质与地球物理研究所专家座谈，双方希望在新技术研发及成果转化应用方面进一步加强合作。

14日　中国石油测井重点实验室射孔技术研究实验室项目资料，通过四川省国防科学技术工业办公室验收。实验室具备实施200℃/200兆帕高温高压环境下射孔弹穿孔实验、350兆帕极限高压射孔管材实验，以及闪光X光工业CT扫描射孔弹射流等能力。

14—15日　中油测井总经理、党委副书记胡启月一行走访西南油气田分公司、川庆钻探，了解服务保障需求，深化合作、协同发展。与川庆钻探续签《战略合作框架协议》，推进在国内外市场和自营合作区块深度合作。

15日　中油测井组织190名员工在西安希尔顿酒店防控封闭管理一个月，参加第十四届全国运动会开幕式，展现中国石油测井人风采，为全运健儿加油。

16日　中油测井副总经理赫志兵，长城钻探副总经理韩敏，代表双方签订《境外联合管理协议》。

22日　中油测井成立中国石油测井院士工作站揭牌仪式暨专家交流研讨会在北京举行。中国石油集团公司党组成员、副总经理焦方正，中国石化集团公司党组成员、副总经理刘宏斌为测井院士工作站揭牌。中国工程院院士李宁作院士工作站建立背景介绍，中国工程院院士苏义脑、周守为、赵文智、王双明、邹才能、孙金声就如何提高中国测井技术国际竞争力和影响力，从不同角度提出期望。中国海油科技信息部总经理周建良、中国石油勘探开发研究院院长马新华对测井院士工作站的建成表示祝贺。

同日　中油测井党委书记、执行董事金明权一行拜访中国科学院地质与地球物理研究所，与中国科学院院士朱日祥、党委书记张小雷座谈。双方就深化合作、优势互补，携手打造目标同向、责任同担、成果共享、发展共赢的创新生态圈，共同推进测井装备技术进步展开交流。

23—24日　中油测井副总经理、工会主席石玉江到扶贫点紫阳县东木镇燎原村和略阳县，调研乡村振兴扶贫项目和脱贫攻坚成果，向燎原村捐赠乡村振兴帮扶资金20万元。

23—24日　中油测井自主研发的CPLog多维高精度成像测井系统入选中国石油十大科技创新成果，在集团公司科技与信息化创新大会上发布。中油测井获集团公司科技工作先进单位，CPLog系统研制创新团队获集团公司"科技创新团队"称号。CPLog多维高精度成像测井装备、CIFLog测井处理解释软件和超高温超高压超深穿透射孔技术参展集团公司"十三五"科技与信息化创新成就展。

26日　辽河油田公司党委书记李忠兴一行到访中油测井，与党委书记、执行董事金明权，总经理、党委副书记胡启月等座谈，双方希望加强合作，推进测井数据库建设，做好复杂井产能预测、老井复查工作，推动油田效益勘探开发，实现共同发展。

27日　中油测井西南分公司完成四川页岩气公司泸211井首段桥射联作施工作业，创国内页岩气桥射联作射孔垂直深度5104米最深纪录。

10月

9日　中油测井自主研发的定向探管在长庆油田华H90-6井完成首次实钻作业，入井无故障工作316小时，累计循环224小时，纯钻时间197小时，工作稳定、测量精确，其倾角测量精度±0.1度，方位测量精度±0.75度，达国际先进水平。

11—12日　中油测井总经理、党委副书记胡启月一行走访辽河油田分公司，双方就加强沟通交流，开展技术合作攻关，加快测井装备更新换代，加强新技术研发推广应用，推动共同高质量发展进行交流。期间，中油测井总会计师邹荣代表公司与辽河油田分公司签订《射孔业务划转协议》。

14日　中国石油国际勘探开发有限公司、中国石油勘探开发研究院联合主办，中油测井承办的中国石油海外业务测井技术与应用研讨会在陕西省西安市召开。会议聚焦海外测井技术需求和业务发展，深化海外特色测井技术研究与应用，为海外油气高效勘探和效益开发提供更加优质的技术供给。中油测井作题为《赓续CNLC品牌 建设世界一流中油测井》主题报告，中国工程院院士李宁及来自中国石油海外企业、油田技术服务企业、科研院所、咨询中心等单位188名企业领导、技术专家到现场或通过视频方式参加会议。

15日　集团公司咨询中心副主任周华堂一行到中油测井调研，与中油测井副总经理陈锋座谈。调研组认为，中油测井坚持研发制造应用服务一体化，紧盯科技前沿，攻关关键核心技术，形成了具有自主知识产权的"高、精、尖"测井装备，在替代进口测井装备方面发挥了重要作用，推动智能化、自动化制造转型提速效果显著，形成2条自动化生产线，进一步提高了产品质量和制造能力，就下一步工作提出建议。

21—27日　中油测井CPLog多维高精度成像测井技术和装备，在北京展览馆参加国家"十三五"科技创新成就展。

23—24日　集团公司科技管理部2021年测井专业前瞻性、基础性技术攻关项目开题论证会在北京召开，中油测井牵头，联合勘探开发研究院、大庆油田等单位协同攻关的"测井岩石物理与前沿储备技术研究""测井核心装备与软件平台研制"项目通过开题论证。

31日　中油测井塔里木分公司在塔里木油田迪探2井桥射联作施工中，创国内桥射联作使用模块化射孔枪和桥塞工具承压等级最高纪录。迪探2井井深5839.5米、施工最高温度141摄氏度、地层压力127.65兆帕、泵送压力最高82兆帕。

11月

3日　中油测井塔里木分公司在塔里木油田中寒2井完成钻杆传输射孔作业，装弹945发，发射率100%，创国内射孔施工压力最高184.62兆帕施工纪录。

4日　集团公司科技管理部2021年集团公司上游国际科技合作研究项目开题论证会在北京召开，中油测井牵头承担的"基于连续波传输的一体化随钻测井通讯及供电关键技术研究"课题通过开题论证。

12日　中油测井自主研制FITS过钻具存储式测井系统在阿拉伯联合酋长国阿布扎比国家石油公司（ADNOC）通过最终审查，取得服务许可。

16日　中油测井党委书记、执行董事金明权一行走访长庆油田分公司，与长庆油田分公司党委书记、中国石油驻陕西地区企业协调组组长何江川等座谈。双方表示，要高举中国石油同一面旗，深入落实集团公司"一体两面"要求，推动"五同五化"落地见效，同心聚力在鄂尔多斯盆地打造"四个一"合作典范。

18日　中油测井副总经理赫志兵与长城钻探副总经理韩敏就境外业务联合管理、公共费用分摊、税收管理和筹划及物资保障等方面座谈达成一致意见，并明确2022年6月30日前完成剩余11家境外机构的交接工作。

25日　中油测井实现海外财务共享业务上线运行，成为集团公司首家国内、国外业务共享全承接单位，海外财务业务处理流程效率提升60%以上。

同日　中油测井技术服务有限责任公司完成股权划转和法人变更，为中油测井全资子公司，法定代表人沙峰。

29日　中油测井国际公司与川庆钻探工程有限公司签订3口井的土库曼斯坦天然气康采恩续钻井大包射孔和测井合同，首次进入该市场。

29—30日　中油测井第四次党代会在西安召开。总经理、党委副书记胡启月主持会议，党委书记、执行董事金明权代表中共中国石油集团测井有限公司第三届委员会向大会作题为《贯彻"两个一以贯之"推进改革创新发展，以高质量党建引领保障世界一流中油测井建设》的主题报告。纪委书记邵镇江作题为《忠诚履职担当、提升监督质效，为建设世界一流中油测井提供纪律保障》工作报告。大会总结中油测井第三次党代会以来的主要工作和重要经验，研究部署今后一个时期加强党的全面领导、提升党建工作质量的总体思路和目标任务。选举产生新一届党委委员和纪委委员。陕西省委组织部组织三处处长吴昱应邀出席会议，中油测井党委领导班子成员及192名党员代表分别在13个主分会场参加会议。

12月

1日　中油测井党委组织部主办、中油测井党校承办的第一期青年骨干培训班在西安开班。党委书记、执行董事金明权出席开班典礼，以《加强学习、掌握方法，全面提升青年干部领导能力》为题讲授开班第一课。培训采用内外师资结合、线上直播方式，开展政治理论教育、党史学习教育、测井主营业务、管理能力提升、综合素质提升、石油精神教育等6个模块29门课程的集中培训。参加培训学员186人。

2—3日　中油测井召开2022年工作务虚会，会议系统学习贯彻习近平总书记对中国石油的重要指示批示精神，围绕深化测井改革创新，推动公司高质量发展，总结成绩、查找问题、明确思路、征求建议、集思广益、群策群力，谋划2022年基础建设年工作目标和重点任务。

3日　中油测井演讲作品《打开地下宝藏的钥匙》在第九届全国品牌故事大赛总决赛暨2021年中国企业品牌创新成果发布会上获总决赛二等奖。

7日　中油测井召开科技与信息化创新大会。党委书记、执行董事金明权作题为《立足自主创新、打造测井利器、加快数字化转型，高质量建设世界一流中油测井》的主题报告，总经理、党委副书记胡启月主持会议。副总经理、总工程师、安全总监陈宝作《"十四五"科技与信息化规划编制说明》。会议总结中油测井"十三五"科技与信息化工作成果，研究部署"十四五"及中长期推进科技创新和数字化转型、智能化发展工作目标任务和举措，动员干部员工深刻认识新阶段新使命新要求，推动科技与信息化创新。

15日　中油测井制造公司独立完成首片高速采集测井芯片组装封测并通过测试，测井芯片自主制造取得新突破。

21日　中油测井新冠肺炎疫情防控工作领导小组召开第40次会议，党委书记、执行董事、新冠肺炎疫情防控领导小组组长金明权分析12月9日以来陕西省西安市本土病例持续增加、疫情防控压力增大的形势，安排部署各单位坚持一手抓疫情防控、一手抓生产经营工作的思路，确保2021年平稳收官。

24日　中油测井与吐哈油田分公司共建的吐哈油田测井技术研究中心，在吐哈油田勘探开发研究院挂牌成立。双方就发挥技术和人才优势，本着互利双赢的宗旨签署共建协议，在测井设计、新技术推广应用、综合评价及测井解释评价技术攻关等方面开展技术合作，针对油田勘探重点难点集中开展技术攻关，提高勘探开发研究工作质量和效率。

（王　新）

统计数据

- 总述
- 市场开发
- 技术服务
- 综合应用
- 技术研发
- 装备制造
- 生产保障
- 信息化建设
- 质量健康安全环保与节能
- 企业管理与监督
- 党建、思想政治工作与企业文化建设
- 荣誉录
- 机构与人物
- 所属二级单位概览
- 大事记
- **统计数据**
- 附录

表 1　2021 年中油测井经营情况统计表

指标名称			单位	合计	长庆分公司	西南分公司	新疆分公司	天津分公司	辽河分公司
一、收入情况		收入总计	万元	910711.10	238012.78	94118.00	127805	61799.00	56753.06
	主营业务收入	主营业务收入合计	万元	893087.42	237569.24	88504.00	127678	61798.00	56737.31
		（1）按市场区域分 集团公司内本油区	万元	777445.26	234197.43	78907.00	125359	32604.00	53579.03
		（1）按市场区域分 集团公司内本油区外	万元		3.84	5406.00		22576.00	2582.32
		（1）按市场区域分 国内集团公司外	万元	24793.91	3367.97	4191.00	2319.00	6618.00	575.96
		（1）按市场区域分 国外	万元	90848.25					
		（2）按业务类型分 裸眼测井	万元	472179.56	123783.51	37166.00	40338.00	25802.00	24644.28
		（2）按业务类型分 生产测井	万元	64657.47	11571.41	780.00	1411.00	7103.00	3237.62
		（2）按业务类型分 射孔取心	万元	331096.23	101084.45	48848.00	83746.00	28296.00	28606.54
		（2）按业务类型分 资料处理解释	万元	11206.33	1129.87	1710.00	2183.00	597.00	248.87
		（2）按业务类型分 测井仪器销售	万元	9670.55					
		（2）按业务类型分 射孔器材销售	万元	4277.28					
	其他业务收入合计		万元	17623.68	443.54	5614.00	127.00	1.00	15.75
二、成本情况	总成本		万元	890037.73	203281.84	82582.00	109264.00	59489.00	60499.48
	集团公司内本油区		万元	738417.49	200395.24	74016.00	107316.00	31385.00	57131.77
	集团公司内本油区外		万元			4801.00		21732.00	2753.55
	国内集团公司外		万元	24709.24	2886.60	3765.00	1948.00	6372.00	614.16
	国外		万元	126911.00					
三、利润情况	总利润		万元	28969.29	34561.16	11536.00	20467.00	2310.00	-3746.41
	集团公司内本油区		万元	17631.04	34079.79	10505.00	20096.00	1219.00	-3552.74
	集团公司内本油区外		万元			605.00		844.00	-171.22
	国内集团公司外		万元	804.25	481.37	426.00	371.00	247.00	-22.45
	国外		万元	10534.00					

中油测井

大庆分公司	吐哈分公司	华北分公司	塔里木分公司	青海分公司	吉林分公司	国际公司	物资装备公司	非工程技术
59234.93	32784.55	37950.06	33174.32	25809.26	28360.19	95662.97		19246.98
59234.93	32779.12	37900.18	33174.32	25650.45	28351.00	95662.97		8047.90
57804.50	20043.07	29903.84	32433.42	25490.84	27358.64			59764.49
476.52	12134.16	7592.39						−50771.23
724.41	601.89	403.95	740.90	159.61	992.36			4098.86
229.50						95662.97		−5044.22
48648.00	15863.89	27694.50	22661.45	12577.88	15295.08	61472.97		16232.00
1357.00	6858.88	5164.48	2207.49	66.45	706.00	7456.00		16738.14
7496.14	9773.36	4185.90	7035.77	9889.65	11769.30	24944.00		−34578.88
1733.79	282.99	855.30	1269.61	3116.47	580.62	1790.00		−4291.19
								9670.55
								4277.28
	5.43	49.88		158.81	9.19			11199.08
52498.00	30146.58	37151.97	32423.31	30964.04	27451.00	79971.26		84315.25
48645.00	18890.62	29313.49	31699.18	30964.04	26352.96			82308.19
3383.00	11255.96	7442.50						−51368.01
		395.98	724.13		1098.04			6905.33
470.00						79971.26		46469.74
6736.93	863.35	798.09	751.01	104.47	1095.00	15691.71		−62199.02
9159.50	863.35	590.35	734.24	104.47	1051.20			−57219.12
−2906.48		149.89						1478.81
724.41		57.85	16.77		43.80			−1541.50
−240.50						15691.71		−4917.21

	指标名称	单位	合计	长庆分公司	西南分公司	新疆分公司	天津分公司	辽河分公司
四、资产情况	资产总额	万元	1245511.91	136697.97		96650.00	51626.00	45898.62
	固定资产原值	万元	1093335.29	127371.73	40938.00	66989.00	35698.00	57183.12
	固定资产净值	万元	263476.27	47558.79	10863.00	25397.00	7958.00	12230.34
	主要设备原值	万元	631993.21	112882.09	30000.00	49465.00	5345.00	55786.22
	主要设备净值	万元	125346.30	37427.95	4821.00	20708.00	1577.00	11983.50
	主要设备新度系数	%	19.83	33.16	16.07	41.86	29.50	21.48
	地面系统设备原值	万元	98035.33	8883.16	1446.30	16333.00	5345.00	13087.36
	地面系统设备净值	万元	20482.48	4345.02	216.90	5366.00	1577.00	2061.02
	地面系统设备新度系数	%	20.89	48.91	15.00	32.85	29.50	15.75
	井下仪器设备原值	万元	928873.54	6786.70				1527.70
	井下仪器设备净值	万元	153731.26	1107.16				92.20
	井下系统设备新度系数	%	16.55	16.31				6.04
五、本年主力装备投资	本年主力装备投资合计	万元	22043.66	6400.79	728.55	4429.49	2762.00	1658.86
	（1）成像系列	万元	16345.63	6400.79		1727.37	2630.00	934.50
	（2）数控系列	万元	4523.02		277.90	2702.12	132.00	
	（3）小数控	万元	1175.01		450.65			724.36
六、全员劳动生产率（按收入计算）		万元/人	79.66	255.65	96.93	145.56	70.71	52.31
七、市场占有情况	市场占有率（本油区）	%	96.37	98.80	86.00	97.80	100.00	99.22
	合同履约率（本油区）	%	90.59	99.30	100.00	100.00	100.00	100.00
八、产值情况	合计	万元	1051740.00	239717.00	143704.00	124679.00	63615.00	55595.00
	技术服务	万元	920464.00	239717.00	109705.00	124679.00	63615.00	55595.00
	仪器制造	万元	131276.00		33999.00			

注：地质研究院完成技术服务产值3176万元，测井技术研究院完成科研产值20966万元，制造公司完成仪器制造产值97277万元。

续表

中油测井

大庆分公司	吐哈分公司	华北分公司	塔里木分公司	青海分公司	吉林分公司	国际公司	物资装备公司	非工程技术
44700.23			23349.86	34415.99		137162.45		675010.28
60602.97	29851.49	46491.18	16429.99	31592.84	22843.30	362261.45		195082.22
14735.51	6924.07	12904.39	5435.95	8310.61	11488.80	29626.15		70043.66
30056.54	20319.96	47071.05		24803.35		256264.00		
8043.34	4014.36	12907.76		4879.39		18984.00		
26.76	19.76	27.42		19.67		7.41		
11048.33	4835.42	4911.62	4375.85	2125.29		25644.00		
2359.14	888.05	779.74	999.70	348.91		1541.00		
21.35	18.37	15.88	22.85	16.42		6.01		
	1067.93	525.87		501.57		230619.00	687844.77	
		3.37		48.05		17443.00	135037.48	
		0.64		9.58		7.56	19.63	
2649.20	462.20	1190.10	851.94	910.53				
1489.20	211.20	1190.10	851.94	910.53				
1160.00	251.00							
57.29	104.41	54.06	178.36	80.15	36.69	207.51		6.63
99.88	100.00	100.00	79.50	98.13	95.00	60.00		100.00
100.00	100.00	100.00	100.00	100.00	100.00	69.00		100.00
59235.00	26466.00	44900.00	33214.00	30569.00	28351.00	95104.00	6138.00	
59235.00	26466.00	44900.00	33214.00	30569.00	28351.00	95104.00	6138.00	

表 2　2021 年中油测井队伍装备统计表

指标名称		计量单位	长庆	西南	新疆	天津	辽河	大庆	吐哈	华北	塔里木	青海	吉林	国际公司	物装公司	合计
队伍	综合测井队	支	126	15	22	10	32	32	15	62	9	9	5	108		445
	裸眼井测井队	支	16	16	27	21	12	34	6		9	8	9			158
	生产井测井队	支	19	3	3	9	7		5		4	0	5	1		56
	射孔队	支	4	14	17	15	14		11		6	5	17			103
	LWD 队	支	4	1	1	2	2	2	8	5	5	1	3	12		46
	录井队	支	5									43				48
	合计	支	174	49	70	55	67	68	39	70	33	70	37	112	12	856
裸眼测井	成像 EILog	套	156	1		3	4	18	16	37	2	4	5	7		253
	ECLIPS	套	3	15		15	18	8	4	6	13		2	35		119
	EXCELL-2000	套														0
	LOGIQ	套	3	1		5	2		1		1	2	2	14		31
	LEAP800	套					2							11		13
	Wiseye1000	套						21								21
	MAXIS-500	套			2											2
	其他	套										2				2
	数控 EILog	套		4	1	1	8						3			17
	CSU	套														0
	3700	套														0
	SDZ-3000/5000	套			6	9	8					12				35
	HH-2530/2580	套		6	11	7		6				2				32
	LEAP600	套					6							56		62
	慧眼 1000	套						17								17
	520/530	套														0
	其他	套			5	2										7
	小数控 XSKC_92	套														0
	SKC-9800/200	套														0
	SKH-2000/3000	套														0
	SKD-3000A	套		10			18									28
	其他	套														0
存储式	FITS	套	3					5								8
	ThruBit	套	3	2	2	1	2	2								12
	Xtream	套			3								1			4
	其他	套	12	5	8	5	1						1			32

续表

	指标名称	计量单位	长庆	西南	新疆	天津	辽河	大庆	吐哈	华北	塔里木	青海	吉林	国际公司	物装公司	合计
生产测井	DDL	套														0
	SSC-93A	套														0
	SK88	套														0
	Sondex PLT	套	2	3		1			3					1		10
	BLS 9500	套														0
	SKH-2000/3000	套							6							6
	EXCELL-2000	套			2											2
	WELLSUN	套	9			7				4	3	2				25
	XCHD	套		1	4											5
	思坦 SCL-B2	套	9									4				13
	PLIS4100	套	34				9			8		4				55
	其他	套	14	5			15			6	3	1				44
射孔	SKD-3000A	套		1		15	1			4		2				23
	SSQ	套	78				3	4			1	10				96
	SKH-2000/3000	套									3					3
	DB-Ⅲ	套										9				9
	XCHD-ⅢA	套			28											28
	其他	套		26		5	14		12		3		2	54		116
随钻测井	FELWD	套		1			2					3	1	10		17
	旋转导向	套	2													2
	APS	套	6					3	2	3				2		16
	其他	套	1						2				4			7
录井	常规录井	套										38				38
	综合录井	套	6									34				40
	地化录井	套	1									20				21
	定量荧光核磁共振	套										23				23
	合计	套	342	81	77	73	111	82	44	70	33	139	48	182	12	1294
解释设备	工作站	台	15	11	6	5	45	26	9	5	25	3	4	31		185
	服务器	台	2	7	2	2	5	2	5	7	12	8	3			55
	大型绘图仪	台	7	7	5	7	25	16	14	10	0	6	5	25		127
	合计	台	24	25	13	14	75	44	28	22	37	17	12	56		367

表3　2021年中油测井及所属单位工作量及质量指标统计表

统计内容 单位	总工作量 井次	裸眼井测井工作量						工程测井工作量				国内测井射孔工作量 — 生产测井工作量				
^	^	合计 井次	完井 — 探井 口	完井 — 探井 井次	完井 — 开发井 口	完井 — 开发井 井次	随钻测井 井次	其他 井次	合计 井次	套损检测 井次	固井质量 井次	其他 井次	合计 井次	产出剖面 井次	注入剖面 井次	储层参数 井次	其他 井次
长庆	33577	7448	630	674	4502	4789	47	1938	8670	680	5554	2436	7719	67	3708	828	3116
西南	2791	666	141	288	157	222	30	126	1081	63	955	63	32	18			14
新疆	7351	1639	68	236	998	1372	17	14	1893	14	1714	165	634	314	286	27	7
天津	4598	906	79	183	396	611		112	1032	37	920	75	856	143	500	20	193
辽河	9424	1958	84	148	1378	1806		4	2176	196	1943	37	674	159	460		55
大庆	8694	4212	217	260	3268	3452	34	466	3841	82	3699	60	120				120
吐哈	4179	661	103	180	371	437	11	33	771	18	650	103	1814	34	452	393	935
华北	4777	1422	120	284	737	1081	57		1717	138	1262	317	1056	357	398	42	259
塔里木	1072	366	59	120	110	203	31	12	359	62	281	16	151	15	16	31	89
青海	4445	1486	44	72	551	1230	1	183	846	2	844		3	3			
吉林	5071	574	25	69	488	502	3		1253	113	825	315	1001	192	775	34	
国际公司	4055																
物装公司	155	155					155										
合计	90189	21493	1570	2514	12956	15705	386	2888	23639	1405	18647	3587	14060	1302	6595	1375	4788

	射孔工作量						国内录井工作量	国外工作量					质量统计		
													作业质量		资料质量
合计	电缆射孔	桥射联作	油管传输射孔	特殊作业	射孔厚度	用弹量	合计	合计	裸眼测井	工程测井	生产测井	射孔	仪器一次下井成功率(%)	测井一次成功率(%)	曲线优质率(%)
井次	井次	段数	井次	井次	米	万发	口	井次	井次	井次	井次	井次			
9719	7461	5879	1190	1068	57544.30	87.9054	21						99.52	94.24	98.43
1012	529	3984	211	272	21664.43	31.5021							99.56	99.02	98.25
3185	1034	6868	2085	66	44408.75	64.8242							99.92	96.87	99.22
1804	130		1536	138	17289.34	29.9662							99.78	96.90	98.67
4616	821	264	3371	424	35522.00	54.4096							98.91	92.13	99.08
507	365	34	39	103	2977.74	不详		14	9	5			99.34	98.50	100.00
933	453	852	444	36	11020.64	10.9600							99.87	98.55	98.82
582	376	166	181	25	5099.40	7.8851							99.83	99.68	97.64
196	6	5	106	84	4194.64	6.0645							98.66	97.35	99.39
1643	223	138	1392	28	16818.46	26.3100	467						96.00	92.31	99.71
2243	1810	1047	433		26166.15	27.2726							99.20	98.94	99.88
								4055	933	1566	184	1372	97.60	95.30	
26440	13208	19237	10988	2244	242705.85	347.0997	488	4069	942	1571	184	1372	99.62	97.95	99.00

表4 2021年中油测井及所属单位测井资料解释工作量及质量指标统计表

统计内容 油田区域	裸眼井测井解释工作量 合计(井次)	探评井(井次)	开发井(井次)	套管井测井解释工作量 合计(井次)	生产测井(井次)	工程测井(井次)	探井 试油气总层数	探井 符合层数	探井 识别准确率(%)	开发井 试油气总层数	开发井 符合层数	开发井 识别准确率(%)	综合 试油气总层数	综合 符合层数	综合 识别准确率(%)
长庆油田	5859	634	5225	15596	9383	6213	1880	1616	85.96	6962	6737	96.77	8842	8353	94.47
西南油气田	432	209	223	1004	114	890	274	242	88.32	451	447	99.11	725	689	95.0345
新疆油田	1402	295	1107	2526	634	1892	1132	999	88.25	1800	1759	97.72	2932	2758	94.0655
大港油田	371	20	351	197	187	10	69	60	86.96	768	742	96.61	837	802	95.82
辽河油田	1186	54	1132	2464	808	1656	93	81	87.10	766	735	95.95	859	816	94.99
大庆油田	1300	260	1040	3594	—	3594	519	469	90.37	969	929	95.87	1488	1398	93.95
吐哈油田	470	112	358	949	371	578	167	150	89.82	353	345	97.73	520	495	95.19
华北油田	948	107	841	1023	690	333	85	73	85.88	601	578	96.17	686	651	94.90
塔里木油田	91	35	56	156	99	57	245	215	87.76	180	175	97.22	425	390	91.76
青海油田	679	64	615	635	—	635	35	30	85.71	2419	2317	95.78	2454	2347	95.64
吉林油田	479	62	417	1733	1092	641	10	9	90.00	166	160	96.39	176	169	96.02
玉门油田	289	44	245	—	—	—	34	29	85.29	251	240	95.62	285	269	94.39
浙江油田	24	4	20	29	8	21	3	3	100.00	65	60	92.31	68	63	92.65
福山油田	44	13	31	94	28	66	86	78	90.70	190	183	96.32	276	261	94.57
境外地区	888	206	682	771	95	676	217	206	94.93	392	390	99.49	609	596	97.87
合计	14462	2119	12343	30771	13509	17262	4849	4260	87.85	16333	15797	96.72	21182	20057	94.69

表5 2021年中油测井装备制造工作量统计表

序号	仪器名称/型号	单位	数量
一	测井仪器类	套(支/件)	652
(一)	电缆测井类	套(支)	258
1	地面系统	套	12
(1)	综合数据采集与处理系统/IDAP6100	套	8
(2)	综合数据采集与处理便携系统/IDAP6200	套	4
2	CPLog常规测井系列(100kbps 155℃/100兆帕)	支	26
(1)	接箍磁定位测井仪/CCL6960	支	9
(2)	数字变密度测井仪/DVDS6663	支	6
(3)	旋转短节/SWIJ6213	支	3
(4)	双侧向硬电极/DLER62211	支	2
(5)	偏心短节/HING6211	支	2

续表

序号	仪器名称/型号	单位	数量
（6）	柔性短节/FLKJ6214	支	2
（7）	绝缘短节/ISOL6212	支	2
3	CPLog 15米/20米一串测系列	支	58
（1）	遥传伽马短节/CTGC1501	支	5
（2）	张力井温泥浆电阻率短节/TTMR1520	支	6
（3）	电极系电子线路短节/EAC6557	支	5
（4）	双侧向测井仪/DLL6503	支	13
（5）	井径连斜电子线路短节/CCIT15421	支	3
（6）	四臂电动井径/ECIM15422	支	5
（7）	电源短节/PSC6001	支	2
（8）	连续测斜仪/CTT6543	支	3
（9）	井径微电极组合测井仪（175℃）/CCMT1537	支	3
（10）	补偿中子测井仪/CNLT6421	支	4
（11）	岩性密度测井仪/LDLT6450	支	4
（12）	数字声波测井仪/DAS1540	支	5
4	CPLog 高温系列（430kbps 175℃/140兆帕/20H）	支	85
（1）	遥传伽马短节/CTGC1502	支	6
（2）	张力井温泥浆电阻率短节/TTMR1521	支	6
（3）	连续测斜仪/CIT1543	支	6
（4）	四臂井径测井仪/FCAL1544	支	4
（5）	数字声波测井仪/DAS1545	支	6
（6）	双侧向测井仪/DLL1505	支	8
（7）	补偿中子测井仪/CNLT1535	支	4
（8）	岩性密度测井仪/LDLT1550	支	2
（9）	岩密微柱组合测井仪/LDMC1553	支	2
（10）	磁定位/CCL1560	支	2
（11）	偏心短节/HING1571	支	2
（12）	柔性短节/FLkJ1572	支	5
（13）	旋转短节/SWIJ1573	支	5
（14）	绝缘短节/ISOL1574	支	7
（15）	双侧向硬电极/DLER1575	支	8
（16）	自然电位电极/SPRE1576	支	8
（17）	加长电极马龙头/EBRI1577	支	4
5	CPLog 小井眼一串测（Φ76）	支	57
（1）	小井眼张力井温泥浆电阻率短节/TTMR7322	支	11
（2）	小井眼遥传伽马短节/CTGC7304	支	11

续表

序号	仪器名称/型号	单位	数量
（3）	小井眼补偿中子测井仪/CNLT7421	支	11
（4）	小井眼岩性密度测井仪/LDLT7452	支	11
（5）	小井眼双侧向测井仪/DLL7503	支	3
（6）	小井眼硬电极/DLER72221	支	3
（7）	小井眼自然电位硬电极/DLER72222	支	3
（8）	光纤陀螺仪/SHFI7011	支	4
6	CPLog成像仪器	支	20
（1）	三维感应/3DIT6531	支	5
（2）	阵列感应测井仪/MIT1531	支	5
（3）	阵列感应测井仪（175℃）/MIT1530	支	1
（4）	阵列侧向测井仪/HAL6505	支	2
（5）	多频核磁共振测井仪/MRT6910	支	2
（6）	多极子阵列声波/MPAL6621	支	4
（7）	微电阻率成像测井仪/MCI6570	支	1
（二）	随钻测井类	套/支	13
1	地面系统	套	3
（1）	APS地面系统/SDAS2180	套	2
（2）	MMTS3050高温地面平台/MMTS3050	套	1
2	井下仪器	支	10
（1）	4.75英寸伽马成像随钻测井仪/GIT2821	支	2
（2）	电磁波电阻率随钻测井仪/WPR2531	支	2
（3）	随钻测量仪（LWD）/DSTL2306	套	2
（4）	6.75英寸旋转导向系统/AGS2232	套	2
（5）	多参数测量传输短节MMTS3050/MMTS3050	支	2
（三）	过钻具测井类	支	253
1	ThruBit过钻头存储式测井仪	支	27
（1）	采集处理地面仪/EWAFE	支	2
（2）	通讯短节/TMG-BA	支	2
（3）	伽马能谱测井仪/TBSG-A	支	2
（4）	补偿中子测井仪/TBN-BA	支	2
（5）	岩性密度仪测井仪/TBD-B	支	2
（6）	阵列感应测井仪/TBIT	支	1
（7）	偶极子声波测井仪/TBDS	支	2
（8）	阵列侧向测井仪/TBLA	支	2
（9）	转换短节/AH-317-TB	支	2
（10）	悬挂短节/TBHO-BA	支	2
（11）	旋转短节/SAH-TB	支	2

续表

序号	仪器名称/型号	单位	数量
（12）	偏心短节/TILE-CA	支	2
（13）	柔性短节/KAH-TB	支	4
2	FITS-57过钻具存储式仪器	支	226
（1）	过钻具测井地面系统/FTSL17121	台	9
（2）	过钻具高速遥传测井仪/THT17314	支	9
（3）	过钻具无线通信捕捉仪/TWCT17774	支	9
（4）	过钻具三参数测井仪/TTTR17327	支	9
（5）	过钻具伽马连斜测井仪/TGDT17414	支	9
（6）	过钻具独立四臂井径测井仪/TFCT17554	支	9
（7）	过钻具双侧向测井仪（含电极）/TDLT17514	支	7
（8）	过钻具高分辨率阵列声波测井仪/TAST17608	支	7
（9）	过钻具补偿中子测井仪/TCNT17434	支	7
（10）	过钻具岩性密度测井仪/TLDT17454	支	5
（11）	过钻具阵列感应测井仪/TAIT17534	支	7
（12）	过钻具电池组/TBP17762	支	9
（13）	过钻具电缆头（马龙头）/TLCH17768	支	9
（14）	过钻具偏心器/TER17235	支	7
（15）	过钻具扶正器/TCR17222	支	14
（16）	过钻具柔性短节/TFJ17221	支	12
（17）	过钻具旋转短节/TSJJ17220	支	13
（18）	过钻具绝缘短节/TIJ17226	支	8
（19）	过钻具上承压短节/TUPJ17223	支	9
（20）	过钻具下承压短节/TDPJ17224	支	9
（21）	过钻具底鼻/TBN17219	支	7
（22）	过钻具无磁短节/TNJ17225	支	9
（23）	过钻具专用钻头（6.5寸和8.5寸）/TPB17252	支	9
（24）	过钻具保护套/LTP17255	支	9
（25）	过钻具井口卡盘/TWC17267	支	10
（26）	配套工具	套	5
（四）	生产测井类	套/支	128
1	地面系统	套	5
（1）	生产测井综合地面系统/PLIS4100	台	1
（2）	生产测井便携地面系统/PLIS4200	台	2
（3）	同心二代验封测调一体化仪器地面系统/PCIM4139	台	2
2	井下仪器	支	123
（1）	注采剖面测井系列	小计	58
1）	电磁流量计/EFT38228	支	14

续表

序号	仪器名称 / 型号	单位	数量
2）	双探头压力计 /DPSG32299	支	30
3）	四参数测井仪 /QPTC38222	支	10
4）	超声流量计 /UFT38229	支	4
（2）	工程检测测井系列	小计	46
1）	光纤陀螺测斜仪 /FCIT54361	支	2
1.1）	遥传三参数测井仪 /MTCP61241	支	6
1.2）	声波变密度测井仪 /VDSL61332	支	6
2）	单芯遥传短节 /MTC43262	支	2
3）	多臂井径成像测井仪 /MCT61305	支	5
4）	电磁测厚测井仪 /MTLT43306	支	2
5）	射孔伽马测井仪 /GCLT38208	支	12
6）	四参数单芯高速遥传短节 /MTCP43241	支	2
7）	滚轮扶正器 /RCEN43261	支	3
8）	单芯遥传短节 /MTC61262	支	2
9）	磁定位伽马测井仪 /GMPT61275	支	2
10）	八扇区声波测井仪 /ESBT61283	支	2
（3）	精细注水	小计	2
1）	同心二代验封测调一体化仪器 /ICMT42513	支	2
（4）	射孔仪器及其他	小计	17
1）	电动液压桥塞坐封工具 /ITBP63702	支	4
2）	抗震伽马测井仪 /AGRT623630	套	2
3）	张力标定台	台	1
4）	马笼头	支	10
（五）	钻井仪表	套 / 件	
1	钻井仪表	套	793
2	钻井仪表配件	件	81511
（六）	备板、备件	件	32271
1	电缆测井类备板、备件	件	4057
2	生产测井工具及备件	件	28192
3	随钻测井备板、备件	件	22
二	射孔器材类		
（一）	射孔弹	万发	180.0
（二）	射孔枪	千米	506.3
（三）	射孔器材配件		
1	弹架	千米	169.69
2	其他配件	万只	14.15

附 录

- 总　述
- 市场开发
- 技术服务
- 综合应用
- 技术研发
- 装备制造
- 生产保障
- 信息化建设
- 质量健康安全环保与节能
- 企业管理与监督
- 党建、思想政治工作与企业文化建设
- 荣誉录
- 机构与人物
- 所属二级单位概览
- 大事记
- 统计数据
- **附　录**

附　表

附表1　2021年中油测井获集团公司级以上科技奖励

序号	项目名称	主要完成单位	奖项名称
1	蒙西新区石油勘探理论技术与河套盆地重大突破	华北油田分公司 中国石油集团东方地球物理勘探有限责任公司 中国石油集团测井有限公司	2021年度中国石油天然气集团有限公司科技进步一等奖
2	等孔径多簇射孔技术及工业化应用	中国石油集团测井有限公司	2021年度中国石油天然气集团有限公司科技进步二等奖
3	"三低"油气藏测井评价技术及规模化应用	中国石油大学（华东） 中国石油集团测井有限公司 中国石油化工股份有限公司石油工程技术研究院 中国石油化工股份有限公司胜利油田分公司勘探开发研究院	2021年中国产学研合作创新与促进二等奖
4	地层评价随钻测井系统	中国石油集团测井有限公司	2021年度中国石油和化学工业联合会技术发明三等奖
5	超深穿透射孔器及射孔工艺配套技术	中国石油集团测井有限公司西南分公司	2021年度集团公司科技成果转化创效奖励 获奖金额8.5万元

附表2　2021年中油测井获陕西省石油学会科学技术进步奖

序号	项目名称	授奖等级	主要完成单位	主要完成人
1	三维感应成像测井技术与装备研究应用	一等奖	测井公司测井技术研究院	陈　涛　宋青山　白　彦　王水航 史　超　范晓文　江有宏　陈章龙 贺秋利　王成龙
2	随钻伽马成像测井仪推广应用	一等奖	测井公司测井技术研究院	李安宗　李传伟　骆庆锋　宋　森 杨　颋　王　珺　陈　辉　柏爱川 杨　皓　葛云龙
3	非常规油气测井岩石物理实验及新方法研究	一等奖	测井公司测井技术研究院	李　新　张永浩　罗燕颖　刘　鹏 方朝强　贺国芬　李　兵　吴　迪 陈　渝　李　楠
4	低渗透不同类型油藏水淹层测井解释技术	一等奖	测井公司长庆分公司	文晓峰　刘行军　王自亮　赵保华 郑　昊　井素娟　曹孟鑫　王哲锋 张宝录　林忠霞
5	复杂岩性裂缝性储层测井评价技术研究与应用	二等奖	测井公司地质研究院	令狐松　崔式涛　张　虔　高衍武 刘春雷　张宇昆　程　亮
6	页岩气国产化测井评价技术及规模应用	二等奖	测井公司地质研究院	万金彬　谭玉涵　张凤生　姚亚彬 郭　宁　王德强　张宇昆

续表

序号	项目名称	授奖等级	主要完成单位	主要完成人
7	油气藏全域测井技术研究与应用	二等奖	测井公司地质研究院	李戈理 张辛耘 章海宁 陈玉林 姚军朋 肖 飞 杨智新
8	煤系地层测井综合评价技术及工业化应用	二等奖	测井公司地质研究院	黄 科 何羽飞 万金彬 赵建斌 冯俊贵 张丽娜 徐丽颖
9	FITS过钻具测井地面系统研制与现场应用	三等奖	测井公司测井技术研究院	朱新楷 李华锋 杜英伟 王 强 孙付川
10	盆地东部马家沟组上组合解释方法研究	三等奖	测井公司长庆分公司	任小锋 陈义祥 蔡 芳 李兴文 苗秀英

附表3　2021年中油测井科技进步奖励

序号	项目名称	授奖等级	主要完成单位	主要完成人
1	三维感应成像测井技术推广与应用	一等奖	测井技术研究院 大庆分公司 吉林分公司 西南分公司 青海分公司 天津分公司 长庆分公司	宋青山 白 彦 李庆峰 陈 涛 王水航 宋建华 史 超 文晓峰 范晓文 李海燕
2	加密多簇射孔技术研究与应用	一等奖	西南分公司	唐 凯 任国辉 陈建波 张清彬 郭廷亮 杨登波 陆应辉 赵昕迪 许嘉乐 马自强
3	核磁探头、微扫极板和感应线圈自主化研究与应用	一等奖	测井技术研究院 制造公司 长庆分公司	陈章龙 方 璐 施俊成 蔡长波 伍 莹 郭英才 史 超 黄 飞 辛守涛 张 华
4	测井地质工程测控系统软件开发与应用	一等奖	测井技术研究院 物资装备公司 地质研究院	李传伟 杨 亮 李国军 成志刚 于文茂 耿尊博 崔 玮 陈国兴 梁 耀 薛 峰
5	川中古隆起震旦系岩溶储层分级评价技术研究与建产300亿技术支持	一等奖	西南分公司	贺洪举 黄 宏 刘 航 齐宝权 张树东 王学琴 陈邦定 郑小川 韩红林 熊 宇
6	海外碎屑岩油藏水淹层评价与剩余油分布技术研究	一等奖	国际公司	程晓东 范乐元 郭振华 黄登峰 倪国辉 孙传宗 孔庆东 曾玉强 吴嘉鹏 李文伟
7	委内瑞拉超重油油藏储层流体识别技术与应用	一等奖	国际公司 地质研究院	李长文 李剑平 陈长春 侯秋元 陈 皓 方朝强 魏海云 程晓钰 张 诚 易 杰
8	鄂尔多斯盆地致密气多层系立体勘探测井评价关键技术研究与应用	一等奖	地质研究院 长庆分公司	成志刚 罗少成 牟 瑜 任小锋 郭笑锴 林伟川 吴有彬 牛林林 周 妍 崔丽香
9	高精度硬聚焦阵列侧向测井仪研制和推广应用	二等奖	测井技术研究院 制造公司 长庆分公司	曹景致 卢春利 阮亦军 马文中 项 艳 秦 伟 李华锋

续表

序号	项目名称	授奖等级	主要完成单位	主要完成人
10	CQ-GH系列低效油气藏高导流能力射孔弹技术研究	二等奖	西南分公司	付代轩 雷新华 赵世华 陈 玉 刘玉龙 卓毓波 杜明章
11	ESCT_II大颗粒井壁取心仪研制	二等奖	物资装备公司 大庆分公司	陆敬武 贾 鑫 孟祥柏 王志强 徐洪波 于传旭 井冬月
12	测井车载数据中心研制及应用	二等奖	制造公司	高凌云 贺东洋 夏大坤 吴德银 宫玉明 邓红兵 钟礼慧
13	声波变密度及径向声波固井质量测井仪器标定方法研究	二等奖	物资装备公司	李江博 史国发 牛承东 张 龙 杨 凯 于洪旺 史浩然
14	低孔低渗油气藏成像测井资料精细处理解释及软件完善	二等奖	长庆分公司 地质研究院	赵 静 陈义祥 苗秀英 林伟川 郭红梅 李兴文 崔丽香
15	低渗透不同类型油藏水淹层测井解释技术	二等奖	长庆分公司	文晓峰 刘行军 王自亮 张恩鹏 赵保华 郑 昊 井素娟
16	水平井测井评价关键技术研究与工业化用	二等奖	新疆分公司	蔺敬旗 陈华勇 曹志锋 杨星星 唐建红 于红果 于潇潇
17	智能化解释评价方法研究及海外应用	二等奖	国际公司	郭海峰 杨春顶 倪国辉 魏 娇 庄 维 丁海琨 张春伟
18	复杂砂砾岩储层测井评价方法研究及应用	二等奖	地质研究院	金兴明 高衍武 隋秀英 刘春雷 肖 华 牟明洋 杨 帆
19	青海油田复杂储层岩石物理实验及解释方法研究	二等奖	青海分公司 地质研究院	段朝伟 张程恩 李国利 徐永发 吕云霞 李 娜 聂晓敏
20	二维核磁共振测井数据处理系统的研发与应用	二等奖	辽河分公司	麻 超 杨贵凯 邓林峰 付崇清 董 红 蔺 佳 鲍志耀
21	复杂射孔枪串设计自动化的实现及应用	三等奖	长庆分公司	麻平社 郭文婷 王 艺 刘 欣 何 旭
22	苏里格数字化无人值守集气站系统研制及应用	三等奖	制造公司	宫玉明 陈晓东 吴德银 陈 勇 边艳辉
23	同轴随进式增效射孔配套及推广应用	三等奖	长庆分公司	路利军 孙志忠 崔 勇 贺红民 郭俊峰
24	三级装药多级脉冲射孔器研制与应用	三等奖	天津分公司	董拥军 刘 晖 隋朝明 黄伟涛 吕 巍
25	交叉偶极发射探头免拆解检查装置研究	三等奖	天津分公司	李卫强 刘先平 王海军 马永南 周 海
26	复杂井筒声波远探测解释评价技术研究	三等奖	塔里木分公司 地质研究院	鲁明宇 庞秋维 陈继胜 陈 蓉 张永迪
27	南方海相页岩储层测井采集与综合评价技术推广应用	三等奖	吐哈分公司	郑 儒 陈美军 曾 军 陈向阳 唐黎正
28	玉北油田测井资料区域评价研究	三等奖	吐哈分公司	张予生 叶志红 吴 都 刘俊华 职玲玲
29	盐水泥浆低对比度油气层测井关键技术研究与应用	三等奖	新疆分公司	周炬锋 张 凯 惠鸿飞 张 玮 段庆庆
30	断陷盆地复杂岩性储层测井解释评价技术研究	三等奖	大庆分公司	董永强 董 磊 张志国 陆敬武 王 慧

续表

序号	项目名称	授奖等级	主要完成单位	主要完成人
31	福山凹陷基于油藏背景下的测井地质综合评价含油气潜力研究	三等奖	华北分公司地质研究院	熊葵 罗安银 刘宁静 黄益 魏博
32	辽河油田西部凹陷兴隆台构造带中生界潜山测井评价研究	三等奖	辽河分公司	王正国 傅永强 韩志明 张光宇 刘建堂
33	盐膏层录井卡层方法研究	三等奖	青海分公司	张连梁 段宏臻 付新 孔令松 王邹沛
34	辽河油区稠油油藏隔夹层识别及储层评价技术	三等奖	辽河分公司	万吉庆 蒋云鹏 李华 李俊 金鑫
35	成像测井资料在吐哈油田的推广应用	三等奖	吐哈分公司	吴都 袁阳 曾博洁 王娜 史阳

附表4 2021年中油测井发明专利统计表

序号	专利名称	专利权人	发明人	授权公告日	申请公布号	专利类型
1	侧向测井仪中的差和电路	中国石油集团长城钻探工程有限公司 中油测井技术服务有限责任公司	高秀晓 白庆杰 肖占山 张森峰 于振南 胡海涛 姚春明 朱瑞明 邵琨	2021/2/26	CN105840174A	发明
2	双侧向测井仪及其电极系、地层电阻率测量方法	中国石油集团长城钻探工程有限公司 中油测井技术服务有限责任公司	胡海涛 白庆杰 肖占山 张森峰 高秀晓 姚春明 朱瑞明 于振南 邵琨	2021/9/3	CN105525918A	发明
3	计算页岩气地层矿物组分含量及孔隙度的方法	中国石油天然气集团有限公司 中国石油集团川庆钻探工程有限公司	杨小兵 杨争发	2021/4/9	CN106600436A	发明
4	电阻率扫描成像极板一体化发射和接收电极系	中国石油集团长城钻探工程有限公司 中油测井技术服务有限责任公司	韦海王 刘越 余京洋 于洋 吴翔 莫立锋 王林	2021/4/27	CN108318927A	发明
5	一种煤层含水量和产水量预测方法	中国石油天然气集团公司 中国石油集团测井有限公司	王建功 罗安银 陈晓琼 刘文华 崔小帅 郭森 刘荣芳	2021/1/1	CN106097133A	发明
6	随钻感应测井电场刻度方法	中国石油天然气集团公司 中国石油集团测井有限公司	李剑浩 李安宗 陈鹏 朱军 牒勇 鲁晔 张甜甜 杨善森 杨国华 严冬	2021/8/3	CN108049865A	发明
7	一种多极极化率组合测井仪及其测井方法	中国石油天然气集团公司 中国石油集团测井有限公司	曾花秀 郭庆明 于华 阳晓红 彭慧琴 白彦 方荣贵 郭用梅 李艳婷	2021/8/31	CN107725045A	发明

续表

序 号	专利名称	专利权人	发明人	授权公告日	申请公布号	专利类型
8	一种基于煤心实验由测井资料确定煤岩物性的方法	中国石油天然气集团公司 中国石油集团测井有限公司	王建功 董银梦 刘文华 陈晓琼 张伟伟 罗燕颖 吴 迪 张媛媛	2021/4/30	CN107389521A	发明
9	一种随钻测井仪连接器	中国石油天然气集团公司 中国石油集团测井有限公司	陈 鹏 卫一多 杨 颋 徐 韧 醋云彦 闫麦奎 俞 蓓 王 珺 代志平 刘 枭 郭逸潇 贾 桑 马 丽 黄 河 乔伟刚	2021/1/29	CN108119127A	发明
10	一种方位电磁波电阻率成像随钻测井仪	中国石油天然气集团有限公司 中国石油集团测井有限公司	陈 鹏 王 珺 卫一多 王自力 鲍里斯（Boris） 杨 颋 俞 蓓 徐 韧 骆庆锋 和丽真 尤嘉祺 闫麦奎 蒋浩泽 范宇翔 李 留 宋 森 马成祥	2021/8/27	CN108756864A	发明
11	一种致密砂岩储层渗透率的计算方法	中国石油天然气集团有限公司 中国石油集团测井有限公司	罗少成 成志刚 唐冰娥 林伟川 吴有彬 叶志红 杨超超 周丽艳 牟 瑜 郭笑锴	2021/9/28	CN109932297A	发明
12	一种基于恒定功率的高精度低流量检测装置	中国石油天然气集团有限公司 中国石油集团测井有限公司	刘国权 陈 强 董继辉 任丽娟 刘建成 秦民君 郭 锋 段银鹿 张 学 李 阳 刘旭辉 杨旭辉 魏 勇 王易安	2021/1/1	CN109781199A	发明
13	一种随钻测井仪连接器	中国石油天然气集团公司 中国石油集团测井有限公司	陈 鹏 卫一多 杨 颋 徐 韧 醋云彦 闫麦奎 俞 蓓 王 珺 代志平 刘 枭 郭逸潇 贾 桑 马 丽 黄 河 乔伟刚	2021/1/29	CN108119127A	发明
15	一种致密砂岩储层渗透率的计算方法	中国石油天然气集团有限公司 中国石油集团测井有限公司	罗少成 成志刚 唐冰娥 林伟川 吴有彬 叶志红 杨超超 周丽艳 牟 瑜 郭笑锴	2021/9/28	CN109932297A	发明
16	一种基于恒定功率的高精度低流量检测装置	中国石油天然气集团有限公司 中国石油集团测井有限公司	刘国权 陈 强 董继辉 任丽娟 刘建成 秦民君 郭 锋 段银鹿 张 学 李 阳 刘旭辉 杨旭辉 魏 勇 王易安	2021/1/1	CN109781199A	发明
17	一种获取激发极化效应快中慢衰减常数的数据处理方法	中国石油天然气集团有限公司 中国石油集团测井有限公司	于 华 曾花秀 郭庆明 白 彦	2021/1/29	CN109580449A	发明

续表

序号	专利名称	专利权人	发明人	授权公告日	申请公布号	专利类型
18	一种高频岩石介电常数测量方法及测量用夹具	中国石油天然气集团有限公司 中国石油集团测井有限公司	徐方友 余春昊 贺秋利 岳爱忠 卢春利	2021/8/31	CN109444174A	发明
19	一种水下电视摄像的物体表面折射率成像系统	中国石油天然气股份有限公司 中国石油大学（华东）	李代林 于洋 李贵雷 裴红艳	2021/1/29	CN109238971A	发明
20	一种用于层状砂砾岩储层的电成像图像刻度方法及系统	中国石油天然气集团有限公司 中国石油集团测井有限公司 中国石油集团测井有限公司华北分公司	张伟 蔡军 李振苓 王建功 李思 赵懿 鞠江慧 高淑梅 陈辉 张娜 李鹏涛 黄益 郭常伟 孙宇晗	2021/3/16	CN111042808A	发明
21	一种页岩气微裂缝测井识别方法	中国石油天然气集团有限公司 中国石油集团测井有限公司	罗利 王勇军 谢刚 黄宏 黄毅 邹柳柳	2021/1/1	CN109870720A	发明
22	基于核磁测井双TW极化增强法的流体性质识别方法	中国石油天然气集团有限公司 中国石油集团测井有限公司	吴有彬 张海涛 张蕾 罗少成 席辉 郭浩鹏 郭笑锴 甘宁 张少华 牟瑜	2021/8/31	CN109856688A	发明
23	一种测井电缆旋转密封装置及其操作方法	中国石油天然气集团有限公司 中国石油集团测井有限公司	刘向汉 刘江龙 杜拥军 曾崙 俞建国 马鑫 江龙飞 吴凤武 王广斓 李小文 王磊 胡靓 兰积恒	2021/4/30	CN110005364A	发明
24	一种用于核磁共振测井的信号检测方法	中国石油天然气集团有限公司 中国石油集团测井有限公司	朱万里 杨居鹏 钟剑 师光辉 方璐 王雷 李凡 王丽华	2021/11/2	CN110133734A	发明
25	一种电动直驱泵抽排装置	中国石油天然气集团有限公司 中国石油集团测井有限公司	王晓冬 吴金云 方璐 陈军利 高世博 马颖	2021/3/30	CN110469481A	发明
26	一种井下短电缆切割器及其使用方法	中国石油天然气集团有限公司 中国石油集团测井有限公司	刘春斌 杨永杰 张宏 马宗杰 孔德博 王爱新 范林 孙小科 罗京 金仁高 李国玮 桂鹏飞 王明宽 刘翌尧 叶文军 苏昊	2021/11/2	CN110359873A	发明
27	一种用于测井的绝缘短节	中国石油天然气集团有限公司 中国石油集团测井有限公司	孙七零 王炜 王晓冬 郭英才 王正 吴金云 杨海	2021/1/29	CN110295855A	发明
28	一种随钻声波远探测低频发射换能器	中国石油天然气集团有限公司 中国石油集团测井有限公司	邹骁 醋云彦 胡凯利 李剑 黄飞 李玉霞	2021/4/30	CN110813683A	发明

续表

序号	专利名称	专利权人	发明人	授权公告日	申请公布号	专利类型
29	一种利用测井资料评价页岩气储层游离吸附比的方法	中国石油大学（华东）中国石油集团测井有限公司测井应用研究院	孙建孟　万金彬　付雅峰　程道解	2021/4/30	CN111208583A	发明
30	一种井筒管柱损伤评价方法	中国石油天然气集团有限公司 中国石油集团测井有限公司 中国石油集团测井有限公司华北分公司	王英杰　周振永　蔡文渊　宁卫东　杨晶　张润　李振苓　刘荣芳　李云　左俊林　张宁　王薇　王新龙　孙雨蒙　赵璐阳	2021/6/22	CN110821473A	发明
31	基于核磁量化表征的砂砾岩储层产能下限确定方法及系统	中国石油天然气集团有限公司 中国石油集团测井有限公司 中国石油集团测井有限公司华北分公司	祗淑华　张伟　成捷　罗安银　叶磊　赵懿　郭森　熊葵　郑波　高瑞琴　张伟伟　孙越　叶文军　陈勇　何江涛	2021/6/22	CN111042810A	发明
32	一种砂砾岩储层成层状性的评价方法及系统	中国石油天然气集团有限公司 中国石油集团测井有限公司 中国石油集团测井有限公司华北分公司	蔡文渊　黄胜　诸葛月英　王静　于伟高　张伟　张伟伟　赵懿　熊孝云　代红霞　洪晶　白莎　李静文　孙宇晗	2021/6/29	CN110966000A	发明
33	一种注水井套管损伤测试数据的处理方法	西安石油大学 中国石油集团测井有限公司生产测井中心	马云　牛步能　傅强　白海涛　王新强　谢娟　叶从丹	2021/7/16	CN110186840A	发明
34	一种鱼顶位置测量方法	中国石油天然气集团有限公司 中国石油集团测井有限公司 中国石油集团测井有限公司华北分公司	陈永昌　周振永　罗安银　林作华　杨晶　王明才　陈辉　王超　叶文军　李昊辰　胡德慧　王元庆　解辉　张裔　温建英	2021/7/30	CN110805431A	发明
35	一种安装拆卸装置及安装拆卸方法	中国石油天然气集团有限公司 中国石油集团测井有限公司	尹立山　曹宇欣　杨大军　刘甲辰　史浩然　林兵兵　魏刘昕　赵亚成　张巍　冯利军　王建民　边仁河　张金贵　刘礼胜	2021/9/21	CN110948450A	发明
36	一种测井电缆断丝处理方法	中国石油天然气集团有限公司 中国石油集团测井有限公司 中国石油集团测井有限公司华北分公司	张国良　陈志鑫　魏磊　邢红艳　唐林　王元庆　刘鑫　赵杰　郭常伟　戴威　吕赴　吴青芳　张宁　魏巍　彭迪	2021/9/24	CN110778286A	发明
37	一种射孔弹装配供料出料装置	中国石油天然气集团有限公司 中国石油集团测井有限公司	程晏桥　吴焕龙　向旭　陈瑞梁　雷震　贾良平　彭科普　刘勇　刘世平	2021/3/30	CN110405434A	发明

附 录

续表

序号	专利名称	专利权人	发明人	授权公告日	申请公布号	专利类型
38	一种射孔弹装配自动上下料装置及其装配工艺	中国石油天然气集团有限公司 中国石油集团测井有限公司	程晏桥 吴焕龙 向 旭 陈瑞梁 雷 震 贾良平 彭科普 刘 勇 刘世平	2021/11/2	CN110375597A	发明
39	一种套管状态评价方法	中国石油天然气集团有限公司 中国石油集团测井有限公司 中国石油集团测井有限公司华北分公司	张 润 周振永 蔡文渊 付 凯 罗安银 宁卫东 张 裔 李振苓 祇淑华 诸葛月英 王英杰 左俊林 邓文传 张 宁 张 平 苏 敏 宁奕铭	2021/8/13	CN110851988A	发明
40	一种声波换能器制作夹持器	中国石油天然气集团有限公司 中国石油集团测井有限公司	郭英才 胥 召 冉晓军 李 勇 李玉霞 史 超 陈章龙 王晓冬 孙七零	2021/1/1	CN110410397A	发明
41	一种应用阵列声波测井数据进行气层识别的方法	中国石油天然气集团有限公司 中国石油集团测井有限公司	曹先军 周 军 李国军 赵 静 马修刚 路 涛 孙 佩 苗秀英 侯秋元 李 楠 冀 昆 樊云峰 刘家雄 赵延静	2021/1/29	CN110133724A	发明
42	一种定向传感器的标定方法	中国石油天然气集团有限公司 中国石油集团测井有限公司	孟卓然 朱 军 王 飞 成淑云 吴 瑶 贾 桑 郭 瑛 崔宏生 牒 勇 鲁 晔	2021/8/27	CN110849403A	发明
43	一种用于带压桥塞射孔联作快速换装工具串及井口的方法	中国石油天然气集团有限公司 中国石油集团测井有限公司	唐 凯 陆应辉 陈建波 张清彬 任国辉 许嘉乐 李奔驰 唐 勤	2021/8/3	CN111441732A	发明
44	油气最小混相压力确定方法及装置	中国石油大学（北京） 中国石油天然气股份有限公司	宋兆杰 宋宜磊 陈玉琨 师耀利 冯 东 宋 平 柏明星 鲜成钢 侯吉瑞 宋考平	2021/1/12	CN111256900A	发明
45	裂缝切割系统	中国石油天然气集团有限公司 中国石油大学（北京）	赵宏林 鞠晓东 卢俊强 门百永 乔文孝 车小花 刘付火 许永标 王啸宇	2021/6/15	CN111644687A	发明
46	一种套管状态评价方法	中国石油天然气集团有限公司 中国石油集团测井有限公司 中国石油集团测井有限公司华北分公司	宁卫东 付 凯 蔡文渊 邢红艳 张 润 王文厚 诸葛月英 祇淑华 刘荣芳 薛素丽 王新龙 张 宁 赵璐阳 孙雨蒙 牛思雨 宁奕铭	2021/6/8	CN110821472A	发明

附表5 2021年中油测井软件著作权登记统计表

序号	成果名称	单位	国家版权登记号	国家版权登记日期
1	复杂孔隙结构油气层识别处理软件	中国石油天然气集团公司 中国石油集团测井有限公司技术中心	2021SR0376635	2021/3/11
2	地层径向电阻率连续反演软件	中国石油天然气集团公司 中国石油集团测井有限公司技术中心	2021SR0376646	2021/3/11
3	长庆测井数据服务平台	中国石油天然气集团公司 中国石油集团测井有限公司技术中心	2021SR0376647	2021/3/11
4	长庆测井解释评价数据库及管理系统	中国石油天然气集团公司 中国石油集团测井有限公司技术中心	2021SR0376649	2021/3/11
5	套管节箍深度表处理程序	中国石油天然气集团公司 中国石油集团测井有限公司新疆分公司	2021SR0376784	2021/3/11
6	致密砂岩储层含水率分级评价软件	中国石油天然气集团公司 中国石油集团测井有限公司测井应用研究院	2021SR0376832	2021/3/11
7	最优化测井处理解释软件	中国石油天然气集团公司 中国石油集团测井有限公司技术中心	2021SR0376833	2021/3/11
8	测井仪器检修系统软件	中国石油天然气集团公司 中国石油集团测井有限公司长庆分公司	2021SR0383110	2021/3/12
9	测井协同化处理解释系统	中国石油天然气集团公司 中国石油集团测井有限公司技术中心	2021SR0383111	2021/3/12
10	随钻电阻率成像精细分析系统	中国石油天然气集团公司 中国石油集团测井有限公司随钻测井中心	2021SR0383112	2021/3/12
11	测井智能电源控制软件	中国石油天然气集团公司 中国石油集团测井有限公司技术中心	2021SR0383113	2021/3/12
12	测井核磁共振精细分析系统	中国石油天然气集团公司 中国石油集团测井有限公司技术中心	2021SR0383119	2021/3/12
13	随钻高分辨率侧向扫描成像仪器仿真软件	中国石油天然气集团公司 中国石油集团测井有限公司随钻测井中心	2021SR0383246	2021/3/12
14	矿物成分智能处理分析软件	中国石油天然气集团公司 中国石油集团测井有限公司技术中心	2021SR0383247	2021/3/12
15	基于智能算法的测井解释评价软件	中国石油天然气集团公司 中国石油集团测井有限公司天津分公司	2021SR0489952	2021/4/2
16	基于人工智能的岩性与流体识别软件	中国石油天然气集团公司 中国石油集团测井有限公司测井应用研究院	2021SR0489959	2021/4/2
17	泥页岩遗传-复合形最优化测井处理软件	中国石油天然气集团公司 中国石油集团测井有限公司测井应用研究院	2021SR0489990	2021/4/2
18	基于CIFLog平台的井周声波扫描成像测井资料处理解释软件	中国石油天然气集团公司 中国石油集团测井有限公司大庆分公司	2021SR0758217	2021/5/25

续表

序号	成果名称	单　位	国家版权登记号	国家版权登记日期
19	随钻电磁波成像测井响应三维数值模拟软件	中国石油天然气集团公司 中国石油集团测井有限公司 中国科学院地质与地球物理研究所随钻测井中心	2021SR0758383	2021/5/25
20	随钻电磁波成像测井数据处理与成像软件	中国石油天然气集团公司 中国石油集团测井有限公司 中国科学院地质与地球物理研究所随钻测井中心	2021SR0758513	2021/5/25
21	随钻远探边电磁波测井响应数值模拟计算软件	中国石油天然气集团公司 中国石油集团测井有限公司随钻测井中心	2021SR0758708	2021/5/25
22	储层参数建模软件	中国石油天然气集团公司 中国石油集团测井有限公司测井应用研究院	2021SR0758709	2021/5/25
23	直方图批量分析绘图软件	中国石油天然气集团公司 中国石油集团测井有限公司测井应用研究院	2021SR0758726	2021/5/25
24	油藏开发注水曲线绘图分析系统	中国石油天然气集团公司 中国石油集团测井有限公司测井应用研究院	2021SR0758745	2021/5/25
25	油藏开发采油曲线绘图分析系统	中国石油天然气集团公司 中国石油集团测井有限公司测井应用研究院	2021SR0758746	2021/5/25
26	油藏区域开发指标快速分析系统	中国石油天然气集团公司 中国石油集团测井有限公司测井应用研究院	2021SR0758759	2021/5/25
27	密度测井固井评价软件	中国石油天然气集团公司 中国石油集团测井有限公司随钻测井中心	2021SR0758763	2021/5/25
28	储层产水率测井定量评价软件	中国石油天然气集团公司 中国石油集团测井有限公司测井应用研究院	2021SR0758764	2021/5/25
29	LEAD处理框架平台	中国石油天然气集团公司 中国石油集团测井有限公司技术中心	2021SR10489972	2021/4/2

附表6　2021年中油测井获集团公司自主创新产品

序号	名　称	型　号	所属单位
1	三维感应成像测井仪	3DIT6531	中国石油集团测井有限公司
2	EILog一串测175℃/20h测井系列	EILog-Q（175℃/20h）	中国石油集团测井有限公司
3	分簇射孔泵送辅助软件	分簇射孔通过能力分析软件（型号1.0）、分簇射孔泵送辅助软件（型号V1.1.5）、射孔智能专家系统（型号V1.0）、分簇射孔泵送程序设计软件（型号V2.0）	中国石油集团测井有限公司

附表7 2021年中油测井制修订管理制度

序号	文件名称	发文字号	发文部门
1	中国石油集团测井有限公司会议管理办法	测井办〔2021〕77号	办公室（党委办公室、维稳信访办公室）
2	中共中国石油集团测井有限公司委员会第一议题制度	测井党委〔2021〕4号	办公室（党委办公室、维稳信访办公室）
3	中国石油集团测井有限公司各级人员履职待遇、业务支出管理规定	测井办〔2021〕5号	办公室（党委办公室、维稳信访办公室）
4	中国石油集团测井有限公司会议制度（试行）	测井党委〔2021〕5号	办公室（党委办公室、维稳信访办公室）
5	中国石油集团测井有限公司加强督促检查工作实施细则	测井党委〔2021〕50号	办公室（党委办公室、维稳信访办公室）
6	中国石油集团测井有限公司异地交流人员周转住房管理办法（暂行）	测井办〔2021〕111号	办公室（党委办公室、维稳信访办公室）
7	中国石油集团测井有限公司中层领导班子和领导人员综合考核评价办法	测井党委〔2021〕56号	人事处（党委组织部）
8	中国石油集团测井有限公司中层领导人员任期制实施细则（试行）	测井人事〔2021〕54号	人事处（党委组织部）
9	中国石油集团测井有限公司兼职培训师管理实施细则（试行）	测井人事〔2021〕55号	人事处（党委组织部）
10	中国石油集团测井有限公司生产经营绩效考核办法	测井人事〔2021〕17号	人事处（党委组织部）
11	中国石油集团测井有限公司党内表彰实施办法	测井党委〔2021〕30号	人事处（党委组织部）
12	中国石油集团测井有限公司党费收缴、使用和管理办法	测井党委〔2021〕58号	人事处（党委组织部）
13	中国石油集团测井有限公司投资管理办法	测井规划〔2021〕69号	规划计划处
14	中国石油集团测井有限公司工程事故复杂管理规定	测井市场生产〔2021〕84号	市场生产处
15	中国石油集团测井有限公司业务外包管理规定	测井市场生产〔2021〕84号	市场生产处
16	中国石油集团测井有限公司井控培训管理实施细则	测井市场生产〔2021〕96号	市场生产处
17	中国石油集团测井有限公司品牌管理（暂行）办法	测井科技〔2021〕109号	科技处
18	中国石油集团测井有限公司招标管理办法	测井物装〔2021〕74号	物资装备处
19	中国石油集团测井有限公司装备管理办法（试行）	测井物装〔2021〕98号	物资装备处
20	中国石油集团测井有限公司信息化工作管理办法	测井信息〔2021〕113号	评价信息处
21	中国石油集团测井有限公司计算机网络运行管理办法	测井信息〔2021〕113号	评价信息处
22	中国石油集团测井有限公司测井数据库管理办法	测井信息〔2021〕106号	评价信息处
23	中国石油集团测井有限公司解释评价管理办法（试行）	测井信息〔2021〕106号	评价信息处
24	中国石油集团测井有限公司重点井和重点区域解释评价服务保障管理办法	测井信息〔2021〕106号	评价信息处
25	中国石油集团测井有限公司视频会议管理办法（试行）	测井信息〔2021〕113号	评价信息处
26	中国石油集团测井有限公司网络安全管理办法	测井信息〔2021〕113号	评价信息处
27	中国石油集团测井有限公司信息基础设施云平台管理办法（试行）	测井信息〔2021〕113号	评价信息处

续表

序号	文件名称	发文字号	发文部门
28	中国石油集团测井有限公司劳动防护用品管理规定	测井安全〔2021〕59号	质量安全环保处
29	中国石油集团测井有限公司机关QHSE管理职责规定	测井安全〔2021〕33号	质量安全环保处
30	中国石油集团测井有限公司员工非生产亡人事件管理实施细则	测井安全〔2021〕59号	质量安全环保处
31	中国石油集团测井有限公司员工健康管理办法	测井安全〔2021〕59号	质量安全环保处
32	中国石油集团测井有限公司安全生产费用管理办法	测井财资〔2021〕68号	财务资产处
33	中国石油集团测井有限公司授信业务管理实施细则	测井财资〔2021〕87号	财务资产处
34	中国石油集团测井有限公司境内人民币资金计划管理实施细则	测井财资〔2021〕87号	财务资产处
35	中国石油集团测井有限公司科技经费管理办法	测井财资〔2021〕112号	财务资产处
36	中国石油集团测井有限公司结算管理实施细则	测井财资〔2021〕87号	财务资产处
37	中国石油集团测井有限公司应收款项管理实施细则	测井财资〔2021〕87号	财务资产处
38	中国石油集团测井有限公司内部资金结算管理实施细则	测井财资〔2021〕87号	财务资产处
39	中国石油集团测井有限公司预算管理办法	测井财资〔2021〕35号	财务资产处
40	中国石油集团测井有限公司总部资金授权管理办法	测井财资〔2021〕36号	财务资产处
41	中国石油集团测井有限公司资金管理办法	测井财资〔2021〕37号	财务资产处
42	中国石油集团测井有限公司差旅费管理办法	测井财资〔2021〕43号	财务资产处
43	中国石油集团测井有限公司合同管理办法	测井企管〔2021〕93号	企管法规处
44	中国石油集团测井有限公司因公出国管理办法	测井国际合作〔2021〕75号	国际合作处（外事办公室）
45	中国石油集团测井有限公司外事接待和线上外事活动管理办法	测井国际合作〔2021〕103号	国际合作处（外事办公室）
46	中国石油集团测井有限公司领导人员外事活动规定	测井国际合作〔2021〕104号	国际合作处（外事办公室）
47	中国石油集团测井有限公司国际业务社会安全管理办法	测井国际合作〔2021〕117号	国际合作处（外事办公室）
48	中国石油集团测井有限公司违规经营投资责任追究工作实施细则	测井审计〔2021〕85号	审计处
49	中国石油集团测井有限公司审计发现线索移送及责任追究事项移交工作实施细则	测井审计〔2021〕85号	审计处
50	中国石油集团测井有限公司领导干部操办婚丧喜庆事宜管理规定（试行）	测井纪委〔2021〕9号	纪委办公室（党委巡察办）
51	中国石油集团测井有限公司党委巡察期间说情、打招呼等干扰巡察工作的报告及责任追究暂行规定	测井党委〔2021〕46号	纪委办公室（党委巡察办）
52	中共中国石油集团测井有限公司委员会党风廉政建设责任制考核实施细则	测井党委〔2021〕37号	纪委办公室（党委巡察办）
53	中国石油集团测井有限公司职工代表大会管理办法	测井党委〔2021〕40号	党群工作处（党委宣传部、企业文化处、工会、团委）
54	中国石油集团测井有限公司工会组织管理办法	测井工会〔2021〕21号	党群工作处（党委宣传部、企业文化处、工会、团委）

附表8 2021年中油测井参与制定行业以上级别标准

序号	标准名称	标准编号	发挥作用	编写人员	标准类别
1	常规射孔作业技术规范	SY/T 5325—2021	参与	汤　科　郑长建　慕光华　王叔申　胡秀妮　贺红民	行业标准
2	测井与射孔生产指标的统计和计算方法	SY/T 5464—2021	参与	赵俊峰　侯立云　赵开良　陈晓明　田赟蕾　孙立彬	行业标准
3	生产测井仪刻度规范	SY/T 6182—2021	参与	郭振雷　李思聪　廉建冬　胡秀妮　林中雨　张秋平	行业标准
4	电子式井斜仪校准方法	SY/T 6587—2021	参与	郭劲松　田海霞　李继勇　魏春明　张所生　顾凤娣	行业标准
5	电缆测井项目选择规范	SY/T 6822—2021	主持	白松涛　刘国强　张炳军　杨　林　万金彬　成志刚　胡秀妮	行业标准
6	微电阻率成像测井仪	SY/T 6844—2021	主持	马雪青　王　炜　肖　宏　赵　敏　刘耀伟　陈　文　谢昱北	行业标准
7	页岩气测井资料处理与解释规范	SY/T 6994—2020	参与	胡　松　李　军　程相志　路　菁　胡秀妮　伍丽红　李绍霞	行业标准
8	随钻测控井下仪器一体化平台技术规范	SY/T 7498—2020	参与	马清明　肖红兵　朱　军　李勇华　马　海　范泽欣　李　闪	行业标准
9	随钻测井资料处理与解释规范	SY/T 7620—2021	主持	耿尊博　陈　鹏　朱　军　刘　鹏　胡秀妮　张树东　刘行军　李永杰　徐大年	行业标准

附表9 2021年中油测井新制定企业标准

序号	标准名称	标准编号
1	测井作业工器具配套规范	Q/SY CJ5—2021
2	测井车辆综合布线规范	Q/SY CJ6—2021
3	电缆防喷装置检修规范	Q/SY CJ7—2021
4	模块化分级射孔器现场作业技术规范	Q/SY CJ8—2021
5	电缆控制分采分测系统作业技术规范	Q/SY CJ9—2021
6	八扇区水泥胶结测井解释评价规范	Q/SY CJ10—2021
7	多频微波持水率测井仪	Q/SY CJ11—2021
8	扇区水泥胶结、水泥密度测井仪	Q/SY CJ12—2021
9	陆相页岩气水平井测井解释规范	Q/SY CJ13—2021
10	湖相混积碳酸盐岩储层测井解释规范	Q/SY CJ14—2021
11	低对比度油气层测井解释规范	Q/SY CJ15—2021
12	高原咸化湖盆水淹层测井解释规范	Q/SY CJ16—2021
13	静态推靠式旋转导向钻井系统	Q/SY CJ17—2021
14	三维感应成像测井仪	Q/SY CJ18—2021
15	测井大数据平台规范 第1部分：数据管理（内部资料）	Q/SY CJ19.1—2021
16	测井大数据平台规范 第2部分：数据访问规范（内部资料）	Q/SY CJ19.2—2021
17	测井大数据平台规范 第3部分：可视化存储与访问（内部资料）	Q/SY CJ19.3—2021

续表

序号	标准名称	标准编号
18	测井大数据平台规范第4部分：数据应用及二次开发（内部资料）	Q/SY CJ19.4—2021
19	测井大数据平台技术规范（对外资料）	Q/SY CJ20—2021
20	CPLog生产测井综合集成系统第1部分：总则	Q/SY CJ6046.1—2021
21	CPLog生产测井综合集成系统第2部分：生产测井综合集成地面系统	Q/SY CJ6046.2—2021
22	CPLog生产测井综合集成系统第3部分：马龙头	Q/SY CJ6046.3—2021
23	CPLog生产测井综合集成系统第4部分：遥测短节	Q/SY CJ6046.4—2021
24	CPLog生产测井综合集成系统第5部分：遥测伽马磁定位温度压力测井仪	Q/SY CJ6046.5—2021
25	CPLog生产测井综合集成系统第6部分：温度压力测井仪	Q/SY CJ6046.6—2021
26	CPLog生产测井综合集成系统第7部分：持水率涡轮流量测井仪	Q/SY CJ6046.7—2021
27	CPLog生产测井综合集成系统第8部分：音叉密度测井仪	Q/SY CJ6046.8—2021
28	CPLog生产测井综合集成系统第9部分：自然伽马测井仪	Q/SY CJ6046.9—2021
29	CPLog生产测井综合集成系统第10部分：压力测井仪	Q/SY CJ6046.10—2021
30	CPLog生产测井综合集成系统第11部分：持水率测井仪	Q/SY CJ6046.11—2021
31	CPLog生产测井综合集成系统第12部分：伽马磁定位测井仪	Q/SY CJ6046.12—2021
32	CPLog生产测井综合集成系统第13部分：流量测井仪	Q/SY CJ6046.13—2021
33	CPLog生产测井综合集成系统第14部分：压力磁定位测井仪	Q/SY CJ6046.14—2021
34	CPLog生产测井综合集成系统第15部分：温度持水率流量测井仪	Q/SY CJ6046.15—2021
35	CPLog生产测井综合集成系统第16部分：温度磁定位伽马测井仪	Q/SY CJ6046.16—2021
36	CPLog生产测井综合集成系统第17部分：喷射器	Q/SY CJ6046.17—2021
37	CPLog生产测井综合集成系统第18部分：释放器	Q/SY CJ6046.18—2021
38	CPLog生产测井综合集成系统第19部分：存储压力计	Q/SY CJ6046.19—2021
39	CPLog生产测井综合集成系统第20部分：阵列电磁波持水率测井仪	Q/SY CJ6046.20—2021
40	CPLog生产测井综合集成系统第21部分：八扇区水泥胶结测井仪	Q/SY CJ6046.21—2021
41	CPLog生产测井综合集成系统第22部分：声波变密度测井仪	Q/SY CJ6046.22—2021
42	CPLog生产测井综合集成系统第23部分：光纤陀螺测斜仪	Q/SY CJ6046.23—2021
43	CPLog生产测井综合集成系统第24部分：多臂井径成像测井仪	Q/SY CJ6046.24—2021
44	CPLog生产测井综合集成系统第25部分：电磁测厚成像测井仪	Q/SY CJ6046.25—2021
45	CPLog生产测井综合集成系统第26部分：电磁探伤成像测井仪	Q/SY CJ6046.26—2021
46	CPLog生产测井综合集成系统第27部分：脉冲中子全谱测井仪	Q/SY CJ6046.27—2021
47	CPLog生产测井综合集成系统第28部分：中子氧活化测井仪	Q/SY CJ6046.28—2021
48	CPLog生产测井综合集成系统第29部分：注水验封仪	Q/SY CJ6046.29—2021
49	CPLog生产测井综合集成系统第30部分：注水测调仪	Q/SY CJ6046.30—2021
50	CPLog生产测井综合集成系统第31部分：分级射孔点火开关	Q/SY CJ6046.31—2021
51	CPLog生产测井综合集成系统第32部分：旋转短节	Q/SY CJ6046.32—2021
52	CPLog生产测井综合集成系统第33部分：柔性短节	Q/SY CJ6046.33—2021
53	CPLog生产测井综合集成系统第34部分：扶正器	Q/SY CJ6046.34—2021
54	CPLog生产测井综合集成系统第35部分：套管内涂层检测测井仪	Q/SY CJ6046.35—2021

附　图

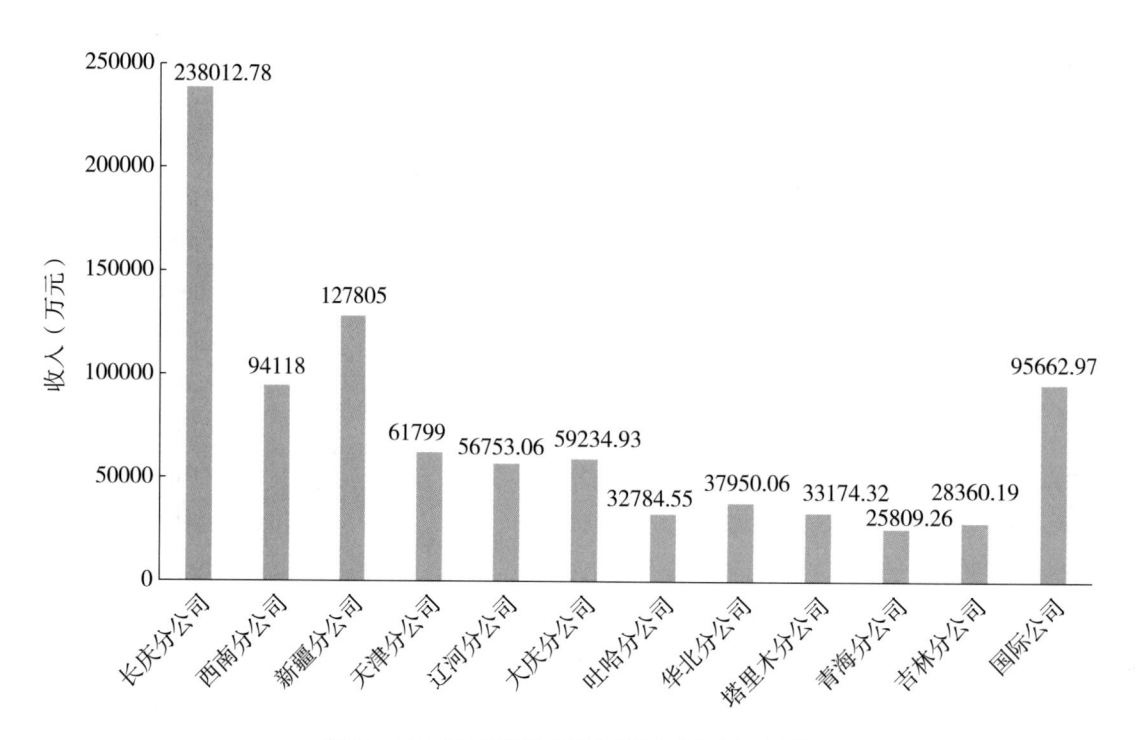

附图1　2021年中油测井所属技术服务单位收入对比图

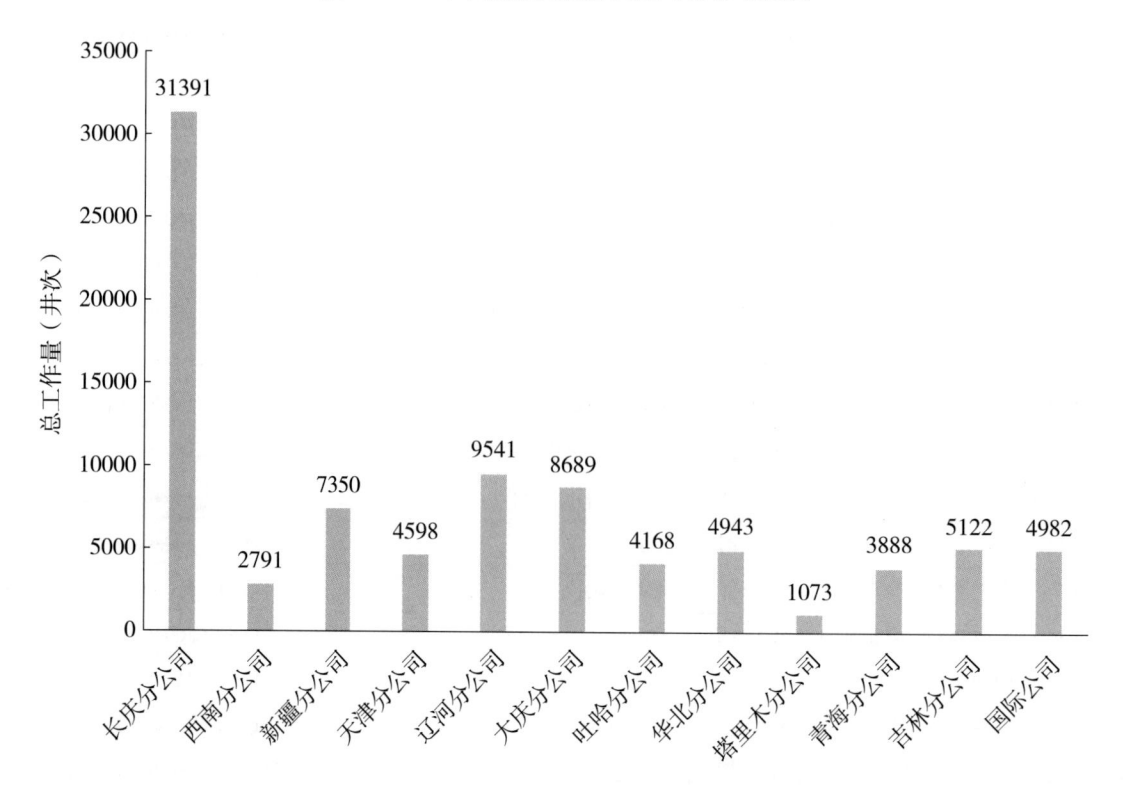

单位	收入（万元）
长庆分公司	238012.78
西南分公司	94118
新疆分公司	127805
天津分公司	61799
辽河分公司	56753.06
大庆分公司	59234.93
吐哈分公司	32784.55
华北分公司	37950.06
塔里木分公司	33174.32
青海分公司	25809.26
吉林分公司	28360.19
国际公司	95662.97

附图2　2021年中油测井所属技术服务单位总工作量对比图

单位	总工作量（井次）
长庆分公司	31391
西南分公司	2791
新疆分公司	7350
天津分公司	4598
辽河分公司	9541
大庆分公司	8689
吐哈分公司	4168
华北分公司	4943
塔里木分公司	1073
青海分公司	3888
吉林分公司	5122
国际公司	4982

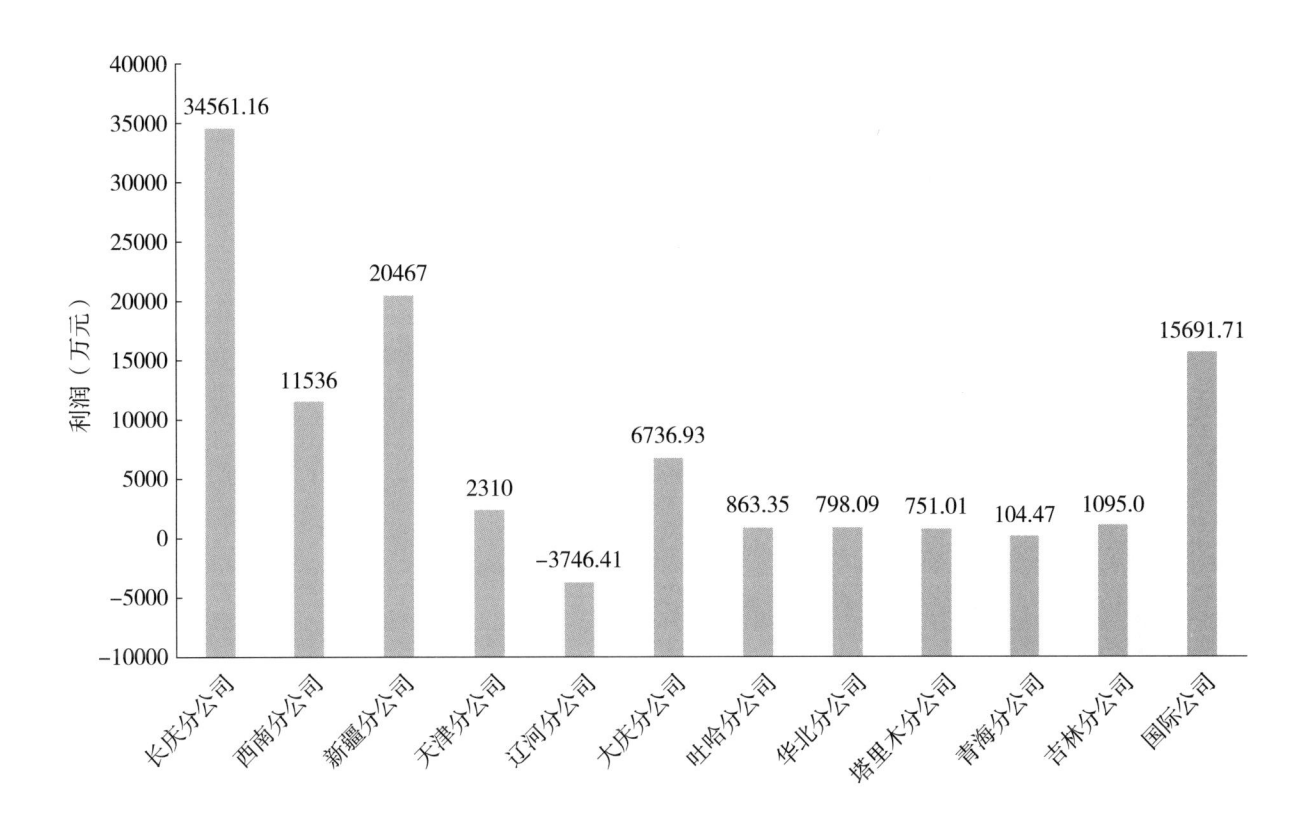

附图3 2021年中油测井所属技术服务单位利润对比图

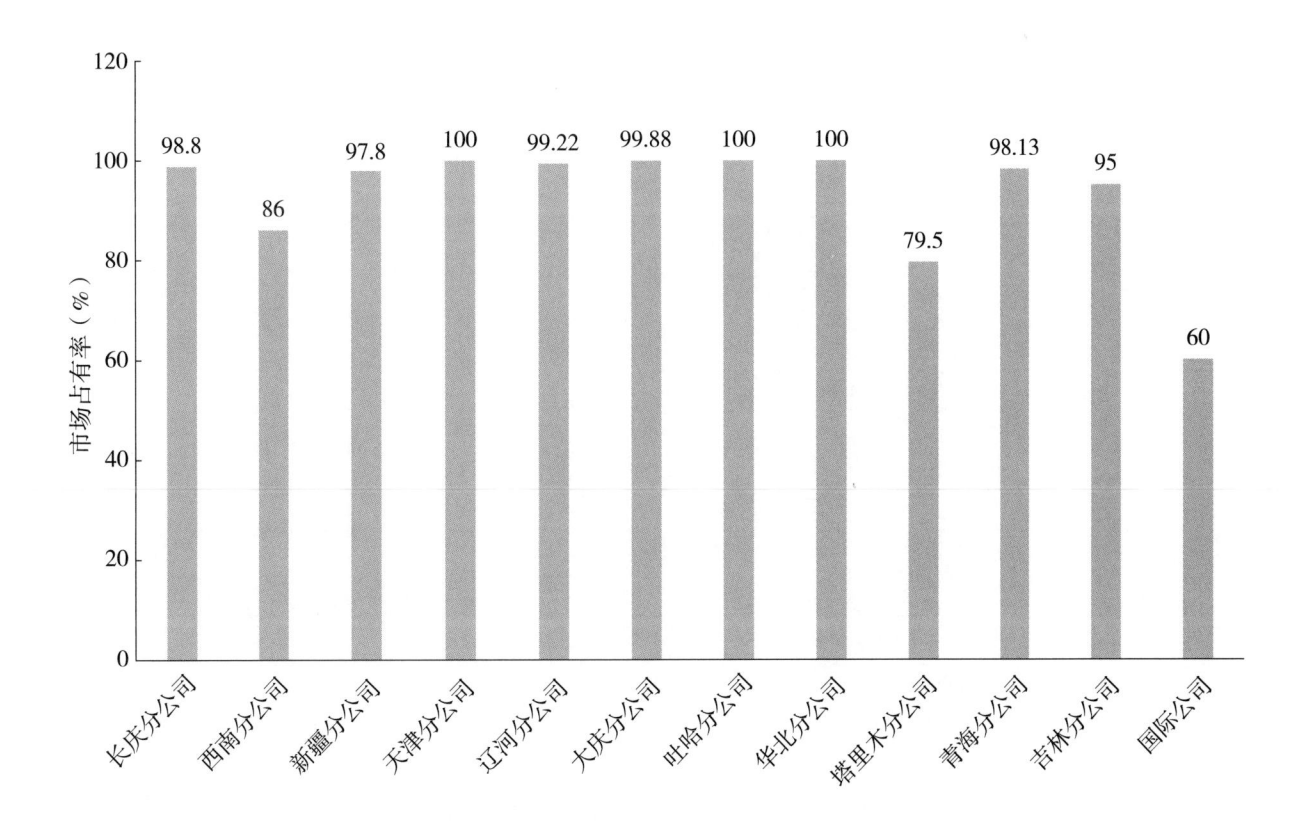

附图4 2021年中油测井所属技术服务单位本油区市场占有率对比

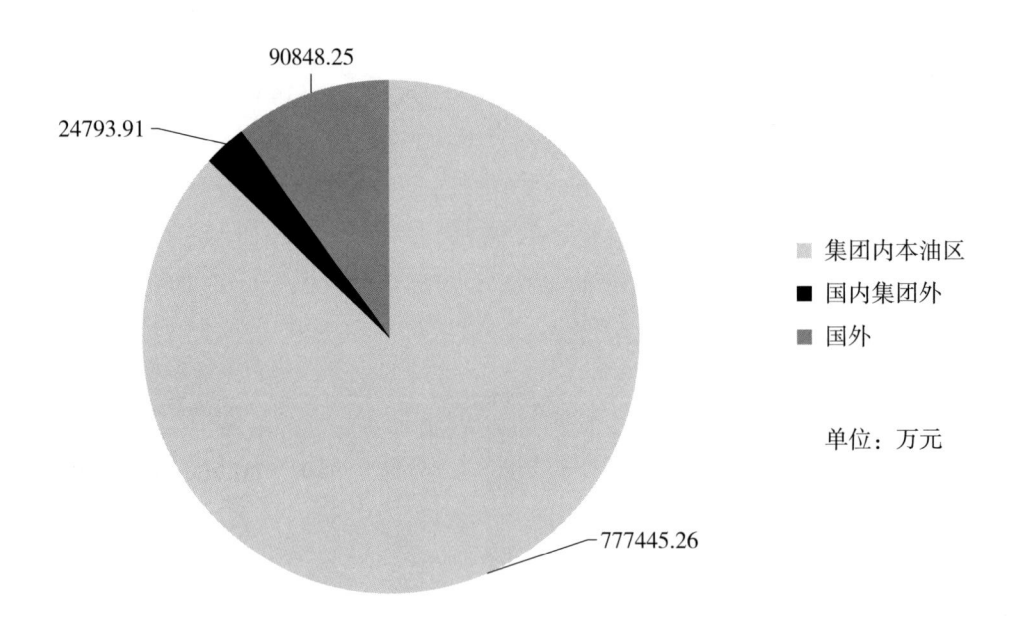

附图5 2021年中油测井收入按市场区域划分占比图

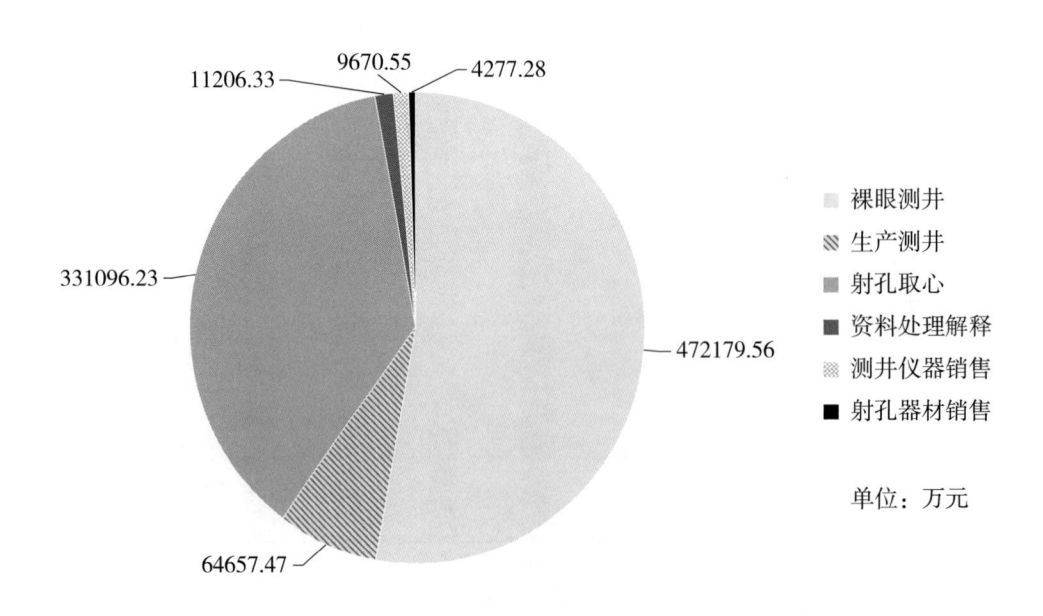

附图6 2021年中油测井收入按业务类型划分占比图

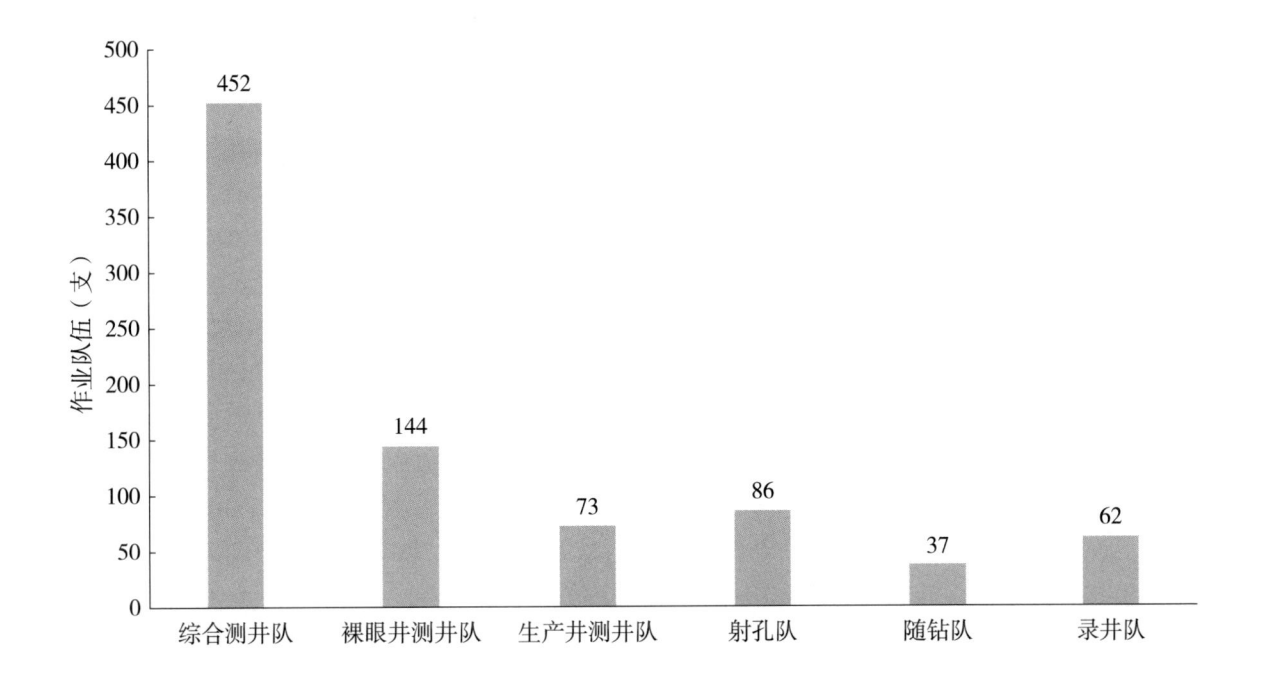

附图7　2021年中油测井作业队伍类型分布图

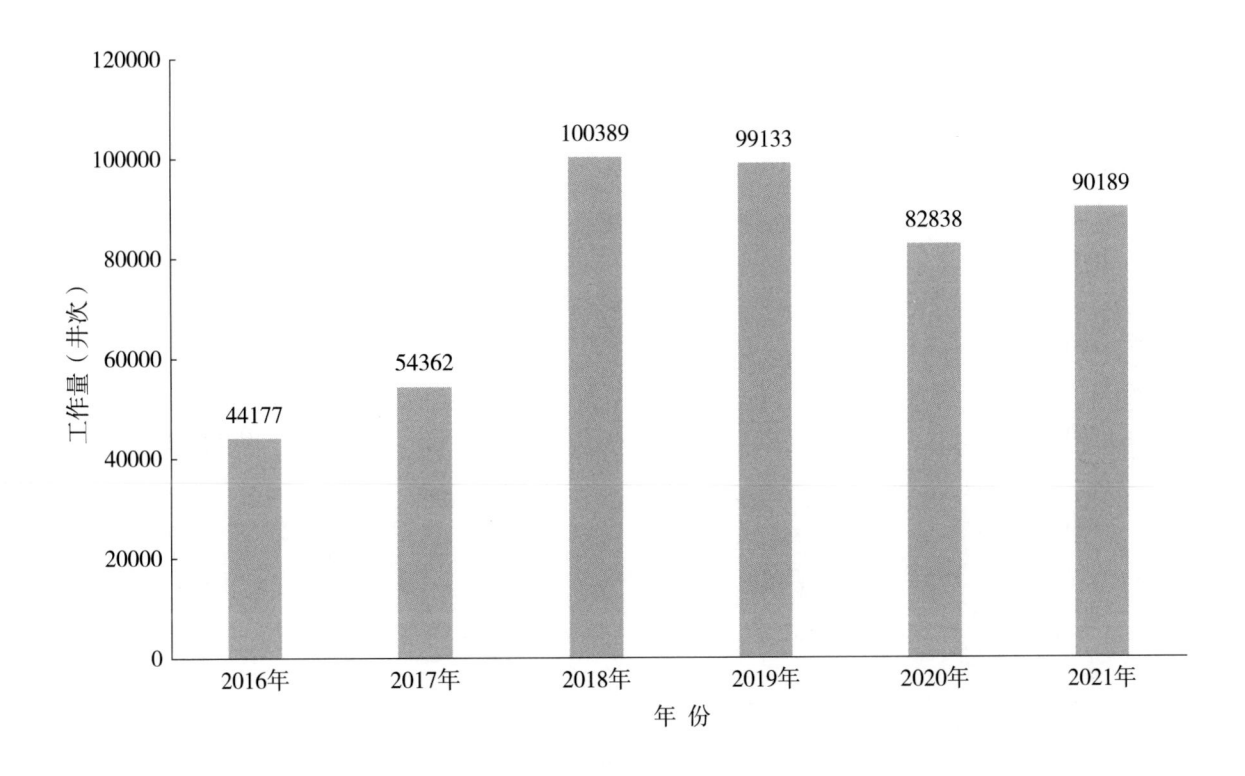

附图8　2016—2021年中油测井技术服务工作量

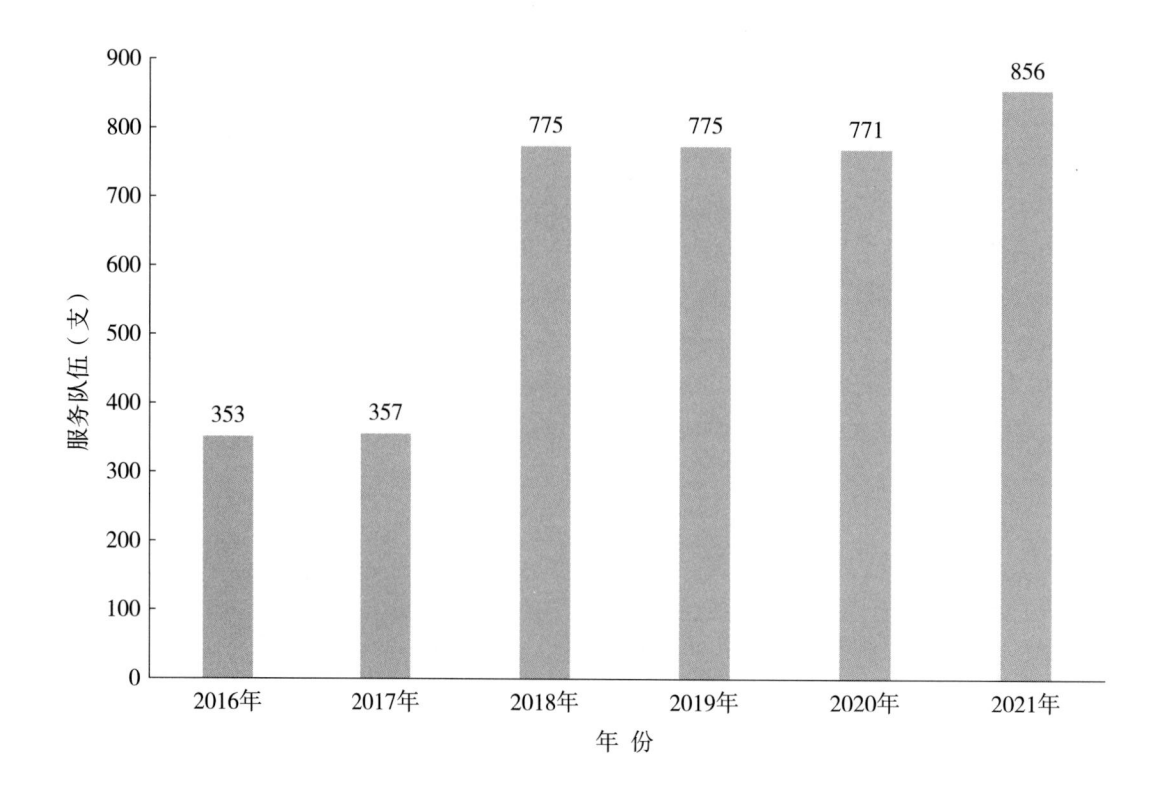

附图 9　2016—2021 年中油测井技术服务队伍数量

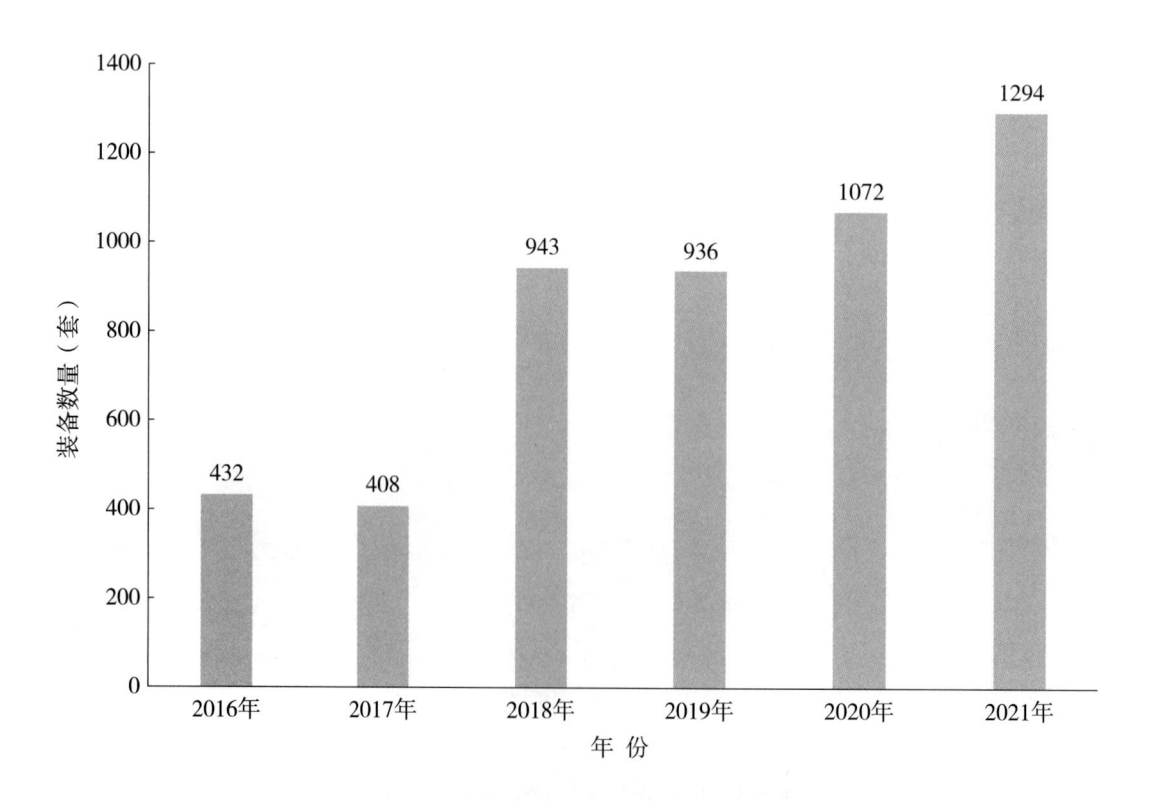

附图 10　2016—2021 年中油测井装备数量

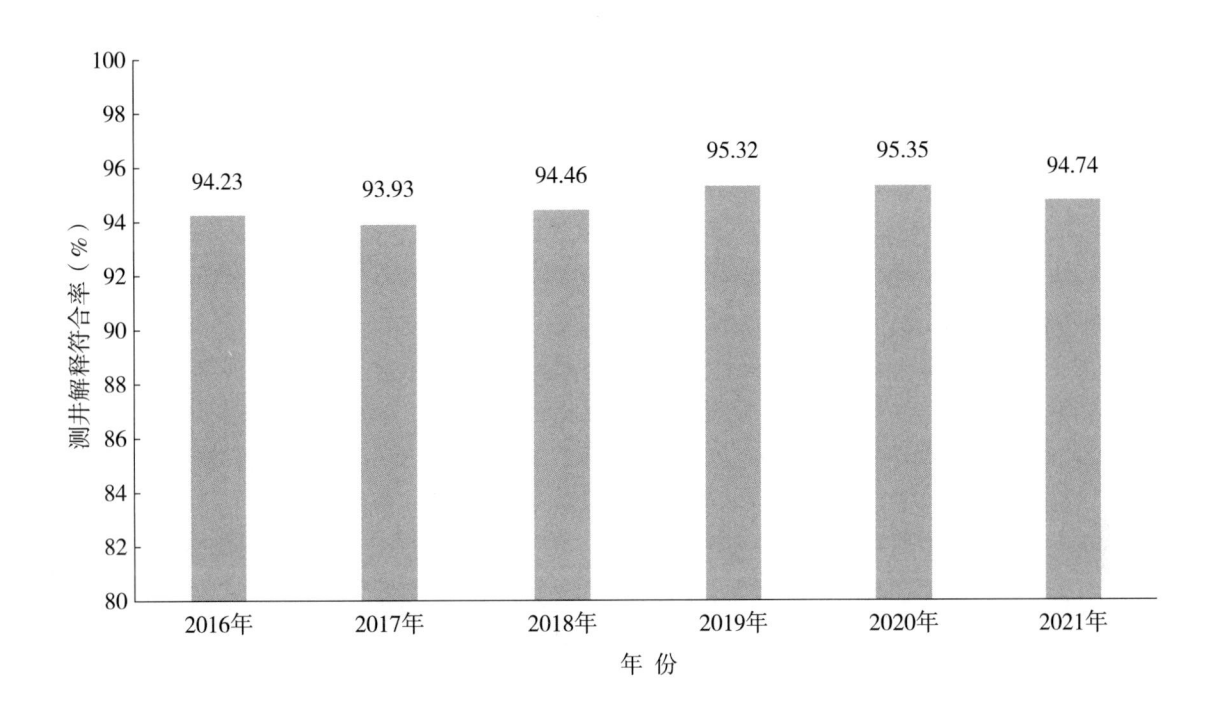

附图 11　2016—2021 年中油测井测井解释符合率

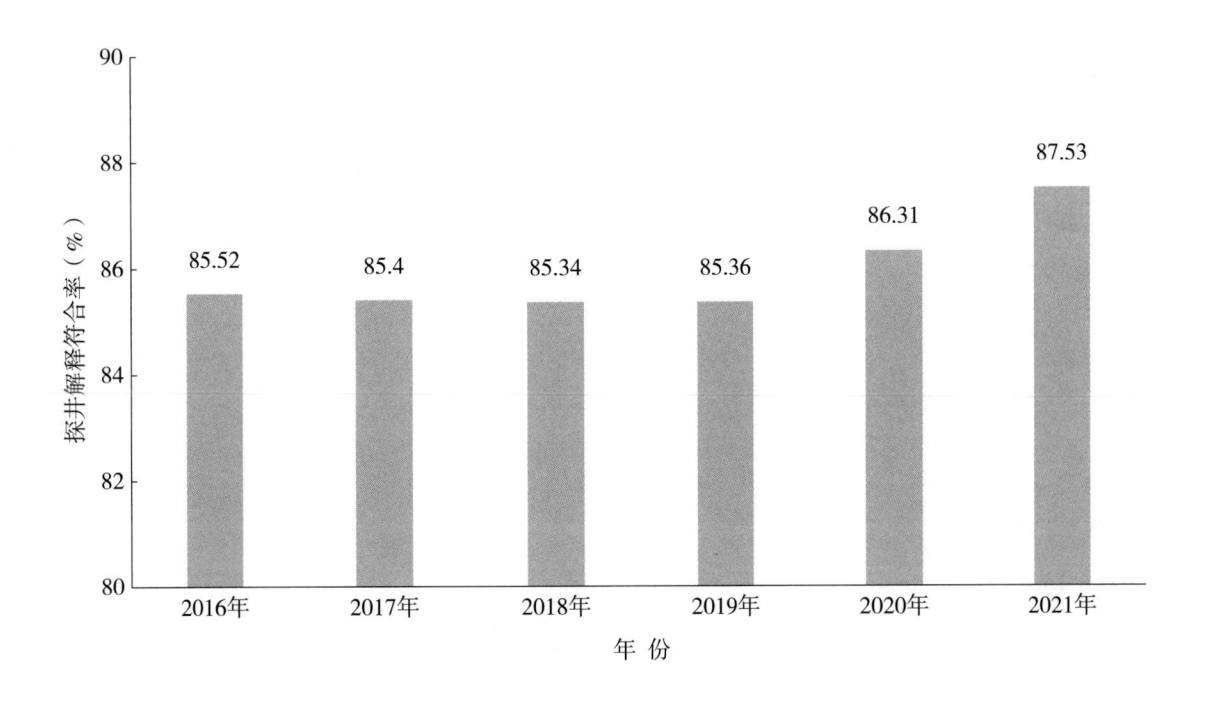

附图 12　2016—2021 年中油测井探井解释符合率

索 引

使用说明

一、本索引采用内容分析索引法编制。除大事记外，年鉴中有实质检索意义的内容均予以标引，以便检索使用。

二、索引基本上按汉语拼音音序排列，具体排列方法如下：以数字开头的，排在最前面；以英文字母打头的，列于其次；汉字标目则按首字的音序、音调依次排列，首字相同时，则以第二个字排序，并依此类推。

三、索引标目后的数字，表示检索内容所在的年鉴正文页码；数字后面的英文字母a、b，表示年鉴正文中的栏别，合在一起即指该页码及左右两个版面区域。年鉴中用表格、图片反映的内容，则在索引标目后面用括号注明（表）、（图）字，以区别于文字标目。

四、为反映索引款目间的隶属关系，对于二级标目，采取在上一级标目下缩二格的形式编排，之下再按汉语拼音音序、音调排列。

0-9

2016—2021年中油测井测井解释符合率　295
2016—2021年中油测井技术服务队伍数量　294
2016—2021年中油测井技术服务工作量　293
2016—2021年中油测井探井解释符合率　295
2016—2021年中油测井装备数量　294
3D打印技术　85a

A-Z

CIFLog品牌　132a
CNLC品牌　132a
CPLog品牌　132a
CPLog装备推广　90a
QHSE体系管理　102
QHSE体系管理评审　102b
QHSE体系审核　102a
QHSE责任制　102a

A

安全监督检查　104b
安全教育培训　104a
安全生产　104
安全隐患治理　105a

B

保密工作　129
保密技术　129b
保密教育　129b
编后记　296
标准化工作　106

标准化管理 106a

C

财会队伍建设 121b

财务共享 120a

财务基础管理 121a

财务转型 120a

财务资产管理 119

测井技术标准研究 82a

测井技术试验基地建设 82b

测井技术研究院 222

  安全环保 225b

  党建工作 225b

  基础工作 225b

  技术推广 224b

  科技成果 225a

  科技创新 223b

  科技管理 223b

  群团工作 226b

  主要生产经营指标 223a

测井技术研究院组织机构图 166

测井理论基础研究 81a

测井芯片车间 85b

测井仪器运维系统建设 91a

测井远程控制及实时传输系统研究 81a

测井重点实验室建设 82b

测井综合应用平台研发 80b

测试取心技术研发 78a

产品管理 86b

产品销售 86b

长庆分公司 182

  参与国家级页岩油示范平台建设 185b

  党建工作 184b

  队伍与装备 182b

  服务保障 183a

  解释评价 183b

  科技创新 184a

  连破亚洲陆上最长水平段施工纪录 185b

  桥射联作创纪录 185b

  群团工作 185a

  市场开发 182b

  新冠肺炎疫情防控 186a

  质量安全环保 184b

  主要生产经营指标 182b

长庆分公司组织机构图 159

承包商管理 66a

D

大庆分公司 199

  党建工作 201a

  队伍与装备 199b

  服务保障 200b

  解释评价 200b

  科技创新 200b

  群团工作 201b

  市场开发 200a

  质量安全环保 201a

  主要生产经营指标 199b

大庆分公司组织机构图 162

大事记 247

档案安全 131a

档案会议 131a

档案培训 131b

档案史志 130

档案信息系统 131b

档案验收 131a

档案资源　131a

党风建设　138a

党风廉政建设　138

党建、思想政治工作与企业文化建设　135

党建工作　136

党建工作交流　137b

党建信息化建设　137b

党建研究　137b

党建责任体系　137b

党史学习教育　141a

党委书记抓基层党建述职评议　137a

党员发展　137a

低阻低饱和度储层　72b

地质研究院　226

　　党建工作　229a

　　服务保障　228a

　　技术创新　227b

　　技术推广　228b

　　解释评价　227b

　　群团工作　229b

　　人才队伍　229a

　　深化改革　229b

　　市场开发　227b

　　信息化建设　228b

　　主要生产经营指标　227a

地质研究院组织机构图　166

"第一议题"制度落实　128a

电缆测井技术研发　76a

定额造价管理　120a

队伍建设　140a

对标管理　124b

对外合作交流　121b

F

法律事务　123a

法人治理　108

非洲油气合作区技术服务　65a

非洲油气合作区市场开发　59a

缝洞碳酸盐岩储层　72b

服务平台　96b

附表　276

附录　275

附图　290

复杂碎屑岩储层　72a

G

工会工作　142a

工商事务　124b

工艺技术　63b

工作情况　4

公共技术平台开发　80a

公司志编纂　131b

关联交易市场服务保障　56b

管理创新　124b

管理运营　97a

管理制度　131a

管理专题项目　125b

光纤测井系统研发　78b

规划管理　113a

规划计划　112

国际测井业务划转　60a

国际公司　220

　　党建工作　222a

　　队伍与装备　220b

服务保障　220b

　　解释评价　221b

　　科技创新　221b

　　群团工作　222b

　　市场开发　220b

　　质量安全环保　222a

　　主要生产经营指标　220a

国际公司组织机构图　165

国际业务管理　121a

国际业务与外事管理　121

国家级科技项目　115b

国家级荣誉　146

国内技术服务　62

国内市场交流　56a

国内市场开发　56

国内外部市场拓展　57a

国外技术服务　63

国外市场交流　59b

国外市场开发　57

国外业务支持保障　65b

H

行业荣誉　150

合同管理　124a

核心技术研发　79a

华北分公司　206

　　党建工作　208a

　　队伍与装备　206b

　　服务保障　207a

　　解释评价　207a

　　科技创新　207b

　　群团工作　208b

　　市场开发　206b

　　提质增效　209a

　　质量安全环保　207b

　　主要生产经营指标　206a

华北分公司组织机构图　163

环境保护宣传与培训　105b

环境与节能　105

J

机构与人物　155

基本情况　2

基层党组织建设　136b

基层队（站）QHSE标准化建设　106b

基础设施建设　97

基础研究　81

基建管理　114a

吉林分公司　216

　　党建工作　219a

　　队伍与装备　216b

　　服务保障　217a

　　解释评价　217b

　　科技创新　218a

　　群团工作　219b

　　市场开发　216b

　　质量安全环保　218b

　　主要生产经营指标　216b

吉林分公司组织机构图　164

集团公司党组巡视　140b

集团公司和中油技服科技项目　115b

集团公司荣誉　147

计量管理　103a

纪律审查　139a

技术服务　61

技术服务数字化转型　67a

技术研发　75

监督检查　130a

监督检查　139a

建设世界一流研究项目　114b

健康管理　103

节能节水管理　105b

解释评价　70

解释评价工作会　71a

解释评价平台建设　73a

精益管理　87a

井控管理　66b

井筒质量　103a

境外社会安全管理　123a

境外项目人员健康管理　122b

K

科技成果推广　116a

科技改革　115a

科技管理　115

科技奖励　116b

科技交流　117a

科技与信息化创新大会　118b

科技综合管理系统　117a

科研经费管理　116a

会计核算　119b

L

劳动用工管理　111a

老井综合复查　70b

离退休人员管理　133

离退休职工待遇落实　134a

历史数据治理　73b

联合评价中心建设　73a

"两金"压降　120b

辽河分公司　196

　　党建工作　198b

　　队伍与装备　196b

　　服务保障　197a

　　解释评价　197b

　　科技创新　198a

　　群团工作　198b

　　市场开发　196b

　　质量安全环保　198a

　　主要生产经营指标　196b

辽河分公司组织机构图　161

领导班子建设　109b

领导名录　169

录井作业　63a

裸眼井测井　62a

铝土岩储层　72b

M

媒体和网站建设　141b

美洲油气合作区技术服务　65a

美洲油气合作区市场开发　59b

N

内部审计　126

内控与风险　124a

P

培训中心（党校） 241
  操作工程师管理 242b
  党建工作 243a
  教育培训 242a
  井控培训 242b
  群团工作 243b
  职业技能鉴定 243a
  中油测井党校 242a
  主要考核指标 242a
培训中心组织机构图 168
品牌管理 132
品牌建设工作推进会 132b
平台＋项目 117a
评审专家管理 94a

Q

企管法规 123
企业管理与监督 107
企业文化 144
企业文化建设 144a
企业宣传 141b
青海分公司 213
  党建工作 215a
  队伍与装备 213b
  服务保障 214a
  基地改造 215b
  解释评价 214b
  科技创新 214b
  群团工作 215b
  市场开发 213b
  质量安全环保 215a
  主要生产经营指标 213b
青海分公司组织机构图 164
庆祝建党100周年活动 136a
群团工作 142
群众性质量活动 103b

R

人才队伍建设 110a
人才强企工程 110a
人才强企工作推进会 112a
人事制度改革 109a
荣誉录 145

S

"三基本"与"三基"有机融合 136b
商务管理 93b
商业秘密保护管理体系 130b
射孔技术研发 78a
射孔作业 62b
深化改革 125a
审计队伍建设 127b
审计管理 127a
生产保障 89
生产测井 62a
生产测井技术研发 76b
生产服务中心 244
  安全环保 245a
  党建工作 245b
  放射源管理 245a
  后勤服务 244b

惠民管理　245a

　　机关事务　245b

　　基建维修　245a

　　群团工作　246a

　　"三供一业"分离移交　245a

　　主要考核指标　244a

生产服务中心组织机构图　168

生产运行管理　65

生产组织　66a

省级荣誉　146

"十四五"技术创新规划　118a

"十四五"解释评价规划　71b

"十四五"人力资源规划　112a

"十四五"生产组织规划　67b

"十四五"市场开发规划　57b

"十四五"信息化规划　99b

"十四五"装备制造规划　87b

市场开发　55

市场开发管理　56a

事故事件管理　105a

视频会议系统　97b

数据中心建设　97b

数字化平台建设与应用　96

税收政策与管理　120b

思想政治工作　140

思想政治教育　140b

"四提"作业竞赛　67a

随钻测井　62b

随钻测井技术研发　77b

所属二级单位概览　181

T

塔里木分公司　209

　　党建工作　211b

　　队伍与装备　210a

　　服务保障　210b

　　解释评价　211a

　　科技创新　211a

　　群团工作　212b

　　市场开发　210a

　　质量安全环保　211b

　　主要生产经营指标　210a

塔里木分公司组织机构图　163

特载　9

提质增效专项行动　119a

天津分公司　193

　　党建工作　195a

　　队伍与装备　194a

　　服务保障　194b

　　解释评价　194b

　　科技创新　195a

　　群团工作　195b

　　市场开发　194a

　　质量安全环保　195a

　　主要生产经营指标　193b

天津分公司组织机构图　161

统计数据　261

投资管理　113b

吐哈分公司　202

　　党建工作　205a

　　队伍与装备　202b

　　服务保障　203b

　　解释评价　203b

　　科技创新　204a

　　企业管理　204a

　　群团工作　205b

　　市场开发　203a

　　信息化建设　204a

质量安全环保　204b

　　主要生产经营指标　202b

吐哈分公司组织机构图　162

团青工作　143a

退休人员社会化管理工作　133b

W

外事管理　122a

网络建设　97a

维护稳定工作　133a

维稳信访与安保综治　133

温室气体排放　105a

文秘与督办　128a

文明单位创建　144b

文书与机要　128b

污染防治　105a

物理模拟研究　82a

物资采购管理　93a

物资采购与供应　93

物资仓储管理　93b

物资仓储信息化应用　93b

物资装备公司　236

　　党建工作　238a

　　队伍与装备　236b

　　工艺管理　238a

　　群团工作　238b

　　随钻服务　237b

　　物资管理　237a

　　主要生产经营指标　236b

　　装备管理　236b

物资装备公司组织机构图　167

X

西南分公司　186

　　党建工作　188b

　　队伍与装备　187a

　　服务保障　187b

　　解释评价　187b

　　科技创新　188a

　　企业管理　188b

　　群团工作　189b

　　市场开发　187a

　　质量安全环保　188a

　　主要生产经营指标　186b

西南分公司组织机构图　160

系统研发　80

项目管理　114a

新技术推广　70a

新疆分公司　189

　　党建工作　192a

　　队伍与装备　190a

　　服务保障　190b

　　解释评价　191a

　　科技创新　191a

　　群团工作　192b

　　深化改革　191b

　　市场开发　190a

　　质量安全环保　191b

　　主要生产经营指标　190a

新疆分公司组织机构图　160

薪酬绩效管理　111a

行政管理　128

信访工作　133a

信息安全建设　98b

信息化管理　98

信息化管理与服务　98b

信息化建设　95

信息化体系建设　98b

信息系统应急保障　98b

学会管理　117b

巡察机构与人员　139b

巡察组织与管理　139b

Y

亚太油气合作区技术服务　64b

亚太油气合作区市场开发　59a

研发平台　96a

业务管理　114a

业务接待管理　129a

页岩油（气）　72a

伊拉克新签项目合同一览表（表）　58a

疫情防控　103b

应急管理　66b

应用平台　97a

预算管理　119b

员工健康管理　103a

云平台建设　97a

Z

招标管理　94

招标管理信息化应用　94b

招标项目管理　94a

支部书记任职资格管理　137a

知识产权　116a

职业健康管理　103a

制度建设　74a，87b，91b，93b，94b，109b，111b，114b，117b，127b，130b，132a，133b，138b，140a

制度与合规　123b

制造产品　85

制造公司　230

　　安全生产　233a

　　产品销售　234a

　　产品制造　231b

　　党建工作　234b

　　基础工作　234a

　　技术创新　232a

　　群团工作　235b

　　市场开发　231b

　　制造管理　231a

　　质量管理　232b

　　主要生产经营指标　231a

制造公司组织机构图　167

制造管理　87

制造基础　84

制造平台　96b

制造全流程数字化　85b

制造业务改革　87a

质量安全监督中心　239

　　党建工作　241a

　　计量管理　240b

　　监督管理　239b

　　群团工作　241b

　　质量检验检测管理　240a

　　主要考核指标　239b

质量安全监督中心组织机构图　168

质量健康安全环保与节能　101

质量培训　102a

质量与计量　102

治安防恐　133b

中东油气合作区技术服务　64a

中东油气合作区市场开发　58a

索引

中国石油测井科技创新大会　118a
中国石油海外业务测井技术与应用研讨会　60b
中国石油集团测井有限公司大事记　248
中国石油集团测井有限公司技能专家　180
中国石油集团测井有限公司技术专家　178
中国石油集团测井有限公司首席技术专家　178
中国石油集团测井有限公司一级工程师　179
中国石油内部市场份额扩大　57a
中国石油天然气集团有限公司技能专家　178
中亚油气合作区技术服务　64a
中亚油气合作区市场开发　58b
中油测井"十四五"数字化转型拟启动项目（一期）一览表（表）　99
中油测井本部部门　156b
中油测井本部部门设置情况（表）　156
中油测井本部党建　138a
中油测井本部中层领导名录　169
中油测井参与制定行业以上级别标准　288
中油测井党委会　108a
中油测井第四次党代会　136a
中油测井队伍装备统计表　266
中油测井发明专利统计表　279
中油测井个人荣誉　153
中油测井公司装备管理范围表（表）　91
中油测井获国家级荣誉　146
中油测井获行业个人荣誉　151
中油测井获行业集体荣誉　150
中油测井获集团公司级个人荣誉　149
中油测井获集团公司级集体荣誉　147
中油测井获集团公司级以上科技奖励　276
中油测井获集团公司自主创新产品　285
中油测井获陕西省石油学会科学技术进步奖　276
中油测井获省级个人荣誉　146
中油测井获省级集体荣誉　146

中油测井及所属单位测井资料解释工作量及质量指标统计表　270
中油测井及所属单位工作量及质量指标统计表　268
中油测井集体荣誉　151
中油测井经营情况统计表　262
中油测井科技进步奖励　277
中油测井领导名录　169
中油测井荣誉　151
中油测井软件著作权登记统计表　284
中油测井收入按市场区域划分占比图　292
中油测井收入按业务类型划分占比图　292
中油测井所属单位中层领导名录　171
中油测井所属二级单位　157a
中油测井所属二级单位情况（表）　157
中油测井所属技术服务单位本油区市场占有率对比　291
中油测井所属技术服务单位利润对比图　291
中油测井所属技术服务单位收入对比图　290
中油测井所属技术服务单位总工作量对比图　290
中油测井新制定企业标准　288
中油测井信息系统建设情况一览表（表）　96a
中油测井在巴基斯坦执行服务合同一览表（表）　59a
中油测井在伊朗执行服务合同一览表（表）　58b
中油测井执行董事会　108b
中油测井制修订管理制度　286
中油测井重大科技项目　115b
中油测井重点装备目录（表）　92
中油测井装备制造工作量统计表　270
中油测井组织机构　156a
中油测井组织机构图　157b，158
中油测井作业队伍类型分布图　293
重点风险防控　104b
重点井解释评价　70b
重点区域重点井保障　66b
重要审计项目　126a
助力乡村振兴　143b

专稿　50	资质管理　66a
专家名录　178	自动化生产线建设　84b
"转观念、勇担当、高质量、创一流"主题教育　142a	综合管理体系　123b
"装备"四化"项目管理　91a	综合事务　129b
装备产品　86a	综合应用　69
装备管理　90	综合应用基础建设　73
装备管理标准规范　90a	综合应用技术研究　72
装备统一标准化　90a	综述　2
装备效益管理　90b	总经理办公会　109a
装备研发　76	总述　1
装备业务改革　91b	组织机构　156
装备业务检查　91a	组织机构管理　110b
装备制造　83	组织人事管理　109
资产管理　120b	组织人事基础管理　111b
资金管理　120b	作风建设　139b

编 后 记

中油测井贯彻落实集团公司提出的"一企一鉴"工作要求，2022年4月，启动《中国石油集团测井有限公司年鉴2022》（简称《中油测井年鉴2022》）编纂工作。

《中油测井年鉴2022》遵循实事求是的原则，收集资料力求全面、系统、客观地记述公司一年内的工作动态和成果，充分展示年鉴的思想性、资料性、准确性和科学性相统一，凸显石油测井特色。经年鉴业内专家审读，一致认为《中油测井年鉴》所设类目、分目和条目科学合理，客观记述中油测井市场开发、技术服务、综合应用、技术研发、装备制造、企业管理及改革创新等方面的基本情况和重要事项，全面展示中油测井在建设世界一流测井公司所作的努力和取得的成就。本卷年鉴起点高，可读性强。

2022年6月，中油测井年鉴编辑部完成资料收集和整理工作，先后4轮修改补充完善，2023年4月初完成字数近32万字的总纂稿。4月7日，由副总经理石玉江组织召开《中油测井年鉴2022》编委会评审会议，评审总纂稿，提出审核修改意见。4月8日开始，中油测井史志编辑部按照编委会审核意见，删繁削冗、精简提炼、校核复查，形成《中油测井年鉴2022》审定稿。6月28日，提交石油工业出版社编审；几经修改、校对审核，即将印刷出版。

《中油测井年鉴2022》如期编纂出版，是中油测井党委、公司正确领导的结果，是中油测井所属单位、本部部门大力支持和帮助的成果。首卷《中油测井年鉴2022》编纂涉及本部14个部门、所属19个二级单位，132人参与撰稿和提供图片、数据、史料等工作，谨向所有关心、支持、帮助《中油测井年鉴2022》顺利编纂完成的领导、专家和同事表示衷心感谢！向对本卷年鉴编纂提出宝贵意见和建议的中共北京市委党史研究室、北京市地方志编纂委员会、中国石油档案馆、石油工业出版社等单位年鉴业界专家，支持《中油测井年鉴2022》编纂出版，提供帮助的单位和个人致以诚挚的谢意！

由于年鉴编辑出版时限性强，疏漏和不足在所难免，恳请读者批评指正。

《中国石油集团测井有限公司年鉴》编辑部

2023年8月